城市综合公共交通系列丛书

城市公共交通运营、规划与经济

规划与经济部分（下册）

[美] 维坎·维奇克 著
宋瑞 何世伟 译

中国铁道出版社
2012年·北京

北京市版权局著作权合同登记号　图字:01-2011-5679 号

Vuchic, Vukan R.

Urban Transit: operations, planning, and economics/Vukan R. Vuchic.

p. cm.

Includes bibliographical references and index.

ISBN 0-471-63265-1(cloth)

约翰·威利出版公司出版

同时在加拿大出版

本中文简体翻译版由 John Wiley & Sons, Inc. 授权中国铁道出版社出版，此翻译权的出版和销售得到出版权和销售权的所有者——John Wiley & Sons, Inc. 的许可。

图书在版编目(CIP)数据

城市公共交通运营、规划与经济．下册，规划与经济部分/(美)维奇克(Vuchic, V. R.)著；宋端，何世伟译．—北京：中国铁道出版社，2012.4

(城市综合公共交通系列丛书)

书名原文：Urban Transit: Operations, Planning, and Economics

ISBN 978-7-113-14421-0

Ⅰ．①城…　Ⅱ．①维…②宋…③何…　Ⅲ．①城市运输：公共运输—交通运输规划②城市运输：公共运输—交通运输经济　Ⅳ．①U491

中国版本图书馆 CIP 数据核字(2012)第 049109 号

城市综合公共交通系列丛书

书　　名：城市公共交通运营、规划与经济

规划与经济部分（下册）

作　　者：维坎·维奇克

译　　者：宋瑞　何世伟

策划编辑：殷小燕　　**电话：**（010）51873147

责任编辑：殷小燕

封面设计：崔丽芳

责任校对：张玉华

责任印制：陆　宁

出版发行：中国铁道出版社（100054，北京市西城区右安门西街 8 号）

网　　址：www.tdpress.com

印　　刷：三河市兴达印务有限公司

版　　本：2012 年 4 月第 1 版　2012 年 4 月第 1 次印刷

开　　本：787 mm×960 mm　1/16　印张：25.25　字数：463 千

印　　数：1～3 000 册

书　　号：ISBN 978-7-113-14421-0

定　　价：50.00 元

Dedication

Professor Shiwei He, Jiaotong University in Beijing, helped me greatly to establish contacts with my colleagues in China. He also organized translation of this book into Chinese.

I dedicate this Chinese edition of my book to Professor Shiwei He.

题　辞

北京交通大学的何世伟教授，帮助我建立了与中国国内同行的联系，他也组织了将原著翻译成中文的工作。

谨以此作为对我的原著中文版的题辞，此致何世伟教授。

中文版序言

交通系统——它的网络、车辆和技术——对城市的形成、发展以及城市中的生活质量产生着深远的影响。过去的120年中，在很多场合我们可以清楚地看到这些不同影响：19世纪90年代，有轨电车和地铁的发明，提供了比步行和马车的速度更快、可靠性更高、成本更低的交通方式。另一年代是城市汽车的快速增长所导致的在城市规模和特征方面的重大变化；然而随着人们出行机动性的增加和大规模地使用汽车却又产生了许多问题，如城市交通的拥堵以及城市“以人为本”品质的下降。

中国，和俄罗斯、印度以及许多其他国家一样，正处于小汽车增长的中间阶段。这些国家遇到大多数北美和西欧国家几十年前曾面临的相似问题。然而中国和其他同等国家具有工程和规划的技能，他们缺乏解决由于大车流量引发的特别复杂（如交通、停车、环境以及其他方面）问题的经历。为此他们需要学习发达国家的经验。这些经验包括成功的措施和解决方法，并吸取在小汽车快速增长阶段，许多城市和国家所犯众多错误的教训。

当发达国家小汽车拥有量开始快速增长时，城市道路的交通拥堵成为了城市的慢性病。在混合交通中运营的公共交通服务下降，公交车开始流失乘客。由于原来的公交乘客购买了更多的小汽车，道路交通变得更加拥堵。新产生的交通问题，不仅对城市的机动性产生负面影响，而且也使城市的宜居性下降。

当产生这些严重的问题时，市政府该怎么做？由于当地条件的差异，城市的政策和措施也会有所不同，然而所有被采用的措施可以分为两大类：

一、“调整城市以适应小汽车”是北美城市所遵循的基本政策。一般来说，城市试图以提供更宽、更高能力的城市道路和高速公路以及大的停车场来提高能力和降低拥堵，而公共交通在很大程度上被忽略。以混合交通中的常规公交取代有轨电车线路，但这种常规公交与有轨电车服务相比，其可靠性和吸引力均低。这些政策导致了一系列提高城市道路交通、建设更宽的城市道路和停车设施的措施。而这些措施却又吸引了更多的小汽车，从而形成了一个恶性循环。这些发展措施形成了依赖小汽车的环境，这种环境是多数人仅仅依靠私家车出行，而对于没有小汽车或无法驾车的人非常不方便。此外，这种依赖小汽车的城市变成以车为本，对人不友好，因此造成了非常低的生活质量或差的“宜居性”。

因此，“调整城市以适应小汽车”不能解决过度依靠私家车所产生的问题。交通拥堵持续并且加剧，而且追求这些措施的城市交通继续恶化。

二、“平衡多种交通方式实现城市宜居”是大多数西欧国家例如德国、奥地利、西班牙、法国，以及新加坡和其他国家的城市领导者和交通运输专家采取的长期目标。这些城市认识到城市交通问题不能仅仅依靠修建更多的公路和停车设施，而忽略其他交通方式特别是公共交通和步行交通而得到解决。城市需要采用很好的规划和协调多种交通方式的交通系统。为实现这样一种协调的综合交通系统，“系统方法”在交通系统的规划和规划实施中得以广泛采用。

实现均衡交通的基本问题是私家车为潜在的用户提供了极大的便利这个事实。然而，当城市的许多人开始用车后，整个系统就变得非常低效。因此，个体所选择的出行方式通常与由私家车、公共交通和行人交通组成的交通系统所能达到的最佳性能有差异。事实上，所有的大城市都没有很好地计划和控制交通。如果大量的交通被公共交通所取代，交通效率和城市宜居性将会极大地改进。

为了达到所需要的从小汽车到公共交通的转变（方式分担的改变以利于公交），两种交通政策需要实施：

——鼓励（吸引）乘客使用公共交通；

——采取措施避免乘客使用私家车。

当这两种政策为了一个明显的原因一起实施时，最为有效。简单地使私家车的使用变得昂贵和不便只能降低人们出行的机动性。但若当人们被劝阻使用小汽车的同时，又为他们提供一个更加吸引人的公共交通方式选择，这就是一个可接受并且有效的解决办法，能带来更好的公共交通服务并缓解道路的拥挤，标志着交通服务的改善和城市宜居性或生活质量的提升。

对于城市所遵循的这两种可供选择交通政策的简要描述，清晰地显现出其不同的结果。“调整城市以适应小汽车”政策是无效的。它使得城市情况更糟糕并且降低城市居住性。采取包含不同交通方式的平衡交通系统的政策，将使城市更加具有宜居性，比如维也纳、慕尼黑、新加坡、温哥华、斯图加特、波特兰、斯德哥尔摩和布拉格。

在中国、俄罗斯以及私家车正在快速增长的其他国家，面临着日益严峻的交通拥堵问题以及怎样处理这些问题的两难困境。应该仔细研究面向城市交通两种政策的截然不同的结果，努力避免“小汽车为主导”政策的错误，并且要遵循成功的政策从而形成协调的综合交通系统。

综上所述，“调整城市以适应小汽车”的城市所犯错误如下，这也是中国应该避免的：

——建设多车道干道的同时忽视了公交系统及有吸引力的行人交通设施的改善；

——在行人为主的城市核心区建设大型多层停车场，将对城市的宜居性产生负面影响；

——建设直接进入城市核心区的高速公路，而不是对到高密度的市中心以及子中心放射性出行有利的公交运输；

——独立路权的有轨电车被混合交通中运行的公交线所代替，从而增加了不可取的公交出行向小汽车出行的转移量；

——没有考虑什么类型以及特征的城市是未来期望的城市；

——不鼓励使用自行车而偏好小汽车（一个在某些国家许多城市出现的普遍错误）；

——互不联系的城市机构独自规划和运营不同方式的交通，并且他们之间缺少充分的协调。

中国的交通拥堵状况是非常严重的，如果要扭转这种形势的话需要立即做出改变。解决中国的城市拥堵需要学习许多重要的经验，这些经验来自那些已经成功改造了城市交通的先进城市。这些经验包括以下几条：

1. 在中等以及大城市要平衡具有不同方式的交通，如小汽车、道路公交、城市轨道交通、步行和自行车交通，如果没有一个有效的能与小汽车相抗衡的公共运输系统都将不能成功。这个事实要求每个城市必须有一个政府机构来协调所有交通方式使之成为一个多式联运系统，这个系统里，每种方式都有效地发挥自己的作用。城市的交通政策应该促进发展小汽车，但更为重要的是，他们应该促进公共交通。他们应该提供许多刺激和激励，使得公共交通与私家车相比更方便。

2. 为了达到理想的公共运输和私家车之间的平衡，在中等和大城市，主要的公共交通线路应该部分或者完全地从一般的街道交通中分离出来。这是使公共交通能与私家车相抗衡的基本要素。

3. 与柴油式常规公交相比，电力轨道交通方式，比如地铁、轻轨和区域铁路，更易于分辨和具有更鲜明形象，在创建宜居城市当中有更大的影响力。

4. 通过增加（而不是关闭）分隔的有轨电车线，将其升级为轻轨，来努力改善道路交通服务水平。同时为无轨电车和常规汽车预留车道。

5. 兴建新的地铁线路，来服务于高密度的走廊和区域。集中发展浅埋隧道、高架（空中）线等投资较低的地铁线路，而不是隧道、支线等，以便将资金用于范围更广的网络。

6. 在那些不能证明投资轨道交通方式是否经济有利的城市中，城市的主干线可以让专用车道上的公交有效使用——如建设快速公交系统（BRT）。

7. 通过换乘站、协调的时刻表、联运车票以及共享的信息来整合不同公交方式，这些对吸引乘客非常重要。

8. 加强城市（土地使用）规划和交通系统之间的协调，避免因缺少足够交通服务而造成日益严重的交通拥堵。

9. 组织活动提升市领导、媒体以及公众对城市交通中复杂问题的兴趣并对这些问题加深了解。

这两本书的目的是提供关于公交系统的描述、案例以及分析的方法，这些都是对公交运营者和设计者规划、设计和运营有效率的公交系统有帮助的。这两本书同时为公交系统规划者和学术研究人员提供了基础理论。

第一本书涵盖了公交系统的运营，包括时刻表、建模和效率评价，也介绍了公交线路和公交网络的设计和特性。第二本书有一章对公交系统运营所有重要方面进行了讨论，例如用工问题、安全、公共关系和市场等，紧接着描述和评价了公交收费以及公交财政的不同来源，还包括了公交组织类型和公交管制的诸多问题。最后三章总结了公交规划的方法、交通方式的描述、比较性评价和选择方法，这对于中国和其他亚洲国家是非常重要的资料，因为这些国家仍处在许多发达国家在1960～1990年代所经历的阶段：城市的发展只有两种交通方式——地铁和在混合交通中的常规公交线路。在最近的几十年，许多先进的城市已经开始积极引进中等容量的系统，如轻轨（LRT）、无轨电车、快速公交（BRT）以及自动导航公交（AGT）。在中国、日本、韩国、新加波和许多其他国家的城市，先是简单地将其公交系统分为两个极端：地铁和常规公交，然后只引进快速公交BRT或自动导航系统AGT，而忽略了轻轨和无轨电车。因此需要重新检查中等容量公交方式的选择。

这两本书可以作为大学和专业培训课程的教科书，同时也可供研究人员、公交系统运营者和公交咨询顾问使用。这两本书打算成为实践者和理论者之间的桥梁，使两者都受益并促进创造一个宜居城市的有效率的公交系统。

Vukan R. Vuchic

Philadelphia，PA，USA

美国宾夕法尼亚州费城

2012. 01. 08

译者序

近年来，人们越来越认识到发展公共交通对于缓解大中城市交通拥堵、降低污染、实现建设宜居城市目标的重要作用。伴随着交通投资政策向公共交通发展的倾斜，各种新型公交工具的不断出现与发展，城市开始面临如何选择合理的公交发展模式、城市究竟需要何种结构的公交系统、不同公交方式应该如何合理规划与运营等等一系列问题，但是，目前国内在该领域系统全面的专著与教材却非常缺乏。来自世界名校美国宾夕法利亚大学 Vukan R. Vuchic 教授，40 年来一直致力于公交规划与运营方面的科研教学工作，并于 2005 年在其早先出版的《城市公共交通系统与技术》、《宜居城市的交通》二部论著的基础上，出版了本书《城市公共交通运营、规划与经济》。

该书涵盖了包括道路常规公交系统、快速公交系统 BRT、城市轨道交通系统（地铁、常规轻轨、快速轻轨、自动导向系统、单轨系统等）、电车以及其他公交方式的规划与运营基础理论与方法，从宜居城市角度阐述公交系统的城市定位与规划运营问题，采用令人信服的量化分析方法，从各种公交工具的技术经济特征，阐述公交系统的规划与运营技术的各种新发展。内容新颖实用，书中汇集了世界多个国家城市公交规划、运营的实践成果，实现了公交规划与管理基础理论与实践运用的结合。全书逻辑清晰、内容全面、深入浅出、讲述明白，每章还设计了作业练习，帮助学习者更好掌握学习内容。本书英文原著经 John Wiley & Sons 出版社出版后，即在各国公交学术界引起广泛好评，先后被翻译成多国文字出版，认为是世界上该领域最好的公交教材之一，其编写的三本书也被誉为公交经典论著“三部曲”，Vukan R. Vuchic 教授本人也因此在全世界获得多种荣誉，并得到各国广泛的尊重。

Vukan R. Vuchic 教授自 2007 年起多次到北京交通大学交通运输学院访问讲学，期间委托我们进行该书的中文版翻译工作。2008 年初完成本书的翻译初稿，又经过近三年在校内的试讲及翻译修订，《城市公共交通运营、规划与经济》的中文版翻译工作终于完成，由于该书汇集了世界上发达国家及发展中国家城市公交规划运营的成果精华，相信对中国公交的科研与教学会有重要的参考价值。

本书由宋瑞、何世伟负责全书的统译统校工作。参加翻译的人员包括许旺土、高奎红（第1章），赵航、何婷（第2章），孙杨、黄隆飞（第3章），郭钰（第4章），张琳琪（第5章），权磊磊（第6章），王会彬（第7章），周怀慧、王琦（第8章），余朵苟（第9章），陈强（第10章），权磊磊（第11章），郑德署（第12章）。刘华、郑锂、刘杰、何必胜、刘志谦、刘环宇、徐梁、岳强、刘娇娇、蒋金亮、李晋等也参加了本书的翻译校对工作。

本书的中文版翻译出版得到中国铁道出版社和国家高技术研究发展计划863计划专题课题（No. 2006AA11Z203）的大力支持，在此表示衷心感谢！

由于译者水平所限，书中翻译内容不准确甚至错误之处在所难免，恳请专家学者和读者斧正。

宋瑞、何世伟
于北京交通大学
2011年6月

原著前言

交通运输作为城市区域最基本的功能之一，影响着城市的构成以及城市的宜居性——城市的经济、社会以及环境方面的特性。当私家车使用开始增长时，公交系统或者城市公共运输系统的使用大幅减少。然而，最近几十年，很多城市为了改变这种形势对公交系统投入了大量的资金。经验证明：公交系统对减少城市的拥堵、提供多种出行方式以及提高城市生活质量方面具有重要的作用。在发展中国家，公交系统的作用远比在工业化国家更重要，这是因为在快速发展的城市中，公交系统可以服务大量的乘客，并提供高速公路无法提供的运输能力。

近些年来，公交系统从许多硬件以及运营的创新中受益很大。然而，在公交系统的硬件特性、规划、方式选择和城市交通政策方面的研究文献还相对较少。尤其是缺少在理论概念以及现实中实施的方法方面的著作。

鉴于这个目的，作者写了公交三部曲——一套关于城市公交三个主要方面的书籍：公交系统、运营以及公交在城市中的作用。这套书的第一本是《城市公交系统与技术》，该书对城市的交通方式和特性进行了系统的分类和定义，并给予了详细的描述。这些定义中的许多概念和术语已经成为了这一领域的标准。这本书已经停止出版，但是对这本书的需求表明，需要一个最新的版本，这也是作者的下一个任务。

在《宜居城市的交通》中，广泛地回顾了城市交通的政策、系统以及对城市中私家车与公共交通方式选择的影响。系统地评述了私人机动车、公交与其他运输方式之间的关系，强调了公交对宜居城市的重要性，并定义和讨论了当代像均衡运输以及宜居城市之类的重要概念。

本书涵盖了公交系统的运营和规划内容，也是第一本书的逻辑延续。因此它介于前两部书之间，并一起组成了公交三部曲。

本书主要有以下三个部分组成。第Ⅰ部分，第1章到第5章，主要涉及公交系统运营以及网络。第1章定义了公交系统运营的概念，并介绍了公交线路上公交单元和乘务计划的编制方法；第2章涵盖了许多公交运营方面的知识，包括线路能力、公交速度、车站类型、提速服务、和特殊形式线路的运行计划；第3章介绍了在公交系统运营和设计中模型和优化的应用；第 4 章回顾并分析了公交线路和网络，包括形状、特性和评价方法；第 5 章描述了轨道交通站点的数量以及选址决策问题。

第Ⅱ部分，第 6 章到第 9 章，讨论了公交机构的运营、经济以及组织。第 6 章介绍了公交系统管理和运营，主要包括内部机构组织、与劳工以及乘客的关系、可达性需求、信息和市场；第 7 章主要涉及票价，包括票价的类型、分类、特性以及收费的方法；第 8 章回顾了公交融资的方法和来源，并讨论了不同政府层级在公交融资的作用以及为提高运营效率的努力；第 9 章总结了公交组织和政府管制的类型，包括回顾了许多在公私合作、以及政体与公交运营机构或私营企业分离所涉及的很多创新概念。

本书的第Ⅲ部分，第 10 章到第 12 章，主要侧重于交通系统的规划。第 10 章讨论了公交规划的流程和技术，不同于许多学术性书籍在规划方面仅仅把重点放在交通需求的估计。这一章包括了整个的规划流程，从建立规划目标和政策到需求的估计、公交方式的选择、和网络的设计；第 11 章和第 12 章的重点是交通规划的最重要阶段——公交方式的选择；第 11 章介绍了交通方式选择的理论基础和一般方法论；紧接着第 12 章是公交方式各方面的系统对比。该部分规划——公交方式的比较和选择——对世界许多城市有很大的相关性且非常重要。

本书每一章都有一组练习题，包括数字的、概念型的和其他论述类的问题。并且每一章还都给出了参考文献和相关的延伸阅读。本书的最后部分，给出了与本书全部内容相关的文献。

本书对每一个公式都进行了标号，并对所有符号的定义进行了解释。在第 1 章到第 4 章，这部分有很多公式，其符号的列表里包含着其相应的定义。

本书与以前的书类似，书写时也是采用国际单位制 SI 的方法，除了美国之外的许多国家都采用这种方法。在美国，国会授权转变为 SI，但是在那时，当许多机构尤其是美国的交通运输部努力开始实施时，国会又取消了之前的要求，使这种转化不再施行。利用标准的当代国际单位制系统来替代旧时的英制系统的重要努力被中断了。对不熟悉 SI 的读者，在附录Ⅰ中以非常方便的形式给出了转换因子。

为了促进对本书所用大量缩写的理解，在附录Ⅱ中列出了这些缩写以及其定义。附录Ⅲ中介绍了一些与公交系统相关的挑选出来的术语的定义。在附录Ⅳ中给出了一些挑选出来的练习题的答案。这些答案只是些概要或者只包括从一些需要计算的练习题中挑选出的习题。这些都允许使用者来查看他们的计算

注：译著未包含原著的附录Ⅰ、Ⅱ、Ⅲ。

流程是否正确，但是需要对所有的结果进行计算。

与公交三部曲中前面提到的两本类似，本书的意图也是侧重先介绍公交系统中的理论概念和关系，紧接着是关于运营、规划和分析的实用方法论。理论基础和直接应用的结合使得本书无论是对学术圈，还是对规划与运营公交系统的人员而言都是非常有用的。因此本书的读者包括高校交通运输工程和规划专业的研究生以及高年级的本科生、继续教育课程的学生以及公交机构、城市规划组织、市政府、咨询公司、公共利益组织的公交规划和运营人员，以及其他相关人员。

前两本书的国际化导向和内容涵盖在许多国家的读者中获得很好的反响，本书同样延续了这方面的特点。虽然本书主要集中于美国和其他工业化国家，但很多例子和提出的方法却适用于任何一个城市，无论是发达国家还是发展中国家的城市，当然也需要考虑当地的因素。

致　谢

作者在此非常感谢许多合作的个人和组织，对他们为本书准备资料、撰写、修订文本所做的工作以及为保证本书内容的准确性所保持的责任感表示感谢。

Wolfgang S. Homburger，Hans Leoplod，作者来自汉堡的一位同事，以及 Jeffrey M. Casello，对全书进行了审阅。

Thor K. Haatveit 同样也对较多章节进行了审阅，他是挪威公共运输的负责人之一。当他还在美国宾夕法尼亚州大学读研究生的时候，他就已经在协助整理技术资料了。Shinya Kikuchi 教授、Richard M. Stanger 教授以及 Eric C. Bruun 博士也做了同样的贡献。Angel Molinero 贡献了他独有的技能来丰富了分析的内容，同时他也将这些技能用到了他在墨西哥发行的与本书主题相关的一本优秀的书中。

在这些年对本书的写作过程中，我极大地受益于多位教授对本书主题给予的专业讨论、建议以及来自不同国家的公共交通的信息。这些教授分别是 Günter Girnau 教授、Adolf Müller-Hellmann 教授（德国）、Hideo Naka-mura 教授（日本）、Franco de Falco 和 Antonio Musso 教授（意大利）、Heinrich Brändli 教授（瑞士）、Tony Ridley 和 Tony Young 教授（英国）、Nenad Jovanović教授、Snežana Filipović教授和后来的 Radovan Banković教授（南斯拉夫）、Jean-Claude Ziv 教授（法国），以及其他的学者。

许多次，我从多个公共交通协会和公交机构获取了富有价值的信息、资料、展品和数据。这些公共交通协会有：美国公共交通协会（APTA，美国），国家公共交通协会（ANTP，巴西），德国运输公司协会（VDV，德国）。公交机构包括：BART 和 Muni（旧金山），BVG（柏林）、NYCT（纽约）、OS（奥斯陆）、SEPTA（费城）、TRTA（东京）、WMATA（华盛顿）和其他的一些组织。

我特别想提到的是，在这么多年和公共交通国际协会（UITP，布鲁塞尔）的合作中得到了来自该协会及其现任主席 Wolfgang Meyer 博士和秘书长 Johannes Rat. 的支持和鼓励。同样的，在科隆和 Günter Girnau 教授交流期间，我也受到了他较深的影响。

在集中精力完成手稿期间，我感觉到来自我团队的助教/博士学生：Jeffrey M. Casello 博士、Mario Semmler 博士、Huafang Cui 博士和 Christopher Puchalsky 博士对工作的高质量、一丝不苟和专注。对他们表示感谢。

在我个人方面，我的妻子 Radmila Vuchic 博士以及我们的孩子——Monika、Boris、Lili，和 Victor 以及他们的家庭，给予了我不断的支持和提高，使得我能多年来付出较多的努力来写作本书。作为丈夫/父亲，我对我的家庭给予的理解和支持表示深深的感谢。

最后，感谢北京交通大学宋瑞、何世伟教授及其团队在本书中文翻译中付出的努力和贡献，同时对中国铁道出版社在本书中译本出版中给予的大力支持表示诚挚的感谢！

Vukan R. Vuchic
宾夕法尼亚大学

目　录

运营部分（上册）

规划与经济部分（下册）

第6章 公交机构的运营，经济分析及市场营销

公共交通必须在一年中大多数时间为居民提供日常服务。公交服务必须具备安全性、可靠性和吸引力。为了提供这样的服务，高效的机构、胜任的人才、良好的组织是必不可少的。

由于每一服务区的规模和特征以及当地条件和要求的不同，公交机构和公交公司的组织、功能和运营实践也是不同的。本章概述了公交机构的组织、运营、效率指标、服务质量的主要方面。同时介绍了完全可达公交系统（full transit system accessibility）的概念和实施方法，描述了公交机构通过信息系统以及市场营销服务与公众的联系。

本章的重点放在大型多方式公交机构上。小规模的公交运营商，比如小城市中的巴士公司，通常与大运营商遵循相同的运营原则和评价准则，只是规模小了一点。他们采取简单的程序，只提供地面的巴士服务，而且几乎没有专门的公交基础设施。

6.1 公交机构的组织结构

从1890年到20世纪的第一个10年内公共交通发展迅速，当时公共交通服务主要由私营公交企业提供。只有在某些情况下，尤其是地铁和其他需要大量投资的项目中，公共机构和政府所有的企业从一开始就存在。在接下来的一段时间中，公交所有权由私人所有向公共所有过渡，公共所有权的公交组织形式在大中城市成为主导形式。

20世纪80年代以来，公交机构中呈现出融入一些私人公司的形式与做法的趋势，这样以获得更高的运营效率。同时，为了缓解政治压力，获取更有竞争力的定价，公交机构将公交服务的一部分承包给了私营公交机构。不过公共机构仍然对这些企业具有支配权，以确保在追求经济效益的同时公众利益不被忽略，而且公共控制能够消除无限制竞争，以避免公交网络解体和服务质量低下（见第9章）。

大多数公交组织是公共机构主导，它们中的一些会在服务区内提供所有的

服务，享有垄断权，而另一些在特定的情况下则会发包出一定比例或所有的服务。同时还有伞状组织的形式，由几个公交机构，公有的或者私营的，共同提供一体化的公交服务（例如汉堡、斯图加特和慕尼黑的公交联合会，多伦多公交委员会，以及洛杉矶县市交通运输管理局，都是很好的例子）。

公交所有权及组织形式和类型多种多样。公共交通所有权可以属于城市，市政公交是城市职能部门之一，提供大规模的公交服务。也可以属于县或者州的半独立机构（例如特拉华州，马里兰州），或者其他的政府机构。公交组织也可以采用由立法创立，并被赋予一定的权利和义务的专门的政府管理处或者以行政区为单位的管理机构。

在美国，公交机构的权力和形式有许多变化形式，这些变化形式被应用到许多公共职能中。专门的政府管理处或者以行政区为单位的管理机构负责管理学校、提供停车位、自来水和下水道服务、控制空气质量、运营港口和机场等。它们的资金来源差别也很大，包括各种各样的用户收费（就公交来说就是票价收入）、专门基金或者来自一般税收收入的分配。一般来说，以行政区为单位的管理机构比专门的政府管理处更加强大和有更多的独立性，因为以行政区为单位的管理机构拥有专门政府管理处所没有的直接税收权力，但也并不总是这样。

6.1.1 董事局

大多数公交机构，包括独立的和非独立的公共机构以及私人公司，都由董事局管理——董事局是公交机构的法定代理，或者“拥有者”。区域公交机构的董事通常是由公交系统所服务的县或市任命的。有些州会为公交提供大量的资金补助，这些州的州长也可以任命一个或者多个董事。有些地区的董事是由民众选举产生的。有些城市公交机构是政府职能部门的一部分，公交机构由城市委员会或者一个官方的专门机构直接指导和监督。

公交董事局没有标准的大小。董事局成员一般包括 5 到 15 人不等，成员数量随着机构规模的扩大而增加。然而如果董事局成员超过 15 人，决策过程就会有些缺乏效率。

有关公交机构董事局及其效率的研究（TRB，1981）讨论了董事局在董事选举中存在的问题和好的经验以及董事局的表现。问题如下：

• 郡里选出的代表不能反映公共交通对不同郡的用途、重要性和贡献。例如，在费城地区，城区的公交使用者占整个费城地区的 85%，而只有两名董事；其他的四个郡公交使用者只占全部的 15%，却有 8 个董事；

• 董事个人的背景和尽职尽责程度差别很大，既有对公交感兴趣而且非常了解的具有奉献精神的人民公仆，也有对公交一无所知、不感兴趣甚至从来不乘坐公交车的由于政治原因而被任命的人；

• 由于工作的象征性或者没有薪水，董事身份能够吸引具有奉献精神的人；然而，他们也可能受特殊利益的影响。

下面是担任公交机构董事局董事应该具备的资历和能力：

• 强烈的公民利益意识（该职位通常只能带来名义上的收入），地区定位（不能只代表局部地区的利益）；

• 具有技术知识，至少要对公交系统的运营，如技术问题、经济问题、管理以及员工特征有很好的了解；

• 使用公交或者对公交系统感兴趣，有积极的态度、务实及首创精神；

• 不存在潜在的利益冲突，也没有坚定地参与某一个政治党派。

为了任命满足这些条件的人，避免上述的一些问题，一些地区在任命董事局成员时引进了专门的程序。例如当地政府或者县政府在选择董事局成员时会考虑候选人的职业和个人背景、个人兴趣以及可取的要求。一些政府要求候选人现在或者以前经常使用公交出行。在某些情况下，提名机构，如县政府，向州政府提交候选人名单，然后由州政府确定最终名单。这样可以在不同的政府机构之间进行制衡，使任命的董事更加符合要求，淘汰对其所领导的系统缺乏了解的候选人。

董事会的主要作用是制定政策和做出战略决策，其基本目标是致力于建立一个能够满足城市和区域对公交服务的效率和吸引力的需求并且经济高效的公交系统。在处理这两个冲突的目标——高质量公交服务获取客流量的最大化和费用的最小化——之间的关系时，公共机构和私人企业之间有着明显的根本的区别（具体讨论见第 9 章）。公共机构以在可获得的财政资源条件下提供最优的公交服务为目标，而个体运营商则以经济效率为主要目标。在一定条件下发包出一些公交服务的目的就是为了通过计划协调的方式同时达到客流量的最大化和高的经济效率这两个目标。

6.1.2 组织设置

董事局的另一个重要的任务是任命一名总经理（头衔也可以是执行董事，主席，或者首席执行官 CEO）负责日常的运营和管理。董事局和总经理之间的职责分工各有不同，但是通常认为董事局参与政策决策，如重大投资案、票价确定、劳工关系、重要的招标以及承包商的选择等，但是要允许总经理独立履行行政职责是有效率的。董事局过度干预日常营运会造成效率低下、管理混乱以及过度的政治影响。

在某些情况下，由多个经理共同负责日常运营，每个人负责一部分工作。

在德国，通常有三个经理分别负责工程、商业/财务核算、劳动力方面的工作。在经理中包括一名工会代表，这对改善劳资关系，使劳资关系由敌对转向合作很有帮助。

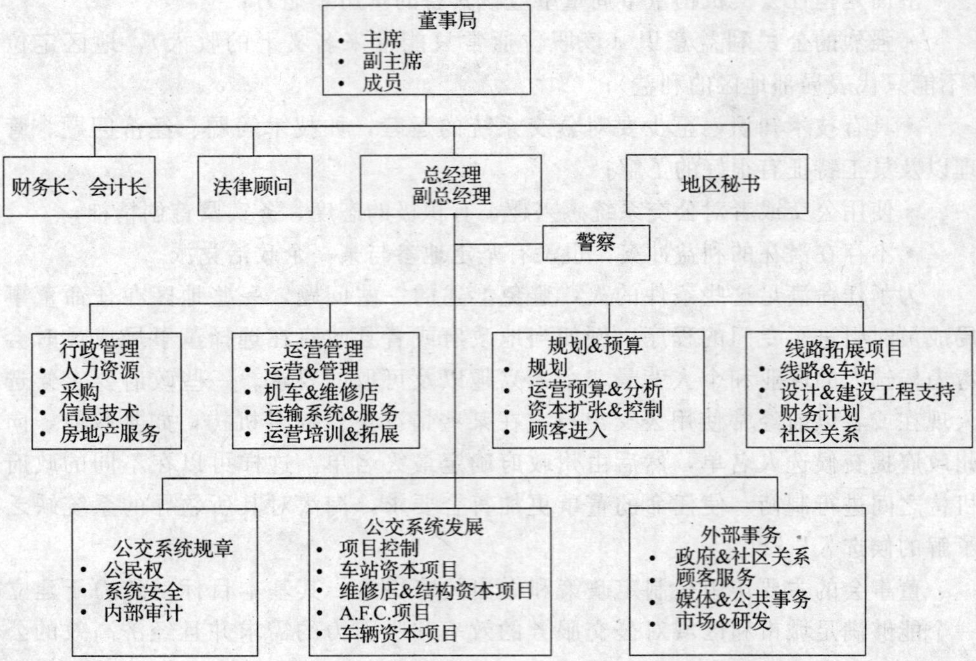

图 6.1 公交机构组织结构图（基于旧金山 BART）

图 6.1 是旧金山海湾地区快速公交（Bay Ary Rapid Transit）2000 年的组织结构图。最高机构是董事局，接下来是总经理（GM），直接对董事局负责。在总经理这一层经常会设置一些职位协助总经理工作。具体到海湾地区快速公交（BART）是控制员、法律顾问和地区秘书。下一层由一些部门组成，这些部门的名字和工作内容的定义在不同的公交机构是不同的，但是通常包括如下功能：

• 运营或者运输部，负责安排和运营所有的公交方式，或者每种方式有独立的部门，如巴士、地铁和区域铁路；

• 工程维修维护部，负责维修维护的修理店、站场、车站、终端站等；

• 固定设施部，负责基础设施的建设和维修维护（大部分是轨道）；

• 会计和预算；

• 信息和统计；

• 员工、培训、劳工关系；

• 发展规划；

- 系统安全、法律纠纷、保险和索赔；
- 外部事务：公共关系、市场营销。

这些部门及分支机构由董事领导或者总经理协助，其数量有所不同，但是在大型公交机构中是6～12个。公交机构基本上是根据功能进行组织的，例如固定设施部（包括轨道和巴士车站、停车点、站场）；人力资源部（包括所有的监督人员、车辆操作员/驾驶员、机械师及相关的群体）。或者不同的公交方式（如巴士、轻轨和区域铁路）有各自相对独立的部门，每个部门负责各自的运营、基础设施、机车车辆、维修维护和员工等。在一定程度上，这些部门会面临彼此在效率、服务质量、形象之间竞争的挑战。

考虑到线网与乘客服务的关系，一个公交系统内的所有方式应该进行整合，提供协调的（而不是相互竞争）服务。这一目标的实现依赖于那些涵盖所有方式的部门，如规划发展部、信息统计部、会计预算部，也依赖于负责不同方式的子部门，如运行计划部、运营控制中心以及其他部门。线路上车辆的实际运营、人员的分配和监督是由运营部负责的，它可以按不同的方式进行再划分（巴士、轻轨、地铁等）。

6.2　管理和人员

像大多数公司那样，公交机构由管理层和员工组成。公交系统的一些特征决定了管理层、员工以及他们之间相互关系的某些特点。公交机构必须高度可靠地提供正点的服务；其大多数员工——所有的驾驶员——必须在城市恶劣的交通条件下高度安全地驾驶；而且，极大多数的公交员工是直接和公众打交道的。所有这些状况要求公交员工必须经过认真的挑选，良好的培训，周密的监督。鉴于此，公交组织在一定程度上必须有军队一般的纪律。

6.2.1　组织管理

管理层的结构可以表示成一个三层的金字塔，最顶层的人数最少却承担着最高水平的任务；接下来依次是中层和下层，从中层到最底层越来越多的人参与提供服务：

- 管理最高层设定公交服务的目标，制定总的经营策略，指导与员工组织或者工会的关系，包括工资率的确定；
- 管理中间层履行战略规划，指导服务的实施及度量服务的效率；
- 管理最底层负责日常运营，负责岗位分配、考勤、监督和执行纪律。

小城市的公交管理机构很小，因此没有像大的公交机构那样常规的组织结构。大型公交机构尤其是多方式公交机构，通常对管理层员工的资质和专业素质要求很高。轨道系统由于其基础设施、车辆、供电系统、信号系统和运营控制系统的复杂性需要合格的工程师。多方式公交机构追求高可靠性和经济效益，工作人员需要有制定复杂运行计划和运营分析的经验。因此，比起只运营巴士的公交机构来讲，除了土木、机械和电力工程师外，多方式公交机构往往需要更多有能力的计算机专家、会计和财务专家。

公交机构和整个公交产业的运营都具有独特的特征。他们提供公共服务，而且大量的员工每天直接和公众打交道。公交的运行计划必须考虑乘客的要求、各种方式之间的协调、运营效率以及司机、控制员、监督员等大量员工的要求。车辆运行在复杂的城市交通环境中，对车辆的控制需要和城市中许多其他运营机构进行协调。经济效率非常重要。大量的基础设施和机车车辆涉及到复杂的工程任务。与公众以及政府机构关系的处理也很重要。

由于公交机构复杂多样的运营，公交产业的许多管理职位甚至新员工培训项目也需要具备专业的知识，对一些职位如调度、运营控制、公共关系还需要一定的经验。为了获得所需的技术，有必要经常组织针对不同工种的培训项目。培训涉及不同的管理层次和种类（如组织、工程、分析、会计），还有工人：车辆驾驶员、维修机械师及其他。

图片 6.1　费城 PATCO，开放的司机驾驶台

6.2.2　职员和工会联盟

公交是劳动密集型产业。巴士、列车的运营，车辆、基础设施的维修维护，售票及其他活动需要大量的劳动力。对大多数公交组织来说，无论是公有的还是私营的，人力成本在运营成本中都占主体，可达一半以上。在某些情况下，公交机构受到公共财政的大力支持而采用低或较低的票价，这时人力成本会超过票价收入。劳动生产率、就业状况、工资水平和收益是每一个公交机构在经济分析中要考虑的主要因素。

6.2.2.1　工会的发展和作用

美国、德国和许多其他国家的公交产业高度结盟。这种状况是历史发展的结果，然而却被当代的批评家忽略，这些批评家妄图消灭所有工会。

随着19世纪后半叶公交系统的发展，主要是私营公交公司的发展，工人的工作条件极度恶化而且没有工作保证。和其他行业一样，工会（商会）被引入公交产业来保护工人免受管理层的专制和通过恶劣的工作条件，低工资、无津贴和无安全保障等形式来对工人的剥削。

工会刚开始是代表工人的直接利益。他们致力于提升工人在资质、培训、人性化工作条件（特别是司机的倒班时间）、就业津贴等方面的标准。后来，工会对提高工人工作的安全性方面做出重大贡献，保护工人免受健康危险，改善车辆作业条件以及许多其他方面，不但确保工人的安全，也保证了公交服务的安全。最后，公交工会与许多支持对公交立法和注资的政客结成强大的联盟。

总体说来，工会确实改善了工人的工作条件，并由此带来了公交服务质量的提升。管理良好的公交机构，司机和其他员工都是经过精挑细选、严格培训的，员工的工作积极性很高。相反，由经理个人独断专行来决定工人失业的公交机构，企业士气一般不高。工人对他们的工作的满意，会完全反映在他们对待与每天都要打交道的公众的态度中。另外工会对公交系统的发展和公交服务的改善起着积极的作用。

然而，随着时间的发展，公交工会的某些行为却危害了公交系统的效率，甚至公交运营的安全。例如，一些工会不但保护被不公正对待的员工，而且保护违反纪律甚至造成事故的员工。在费城，公交工会赢得了对公交机构的法庭判决（SEPTA），迫使公交机构重新录用一名列车驾驶员，该司机造成了费城历史上最严重的地铁事故，导致四名乘客死亡。在波士顿、旧金山和许多其他的城市，工会保护不遵守纪律和违反安全操作的工人免受解雇和换岗处分的现象时有发生。

许多国家的工会，如法国、英国、澳大利亚、巴西等国的工会通常反对运营效率方面的变革和创新。他们阻止取消那些由于技术革新而变得没有必要的岗位，反对新的实践或者其他类似的改变。许多城市的地铁系统有一名负责开关门的接引员，而这个功能完全可以由列车操作员轻易的实现。

在许多区域铁路系统中，6 到 8 节车厢安排一个 3 到 5 人的班组，因为几十年以前，需要这些人开关门、检票、售票、报站。一个既可以保留这些岗位又能提高服务质量的替换方案是，将这些长的列车分割成 2 到 3 列短车列，将大班组分拆成小班组。这样就能运行大量的小班列，有时可以在不增加费用的情况下将服务发车频率提高两倍，但是工会却反对这样的改革方案。

工会还努力保护不同工种之间的严格分工，但这样却会导致效率低下。

6.2.2.2 *劳资关系*

在美国，私人企业的管理层和工会之间处于强烈的对立关系。许多涉及工资、津贴和工作规则的合同谈判最终都会导致罢工来解决问题。罢工是解决分歧、签署合同的最具破坏性的方法，因为罢工不但会造成劳资双方的损失，也会给乘客带来不便。最严重的损害是公交乘客的永久流失，对于大多数乘客只能依靠公交出行的地区也许微不足道，但是如果大多数公交使用者都找到其他替代出行方式，如小汽车或者合驾车、骑自行车、或者改变出行模式，那么损失是巨大的。乘客数量的下降会导致服务质量的下降，最终伤害其他公交使用者的利益。

随着 1940 年到 1970 年间公有企业对私营公交公司的接管，劳资关系的改善似乎是合乎情理的。人们预计劳资双方的谈判进程会由对立转向富有建设性，因为双方有着共同的长期目标：通过改善公交服务质量来增加客流量。不幸的是，这些没有发生。

管理方在多数情况下仍然保持对立的态度，工会也是一样。某些情况下，劳资关系还会进一步恶化。由于可以获得公共基金支持公交服务，工会总是向管理方施加压力增加已经高于一般水平的工资，获取更大比例的这些基金以弥补私营公司经营时期由于财政拮据而使工人的收入低于正常水平的收入。

造成这种状况的部分原因是工会通过施加政治压力获得了州一级和联邦一级的有力的立法支持。它包括这样一些法律如允许公交工会罢工，以及饱受争议的美国 1964 年《城市公共交通法》第十三条，这部法律 1991 年被重新划定为联邦公交法。后者要求公交机构向联邦提交的所有关于公共基金的申请，包括运营和资本投资方面，都要得到工会的通过。

这部法律的意图是确保公交机构执行“公平公正”的保护性措施，“保障”员工享受到联邦财政的援助。在实际中，联邦的财政援助确保不会产生工人被突然解雇或者工人工作条件更加恶化的情况。然而，这也给了工会反对和叫停用来提高运营效率和劳动生产率项目的权力，运营效率和劳动生产率正是公交机构整体经济效率的基础。事实上，公交行业的大多数大型投资项目都将提高劳动生产率作为基本目标之一。类似的项目如使用带有更多车体的轨道系统来取代巴士系统，尽管短期看来会减少司机的数量，但是服务质量改善之后会吸引更多的客流量，最终导致公交员工的增加。

因此，第十三（c）条法律规定引起了广泛的争论，其在确保公平对待公交员工方面值得肯定。然而，它也被批评为是阻碍创新，阻止提高公交系统运营效率的工具。

立法者不顾公众的利益而给予公交员工终极权力的另一种情形是，许多州的公交工人都有罢工的权力。因此，美国许多城市都会发生公交罢工。这导致美国民众已经学会无动于衷地接受它，将它作为一种正常的现象，而不把它当做危及生活质量和公民安全的基本公共服务的不合理崩溃。公交罢工在西欧和其他国家也时有发生，但是频率和持续时间远远低于美国。在美国，即使是大城市如洛杉矶和费城也会遭遇一个月甚至更长时间的公交罢工。罢工期间，这些受影响的城市进入紧急状态，在生产方面受到严重损失，教育中断、交通严重堵塞，游客锐减以及公交乘客的永久流失。低收入阶层受到的打击尤其大。

这是一个有趣的现象，一些公交机构的经理和工会领袖都认为工人罢工是一个不幸却正常的现象，因为罢工还是有好处的，罢工所带来的威胁增加了双方的压力，促使双方快速达成协议。也有人认为，在不允许罢工的地方，在谈判过程中引入第三方仲裁机构协助谈判有失偏颇。但是，这只代表那些深陷谈判麻烦却往往忽略公交罢工对其他人的影响，而只考虑公交机构及其员工的人的观点。

事实上，公交罢工在当代城市中是一个极不理性的现象，原因如下。第一，罢工中断了对人民福利至关重要的基础服务，使很多人不能上班、上学、去医院或去买食物。罢工也对城市造成长期的危害，它会使一些公交出行永久地转向小汽车和其他方式，造成更高的社会和环境成本。第二，公交罢工的目标不是公平地分享利益，而是针对不能赚钱而依靠公共基金的公共机构。第三，不像私营企业，管理层的收入会受工作暂停的影响，公交罢工更多影响的是第三方——公众，他们没有参与谈判，因此无法直接影响谈判。最后，公交罢工有很严重的负面作用，不仅仅在罢工期间，而且在罢工开始之前。一场可能的罢工开始的前几个星期，大多数公司和机构，如医院、大学、工厂，必须组织一些应变措施对付可能的罢工，延迟许多活动等等。因此，罢工的经济和社会影响比通常认为的大得多。

公交作为一种重要的影响公共福利的社会服务，应该被保护而不受罢工影响。公交罢工应该被定性为不合法的，就像警察、公立学校的教师和雇员罢工不合法那样。交通警察罢工所造成的混乱类似于公交罢工造成的混乱，都会给人们的出行造成不便，迫使人们选择安全性低的出行方式。

如何解决劳资谈判过程中出现的问题呢？最理想的做法是在公交机构中专门设置一个部门致力于建立劳资之间的合作关系，而不是敌对关系。这种方案的一个实例是最高管理层中应包括工人代表（通常是三个董事之一），这样他/她就会分担提高机构效率的职责。这个方法已经在许多国家很好地应用，如德国，而且几乎没有罢工。

集体谈判中的问题可以通过具有约束力的仲裁得以解决，仲裁的立场必须中立，其订立的合同，双方必须接受。尽管这种做法可以消除罢工，但是通常不被劳资双方接受，因为仲裁机构对双方不可能完全中立。为了解决这个问题，在一些州，通常设置几个仲裁者，每一方都有权力去掉一个他们认为不够独立或者中立的仲裁者。在一些城市，公交机构采用关键公式来计算工人的工资，这个公式中的一个指标是以全国的平均工资为基础的。

6.2.2.3　反公交工会运动

在一些国家和城市，工会具有很强的政治色彩，他们通过集体谈判来增加工人的工资和津贴，使之比市场上相应工作的工资高出很多。一些工会批评家认为高工资意味着政府在支持公交上的高花费。在一定水平的政府支持下，拥有工会的公交机构比不带工会的公交机构提供给公众的服务少得多。

这种情况在英国尤其显著，英国巴士公交机构的劳动力成本在上升，但是客流量却在下降，因此生产力指标表明经济效率在下降。然而，对这种趋势持批评意见的人士忽略了这样一个事实，经济效率的下降是受到了政府政策的严重影响。第二次世界大战到20世纪80年代期间，英国政府几乎没有对城市的公交现代化给予过援助。当大多数欧洲城市对不受交通拥挤影响的轨道系统（轻轨和地铁）建设进行大规模的投资时，英伦三岛的大多数城市却还在使用着运行在混合交通中的巴士。随着交通拥挤越来越严重，速度和可靠性随之下降，地面公交的生产力必然下降。同时对道路建设投资远远高于公交，导致大量的乘客转向小汽车出行。这样低效率的运营以及乘客数量的减少使得生产力不断下降，每乘客km的成本却在不断上升。

20世纪80年代，英国保守党政府武断地撤销了对公交的管制，并在很多行业发起了极端的反工会运动。保守党政府用公交危机证明对已经建立的公交机构及其工会发起正面进攻是合理的。1986年，撤销对公交的管制，解散提供一体化多方式公交服务的机构，同时允许不带工会的公交运营商进入。正如所料，这些剧变确实降低了公交的运营成本和对政府补贴的要求。成本的下降主要是通过下调工人工资实现的。然而，与改革者的预料恰恰相反，服务质量并没有改善，客流量并没有增加。撤销对公交系统管制的“英式实验”的结果是服务质量的下降和客流的减少，同时也加剧了交通拥挤的恶化，造成了许多其他负面影响（见第9章）。

说到工会，英国的剧变给我们提供了一个评价拥有工会的公交组织和不带工会的公交组织的优势和劣势的机会。由几家不带工会的相互竞争的公交公司取代带有服务标准和工会的公交组织，会有以下正面（＋）和负面（－）的改变：

＋由于更低的工资率、更少的津贴（如果有）、更低的驾驶员培训费等，运营成本会大大降低；

＋在运行计划和人员排班上具有更大的弹性，因此可以提供更加多样化的服务；

＋服务质量标准的下降或取消。

－员工没有经过精挑细选和良好的培训，造成运营安全性的下降、频繁的人员更替以及运营成本的增加；

－司机和其他的运营员工工资最低，又很少或几乎没有津贴（健康和退休津贴，保险等），还经常在很差的环境下工作；

－工会，作为获得政府对公交支持的强大的政治联盟消失了。

这些负面结果中的一些造成的影响很严重。例如，在伦敦，低工资使得员工频繁更替，公交公司对申请巴士司机和机械维修工作的人进行培训后，很难留住他们。城市政府不得不给予特别的补贴来增加工人的工资。

总之，不带工会的公交组织往往更加高效、组织更加紧凑，但是服务质量和员工的忠诚度都有所下降。公交公司把主要精力放在盈利上，对公众服务和公交服务在城市中起的作用不感兴趣。

6.2.2.4　新兴的工人组织模式

兴起于20世纪80年代的公交组织和它的工人关系的变革还在继续，在21世纪的第一个10年中产生了一些新的形式。英国的工会已经彻底破坏了，没有其他的发达国家效仿这一过程。在美国，工会在政治上一如既往的强势，但是一些子承包商也使用非工会工人提供公交服务。

最有趣的情况出现在西欧国家，他们试图让工会参与到消除公交运营中一些过时的做法以提高经济效率的行动中来，以使公交机构的成本可以和强大的私人运营商竞争。这样做的目的是保持工会存在的一切好处，同时消除成本过高、效率低下等在过去几十年形成的弊端。

欧洲的工会在为公交组织制定标准和要求方面变得十分积极，这些公交组织需要提高运营效率，并且允许运营机构之间和内部的竞争行为。

6.3 公交系统的统计数据、性能和经济测度

为了有效的管理、监督运营，进行经济分析和规划，公交机构必须收集系统精确的数据。收集的数据应该包括城市和公交服务区的面积、公交系统及其可提供的服务、乘客数量、系统利用和效率指标以及财务状况。在接下来的一节中列举了基本的数据条目及其解释和用法。在反映系统性能的数据条目之后介绍了反映效率、消耗率、生产力、利用率和其他数据推演出的重要指标。

6.3.1 公交服务区域和特性

第一组数据描述公交系统的服务区域（“城市”这个词有时代表更广泛的含义，指城市、城市化地区或者大都市地区）。

• 服务区面积（km^2）是需要公交系统提供服务的区域面积，它可以是城市的面积，现在一般是指大都市的面积。在许多情况下，公交系统有指定的服务区域，这个区域可以与行政分区严格一致，也可以不按它来划分。

• 服务区人口（persons）指公交服务区的居住人口。这项数据是城市/地区规模的基本指标，城市可以按该数据分为小城市、中等城市、大城市、特大城市几类。这种分类在不同的国家和地区其具体的数值是不一样的，因为城市的特性——历史、建筑类型、活动、地形特征——都会影响城市活动的类型、生活方式和不同交通方式在城市中的作用。例如，在北美，人口数在 25 万 ~ 150 万之间的城市被划定为中等城市，而在欧洲人口数在 10 万 ~ 80 万之间的城市就被划定为中等城市。特大城市，或者叫做“大都会”，是指那些人口数超过 800 万或者 1 000 万的城市。

• 人口密度（prs/km^2），是人口数量与面积的比值，反映活动强度，从而反映了不同交通方式之间的相对作用。总的来说，人口密度越大，公共交通应该起的作用也要越大。对公交方式来说，人口密度低的地区应该由辅助公交系统和地面巴士来提供服务；随着人口密度的增加，对轻轨和地铁的需求以及其经济可行性都会增加。

人口密度是活动强度的总体指标，包括居住、就业和其他活动，一般假设它与这些活动是紧密相关的。为进行更加详细的分析，人口密度可以分为居住密度、就业密度，零售活动的强度可由零售店的面积反映。

分析特征差别很大的地区时，通常分三种不同的区域来分析这些密度：中心商业区（CBD），中心城区，郊区（或者城市化地区）。在这些区域中，应该对

沿交通走廊区域的密度、一些地区或街区的密度进行详细的分析。应该特别关注依赖公交出行的人群。

土地利用、地形、天气包括如下要素：土地利用类型、主要活动走廊、地形地势、河流、湖泊或海岸线及一个地区的其他地理要素。狭长的活动走廊、穿越河流或者海湾会造成对大容量公交方式的需求。例如，旧金山海湾地区（BART）、中国香港、鹿特丹地区使用地铁系统提供跨越水域的大容量连接。德国的伍珀塔尔（Wuppertal）、加拉加斯在活动密集的山谷地区设置的轨道系统。

基本的天气数据包括年均降水量、年均降雪量、平均气温、和它们的季节波动及变化范围。

CBD和其他主要的活动中心是公交网络的集中地区。雇员数量、办公面积、零售业面积、制造厂、主要交通发生源如大学校园、医疗中心、运动场等相关信息与公交系统的形式和作用关系密切。

长途交通运输港站（机场、火车站和巴士车站）的选址很重要，因为公共交通是每个城市城际出行主要的客流集散方式。大多数机场最初设计时都没有考虑与公交系统的衔接，忽略了城市和长距离出行之间的联系，造成乘客的出行不便和机场附近高速公路的拥挤。

中心商业区的路边和路外停车位的数量不仅对交通方式分担和拥挤状况的评价重要，而且停车场会对中心城区的环境和宜居度造成负面影响。

6.3.2　公交系统和服务

描述公共交通系统的组织、特征及统计数据可以归为两类：物理要素和服务。物理要素或者基础设施包括线路、网络、车辆和机车，不同的公共交通方式之间物理要素差别很大。因此，公交机构的所有统计数据和描述性信息都应该分方式给出。

6.3.2.1　公共交通系统

这里列举了关于公共交通系统的主要信息条目和统计数据。

• 为大都市地区服务的公交机构：名称、所有权、运营的公交方式、服务区；

• 公共交通方式。

应该按公共交通方式分别提交报告，因为它们有不同的物理要素，如路权（ROW）种类、车辆以及运营特征。一种公交方式的平均运营速度或许是另一种方式的两倍，而且可以比另一种方式运载更多的乘客。最常见的公交方式，按照性能的升序排序，依次是巴士、无轨电车、有轨电车、轻轨、地铁（快速公交)、区域铁路。在某些情况下，公交机构也会运营辅助公交服务（小型公交和小客车）和特殊系统，例如 AGT、缆车、单轨铁路、渡船和其他。

正如第 4 章所定义的那样，公交线路或者路径是公交单元按照预先确定的时刻表在其上提供服务的固定路径。公交网络是有公交运营的道路和其他公交路权交通方式的线路集合。因此，总线路长度通常大于等于网络长度。

公交网络由以下统计数据描述：

• 各种方式的线路数量；

• 各种方式的线路长度（km 或者英里）；

• 各种方式的网络长度（km 或者英里）。

如果有的公共交通方式有多种路权等级，网络长度应该给出不同的路权等级的路线长度。这对轻轨来说是常见的，轻轨系统的大部分线路是在道路的中央分隔带上或者其他独立的路权（ROW）方式，但是有些路段是在街道上（C 级路权），有些在隧道中和高架上（A 级路权）。因此应该以 km 数或者百分比的方式给出每一种路权等级的网络长度比例，因为这些信息描述了系统的运营特征。其他影响运营特性和所提供服务的特征是站点的选址和密度，定义如下。

• 每一种轨道方式的车站数量：轻轨、地铁、区域铁路，它决定了覆盖面积。

• 平均站间距（地面公交、半快速公交、快速公交）：短的站间距适用于高密度地区短距离出行的线路，这样运营速度比较低。长的站间距适用于长距离出行的快速服务系统，如区域铁路或巴士线路等（见第 2 章和第 5 章）。

• 公交覆盖面积是指以巴士车站或轨道车站为圆心以 400 m（四分之一英里）或者 5min 路程为半径的圆的面积（见第 4 章）。由于轨道车站和其出口通常向外延伸 100 m 或者更多，因此轨道系统的覆盖面积一般用 500 m 为半径，而不是 400 m。网络覆盖面积是每个站点服务面积的总和减去重复的面积。再强调一次，由于巴士和轨道系统的显著不同，总覆盖面积应该分巴士和轨道系统分别提供。

• 公交覆盖率是公交覆盖区域的面积除以公交服务区域的总面积，以百分比的形式表示。服务人口率是公交覆盖区域的人口数除以公交服务区域的总人口数得到的百分比。这两个百分数反映对公交服务区域和人口所提供服务的情况。

• 公交站点驻车换乘（P+R）设施能力反映了获得公交系统服务对小汽车的依赖程度。通常区域铁路系统拥有到目前为止数量最多的驻车换乘设施。新近修建的地铁和轻轨系统也有驻车换乘设施。旧金山 BART、华盛顿地铁、纽约区域铁路系统在站点周围拥有数以万计的驻车换乘停车位。巴士只有在提供快速服务的线路上或者中心城区的停车受到限制时，才提供驻车换乘设施，例如新泽西州纽约市的郊区，BART未覆盖的旧金山郊区。

• 自行车换乘设施能力（B＋R）：自行车换乘设施比驻车换乘设施更加经济，消耗的空间更少（尽管舒适性不高，对天气的依赖程度也比较高）。这种形式在许多自行车广泛使用的发达国家大量使用，例如丹麦、荷兰。然而，自行车换乘设施普及程度最高的是日本的城市，日本几乎所有拥有地铁和区域铁路网络的城市都系统地投入了大量的资金修建自行车换乘设施（Repogle，1983；Vuchic，1999）。

• 车队或者机车的统计对于各种分析都很重要。车辆的数量和类型反映了系统的规模。运营车队的规模除以网络长度（网络上每公里或者线路上每公里运营的车辆的数量）反映了运营的密度。各种的系统生产力和效率指标测算是以乘客数量和已服务的乘客一公里与车队规模的关系为基础的。

• 车辆数量应该分方式和类型给出，包括它们的基本特性，如动力装置的类型（柴油机、电力和其他）、车体类型（单节或者铰接、单层或者双层、常规底盘或者低底盘等等）、容量（座位数和车型定员）、平均车龄、公交单元大小、推动力等。

6.3.2.2　可提供的服务

描述公交机构提供给公众服务的基本数据是提供服务的车辆数、速度、发车间隔。

• 各种方式在高峰期运营的车辆和公交单位的最大数量：这个数字表示了服务量。每种方式非高峰时间运营的车辆和公交单位的数量反映了公交网络全天提供的服务的规模。

• 各种方式的线路运营速度（km/h）：这是服务质量的主要构成。一般说来运行速度依赖于路权等级、车站间距和运营方式。快速公交拥有A级路权、较长的车站间距、快速乘降，其运营速度比常规地面公交（运营于街道上巴士和有轨电车，路权等级为C）快得多（通常是2～3倍）。准快速公交和轻轨的运营速度介于两者之间。

• 各种方式的线路周转速度 V_c（km/h）包括在车站里停留的时间，这会影响运营成本，但不会对乘客造成直接影响。

• 平均网络速度 V_{av}（km/h）必须以不同线路上提供的服务量为权重计算加权平均数。权重的单位是车辆一公里或者空间一公里，也就是每条线路的工作量。以 W_i 表示线路 i 上每天或每小时运营的车辆一公里，按照下面公式计算：

$$V_{av}=\frac{\sum_i W_i \cdot V_i}{\sum_i W_i} \quad \left|\frac{V}{\text{km/h}}\right|\frac{W}{\text{veh-km}}\right| \tag{6.1}$$

• 线路发车间隔是反映服务质量的另一项重要数据。这项数据不便以统计的方式给出，但是可以以图形表示。在轨道交通网络上，这项数据通常清晰地反映在为每条线路绘制的服务频率图上（发车间隔的倒数）。

• 时刻表的可靠度 R（%）是晚点 0～4 min 的公交单元所占的比例：

$$R=\frac{\text{晚点 0～4 min 到达数}}{\text{总到达数}}\times 100\% \tag{6.2}$$

R 可以按照不同的公交方式，不同的时间段，通常分为高峰期和非高峰期，分别计算。可靠度是服务质量的基本指标之一。

6.3.3 公交使用，工作量和生产率

交通运输过程从本质上来讲是在一定的时间内将服务单元或者服务对象运送一定的距离。公交系统可提供的服务是通过速度、车辆一公里或者空间一公里来衡量的，而已使用的服务是用运载的乘客或者乘客一公里来衡量的。表 6.1 列出了交通运输过程的基本计量单位及可提供的服务的单位和已完成的运输量的单位。这些单位会在接下来的公交系统性能的统计度量中用到，这里按复杂度递增的顺序给出。

表 6.1 交通运输过程的基本计量单位

度量	可提供的服务	已完成的运输
对象	车辆，公交单元，空间	人（乘客）
流量，频率	车辆/h，公交单元/h	人/h
已完成的运输量	车辆一公里，公交单元一公里	人一公里
系统生产率	空间一公里/h	人一公里/h
生产能力	（空间/h）·（km/h）	（人/h）·（km/h）

6.3.3.1 可提供的服务量

这项数据由以下单位表示。

提供收费服务的空间一小时、车辆一小时或者公交单元一小时（通常是一天）表示提供给乘客的服务，它和提供服务的成本密切相关，因为比起车辆的运行距离来讲运营成本更加依赖于劳动时间。

在给定的时间内例如高峰或者非高峰时间线路提供的空间数量、车辆数量、或者公交单位数量，表示在任意时刻提供的服务。它可以按照高峰时刻和非高峰时刻给出，也可以按不同日期给出。

6.3.3.2　公交系统的使用

这是公交系统性能和规模的最重要的度量，可以由几个单位表示。

单位时间运载的乘客数量（每小时、每天或者每年）实际上是指给定时间内的出行数量。有时会区分付费乘客和总乘客。随着预付票和通行证使用的增加，非付费乘客的定义变得越来越模糊了，因此目前大部分都使用总乘客人数。在可以获得详细统计数据的情况下，如果一个人的出行多于一辆车应该记作一次关联出行，而将分别计数每一辆车或者每一条线路的出行定义为非关联出行。从逻辑上来讲，非关联出行的数量应该等于或者大于关联出行的数量。

如果使用日乘客量，分别得到工作日、周六、周末的数据。通常应该使用总出行量。在一些参考资料中，将日乘坐量除以2，表示一天中使用公交的人数。这是不正确而且具有欺骗性的，因为许多人仅仅使用一次或者多于两次的公交。而且，用这样获得的小得多的数据去比较公交和其他方式时是不正确的，因为小汽车、自行车、或者飞机的出行量从来不用去除2。

年出行量或者年乘客量表示一年中出行的总量。

乘车习惯，平均每年每人的公交出行量是由年乘客量（或者乘客出行量）除以服务区人口计算得来的。

6.3.3.3　完成的交通运输工作量和公交系统的生产力

这些指标也可以分可提供的运输和已使用的运输两种情况计算。

可提供的运输服务是由空间－公里、车辆－公里和公交单元公里度量的。公交系统完成的工作量或者“生产量”是由运输的乘客－公里表示的，由乘客量乘以平均出行长度得到。两者都按年进行统计。

公交系统的生产力是任意给定时间段内的公交工作量，例如空间－公里或者车辆－公里。这项性能指标通常按小时计算。例如，一条巴士线路以14 km/h的速度运载1 800名乘客运营生产力是25 200 prs-km/h。一条地铁线路以32 km/h的速度运载12 400名乘客运营生产力是396 800 prs-km/h。客流量可以采用该线路的最大区间客流也可以采用该线路的平均客流量。很明显，前一种计算方法得出的值高于后者。

线路的生产能力 P_c，也就是可提供的空间，经常用于比较同一网络内不同线路或者不同公交方式之间的生产能力。为了计算可提供的生产能力 P_c、应该使用线路能力和运营速度来反映服务中的运营时间，从而得出系统生产交通运输产品的物理能力：

$$P_c = f \cdot n \cdot C_v \cdot V_o = C \cdot V_o$$

$$\left|\frac{P_c}{\text{veh}-\text{km/h}^2}\right|\frac{f}{\text{TU/hr}}\left|\frac{n}{\text{veh/TU}}\right|\frac{C_v}{\text{sps/veh}}\left|\frac{V_o}{\text{km/h}}\right|\frac{C}{\text{sps/h}}\right| \quad (6.3)$$

已使用的线路生产力，也就是线路上每小时运载的乘客一公里，P_p 可以通过线路的平均乘客数量 P_{av} 乘以运营速度 V_o 计算：

$$P_p = P_{av} \cdot V_o \quad \left| \frac{P_p}{\text{prs - km/h}} \right| \frac{P_{av}}{\text{prs}} \left| \frac{V_o}{\text{km/h}} \right| \tag{6.4}$$

线路上运营的车辆生产力 P_v，可以通过可提供的空间乘以运营速度计算：

$$P_v = C_v \cdot V_o \quad \left| \frac{P_v}{\text{sps - km/veh - h}} \right| \frac{C_v}{\text{sps/veh}} \left| \frac{V_o}{\text{km/h}} \right| \tag{6.5}$$

6.3.4 收入、成本和运营比率

公交机构的财务会计分为两大类：运营成本和资本投资。这两大类由不同的项目组成，分别预算，而且它们的财务会计核算方法也不同。它们之间只有有限的重合。这一节只介绍运营收入和成本的统计项目。

公交机构的收入概括为以下几个大类：

• 车票的收入，它主要由乘客直接支付，即所谓的票箱收入、和来自周票和月票的收入组成。雇主给雇员办理公交通行证的收入也包括在内。

• 其他收入包括各种来源的收入，例如校车合同、包租和特别事务服务、广告、出租和租赁、利息等等。

• 财政运营援助，来自政府（市、州或者联邦/国家）或者其他基金。

运营成本或者花费可以分为以下几类：

• 运营人员工资及额外福利。由司机、监督员、其他运营人员的工资组成，这通常是运营成本中的最大条目；

• 燃料和动力花费；

• 维修维护，包括机械师和其他员工的工资、机车、固定设施、其他五花八门的设备；

• 售票成本；

• 信息、广告、市场营销；

• 车辆发牌和注册；

• 保险、伤害、损坏，包括法律案件的解决；

• 一般事务和行政事务花费，包括管理人员的薪水、空间的租用、其他运营机构所需的成本。

运营比率是公交机构财务盈利的基本指标。它是票价和其他收入与运营成本的比值。运营比率大于 1.00 表明公交服务盈利运营。然而大多数情况下，公交机构的运营比率是小于 1.00 的，由政府财政援助来直接弥补收入的不足。

6.3.5　有效性、利用率和消耗率指标

作为两个或者更多度量单位或者条目的比值，当不可能单独比较每个度量单位的绝对值时，指标允许不同大小和规模的系统进行比较。交通运输系统的效率 η（或者生产率）被定义为交通运输过程中输出和输入的比值：

$$\eta=\frac{\text{生产输出量}}{\text{资源消耗量}}$$

因此，效率可以通过各种输出单位，这些单位可以是所提供的服务（座位、座位公里、车辆一公里等）或者已使用的服务（如乘客、乘客一公里）的数量，比上这些资源，如运营成本、劳动力（雇员数量、司机小时）单位、单元使用时间或者空间单位计算得到，如每米宽度 ROW 每小时运载的乘客数和其他很多效率。

衡量公交系统所提供的服务和已使用的服务的常用效率指标是：

• 每天每名员工运营的车辆一公里，反映系统的劳动效率；

• 每车辆一公里运载的乘客一公里，表示网络上的出行强度。

劳动力、车辆和投资效率的许多其他度量可以用来分析运营、调度和会计核算，例如：

• 每天每名员工运营的空间一公里；

• 每天每辆车运营的乘客一公里；

• 全体员工每天运载的乘客；

• 一条新的公交线路上每天每美元的投资运载的乘客。

正如术语效率表明的那样，人们通常希望这个指标的值达到最大。高效率意味着在相同的资源耗费下更高的产出，或者一定的产出消耗更少的资源。在别无其他情形的情况下，这是千真万确的。如果效率的提高造成服务质量的下降，负面作用增加，那么提高效率是不可取的。

有效性也是输出和输入的比值，但是它是在给定输入情况下得到的结果。因此，它既反映了提供的服务的数量也反映了服务的质量。有效性的常用度量标准是：

• 车辆的平均故障间隔距离（MDBF）的提高，通过投资、改善员工培训、维修维护流程重组而实现；

• 每天每单位投资（或采取新措施）吸引的新增乘客数量。

利用系数或者利用率，是一种效率：它是单位相同或者相似的输出与输入之间的比值。例如，车辆利用率（或者运载系数）是乘客人数与车辆空间的比值，实际上是被占空间与（所提供的）总空间的比值。一些经常使用的利用率

指标是：

• 车辆利用率：高峰时刻运营的车辆与拥有的总车辆的百分比；

• 车辆容量利用率：车上的乘客数除以车辆容量；也被称为运载系数（见1.1.5节）；

• 线路能力利用率：线路上运营的乘客一公里除以提供的空间一公里；

• 劳动力利用率：雇员工作时间除以计工资的时间。

和效率一样，在无其他情况下，人们通常希望利用率最大。然而，在许多情况下，高利用率存在与效益背反现象，如高的车辆使用率意味着高的维修维护成本，满载车辆乘客舒适度会下降，高的劳动力利用率意味着雇员的社会福利下降。

消耗率表示资源输入与输出的比值，它可以在不同单位之间进行比较，如每车辆一公里（产品）消耗的能量 kWh。因此，消耗率 σ 是效率的倒数：

$$\sigma=\frac{\text{资源消耗量}}{\text{生产输出量}}$$

在公交系统的运营中常用的消耗率如下：

• 每车辆一公里的能量消耗（kWh 或者公升）；

• 维修场维修维护每辆车雇用的工人数量。

在公交系统中（以及在大多数其他过程中），系统的目标通常是在给定的输出和产品/服务质量下使消耗率最小化。

大多数成本收入分析使用它们的比值：收入或者成本与可提供的服务（已经实现的工作）的比值。这些指标实际上表示效率或者消耗的度量。关于成本和收入最常见的指标是：

• 每车辆一公里或者每空间一公里的运营成本；

• 每车辆一小时或者每列车一小时的运营成本；

• 每乘客出行的运营成本；

• 每座位一公里或者车辆一公里的收入；

• 每车辆一小时或者列车一小时的收入。

这些指标用来编排运行计划和分析一天中不同时段的运营效率，比较不同线路、不同公交方式的服务，或者比较具有可比性的城市之间的公交系统。

6.4 公交机构运营

这一节主要讨论公交运营商必须进行规划、管理和分析以确保能满足乘客需求的有效运营。首先，讨论了公交服务的组织和方法，重点论述公交系统的定位，以满足现有的和潜在的乘客的需求。其次，回顾了通信和信息技术的应用。然后简要描述了车辆维修维护的组织问题和车辆使用年限的确定方法。最后，论述了安全、法律纠纷的处理等重要问题。

6.4.1　公交用户的态度

公交公司、机构以及它们的设施和服务对促进城市的形成、功能和经济活力发挥了重要的作用。公交服务在构筑城市特色中起重要作用：没有公交服务的人类宜居城市是不可想象的。公交服务的质量，乘坐公交出行的舒适度，甚至具有吸引力的公交车辆、线路、车站的形象都让使用小汽车出行丧失吸引力，并促进城市个性的形成。几乎所有去过维也纳、苏黎世和墨尔本的游客都对城市的有轨电车有深刻印象。就像伦敦的红色双层巴士、旧金山历史上著名的缆车那样，地铁是巴黎、莫斯科、华盛顿的标志，是这些城市居民生活的一部分，也是游客旅游观光的一部分景观。

除了公交车的物理特征，公交使用者还通过乘坐公交车体验服务的方便度和舒适度。良好的信息服务、方便的换乘、不同线路和公交方式之间的协调调度以及性能良好能给顾客安全感的设施，都是使公共交通的使用具有吸引力的因素。尤其重要的一点是公交机构管理层和员工的态度和与乘客的关系。

公交机构的政策及其对待现有和潜在顾客的态度在最近几十年中发生了根本性的变化。尽管许多城市一直以来公交服务质量都很高，但是过去总有这样一种感觉：公共交通是人们不得不使用的基础服务，许多人只能依靠公交车出行，没有替代的出行方式。然而，在最近几十年，来自其他交通方式的竞争尤其是来自私人小汽车的竞争日趋激烈。同时，许多城市的发展没有经过规划，导致了城市形态与公交之间的相互依赖有所下降。

随着竞争的日趋激烈，公交机构有必要改变他们对待乘客的态度：不能认为乘客会自动选择他们的服务，积极进取的公交机构应该致力于保留现有顾客，吸引新增顾客。这正好同城市日益增长的鼓励公交的使用、将人们的出行由小汽车转向公交车出行的需求相吻合。Marciani（2002）已经清楚地指出了这种变化“从使用者必然使用到顾客选择使用”。

公交机构必须定期认真地检查、批判地评价他们现有的服务。最近几十年许多公交机构对待乘客的态度和政策不断改善。在巴黎、慕尼黑、多伦多、维也纳、苏黎世和波特兰这样的城市，每一个公交系统的使用者普遍能体验到高质量的公交服务、充足的信息以及公交员工良好的服务态度。然而，在其他许多城市，公共交通地图不够完善，公交车站的标志甚至巴士或者列车上的标志都不够完善或者使人感到困惑，而且由于个别员工工作热情不高造成了糟糕的服务。

这些不足可以由很多原因解释，比如资金不足、管理层不能胜任、工会不负责任的态度、公共主管部门支持不够或者兴趣不足、小汽车使用的大量补贴（“免费”停车、政府承担成本的交通控制、有利于小汽车的道路设计和交叉口设计）、忽略行人等。这些情况会造成公交主管部门对这些不足的顺从。然而，在许多情况下，即使资金充足以及公众坚定地支持公交服务，公交机构仍然组织极差、效率不高。因为其管理层允许运营逐渐朝方便司机、维修工人以及其他员工的方向调整而不是朝方便乘客的方向发展。这些做法尽管说得通，但却不可原谅，这会付出很大的代价和造成破坏。

管理层必须制定政策和运营计划来引进并不断保持以乘客为导向的公交服务。这些政策及其实现方法涉及到公交系统的方方面面，影响着对乘客的服务。管理层的表态和员工培训必须培养出具有高度积极性和责任感的能提供高质量服务的员工。这些承诺必须在整个公交机构中贯彻，尤其是对乘客服务有影响或者直接和乘客打交道的所有员工，包括从总经理到站务人员和车辆操作员。例如，车辆操作员应该用一种积极的方式和乘客对话：“我们正在提供特殊服务”或者“我们很快会把耽误的时间追回来”，而不能说“他们没有给我们好的设备”或者“我不知道其他线路上的时刻表，他们没有告诉我”，用“他们”指代这些员工所工作的公交机构表明员工缺乏对公交机构的归属感和积极的态度。

公交系统的使用者发现同家公司的员工之间存在敌意，那么这些使用者脑海中随即产生的态度对提供高效、乘客友好型的服务是有害的。公交机构的员工应该意识到，糟糕的服务会降低客流量，从而威胁到自己的岗位。作为重要的公共服务提供者，公交机构应该教育他们的员工深入理解他们提供服务的深层的影响，而不能表现的像以自我为中心和以眼前利益为唯一目标的私营企业。公交机构必须上下同心，共同努力，实现满足现有乘客需求和吸引新乘客，同时实现经济效益最大的目标。

一个长期没有创新和服务重组的公交机构会滋生惰性。随着时间推移，公交组织往往会形成方便员工的运营模式，该模式既不能方便乘客，也不能保证长期的运营效率。例如，巴士和列车司机会忘了报站，公交和列车线路上的站名没有完全显示或者根本就不显示；调整公交线路和运行计划来达到减少公交车辆的目的，即使有些地方达不到服务标准；只有在高峰时刻才需要加开的长距离区域铁路列车不仅在非高峰时刻开行而且周末也开行，造成大量的空驶车辆一公里；路轨的维修天窗本可以在晚上或在某些区段上临时使用单轨进行，实际中却长时间或者整个周末关闭整条线路。

这种运营模式不易改变，因为组织内部会有一些人抵制变革，这可以称之为“对不能胜任的自我防护”。不管是个人还是部门，例如车辆操作员、维修部、公共信息部，都会抵制变革和创新，因为这些变革需要他们改变已形成的工作方式。这种现象绝不是公交组织独有的，它反映了人在工作岗位上人性的弱点，越不胜任的员工越会抵制变革。

这种惰性对公交机构所提供的服务和长期经济效益是十分有害的。管理层必须采取强有力的措施打破这种使服务恶化、经济效益下降、抵制创新的模式。在某些情况下，为了引进变革，管理层还需要政治领导、外部顾问、城市顾问团或者其他团体的支持，更好的了解公交服务情况、所需的改善、以及应该克服的障碍。这些障碍也许是员工的动力不足、工作条件差、中层管理层管理不善、工会力量过于强大、交通规则的执行不力造成对公交的支持不足等。

特别地，在规划运营和服务时，公交机构的管理层应该考虑公交服务在城市中扮演的角色，将提高客流量作为基本目标之一，不断引入技术和服务创新。在动态的城市交通条件下，仅仅维持现状是不够的。将出行从小汽车转移到公交的需要是迫切的，应该不断追求提高公交乘坐量的目标，积极追求达到该目标的机会。

胜任的、有活力的管理层只是实现机构有效运营的基本要求，提供能够吸引乘客的、在其服务区起重要作用的有效服务，需要城市中许多其他组织和相关主管部门的配合。公交服务，尤其是那些在B级和C级路权上运营的公交车辆在道路上行驶，穿越交叉口，在车站或站点停车等要遵循交通规则，故这些交通服务对交通规则的依赖程度很高。在公交服务频繁的道路上，有必要实施严格的交通流和停车控制，降低交通拥挤的可能性。而且应该实施公交优先，例如公交在路边站点的方便进出、交通信号优先、公交专用道、公交转弯专用相位等。

这些措施的规划和引进有赖于众多机构和主管部门的配合。在许多城市，设立了由公交机构、城市交通工程和道路主管部门、警局、停车管理部门以及其他相关部门派出代表组成的公共交通第一委员会来履行这一职能。委员会的目标是分析现有的公交服务，发现问题，产生并实施提高公交服务的方案。委员会有比单个机构更全面的视角发现问题和解决问题，而且配合协作远比公交机构自身努力更有效率。

6.4.2　运营组织和控制

公交服务必须具备准时性和可靠性，为达到该目的，运营部门必须为运营员工组织培训。培训内容不仅要包括驾驶技术和车辆、轨道、信号、供电等技术层面的内容，还要包括组织层面的内容，如运营规则、责任、特殊情况处理、指挥系统以及运营控制中心的作用。

对于运营而言，指挥系统必须清楚明确。运营策略由运营部门来制定和控制，人事部门为运营部门制定策略提供支持，但是不直接参与策略的制定。巴士和列车司机在倒班期间获得全部的运营运行计划。线路监督员监督、控制和干预，以确保服务按运行计划实施。

为了有效的监督服务情况，对异常情况做出反映，线路监督员能够获得所有车辆和列车的位置信息，并且能够与司机、站务人员、以及其他岗位的员工进行通信是很重要的。鉴于此，公共交通方式之间的运营控制区别很大，尤其是在巴士和其他地面公共交通方式之间，或者 A 级路权 C 级路权的公共交通方式之间，如快速公交、区域铁路、AGT。

公共交通线网控制技术最初是在轨道系统上发展起来的，特别在地铁系统。线网控制技术起源于用于 ATP 的电控信号闭塞技术（见 Vuchic，1981，第 5 章），最早在 1900 年前后应用于地铁系统中，使用初期得以应用。自动闭塞技术能够准确地传输列车目前在哪一个闭塞区段的信息，追踪线路上的每一列列车运行，精确度是闭塞区段的长度。1950 年前后，引入了自控跟踪和联锁控制系统，从而可以安全控制整个网络上的列车运行。

20 世纪 60 年代以来，许多先进的轨道系统都引进了移动（或者连续）信号闭塞和计算机在线列车控制系统。伦敦地铁的新维多利亚线路和由费城开往新泽西郊区的 PATCO 线路都实现了在列车操作员监控下的自动驾驶技术，该技术只要在每一个站点设定行驶周期即可。成立于 1972 年的旧金山 BART 引进了一种更高级的自动控制系统，由控制中心在线监控所有列车在复杂网络上的运行。

当代的公共轨道交通控制和指挥中心是很复杂的，执行多项功能，例如：

- 监督网络上所有列车的运行；
- 提供实时的到站和时刻表信息；
- 提供与列车操作员、站务人员以及其他员工的连续通信；
- 采取措施弥补晚点和其他异常情况；
- 服务中断时指挥运营；
- 提供处理紧急情况的信息和协调关系；
- 在某些情况下，为每一列车提供在线指示或者自动选择到发次序；
- 控制和调整不同时间段停站时间；
- 向乘客通报服务情况，尤其是不正常或者其他特殊情况；
- 提供与公交警方、城市警方、消防部门和其他相关组织的通信。

几乎所有的快速公交系统，即那些拥有 A 级路权的完全受控制的公共交通系统，包括地铁、AGT、区域铁路系统，都设有控制和指挥中心。大多数新修建的 LRT 系统也有这样的中心，尽管他们在 B 级或者 C 级路权下无法完全控制

LRT 列车的运行。然而，在某些情况下，LRT 通过主要的交叉口时，LRT 的指挥控制中心起重要的作用，当 LRT 晚点是会在交叉口获得优先通行权。指挥控制中心的监督和干预是很重要的。

地面公交系统，如巴士、无轨电车、有轨电车的指挥控制中心的引进要晚于快速公交系统，因为监控地面上的公共交通车辆要困难得多。然而，最近几十年引进了各种类型的 AVL 系统后，这个问题已经得到了解决，如 6.4.3.1 节所述。

先进的指挥控制中心拥有复杂的设备，监控所有的公交线路甚至地面公交线路。例如，苏黎世的 Zurcher Verkechrsbetriebe 控制中心的电脑显示器可以输出每辆巴士、无轨电车、有轨电车线路的图形时刻表，时刻表是由白色的线条绘制的。基于来自 AVL 系统的连续信息，每一车辆的运行信息被绘制到运行图上。当车辆比时刻表早两分钟时，它的路径在图上由紫色显示，当车辆比时刻表晚三分钟以上时，它的路径由红色显示。这样，控制员就能够很快分辨出哪些车辆按时刻表运行，哪些车辆提前了，哪些车辆晚点了。后两者需要控制中心进行干预。

各种远程无线通信设备、程序及其在公共交通系统的应用（见 6.4.3 节）集中体现在控制指挥中心。随着远程无线通信设备使用的增加，控制指挥中心在公共交通系统运营中的能力和承担的任务也增大了。

6.4.3　ITS/信息通讯技术的应用

最近几十年，由于电子技术、计算机技术、通信技术的发展，城市交通运输，尤其是公共交通获益匪浅。这些技术在公共交通系统的运营、分析和规划中有着不同的应用。

在美国，该领域叫做智能交通系统（ITS）。在欧洲，这些技术叫做通信技术的电子应用系统，将如计算机、数字处理、卫星和其他技术以及相关技术应用到交通运输系统。这一节的重点是这些技术在公共交通中的应用。该领域没有准确的定义，因为公共交通系统的组成部分在计算机和电子技术发明之前已经存在了，现在它们也被包括在 ITS 的范围。例如，无线通信技术、列车自动防护信号、公共交通运营控制中心，在计算机、GPS 和其他电子技术设备广泛应用之前已经应用于运营多年了。

在城市公共交通中，ITS 的技术和设备实现了很多功能，这些应用可以分为四项。第一项也是应用最广的功能，是应用于系统运营。第二项功能是收集数据，这有利于公交系统的管理、设备和车辆的维修维护以及系统的规划。这两项功能直接增加了公交机构的运行效率。接下来的两项功能直接提高了乘客服务质量：为乘客提供信息和自动售票。类似于前两项应用为公交机构带来的好处，这项关系到顾客服务的功能也极大地提高了乘客服务质量。在接下来的几节中，我们来详细讨论 ITS 的这四项应用。

6.4.3.1 运营监管

这是 ITS 技术广泛应用的领域，从与巴士或者列车的通信到网络中几条线路上的公交单元的控制或者交叉口的交通控制，它无所不包。稍后将会讲述主要应用类型及其重要性，如图 6.4。

自动车辆定位（AVL）：是追踪、控制线路上公交车辆运行的监视系统，在常规地面公交中尤其需要该系统，如巴士、无轨电车、有轨电车。LRT 和地铁的列车通常不依靠 AVL，因为他们可以通过信号闭塞区段、轨道接触、甚至供电区段等来监视。20 世纪 60 年代以来随着各种通信技术的发展开发了巴士线路上的自动车辆定位系统（AVL）。起初，检测器被安装在巴士线路沿线选定的灯杆上，记录装载有发射机应答器的巴士的运行过程，并将信息通过无线电波传送到控制中心。另一种系统（见 Vuchic，1981，4.3.4.3 节）综合了位置记录和距离测量的功能，因此可以连续记录车辆的位置。

控制中心使用无线电系统询问每一个车辆，通过回复获取车辆的位置。车辆被检测的频率是 1 min 一次，紧急情况下 2～3 s 检测一次，然后可以在电子地图上用图标显示车辆。最新的技术是使用 GPS 检测车辆，记录车辆的位置。

图片 6.2 广泛应用 ITS 技术的先进的轨道交通控制中心——旧金山 BART

实际上，由于 GPS 技术的可靠性很高，已经发明了一种新的列车定位系统取代传统的基于轨道接触信号的列车控制系统，这种新系统正在旧金山 BART（区域铁路）系统上测试。人们希望 GPS 可以提供连续的、精确的列车位置信息，从而可以在 BART 上开行比目前更小发车间隔的列车。正如轨道系统一样，各种各样的 ITS 技术也可以连续监视巴士的位置。

AVL 系统的意义重大。公交运营控制需要连续获得所有公交单元的位置。运营监督员需要这些信息来发现问题并且进行调整。无线电通话是监督员与公交单元的操作员/司机进行通信的基本工具，但是这种连接不是连续的，而且不能够提供监督员所需的完整信息以便能够实施控制、指导所需变化的地方、恢复服务等。由于这个原因，AVL 系统成为提高公交服务可控性和可靠性的重要工具。AVL 系统的另一个应用是提供实时的车辆到站信息。

计算机辅助调度（CAD）：计算机辅助调度可以使用预先设计好的算法，帮助调度员在各种不同的情况下确定最优的调度次序。该系统可以应用在许多情况下，如发生严重晚点时，需要将车辆转移到另外一条路径上，一个或者多个公交单元不再投入服务。控制中心可以呼叫单个车辆和一条公交线路上或者城市的一个街区内的所有车辆。

闭路电视（CCTV）：可以用于为了各种目的对车站地区进行的监控。

• 在业务繁忙的地铁和区域铁路站点的站台上安装闭路电视，监视乘客上下车的过程，以防发生意外或者进行紧急调度。

• 在一些地铁系统中，列车操作员使用安装在站台上或者驾驶室的闭路电视控制乘客的乘降、车门的闭合以及车辆的出发。这种 CCTV 系统可以帮助地铁系统减少站务人员，仅仅使用几个员工在控制中心观察数十个监视器就可以实现原站务人员的监视功能。这种系统起源于 1958 年，当时汉堡引进了一人驾驶的列车，仅使用一名站务人员辅助车辆的离站。渐渐地，这些站务人员被售票亭的售票人员取代了，这些售票人员使用 CCTV 来观察站台情况和向列车操作员提供出发信号。1969 年，费城的 PATCO 系统引进了无人车站，所有的监视都可以由控制中心的 2～3 个员工通过观察数十个显示器实现。

• 大型巴士车站的停车场会安装 CCTV 来监视泊位的使用情况。

• 地铁站的收票门通常会安装 CCTV 控制车票支付情况，辅助乘客售票，并指导警察抓捕非法闯入者。

• 客流量大的地区和通道处安装 CCTV 来进行行人控制、拥挤控制和安全控制，尤其是在电梯附近。

• 繁忙的车站地区，行人少、视程有限的行人通道，为了安全起见，都可以通过 CCTV 进行监视，尤其是在傍晚和晚上。使公众知道公交车站中 CCTV

的存在可以对犯罪、破坏、盗窃以及其他非法活动起到震慑作用。

在 AVL、CAD、CCTV 显示的实际列车运动的网络控制面板和其他的计算机和通信设备的帮助下，现代的列车控制中心已经成为轨道交通网络运营的“大脑”。

人工智能（AI）：是使用专门的软件模仿人类的思维。例如，在公交运营中，列车操作员会报告机械故障或者控制故障，AI 能够产生问题诊断报告，并且提供一个可行的解决方案。在公交系统中，控制中心的监督员使用 AI 来帮助列车操作员解决这类问题。AI 的有效性很大程度上取决于另外一种 ITS 元件：机车车辆的诊断仪器。一个诊断系统是由一套复杂的电子电路、检测车辆元件运行状况的设备、显示异常（功能失常）的设备组成。操作员或者远程控制员可以通过这些设备看到问题的存在。诊断系统就是这样辅助检测车辆故障的成因的。因此，诊断系统更灵活地并加快了制定更正可行方案。

通过使用 ITS 设备可以促进街道和交叉口信号控制给予公共交通车辆（LRT 列车、有轨电车、无轨电车以及巴士）优先权通行。这种优先权对于运行在中央分隔带或者其他 B 级路权上的线路尤其有效。实施多方式一体化交通运输政策的城市几十年来一直给予公共交通高于一般交通的优先通行信号，以确保公共交通的正常运营。20 世纪 50 年代后期，欧洲一些城市的轻轨系统配备了信号激发器，然而直到 70 年代，才在专用车道上的巴士上配备信号感应器（Vuchic，1981，5.3.3.3 节和 4.3.4.3 节）。

图片 6.3　利用人工智能进行运营控制——圣保罗地铁

最近 ITS 设备使得制定给予优先信号的复杂决策变得越来越容易。各种不同类型的优先方法被使用，例如改变相位长度、改变相位顺序或者给予公共交通绝对的优先权（“信号优先”）。一些系统对于何时给予何种的优先方法取决于公交车辆的需要以及对普通交通造成的影响。因此，公共交通控制中心可以监视 LRT 列车的运行，选择并给予合适的优先权等级。当他们按照时刻表运行或者比时刻表提前时，不用给予优先权，尽量避免对普通交通造成影响。当发生晚点时，立即给予 LRT 列车优先权，将公交相位调到其他相位前。仅仅当公交车辆发生严重晚点时，才可以采取“完全优先”，就像给予警车和消防车的优先权那样。

另外一种信号优先类型是当轨道或者巴士车辆在站点启动之后，在其他车道的车辆放行之前通过交叉口（绿灯提前）。相同的控制类型还用于专门的公交相位，以此来保障公交车辆左转（Vuchic，1981，4.3.4.3 节）。最后，轨道车辆在街道上载客时会激发一个专门的信号，这个信号可以阻止其他车辆通过公交车辆的停车区域，方便乘客乘降，而不会与普通交通冲突。这被称之为信号岛。

弹性服务形式是可以根据不同的出行需要或者运营状况改变车辆运行计划和路径的公交服务。这种类型的服务主要在客流量较少的线路上使用，而且通过应用 ITS 设备可以更加有效率。弹性服务运行计划和路径包括以下运营类型：

换乘协调：确保乘客可以获得不同线路之间的协调换乘需要可靠的运营，因为错过协调的换乘对乘客来说是一件令人很不愉快的事情，特别是发车间隔很长的时候。使用 AVL 系统、监视设备和通信设备组成的控制系统可以降低错失换乘的数量，因为这个系统可以提供给调度员精确的车辆位置和车辆运行信息。这样调度员就可以做出最优的决策，决定是否要延长车辆等待时间，实施协调换乘。

路线偏移：将车辆调离原定的线路去搭载少量乘客是谨慎的，因为这会打乱正常的运行计划，造成主要线路区段上乘客的延误。ITS 设备和程序可以计算和预测哪些调离是可行的，不会造成服务的过度中断。这种类型的服务对于残疾人士特别有用。

混合公共交通/辅助公共交通，如电话预约服务，以及常规的公共交通运营都可以通过使用 ITS 工具和程序提高效率。

因此，ITS 在提高公交运营效率和安全性方面，以及在技术层面上提供新的服务类型是可行的。

6.4.3.2　公交管理与规划的数据采集

ITS 提供的采集和处理大量数据的强大功能已经应用于运营管理和规划中。例如，计数乘客，当采用手工计数时是一项花费巨大、劳动力密集、复杂的活动，使用 ITS 设备却可以轻而易举的完成。在带有自动收费的轨道交通系统中，系统可以根据记录的次数收集所有站点的完整 OD 信息。LRV 和巴士上可以安装相似的设备，计算上车和下车的乘客数，但是获得的信息比较少。这些信息可以给出一个客流直方图（每两个站点之间的乘客数量），但是不能给出乘客个人精确的 OD 信息。

乘客计数的获得对于运营运行计划的安排以及短期、中期和长期公交规划中已经安排好的运行计划的调整有巨大的帮助。

自动数据采集系统对于记录已完成的服务特别有用；计算车辆一公里、空间一公里、乘客一公里；记录运营员工的工作时间，计算工资；分析改变时刻表的成本以及其他功能。

自动数据收集和处理系统给仓储站场和车辆维修维护和大修的运营提供了极大的便利。从巴士和轨道车辆的运行计划的记录可以得出车辆的运行时间和行驶里程，这些数据是决定车辆维修维护的种类的基础数据，如 6.4.4.1 节的解释。这种自动数据收集系统对于地铁和区域铁路系统尤其重要，因为组装和改变列车的大小（所谓的列车编组）涉及到跟踪非常复杂的在不同运行计划下运营的个体车辆完成的工作量。自动记录车队班组的工作时间也可以很容易的安排站场和维修场不同类型的维修工作计划。

除了车辆运营的统计，维修场还可以使用诊断报告来控制车辆的状况，预测和诊断抛锚、准备干预或者派出机动车辆投入到服务中。

6.4.3.3 乘客电子信息系统

ITS 技术使为乘客提供公交服务信息的方法产生了革命性的变化。乘客信息系统中使用的 ITS 元件可以在乘客等待乘车期间、换乘期间，或者查找目的地时帮助乘客计划一次出行或者查找站点或车站。

正如 6.6 节所述，许多城市或者全国的公共交通使用者可以使用因特网计划他们的出行。只需输入出发地、目的地和期望的旅行时间，就可以获得详细的路径，包括如何步行到最近的公交站点乘车以及从公交站点步行到目的地的提示、所需的换乘、相关线路上的时刻表以及票价。也可以轻而易举地搜索到其他替代方案。

另外一种给公共交通使用者配备的 ITS 设备是电子记事薄（PDA）或者手表，通过无线通信技术提供实时的服务信息。卢森堡和赫尔辛基的许多乘客以及越来越多的城市乘客也将使用这些设备查找下一趟车什么时间到站。

在一次公交出行中，ITS 设备可以被用来显示指定的线路，在车上报告可以换乘的站点。最近，一个非常有用的 ITS 应用是连续的报告每一个车站甚至在主要的巴士站点可以报告停靠该站的每条线路即将到达的车辆。

在换乘站上，电子显示设备会提供所有线路上的车辆出发信息。在允许快速换乘的车站上，基于 ITS 的监视和调度能够使由于车辆晚点造成乘客错过换乘的几率最小，这就是所谓的换乘保护。

6.4.3.4　电子支付售票管理系统

远程无线通信技术的发展使得售票程序、数据收集、收入核算和相关功能从中受益。ITS/通信技术的硬件和软件在各种形式的自动售票系统（AFC）中广泛应用，不管是车站的还是车辆上的。

早于这样的 ITS 系统定义的完全自动售票系统是乘客使用充值磁卡进出轨道交通系统完全受控的车站。成立于 1969 年费城的 PATCO 线路，旧金山 BART（1972 年），以及欧洲许多轨道系统都成功引进了这种售票系统。这是一项很大的技术突破，因为使用自动售票系统取代人工售票极大的缩减了成本，而且同时可以获取任何时段乘客 OD 的完整数据。

20 世纪 70 年代和 80 年代之间，在一定时间内可以不限次数使用的预先支付的公交磁卡的大量引进使得乘车的方便性、乘降的快速性得到了极大的提高，同时不仅可以收集完全受控系统的出行数量的信息，而且可以收集地面巴士、轨道公交车辆的信息。注意所有的售票系统都需要具备使用磁卡自动计数出行数量的功能，而仅仅只有完全受控的系统需要使用磁卡进出，这就允许使用渐变费用提供完整的 OD 数据。这两个特征在大型系统中尤其重要，因为他们无法承受使用统一票价而蒙受潜在的巨大收入损失。

图片 6.4　柏林站的实时出站信息系统

电子售票在所售票的类型、售票的速度和方便性、收入控制和统计等上有许多创新。从售票的新方法中受益的一个很好的例子是纽约市引进的地铁卡。这张卡可以充值，在轨道和巴士系统上都可以使用，免费换乘，使用一张卡可以为多个乘客刷卡。单单这项创新就使纽约市的轨道和巴士系统的客流量得到了巨大的提高。客流量的提高是因为支付方便性的提高、多方式免费换乘的引入、地铁卡的打折销售以及服务的改善。

最新的售票设备是非接触智能公交卡，这种卡片不需要刷卡，从而提高通过收费门的速度（见 7.2.3 节）。智能卡通常用来为其他类型的运输服务进行支付，例如停车、城际列车等。

引入 AFC 的主要障碍是新设备的巨大投资、传统运营方式的改变、员工的重新培训、教会公众如何使用新的售票设施等。然而，电子售票也有额外的好处，例如可以消除携带现金的必要，减少逃票或者部分付费的比例，减少乘务员处理现金的麻烦，以及可以轻易获得公交出行的数据：OD、换乘、时间等。

6.4.3.5 总结

总的来说，ITS和通信技术在公共交通系统中的应用使公共交通的运营、效率和提供新服务的能力都得到了很大的改善。应用ITS设备可以使服务分析、服务使用和成本分析、测试运行计划修改的可行性、收费变化影响分析变得更加容易。服务可靠性的增加，运行计划的改善（或者需要时快速服务的调整）能够减少机动车辆的数量，从而降低车辆和员工的运营成本。

站在乘客的角度，ITS在为公众提供信息方面提供了大量创新，极大的改善了公交系统的形象，乘客的增加带来了收入的增加。

运营成本的下降和收入的增加改善了公交机构的运营率。这个财务结果表明对ITS设备投资成本的回收。但是这个财务结果没有来自于公共交通在城市中作用的增加和形象的改善带来的长期收益，这些改善不但来自于公交运营者，还来自于城市居民和城市整体日积月累的努力。这些收益是很难量化的，但是它们比公交机构的直接财务收入重要得多。

6.4.4 轨道车辆/公交车辆维护和替换

高品质的机车车辆对于乘客的舒适性、安全性以及服务的可靠性和运营的经济效率都很重要。车辆的机械可靠度是其主要性能特征之一。它是由以下一个或者两个指标度量的：

• 平均故障间隔距离（MDBF）是车辆在服务中两次故障之间行驶的平均距离。这个数字是通过给定车队内的所有车辆在给定时间内——通常是一周或者一月——行驶的总距离除以车辆的故障次数计算得到的。

• 平均故障间隔时间（MTBF）是车辆在服务中每两次故障的平均间隔时间，通过车辆总运营时间除以故障次数计算得到。

为了计算这两项统计数据，重要的是要对故障做出前后一致的定义。根据故障后果的严重性可以将车辆的机械故障分为几类。首先，如果车辆的机械故障在服务中是可以忍受的（例如，车上的4个门中的一个不能开合，但是它一直保持关闭状态，相应的信息也提供给乘客），那么就不应该算做一次车辆故障。然而，如果列车中的一辆车发生了故障，而列车仍然可以运行，尽管这样的故障也没有对服务造成显著的影响，但是如果这样的机械故障使得车辆不能够继续自行运行，那么就应该算做一次故障。

类似的，列车中的一辆车会发生故障，但是关闭这辆车之后列车仍然能够行驶到终端站；如果故障会造成列车不能再运载乘客，列车必须被取消并且开行到能够离开该线路的第一个地点；最后，车辆或者列车也许会由于电力不足或者刹车失灵发生故障，阻塞了线路，这时必须被下一班车推出运行线路，导致很大的延误。所有这些情况，除了第一项，其他都应该算作故障进行统计。

公共交通方式的不同服务中不同故障类型的影响也会不同。例如，巴士的故障几乎不会造成其他巴士的阻塞或者延误（除了乘客的换车过程）。当轨道车辆发生故障时，列车可能仍然能够运行。轨道车辆或者列车发生故障需要推行的情况很少，不过一旦真的发生，就会造成线路的重大延误。

对 MDBF 和 MTBF 两个指标的选择取决于统计的目的。巴士的维修周期或者车辆配件的使用寿命、刹车测试、发动机更换机油和轮胎的使用寿命都需要通过检测车辆的行驶里程决定，这会在后边讨论。然而，在一些情况下，车辆磨损尤其是运营成本与运营持续时间的关系比行驶里程更加紧密。例如清洗车辆是按照时间间隔安排的。总运营成本与车辆行驶时间的关系比起车辆行驶里程来更加密切，因为主要的运营成本是劳动力成本，而这是按时间计算的。

除了机械的可靠度，公共交通车辆还应该有效率地运营，为乘客提供舒适、有吸引力的服务。这些要求必须通过系统的车辆维修程序以及定期更新超过使用年限车辆来实现。

6.4.4.1　车辆维修程序

图 6.2 的流程图表示影响车辆可靠性的主要因素和高可靠性的正面结果。基本的影响因素是车辆设计、生产和维修的质量以及维修员工的素质。从可靠性角度来说，良好的车辆性能导致了对车辆较少的投资，因为几乎没有车辆需要所提供给定的服务。这样车队的规模就会减小，所需维修设施和维修场的规模也会减小。从运营角度来讲，运营成本会下降，吸引的乘客数量会增加。

根据车辆的行驶里程区间，车辆的维修维护应该分成四个或者五个不同的程序，不同行驶里程的车辆履行相应的程序。表 6.2 给出了服务的类别及其对应的行驶里程区间。

表 6.2　维修服务的分类及其间隔举例

服　务	间　隔
加油，清洗，刹车检查	每天
服务 A	12 500 km
服务 B	50 000 km
服务 C	100 000 km
大修（D）	400 000 km

每辆车每天至少清洗一次，其刹车每天至少检查一次，在线路的终端进行小规模的车辆清洗，即每个循环每辆车清洗一次。服务 A，B 和 C 检查的综合程度，配件更新的程度和修理的程度是逐渐增加。也就是说，一辆车每行驶 12 500 km 经历一次 A 级服务，每经历 4 次 A 级服务就经历一次 B 级服务，包括额外的配件维护和修理。每经历 2 次 B 级服务

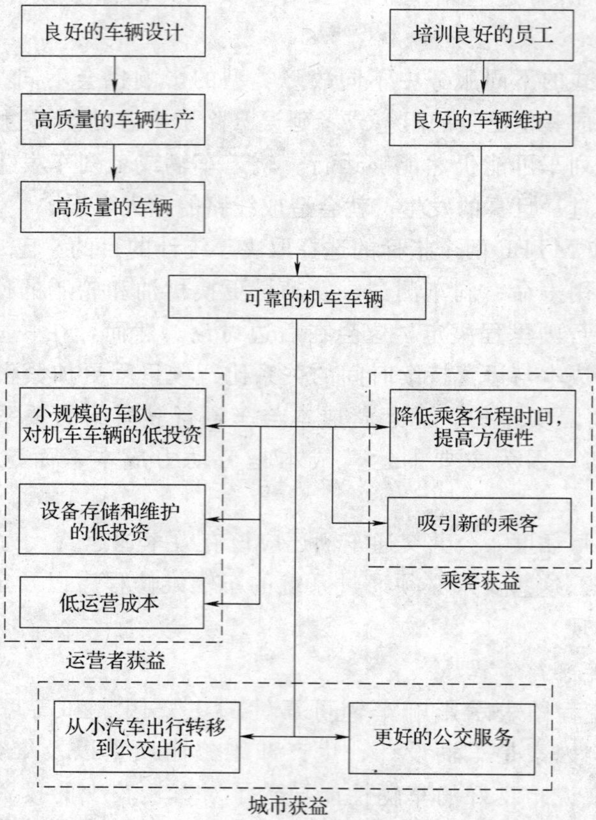

图 6.2　获得更高的公共交通可靠性和利益的步骤

经历一次 C 级服务。每经历 4 次 C 级服务就进行一次大修，这时车辆整体经过了一次拆卸和仔细的重装，如图 6.3 所示。

在一些国家，某些类型车辆的服务区间和每一种服务类别的工作内容由法律做出了规定。轨道车辆的技术标准比巴士车辆要严格的多。尽管这样高标准的要求导致了维修成本的提高，但是这也是轨道系统的安全性比巴士高的原因之一。

当政府标准没有对维修的区间做出规定时，维修工作按照公交机构维修惯例来执行。质量最低的维修是所谓的应答性维修，即更换或者修理坏了的或者即将坏了的汽车元件。预防维修是基于服务区间的有计划的维修程序，如表 6.2。

预防维修是当车辆安装有检测车辆零件状况的检测设备时，在规定的区间内履行服务，不是按照计划更换所有的零件而是只更换那些严重损坏的零件。

因此，这种维修方法不但可以保持服务水准，而且可以节省更换没有磨损的零件成本。这是最经济，同时也是最复杂的方法，需要许多检测设备和详细的测试。

拥有大规模车队的公共交通机构有时需要分析不同维修周期的最优区间。计算这个最优区间的一种分析方法是在维修成本和车辆的可靠性之间寻找最优点。从概念上来说，这两个值之间的平衡是决策的准则。随着维修区间长度的增加（车辆维修的频率降低），维修成本下降。然而，这会导致车辆可靠性下降，从而使运营成本和忍受低可靠性服务的乘客成本增加。应该将总成本曲线上值最小点代表的维修区间作为最优的区间。

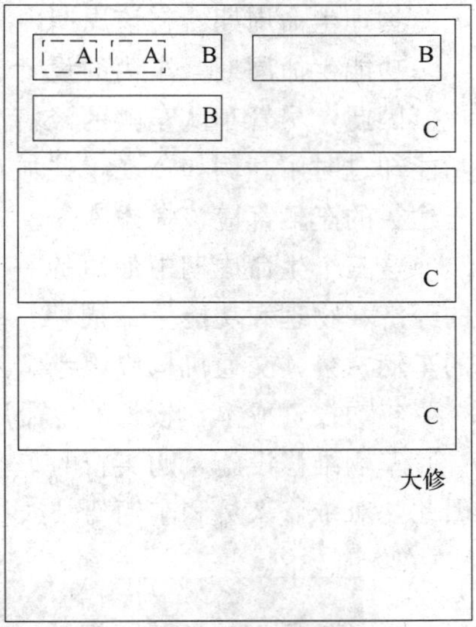

图 6.3　车辆维修程序分类

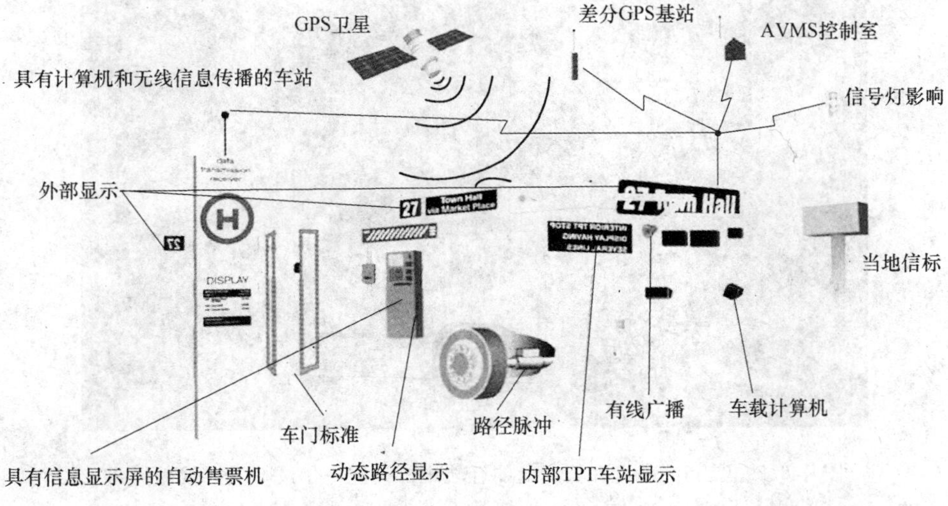

图 6.4　ITS 技术在车辆和车站上的应用

6.4.4.2　车辆生命周期

在考虑何时更新车队现有车辆时，公共交通机构应该考虑其现有车队车辆的新旧程度。在这个分析过程中，涉及到三个概念：

经济生命周期：是车辆生命周期成本，即整个车辆生命周期内平均每年的成本，最低的车辆生命周期。

物理生命周期：在该周期内车辆能够以可以接受的可靠性和维修程序运营。

功能生命周期：车辆的设计、技术和运营会被新技术或者新的运营要求取代。因此，尽管车队车辆的经济生命周期和物理生命周期仍然还有几年，但是功能却过时了。例如，在一些城市，没有空调的车辆或者没有为残疾人设置上车途径的车辆都应该考虑废弃。

这三个生命周期中最短的一个决定应该何时更新车辆。为了综合评价车辆的经济、物理和功能生命周期，决定机车车辆应该运行多长时间，何时购买新的车辆，公共交通机构应该考虑以下主要因素：

年均投资成本，较长的生命周期可以降低平均每年购买车辆的投资。

车辆维修设施，购买新的车辆需要改变维修设施、设备、程序和员工技能。因此，对维修人员和车辆驾驶人员进行重新培训是必要的。

图片 6.5　具有高底盘和低底盘的轻轨维修设施——波特兰，俄勒冈州

维修和运营成本，当车辆变旧时，这些成本就会增加，因为这时车辆需要更加频繁、更加大型的修理，能源消耗也会增加，故障率也会升高。

车辆转售价值或者折余值，如果当前使用的车辆还可以继续运营几年，它们就有转售的价值，这笔收入应该计入账目中。通常这笔金额与购买新车的价格相比不是很大。

服务质量，总的说来，车辆的内部条件和乘坐质量随着车龄的增加有所下降。

车辆设计和乘客舒适度，新的车辆拥有更具吸引力的设计和技术特征，可以提供更高质量的服务。这些很重要，如空调、大的窗户、低底盘的车体、自动信息系统和防破坏椅。新的车辆外部设计会使车辆的形象更具吸引力。然而，在最新设计和使用了 10～20 年维护良好的车辆没什么显著不同的情况下，技术革新并不显著。

新技术特征，新的车辆会改进车辆的运营和控制。这些创新包括效率更高的电力引擎、使用清洁燃料、拥有更好的废气控制系统的柴油引擎、控制车辆性能诊断故障原因的检测系统。然而，这些变革和创新并不总是必要的。有时新的车辆的能源消耗更高，车辆零件的设计更加复杂，而可靠性却降低了。

正如前两个项目表明的那样，对新车辆所有创新的前景必须进行认真的成本效益分析。许多创新对于提高舒适度、服务的可靠性、能量利用率等的效果是明显的。然而，有一些创新需要很高的投资，而且会带来诸如复杂性和维护成本的提高、由于使用更加敏感的元件而使可靠性降低、经验过时加速其废弃的趋势或者对于某些服务不必要的舒适度等的负面效应。

成本效益分析对于发展中国家尤其必要，因为在发展中国家传统车辆能够以低成本提供基本的、可靠的服务，这要比车辆舒适度以及需要进口有复杂易损坏电子元件的最新车辆重要得多。

何时购买新车辆的决策也会受到资金获得的影响。在许多情况下，公共交通投资可以获得政府基金，包括机车车辆的购买。但是，资金的可获得性并不可以消除对以上所讨论的所有因素的认真考虑，而是更加强调与服务质量、可靠性、引进改善服务效率和系统对乘客吸引力创新的相关因素。

不同的公共交通机构关于车辆生命周期和购买新车辆的惯例不同。一个极端是，拥有大规模车队的公共交通机构，例如伦敦、巴黎和纽约，每 5 到 7 年巴士就要轮流经过一次大修，轨道车辆是 10 到 20 年。为了实现大规模产业化运营，这些公共交通机构拥有自己的大修厂，这些大修厂被设计得像工厂一样，并且像工厂一样运营，生产效率很高，每周可以修理多达 3～5 辆巴士或者 1～2 辆轨道车辆。另一个极端是，一些公共交通机构每 6～8 年就要卖掉仍然有相当长的生命周期的车辆以获取资金购买新的车辆，从而避免一切大修工作。

表 6.3　不同公共交通方式机车车辆的典型生命周期长度

公交方式	典型生命周期（年）	最长生命周期（年）
小型巴士，客车	4～6	7～10
巴士	10～12	15～20
无轨电车	15～18	20～30
轨道：有轨电车，LRT，地铁，区域铁路	25～30	40～50

表 6.3 给出了不同公共交通方式典型的生命周期长度。

表中显示的典型车辆生命周期长度从大多数公共交通运营商的经济可行性、运营质量和服务质量的角度出发是最优的。最长的生命周期范围这一栏中的较小值是大多数城市的情况。加拿大的许多城市运营的巴士已经使用了 15～20 年。俄罗斯和美国（费城、西雅图）的一些城市继续运营已经使用了 20～25 年的无轨电车。“子弹头列车”——极其先进的轨道车辆，拥有流线型车身，是 19 世纪 30 年代专门为费城的 Norristown 线路设计的，运营时速可以超过 110 km，已经服务了 60 年。巴黎、纽约、费城和其他许多城市已经使用了 40～50 年的车辆仍然在继续运营。布宜诺斯艾利斯的一条地铁线，直到 20 世纪末还运营着从 1913 年地铁系统开始运营时制造的车辆。因此，尽管有例外情况存在，典型生命周期长度中所显示的值可以作为大多数公共交通机构计划购买车辆最可靠的参考标准。

6.4.5 安全、法律诉讼和保障

安全性被定义为消除会造成人身伤害或者物理损害的事故。因为公共交通作为一种公共服务，被期望是高度安全的，乘客安全是在基础设施、车辆设计和系统运营中必须考虑和提供的基本元素。由于事故，公共交通机构面临着人身伤害索赔。公共交通机构需要尽最大努力合理解决合法的索赔，保护机构免受过度索赔和诈赔行为。安全保障是保护人身和设施不受犯罪分子、恶意袭击或者破坏的侵害。

6.4.5.1 安全性

在公共交通系统的设计和运营中需要高度关注高的安全性要求。原因是显然的：乘客、员工和财产应该被大力保护。除了道德的原因和使乘客在使用公共交通系统时感到安全的需要外，公共交通机构在经济上对任何可能存在危险的状况负法律责任。

应该从几个方面来设计公共交通系统以保障安全运营。第一，应该阻止车辆碰撞，这是对人身和财产最大的潜在危险。第二，必须使碰撞的后果最小化，不管多么不希望碰撞发生。第三，必须提供对不可预见的紧急事故的保护措施，如火灾、大树倒塌、暴风骤雨等。第四，必须保证车站内乘客的移动（爬楼梯、乘坐电梯、通过收费门或者十字转门）的安全，使乘客免遭滑倒、失足、跌倒和其他小意外。最后，需要特别注意乘客和车辆之间的接触，尤其是车辆乘降时。

为了使受伤和损害的概率最小，在规划和设计公共交通系统的硬件设备和运营过程时也必须要考虑到安全方面。除了考虑每一设备的安全性外，还必须

使用系统的方法保证不同设备之间的相互作用，预防事故和不幸的发生，同时如果事故真的发生的话，应该使事故的影响最小化。为了系统安全必须考虑的主要因素被分成如下几类：

• 车辆设计和性能；

• 人行道的设计和保护；

• 公交单元的移动和控制；

• 线路和车站的组织、运营和控制。

由于不同路权等级的特征有巨大不同，不同公共交通方式的车辆技术、运营、安全措施以及获得的安全水平都有所不同。这里讨论主要公交方式的安全性，从作为最简单的、基于公路的主要运营在常规街道上的巴士开始，到地铁、AGT以及在信号或者完全自动控制下拥有完全独立路权的公共交通方式结束。

巴士由司机手动驾驶，并在城市街道上行驶。其安全性在很大程度上取决于司机的驾驶技能和交通状况。在分析安全性时考虑的因素是：

• 车辆性能：司机的能见度和驾驶、刹车、加速的能力，以及是否安装了防止打滑的设备。

• 车身设计和车身强度：发生事故，如碰撞、横向撞击、车辆翻车（在城市公共交通中极少发生）时可以使损害最小。

• 防火耐火：使用非易燃的材料，设置紧急通道等。

• 驾驶员培训和工作表现，包括他/她的安全记录。

• 线路状况：交通密度、交通控制，应该为受保护的巴士设定公交专用信号、设置公交专用道或者专用路。

• 公交站点的设计和运营：站点选址、路缘设计、乘客乘降情况等。

• 与控制中心的通信：处理紧急事故和提供快速援助的重要要素。

• ITS元件，例如警告和预防碰撞用的雷达，是对巴士有用的安全元件。

轨道交通，由于其不同于巴士的物理和运营特征，它的安全特征也和巴士不同。轨道交通车辆按轨道进行导引，不依赖于司机的驾驶。有轨电车运营于混合交通之中，精确确定的路径在安全性方面有优点也有缺点。然而，LRT车辆运行于A级和B级路权之上，由于与其他交通进行隔离，比巴士有着更高的运营效率：在自动安全装置，如信号和安全手柄的保护下，导引允许更大容量的公交单元以更高的速度在狭窄的路径上运营。

由于运营条件不同，轨道交通方式之间的安全装置是不同的。从有轨电车到LRT、轨道快速公交，再到区域铁路，所有拥有轨道导引和高强度车辆以及其他提高安全性因素的公共交通方式越来越复杂。例如，有轨电车没有自动信号保护，当速度超过70 km/h时LRT系统有信号保护，而地铁和区域铁路全线都有信号保护。

因为快速公交列车高速运载大量的乘客，在设计时必须保证高度的安全性。提供这些安全保证的主要因素是：

• 完全受保护的路权（A 级），防止与其他车辆或者行人相碰撞。

• 确保列车路径完全受保护的轨道信号，可以保证列车安全通过道岔和冲突点。它们也控制列车间距，而且如果列车闯入红灯信号，会自动停下来。这种故障安全机械装置能够保证即使列车驾驶员犯了闯红灯的严重错误，碰撞也可以通过自动启动紧急刹车得以避免。

• 安全手柄：一种手柄或者踏板，驾驶员必须握住某个特定的位置。如果驾驶员受伤或者松开了手柄或者踏板，这时紧急刹车被激活，使列车停下来。

• 轨道车辆车身的抗冲击力比公路车辆的大得多，受到撞击时发生最小的形变，最大程度的保护乘客。

• 快速公交列车的通信系统，不管是常规的还是紧急的，都比地面公交的精密复杂。

• 所有的运营过程被连续的监督，包括列车运行和车站活动。

由于这些系统特征——安全装置和完全受控的运营实践——快速公交的安全性已经达到了这种程度：任何单个的物理故障或者人为错误都不会造成事故，除非是两个或者更多个不可能发生的故障同时发生，而这是极其罕见的事件。

铁路快速公交的高安全性已经得到了运营记录的印证。例如，纽约地铁从1929年到1969年已经运营了40年，平均每天运载400万到500万的乘客，没有由于列车事故造成1名乘客死亡的事件发生，如碰撞、出轨或者其他的故障(这不包括门和站内的故障，以及自杀行为)。

由于火灾的严重后果，隧道和地下车站防火措施及其快速处理被给予高度重视。防火措施涵盖一大套要求，包括车辆和车站的材料要用非易燃材料。其他防火安全措施如烟雾检测器和洒水器，列车驾驶员、监督员、站务人员、控制和通信中心、火警和消防机构之间的快速通信等。最近修建的快速公交系统在隧道中都有通气和排气装置，这些装置可以在需要的时候启用来鼓入或者排出空气。

自杀在一些快速公交系统是一个严重的问题。自杀者通常直接跳到列车前方，因此大多数情况下列车来不及停下来。伴随着这种悲剧的是，列车必须停止运营，直到医护人员和警方赶来检查现场，确认该人已经死亡或者这个人仍然活着，他或者她被抬出轨道。如果这种干预持续很长时间，地铁线的延误会影响到成千上万的乘客，对整个城市造成严重影响。

由于在大多数自杀事件中，涉案人员计划周详，其行动是几乎不可能阻止的。因此在这种现象多发地区的公共交通机构组成了一支快速反应队伍，这支队伍由经过特殊训练的人员组成，包括一名公交监督员、一名医疗检查员、一支营救队伍和一名警察。在这种情况下延误可以从1～2 h降到20 min。

在地铁系统中唯一积极的预防自杀的措施是在车站中沿站台安装屏蔽门。这种设计在圣彼得堡、新加坡和巴黎地铁完全自动化的十四号线都已经实施了，有优点也有缺点。优点是提高了乘客安全性，避免了突发性的自杀事件，环境控制更加容易，尤其是降低了炎热天气的空调成本，如新加坡。缺点是更高的投资，屏蔽门的运营成本尤其是同步开合的门的运营成本，以及精确停车所需的完全自动驾驶的成本都更高。一些地铁系统正在考虑引进屏蔽门的同时保留手动驾驶。

自动化地铁和其他的AGT系统是按照计划好的绝对安全制度进行设计的。因此它们的公交单元的运行安全性和传统的地铁系统一样高。在车站中，司机的存在和紧急情况下的行动被自动装置取代，这些自动装置能够检测轨道上是否有人或者物体，如果检测到人或者物体会自动触发紧急刹车。两种这种类型的设备已经成功运用多年：轨道上方的红外线（里昂地铁）和轨道之间的接触板（温哥华空中列车）。

美国公共交通委员会（APTA，2002）对全美最大的450家公共交通机构采集的统计数据表明，1997年到2000年每年公共交通系统运营中的受伤人数是31 000～34 000人，死亡人数多达每年4 265人。公交巴士的死亡率估计是每100百万乘客－公里0.025，而小汽车的死亡率是0.544，是公交巴士的22倍还多。

由于不同公交方式的运营条件和事故类型不同以及数据收集的限制，很难对不同公交方式之间的安全性进行对比。然而，APTA对全美最大的450公共交通机构采集的数据在相同的年度表现出很高的一致性。表6.4以百分比的形式给出了不同公交方式乘客出行、乘客－公里、伤亡人数的数据。这些数据表明63%的乘客选择地面公交车辆出行，包括需求响应服务的小客车和巴士、常规巴士、无轨电车。36%由轨道车辆运载：有轨电车/轻轨、地铁和区域铁路。由于轨道方式出行的距离较长（尤其是区域铁路），乘客－公里的比例是不同的：轨道方式占52%，或者说完成了超过一半的工作，然而地面公交车辆只占乘客－公里的47%。

关于乘客受伤人数，91%发生在地面公交车辆，而只有9%发生在轨道车辆。这是由于巴士运行于混合地面交通中，而轨道交通是路权独立、自动控制的。死亡数据的分布稍微均衡一些：地面公交车辆占55%，轨道方式占44%。因此，虽然巴士造成很多伤害，但是他们相对来说比轨道车辆的严重性稍低一些。轨道车辆的高速和大量乘客乘降的特点可以部分地解释安全记录的不同。

表 6.4 2000 年公交方式之间出行、人一公里、受伤人数、死亡人数的百分比分布

方式＼项目	间断出行	人一公里	受伤	死亡
需求响应客车	1.1	1.8	5.4	22.4
巴士	60.7	44.6	84.9	32.8
无轨电车	1.3	0.4	0.7	0.0
LRT/有轨电车	3.4	2.8	2.1	8.6
地铁	28.1	29.0	4.3	32.8
区域铁路	4.4	19.7	1.8	1.7
其他	1.0	1.7	0.8	1.76
总计	100.0	100.0	100.0	100.0

资料来源：APTA，2002，表 26、30、73 和 74

6.4.5.2 *法律诉讼*

公共交通机构必须提供安全的出行，并且对由于疏忽造成的事故负法律责任。大多数个人受伤索赔的来源是公共交通车辆在拥挤道路上的运营。公共交通机构的一个重要目标是使事故的数量最小化，从而减少索赔案件的数量，这种索赔会占用本用来提供服务的基金。

然而，除了要对正当事故赔偿进行支付，在一些好诉讼的国家，如美国和它的盟国，司法系统有时被过度索赔和欺诈索赔的仲裁协议书所滥用。在陪审团处理的个案中，陪审团经常倾向于同情起诉公交机构的个人。公共交通机构被陪审员看作是巨额基金的拥有者；他们忽略了这样一个事实，诉讼的花费会带来减少公交服务或提高票价的结果。公共交通机构所面临的几个刚刚有事实基础以及还没有事实基础的法律案件的例子很好地说明了这个问题。

• 一个小孩在电梯中受伤了，尽管已经重复报告这个电梯是不安全的，但是却没有采取措施进行修理，由于这个疏忽，公共交通机构被判决赔偿一笔巨款，包括惩罚性的。

• 一辆乘坐了 18 名乘客的巴士在街道上发生了碰撞。公共交通机构却收到了 23 个受伤索赔。其法律部门必须想办法证明哪些索赔是正当的，哪些索赔是欺诈的。不断遭遇这类欺诈迫使一些公共交通机构在每辆汽车内安装了摄像头。如果发生了事故，车辆内部的图像会显示事故发生时哪些乘客在场。

• 一名乘客刚刚下车，走在巴士前边，由于没有注意到其他的交通，被一辆小汽车撞到了。公共交通机构被不公正的起诉要对这起事故负责。

• 一个有吸毒记录的人摔倒在地铁的轨道上，尽管已经紧急刹车，这个人的一条腿还是被进站的列车压断了。原告的“专家”在诉讼中争辩公共交通机构以不顾危险的速度运营列车而且要求列车在进入每个车站之前应该减速，以25 km/h的速度通过整个车站。起初，陪审团判给原告大量的赔偿金。上诉之后，法庭反对不顾危险的速度的说法，接受了辩方律师的论点，快速公交列车不是设计用来为行人停车的，因此不可能阻止一个故意跳到车辆前边的人受伤，不管是地铁还是地面公交。

一些城市的司法系统和司法案件极大地刺激了诉讼的申请，尤其是针对公共交通机构的诉讼，其中很大一部分是所谓的软组织损伤，这种受伤没有客观的医学证据为索赔者所受的痛苦作证。这种受伤索赔中只有极少数是真的，大部分是简单捏造的。这种受伤索赔还会受到专家目击者的支持，这些人为了获得来自诉讼的高额收入，放弃了自己的技术准则和职业操守。一些公共交通机构不得不在几十个案件中同这些“专家”周旋，因此，显然公共交通系统要采取更加主动的手段解决这个问题，避免有限的公交资源的不合理花费。

SEPTA，费城大都市圈的公共交通机构就面临了这样的问题。20 世纪 80 年代，诉讼的数量急剧增加，到了 1988 年，SEPTA 收到了 15 000 件索赔和 5 000件人身伤害诉讼，花费了 6 350 万美元来解决这些官司，这笔花费占用了运营预算的 11%，这是全美所有公共交通机构的最高的法律成本。①

作为回应，SEPTA 采取了主动手段解决这个问题，被称为反欺诈索赔运动。这场运动由几大并行的措施构成：

• 将所有索赔案件的信息输入计算机，实现跟踪索赔者、他们的律师、专家目击者和医疗提供者、声称的受伤类型、医疗治疗的频率和实情、以及其他因素的目的。这些信息允许逐个案件进行分析，以确定索赔是否合法。

• 车辆和车站内安装视频监视器作为调查工具，监视索赔者是否夸大了伤情，事故发生时是否在场等。

• 获得社区支持，与当地执法机关进行合作。

• 获得法庭支持实施刑事处罚，包括惩罚已证明是欺诈索赔的案件。

• 公民犯罪委员会提供援助，通过秘密渠道报告可疑的或者欺诈的索赔。

• 登广告，使用广告牌、海报、传单、报纸、无线电消息，强调欺诈索赔问题的严重后果，宣布将采取严厉措施处理这个严重的问题。这项运动改变了人们认为公交机构容易受到无根据索赔的看法。

这项索赔管理的综合措施对索赔案件的数量和处理案件的总花费产生了很大的影响。总花费降低了 50%还多，在接下来的几年中为 SEPTA 节省了数以百万计美元。

① 由前 SEPTA 法律部门的 James Kilcur 提供的该信息。

为了提高安全性，连续管理索赔案件，公交机构尤其是大型公交机构应该考虑实行以下行动：

• 通知并提醒公众安全条例，使公众养成安全习惯。

• 加强对设施和运营实践的检查，着重于其对乘客安全的影响。

• 改善在发生事故时用到信息的录入和收集，这包括可擦除的视频记录，车内的、站台的、通道的、车站的旅客候车区。

• 雇佣有能力的专家为不公正的诉讼辩护。避免造成花费大而且有害的先例，以节省诉讼成本。

• 获取法庭或者法律对公共交通机构的保护，类似于赔偿责任限额或者免除公共机构的某些义务。例如，许多交通运输部门在某些情况下有赔偿责任限额，或者赔偿责任的最高金额。

• 追寻欺诈性索赔，获取对它们的最高刑罚。

这些措施的实施不仅对降低财务支出效果显著，而且可以降低提起诉讼的数量，改善公共交通机构在公众心目中的形象。

6.4.5.3　安全保障

在公共交通系统的运营中，安全保障可以定义为消除或者保护乘客、员工、他们的财产或者公交系统的设施免遭危险。安全保障包括使之免遭各种各样事件的威胁，大到暴力犯罪行为，小到偷窃行为，逃票行为都属于安全保障的范围。为了进行系统的分析，可以按照安全保障的类型和潜在的危害对象将其分为几类。

乘客安全保障。个人犯罪，如袭击、抢劫、盗窃和性骚扰，是非常严重的事件，公共交通系统必须采取一切可能的手段阻止这些事件的发生。犯罪袭击不但会造成对受害人的伤害，而且会使公共交通系统的形象下滑。长期看来，一个危险的公交系统形象不但会造成客流量的下降，而且造成公共交通作用的下降，危及城市的发展。

不同城市之间，同一城市的不同地区和不同公共交通线路之间的乘客安全保障问题是不同的。不同线路之间，不同公交方式之间对安全保障的认知也是不同的。乘客对安全保障的理解会因实际条件的变化而不同。影响公共交通系统安全保障的因素包括以下几个方面：

• 系统质量、设计和物理状况对乘客行为、安全保障和安全性都有显著的影响。物理状况会使乘客对系统安全保障的认同比实际安全保障低。一辆带着磨损座位的旧巴士犯罪发生率往往比一辆带着巨大的窗户和舒适座位的干净巴士犯罪发生率高。一个有着昏暗的车站，到处都是垃圾，到处都是涂鸦，车辆老旧嘈杂的地铁系统比有着宽敞、照明良好的车站，干净舒适的车辆的地铁系统安全保障要低。

• 在很多情况下，服务区的特征和使用公交系统的客流量是影响安全保障的主要因素。主导乘客行为和乘客关系的客流量是一个重要的因素。群体乘客会创造安全舒适的条件，有助于减少粗暴的行为和事故等需要警察监督的事件发生。

• 公共交通车辆、站点、车站的安全保障因素对犯罪行为的预防及求救有重要作用。这包括如安装在列车、车站、行人通道、巴士车站的CCTV、紧急电话或者电话亭等设备，在场的工作人员，张贴的警告和指示以及语音广播和通信。在这方面，通信技术的使用也很有益——可以改善通信；AVL的使用允许更快的反应，因为公交监督员、城市警察或者消防部门能够很快定位车辆的位置并进行干预。

这三个影响安全保障的因素——系统状况、乘客特征和系统监督——一起构建了对安全保障至关重要的环境，他们必须在一起分析和计划，努力提供较高的安全保障。

雇员的安全保障。公共交通车辆的驾驶员、车站售检票人员在处理现金、尤其是在偏僻的地方和晚上的时候容易受到歹徒的袭击。袭击会对受攻击的员工造成严重影响，对公交机构来说是高成本的损失，并且会影响到员工的士气。

减少或者消除驾驶员处理现金和票据，可以消除他们被当作抢劫对象而遭受攻击的动机。封闭式驾驶舱和与运营控制中心相连的警报系统都可以保护驾驶员不受犯罪分子的侵害。

收入保护。票务收入的损失主要有三种方式：外部犯罪分子的偷窃，发生在收钱时和送往公交机构或者银行的途中；内部偷窃，是公交员工以不同的方式、在不同的地点作案的；逃票。

1. 外部偷窃。票务收入来自整个公交系统——车站和车辆——因此外部偷窃会发生在不同的地方，而且形式多样。自从使用售票箱、预先支付的通行证、安装发票机和验票机取代司机售票之后，安全保障工作普遍得到了改善。位于车站内和车辆上的机器是安全的，能够免遭破坏，但是那些位于公交线路沿线和位于偏僻的郊区车站的机器有时是被实施犯罪的对象。各种类型的警报系统和远程无线通信设备越来越多地被用来发送遇袭警告，更为重要的是防止盗窃。这是非常有用的，因为对自动售票机的攻击造成对机器的损害往往比偷窃现金造成的损失大得多。

2. 内部偷窃。所有的公共交通机构必须注意提防员工偷窃现金。这种现象是可能的，因为在公交机构中许多员工处理现金。他们从乘客手中收取现金，从投币箱中或者发票机中提取现金，在车上携带现金，然后交到公交机构办公室进行分类。再次重申，减少这种偷窃的最有效的方法是尽可能的消除员工与现金接触的机会。可以将现金从售票箱导入运钞车、运钞箱或者专门车辆的过程设计成完全自动化的，从而使员工不直接和现金接触。

从单笔现金交易中小规模的偷窃是不易直接查出的，因此有必要由不带徽章的监督员或者通过摄像头、或其他形式的监视器来考查员工。

3. 逃票。总有一些乘客试图不买票或者只支付全部票价的一部分。这会造成财务的损失却不会对个人和设备造成直接的伤害。从明显的犯罪行为如翻越大门或者强行通过大门，到使用假的通行证和越区用票都属于这种现象。防止这种损失在很大程度上需要开发一种售票技术和设备，可以防止欺骗，并且采用专门的控制器检查支付情况，通常是随机检测。警方的行动用来逮捕和惩罚强行通过售票大门或者其他非法进入的人。

对公共交通财产的损害可以分为两类：偷盗和故意破坏。偷盗的动机是偷盗者的个人利益。汪达尔主义是指出于反社会的行为而损害或者破坏公共财产，不为任何利益的行为。它可以被描述为这样一种行为——“仇视一切”，是社会病和扭曲堕落的个人情感的一种反映，由于其体现时尚，在青少年和少年犯中间得以传播。

公共交通系统中雇员的偷盗比乘客更加常见。这个问题的严重程度在不同的城市和不同的公交机构之间是不同的。在发展中国家，由于生活水平和个人收入都比较低，这种现象发生得更加频繁，保护公交财产的措施类似于工业企业所做的那样：将公共财产围起来，控制大门的进出，店铺和站场组织良好，并进行系统的监督。

发达国家汪达尔主义现象比发展中国家更加常见。它是一种富裕的社会病。尽管汪达尔主义在历史上非常出名，但是现在却频繁地发生在公共交通系统，大概是由于公共交通系统对公众是开放的，很难进行完全控制，而且车辆的移动性可以使汪达尔主义的人的作品展示给整个城市的民众。20 世纪 60 年代晚期到 20 世纪 80 年代晚期兴起的乱涂乱画潮是汪达尔主义令人难以忍受的一种形式。社会变革和不同年代之间价值观的冲突造就了许多“垮掉的”年轻人。廉价的笔和喷雾器的发明使得乱涂乱画现象成为可能，将这些心理不正常的汪达尔人误称为“涂鸦艺术家”给予了他们部分的宽容而不是强烈的谴责。

这场乱涂乱画的瘟疫迅速地在城市之间传播，首先是美国然后是欧洲。尽管建筑物、卡车和铁路车辆也遭受了这场瘟疫，在许多城市中公共交通系统仍然是重灾区。这个问题发展过程中首当其冲的美国城市在寻找解决方案、消灭乱涂乱画现象中也起到了示范的作用。纽约市的案例很好的说明了这一点。

资金不足、岌岌可危的纽约市地铁系统在 20 世纪 70 年代被大范围地破坏。城市的财政危机、种族冲突和社会骚乱为造反的汪达尔人创造了条件。纽约市的地铁系统由于其大量的涂鸦变得世界知名，涂鸦范围涵盖了它的6 300辆车辆中的绝大多数，这是世界上最大的快速公交车队。这样的硬件环境营造了一种安全保障不足的氛围，导致乘客纷纷转移到其他可以获得的交通方式，如巴士、非法经营的小型公共汽车、出租车、小轿车和自行车。

20世纪80年代大量的有抵押融资用于公共交通的复兴。新的管理层认为仅仅进行硬件翻新是远远不够的，必须消除汪达尔主义的痕迹，重新营造便利安全的氛围。一项全面、系统、有组织的计划准备用来复兴公共交通系统，该项计划已经成功地清洁了费城的公共交通系统。这项计划由加强监督、加大逮捕和惩罚的力度组成，主要内容是对乱涂乱画的清洗不再是随机的针对一辆车，而是一列车一列车地、一条线路一条线路地进行。如果一列车是干净的，所有新的涂鸦在几个小时内可以清除。如果一条线路是干净的，它就会保持干净：如果又被乱涂乱画，可以将车辆撤出服务直到清洗干净。

这项计划非常成功，并从其他城市的经验中得到证实。汪达尔人几乎不再在干净的表面上乱涂乱画了。一旦乱涂乱画出现，就会以更快的速度吸引更多的乱涂乱画，因此随机地部分清洗不起作用。但由于没有足够的资金和系统的措施，纽约市的地铁系统输掉了这场战斗。从最开始的简单几笔，发展成密密麻麻的满墙都是涂鸦，这些涂鸦显然是经过周密的计划和设计，花费了几个小时画到无人监督的车辆上去的。随机清洗被认为是财政紧张情况下的无奈之举。

一旦进行系统地清洗加上对新的乱涂乱画的快速清洗，这种现象的发生锐减了。解释是相当简单的。汪达尔人花费相当大的精力进行涂鸦的主要原因是想看到努力的成果在整个城市巡游展示。采取新的清洗策略之后，汪达尔人发现不管他们画了些什么第二天就会消失，这是十分令人气馁的，最终乱涂乱画现象减少了、消失了。因此，长远看来，系统地清洗需要的劳动力和花费比部分地、随机地清洗要少，而且系统可以保持长久的干净。

正如Vuchic和Bata（1989）所描述的，到了1989年纽约市的清洁运动创造了一个比世界上任何其他的公交系统和铁路系统的乱涂乱画、蓄意破坏和垃圾都要少的快速公交系统。纽约的经验可以总结为如下几点：

• 乱涂乱画和其他汪达尔行为的危害不能被低估。它们会增加开支，减少客流量和车票收入，破坏整个城市的形象。

• 一旦乱涂乱画现象出现了，就要立即采取行动进行系统的清洗。反应稍迟会导致乱涂乱画现象快速加剧。

• 清洗应该系统、持续，这比随机清洗个别车辆更加有效而且成本较低。

• 乱涂乱画的汪达尔主义应该被当作对公共财产的破坏行为对待，而不是小孩子的错误行为。

• 乱涂乱画、破坏公物的负面影响，以及忽略公交车辆对周围环境和整个城市形象的影响后果都是很严重的。相反，干净的公交系统会大大地刺激其他服务设施的改善，改变城市的形象。

• 其他的汪达尔主义包括刮擦窗户玻璃和其他玻璃表面以及涂污或者破坏标志牌、破坏信息设备和地图、破坏照明设施等。这不仅会增加维修和更新的成本，而且会使乘客不能获得信息。

总的说来，安全保障是公共交通系统的非常重要的工作内容。公共交通是一项开放的、公共的服务，人人都想方便安全地使用它。因此，任何对公共交通的犯罪行为从逻辑上来说往往会造成很大的公众影响，这不仅会破坏公交机构的形象，甚至会危及整个城市的形象，这是因为这会导致公共交通使用者转移到小汽车出行上，或者避免进入到这座城市。因此公共交通机构应该重视从犯罪行为到偷盗和汪达尔主义安全保障问题。

图片 6.6　NYC 过去的涂鸦问题已成功的消除，导致了乘客量的增加

对每一种破坏安全保障的活动都需要用专门的方法来预防和恢复。预防犯罪行为，保护公交系统不受犯罪行为侵害是由监督部门、区域监督员和警察负责的。一些大型的公共交通机构拥有自己的警力，可以和城市警察展开合作。防止偷盗在很大程度上是一种内部现象，需要在机构设施内部（建筑物、维修厂、站场）进行监督和控制。汪达尔主义，从另一个方面来说，是一种外部行为，是一种不同类型的犯罪，这种犯罪没有任何物质利益。因此需要分析汪达

尔主义者的动机，通过教育、对公共财产进行保护、快速反应、修理以及对汪达尔人实施惩罚等措施与汪达尔主义作斗争。

安全保障措施需要耗费相当高的成本。但不管怎样，这些措施的可行性分析需要综合考虑各个方面的因素。安全保障的好处不仅在于可以直接预防物质损失，而且在于一个安全的公交系统形象的积极影响，这可以提高客流量，使城市从中受益。而且，对预防和修正汪达尔人攻击的快速反应通常比延迟反应更划算，因为没有汪达尔的迹象才是预防汪达尔主义的最好办法。

6.5　公交系统的完全可达性

城市化地区的的特征之一及其相比乡村地区的优势在于机动性——人们可以经济方便地去往城市的任何地方，包括郊区。随着私家车的广泛使用，它们极大地增强了其使用者的机动性。然而，不能驾驶汽车的人和不想驾车出行的人依赖于其他的出行方式，例如公共交通、自行车、步行等。许多国家的情形都是这样的，私人小汽车使用者从公路和停车设施建设中受益的同时，其他的交通方式却没有得到类似的改善。

为了缩小汽车使用者和其他交通方式使用者之间不断增加的差距，按理应该重申和重新确定公共交通作为城市的一项基础服务的作用。事实上，应该更新公共交通系统，以便它不仅能够为身体健全人士服务而且能够为残疾人士、需要各种辅助的人士、带着孩子和携带行李的人士等服务的观念日趋成熟。这种需求和政策的演变催生了公交系统完全可达性的概念。

6.5.1　机动性的问题和解决办法

20 世纪 60 年代后期以来，许多国家提出了残疾人士的机动性问题，许多身体残疾人士和老年人在使用公共交通系统时面临着障碍。由于这些人中的大多数不能够驾车，他们是机动性的弱势群体，他们的生活由于这个限制受到了很大影响。

6.5.1.1　问题定义

对于残疾人士机动性问题的讨论在许多国家都引起了各种政府措施的产生。美国已经通过了一系列的规范和法律。起初，这些讨论是关于“老年人和残疾人”（E&G）群体的，但是后来这一称谓发生了变化，因为许多老年人乘坐公交车时不需要特殊的帮助，需要特殊对待的乘客被称为“残疾人士”，使残疾人能够使用公共交通的任务和目标被称为“公共交通系统完全可达性”。

然而，此处完全可达性的定义需要扩展。对残疾人和老年人的特殊考虑被重视之前的很长一段时间内，许多公共交通系统仅仅对带小孩的人士，尤其是那些推着婴儿车的人士，以及那些带了沉重的和大件行李的人士提供帮助。最近以来，对公交车上如何容纳自行车给予了很大的关注，而且提出了很多创新方案。因此，此处完全可达的公共交通系统可以定义为通过合理的努力使得公共交通系统目前的和有特殊需求的潜在使用者可以方便地使用的公共交通系统。这些需求包括不同形式的信息和诱导、支付票价、减少或者消除进入和乘降公交车辆的台阶、在车上的乘坐等。到目前为止最复杂的需求是为乘坐轮椅的人士提供通路。

考虑到经济可行性和物理/运营的可行性以及公共交通系统为了实现无障碍化所做的改变的影响，必须对“合理的努力”做出解释。作为一项主要的社会性措施，公共交通的无障碍化不应该按照传统的基于成本效益的经济可行性分析计算，而应该考虑使得公共交通系统无障碍的成本和潜在的效益之间的关系。例如，在新的地铁系统中提供无障碍化的服务，这一点是很容易得到证明的——期望能够在所有的车站都配套有无障碍化设施的地铁系统的人数众多。从另一个角度来说，如果投资数百万美元安装电梯和其他设备对现有的地铁系统进行改造，而由此带来的潜在的使用者每天只有20～30个人，这就提出了这样的问题，这样的一笔投资如果用来改善可以使成千上万人收益的公交服务，同时可以为乘坐轮椅的人提供辅助公交，是不是更合适呢？

类似的评价也适用于乘坐轮椅的人使用公交车的影响评价。在低底盘的公交车上安排他们相对来说既快又容易。然而，如果在后门处使用特殊的升降机来帮助乘坐轮椅的人进入公交车，会造成很大的延误，使得公共交通对于其他乘客来说不可靠，也不具有吸引力。这会造成乘客的流失，最终降低公共交通的服务质量，对所有的乘客造成负面影响，包括残疾人士。

对不同无障碍化需求的解决取决于不同系统或者交通方式的物理、运营和经济特征。例如，由于轨道车辆的空间很大，安排行李比起巴士来说容易得多。或者通过订购低底盘的巴士，使巴士的其中一个车门附近的区域开阔，就可以使得一条公交线路无障碍化。车辆的无障碍化升级应该与机车车辆的生命周期相一致：巴士每10～12年更新一次，轨道机车车辆每30～40年更新一次。

由于对老旧的地铁系统的车站进行改造以方便轮椅进出的成本非常的高，这使这些系统的无障碍化比起改造车辆，如果完全可行，来说昂贵、耗时得多。因此，条例规定公共交通机构选择几个主要的车站进行无障碍化改造，并在时机合适且拥有资金的情况下逐步地继续这个过程。

如上所述，所有需要帮助或者提供方便设施的公交使用群体实际上远远多于法律规定的老年人和残疾人。为了规划一个完全可达的公共交通系统，可以确定以下几类有特殊需求的使用者：

• 机动性受限或者身有残疾的人士：残疾人和一些老年人；
• 身体残疾人士：乘坐轮椅的人和那些走路、弯膝困难的人；
• 感觉官能残疾人士：视觉障碍、听力障碍、认知障碍；
• 带有小孩的人，尤其是那些手推婴儿车的人；
• 带有沉重或者大件行李的人；
• 骑自行车的人。

残疾人和老年人的数量是不可以忽视的。政府估计美国人口中大约有15%的人身体残疾或者感觉官能残疾。1990年前后对欧洲不同国家进行的调查表明身体残疾人士占总人口的5%～15%。国家之间的巨大差距是由于对残疾的不同定义造成的。他们的残疾类型不同，对机动性的影响也不同。例如，听力障碍人士、视力障碍人士和乘坐轮椅的人面临的障碍是很不同的，因此需要各种不同协助方法。感觉官能限制可以通过增加信息或者特殊的导引设备来解决，然而乘坐轮椅人士的运动却受到台阶、楼梯、站台和车辆之间的间距等问题的阻碍，这些都需要对设施进行重新设计。

不同的国家超过65岁的人口的比例是12%～18%不等，但是这个数字预计在21世纪最初的几十年中会有很大的增长。两个因素会造成这种增长：平均寿命的增加和第二次世界大战后出生的人口——所谓的婴儿潮——正在老龄化。然而，在公共交通系统中为老年人提供方便设施比残疾人方便得多。许多老年人可以没有任何问题地使用公共交通，仅仅很小的一部分有问题，例如，上台阶，在公共交通车辆上保持平稳。因此，大多数情况下，为残疾人提供方便才是改造设计要考虑的主要因素，而且一些老年人也可以从中获益。这些措施中的一些，如更好的信息系统和低底盘的车辆事实上能使所有公交乘客受益。

6.5.1.2 *政策和解决方案的实施*

这里简述了美国完全可达的公交政策的具体发展。尽管这一问题的法律制定、程序和标准在不同的国家是不同的，但是总的趋势是为残疾人提供各种形式的方便设施，在20世纪过去的30年中大多数工业化国家都是这样做的。

在美国，20世纪70年代和80年代之间联邦政府通过了一系列方便E&G群体的规章制度和具体要求。例如，1970年城市大众交通管理处（UMTA）（现联邦公交管理处，FTA）发起对E&G群体需求的研究，在巴士设计中采取了新的特征，这些都表现在Transbus公司的研发项目中。这是基于交通运输法的修订案，该法律规定为残疾人提供公交服务是一项国策。

1973年颁布的交通部管理规章规定固定线路服务（常规公交）必须提供一定比例的完全可达的车辆，不遵守这项规定的公司会失去联邦的支持。1986年的新规定要求不能够使用常规公交服务的残疾人应该能够使用经过特殊设计的专门的服务。残疾人的票价应该和常规票价相当。

这些努力累积的结果是1990年国会通过的美国残疾人士法（ADA）。这部新的法律要求在所有公共建筑、街道和其他公共场合为残疾人提供通道，以及完全可达的公交。这部法律还规定为残疾人士提供的特殊辅助公交服务应该是常规公交服务的补充而不应取代常规公交服务。补充的服务应该沿固定线路两侧至少延伸1 200 m（3/4英里）。辅助公交系统是否达标取决于个人使用常规定线公交服务的能力。

这部法律从根本上规定所有新的公交系统和服务必须是完全可达的，同时当现存的公交系统经历重大的重建时也要无障碍化。原因是许多现存的设施，如地铁和区域铁路的车站、巴士车站等，在没有极大的投资和不对周围地区造成影响的情况下是不可能进行无障碍化改造的。然而，规定主要车站必须无障碍化以提供部分系统的通道。

到底谁应该为公共交通系统的完全可达化改造提供财政支持、承担特殊服务的运营成本仍然是一个有待讨论的问题。为残疾人士提供无障碍化的服务是整个社会的崇高而有用的目标。如果需要必要的改造或者特殊的服务来达到目标，涉及到的费用理应由政府分配必要的资金。然而，在美国和大多数其他国家，情况并不是这样。法律要求公交机构投资并不断为残疾人提供服务通常意味着没有资金支持的命令，即没有直接分配资金的政府规定。

要求公交机构从总资金中抽出一部分用于为残疾人提供特殊的设施和服务造成了一种有悖常理的状况，为了实现全社会方便残疾人的目标而采取的措施却仅仅由公共交通使用者而不是由全社会出资（通过分享用于常规公交服务的资金）。如果公交机构资金有限，可能会造成派系之间提供服务的冲突。当提供特殊服务会降低依靠公交出行的身体健全人士使用的常规服务的数量时，就会造成一种有悖社会常理的结果。

6.5.1.3 *无障碍规划的结构和步骤*

完全可达性规划的步骤可以按照三个方面组织：使用者（见6.5.1.1节）、公共交通方式、解决方案类型。

无障碍规划中公共交通方式可以分成以下几个主要类别：

- 巴士服务，包括辅助公交系统、地面巴士和准快速公交巴士；
- 有轨电车和轻轨；
- 快速公交和区域铁路。

其他的公共交通方式如AGT和特殊技术，与轨道系统为残疾人和其他人群实施的解决方案和要求相同。

解决方案的类型分为以下三个主要类别：

• 对现有系统的物理改造，可以通过翻新，引入新的车辆和设备实现；

• 改造现有的运营服务；

• 为老年人和残疾人引入额外的服务，主要是辅助公交系统。

每种特定的公共交通方式的完全可达性规划的步骤由以下几步组成：

1. 确定需要特殊要求的乘客，提供方便设施。ADA 的要求一定要满足，但行李或者自行车的特殊方便设施可以满足也可以不满足。

2. 分析乘客使用系统的过程：查找服务的信息，前往车站或者站点，通过车站，付钱买票等，然后上公交车。进一步，乘客乘坐期间的需求，下公交车的步骤、通过车站的步骤都要考虑到。

3. 确定每一个被分析的群体面对的障碍和困难，以及所需要的改善。

4. 提出克服所发现问题的可能解决方案。

5. 考虑物理和经济可行性、实施的时间、对每种公共交通方式所有乘客的影响，为每一个问题选择最优的方案。

在接下来的一节，我们将讨论每种公交方式的无障碍化，同时回顾不同使用者群体的需求。

6.5.2　不同公交方式的可达性

由于不同的车辆体积和设计以及不同的车站类型和乘坐条件，不同的公共交通方式在设计和运营上的无障碍化是有所区别的。这里简单回顾了三类主要的公共交通方式。

6.5.2.1　巴士

德国传统巴士的底盘高度是 71～75 cm，北美是 76～88 cm（30～35 英寸）。许多巴士的台阶很高：第一个台阶的高度是 32～45 cm，其他的高度是 20～35 cm（EG&G Dynatrend and Crain & Associates，1995；Spiller and Labell，1997；Muller. hellmann，1999）。这会给一些乘客造成不便。最近设计的巴士模型第一个台阶离地面不超过 23 cm，其后的台阶高度在 15～20 cm 之间。台阶的纵深宽度是 30～32 cm，取决于巴士上能够占用的过道的面积。在某些情况下，最低的台阶在巴士停车时向外伸出，关门启动时收回。这种平缓的台阶大大地方便和加快了乘降的速度。

另一个方便乘客乘降的方法是可调低前轴离地距离的巴士的发明，使用特殊的机械装置控制右前方车轮充气悬架的气压，当巴士停下来时，释放空气，巴士带前门的那一角会降低至少 7 cm，提高可达性。该机械装置可以由司机控制，或者每当停车时可以自动运行。下降仅仅需要 4 s，上升仅仅 5 s，因为这一过程与开关车门是同时发生的，几乎不会明显增加等待时间。

为了使轮椅无障碍到达底盘高度为70～90 cm的传统巴士，必须提供特殊的升降机。升降机可以安装在前门也可以安装在后门，取决于车辆的内部布局，它们有各种机械装置和操作方法。大多数需要司机启动并协助其运行。升降机是精密的机械，需要极高的可靠性以保证频繁的操作。花费几分钟进行一次升降会造成几分钟的延误。

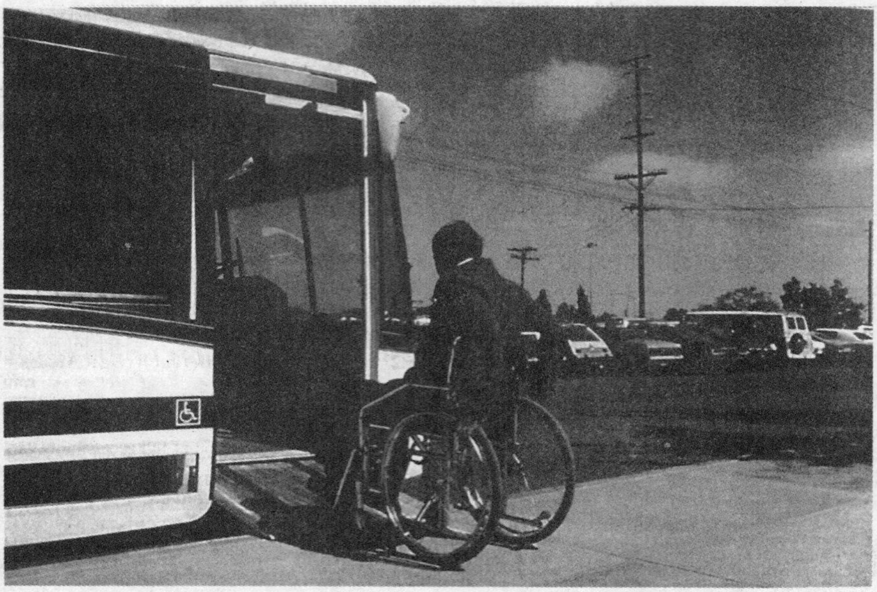

图片 6.7　带轮椅斜坡的低底盘技术，比电梯更有效

一项方便乘坐轮椅的乘客的主要改进，是低底盘巴士的发明，这项发明同时方便了所有的乘客。底盘离地仅仅 32～35 cm（调低离地距后，仅仅抬脚25 cm就可以进入前门），这个垂直差距不需要升降机就可以克服。通常使用一个垫板伸出车外或者手动降低，这样轮椅就可以通过连续的斜面进入巴士。当巴士站点靠近路缘带时，垂直差距变得更小。通常，路缘带的高度是 10～14 cm，欧洲国家的路缘带高度是 20 cm。斜坡的最大坡度和巴士内沿着过道的坡度不应该超过 8%，使乘坐轮椅的乘客可以毫不费力的移动。

在巴士内部，有一个或者几个供轮椅停靠的位置，在车辆行驶期间有钳子、安全带或者其他的固定装置来固定轮椅。这些装置的使用需要其他乘客的帮助。另一种解决方法是由支柱支撑的背向的垂直垫块。轮椅使用者可以独自倒行进入巴士。不考虑这个细节时，同样的位置可以用来停放手推婴儿车。沿着过道，安装支柱和把手可以帮助和导引使用轮椅的人和其他乘客。

除了提供方便给乘坐轮椅的人和其他残疾人的物理设施，还可以改造公交服务使之更好地为残疾人服务。客流量很少的公交线路或者常规线路客流量小的时候可以稍微有些偏移：巴士可以偏离正常的线路一段距离接送需要服务的乘客。这种运营方式可以消除对补充服务的需要，也符合为残疾人服务的主流目标，即将为残疾人的服务纳入常规公交系统之中。然而从另一个角度来说，巴士的偏移会给其他乘客造成延误。

服务路径的概念是固定路径的变形，注重老年人的需求。服务路径沿线都是人们常去的目的地，比如社区中心、购物中心和医疗中心。这种服务于 20 世纪 80 年代首先在瑞典实施，用来作为比昂贵的辅助公交更具吸引力的替代品，提供方便、相对频繁的服务，即使这会增加出行时间成本。

不能够由固定线路或者偏移线路服务的残疾人出行必须提供辅助公交服务。有几种类型的辅助公交服务可以运营。对使用者来说最方便的服务是由专门的无障碍化辅助公交服务提供门到门的服务，但是这项服务需要最大数量的车辆，劳动力是最密集的，并需要很高的投资和运营成本。因此，这种服务主要为不能够做任何换乘或者不能使用固定线路的乘客服务。电话预约在某些地区也可以提供门到门的服务，而且由于每次搭载几名乘客所以更加有效率。接运辅助公交是电话预约、多对一型的服务，这项服务是从一个地区接走乘客将他们带到一个有常规巴士或者轨道交通线路的换乘点。

公交机构也会将辅助公交作为一个分支业务进行经营，或者承包给专门的运营商。在任何情况下，辅助公交服务的单位乘客出行成本都要比固定线路的常规公交服务要高。因此，ADA 法规定只有不能够使用常规公交服务的人才能够使用辅助公交服务，而且辅助公交服务应该和常规公交服务协调配合，是对常规公交服务的补充，而不是对固定线路服务的重复和竞争。

推着婴儿车的乘客可以通过站台的斜坡和低底盘车辆进入公交车。车内应该以与轮椅类似的方式提供放置婴儿车的地方。用带有台阶的车辆搭载带有婴儿车的乘客也是可以的，但是需要其他乘客的帮助，这种自愿的行为是很常见的，在很多城市被当作一种社会公德，尤其是在欧洲国家。在美国，很少使用婴儿车，但是最近几年越来越多的公交车上预留了放置婴儿车的地方，并且为老年人预留了专用座位。

许多城市的巴士的前保险杠上设置有行李架，可以放置一到两辆自行车。这种方法被证明在郊区是可行的，并且在一些市中心也进行了试验。

6.5.2.2　有轨/无轨电车和轻轨系统

由于各种公共交通方式物理特征的不同，有轨电车和轻轨为乘坐轮椅的乘客提供便利的能力是不同的。一些城市如埃德蒙顿、卡加利和斯图加特的轻轨系统，站台一般都比较高。在这些系统中，必须为轮椅提供进出通道，使用斜坡来连接道路和站台，在分层的车站内使用升降机，从而使得进出车辆都变得很容易，除非在站台和车辆底盘之间有相当大的间距。

低站台和传统的高底盘车辆的轨道线路上，可以使用通过斜坡上下的小型站台提供通路（萨克拉门托，加利福尼亚州）。另外，可以在所有的车站安装静态路侧升降机。在俄勒冈州的波特兰市和加利福尼亚洲的圣琼斯市这种类型的升降机一直使用到这两个城市引入低底盘的车辆，从而使升降机没有必要为止。

1985 年以来，公共交通系统大量引入低底盘的有轨电车和轻轨车辆。这使轨道车辆的乘降程序发生了革命性的变化。现在欧洲几乎所有的有轨电车和轻轨系统的所有车辆或者其中的一部分都使用低底盘的车辆。尽管有些迟，但是北美的公共交通系统也引入了这种设计，其中的一些系统（波特兰、达拉斯）在单铰接式六轴车中间加入一节低底盘的车厢将其改装成双铰接式八轴车。

低底盘位于轨道上方 30～35 cm。由于轨道车辆进站时很接近站台边缘，任何车站如果站台有 20 cm 高，或者将其升高以与车辆底盘相匹配，使之与车辆底盘相平行，那么仅仅跨越很小的间隔就可以平行地进入车辆。有轨电车和轻轨车辆的内部比巴士宽敞的多，提供了更加平稳的乘坐环境，因此轮椅和婴儿车不需要固定。

图片 6.8　低底盘的轨道交通车辆和改进的路缘，提供更方便地上车——爱尔福特，德国

6.5.2.3　地铁和区域铁路系统

地铁系统存在的主要问题是乘坐轮椅的乘客如何从道路上进入站台。在大多数老旧的系统中，进入站台需要跨越一系列车站不同层面的楼梯。传统的售票门、出口障碍也成为轮椅、婴儿车、自行车甚至大件行李的障碍。最近修建的许多地铁系统中，例如华盛顿、首尔、奥斯陆，车站设计中在所有的车站平面之间使用了电梯，而且特制的宽敞的检票口允许有特殊需求的乘客通过。

当从站台到车辆之间有间距时，对于残疾人和有特殊需求的乘客来说，进出列车会成为一个问题。这个问题也存在于有弧形站台的车站，或者要通过宽型货物列车的区域铁路线路。在这种情况下，必须提供特殊的垫板连接站台和车辆。在新的系统中，或者在最近采购了机车车辆的老系统中，车辆底盘通常和站台高度是相匹配的，站台和车辆之间的间距不超过10～15 cm。轮椅和自行车跨越这样的间距是没有问题的。

最近几年一些地铁系统允许自行车进入，通常是在非高峰时段。这里的问题不是物理通道，而是自行车需要很大的空间，也会对其他乘客造成不便。

区域铁路系统的无障碍化很难描述，因为这些系统进出车站的通道、站台、车辆的底盘高度、台阶和内部布局都有很多种。一些区域铁路系统，例如德国S-Bahn系统，巴黎RER系统，纽约长岛铁路，与地铁系统很类似：它们有相似的车站布局、站台高度、两到四个双向滑动的门等。它们的无障碍化存在着与地铁系统完全相同的问题和类似的解决方法。

许多区域铁路系统的车站是开放式的，这种车站很容易进入，没有检票口障碍。然而，他们的站台高度通常很低，而车辆底盘高度却很高。轮椅的无障碍化是通过有斜坡的2～4 m长的小站台实现的。因为车辆和站台之间的间距大于地铁系统，需要使用垫板作为连接，这个过程需要一名乘务员来完成。

区域铁路车辆是最大的也是最宽敞的公交车辆，很容易容纳婴儿车、顶置行李架上的行李、自行车。这一点是很重要的，因为区域铁路通常是为长距离出行服务的，乘客在长距离出行中一般都会携带行李。许多骑自行车的人也发现乘坐区域铁路在城市和郊区之间或者在郊区之间出行是很方便的。旧金山的Cal-train区域铁路系统和哥本哈根的S-Tog线路上都有运载自行车的需求，因此每一列车都有经过特殊设计的车辆，这些车辆上安装有可以放置12辆自行车的架子。自然，这些车辆的座位数会有所下降。

在日本的许多城市中，自行车-轨道这种联合公交出行是很常见的，但是这些自行车大多停在自行车换乘设施中，而不是随车运载。这些停车设施都有机械化的停车架、车锁装置和天气保护措施。

6.5.3 不同用户类型的可达性

对不同公交方式的回顾表明不同群体的无障碍化要求和解决方法有很大差别。美国的 ADA 法和其他国家的类似法律中都有为残疾人和机动性受限的老年人提供无障碍化服务的规定。尽管法律中没有明确规定，但是在增加这些要求时考虑其他有特殊要求的乘客群体是合情合理的。因此，这里简单回顾了这些情况。

到目前为止最复杂的要求是为乘坐轮椅的残疾人提供便利，因为他们需要连续的路径和有限的坡度进入并通过车站，并且能够从街道或者站台进入车辆。通过翻新旧车站来提供这些设施是困难的和昂贵的，但是在设计新的公共交通系统时可以考虑这些因素。低底盘车辆的引入极大地方便了人们乘降地面公交车辆（巴士、有轨电车、轻轨车辆）。

为轮椅用户设置的斜坡的最大坡度的总指导方针如下：

• 不需帮助，即轮椅使用者自行滚动轮椅，坡度 8%或者大约是 1∶12 的任意长度的斜坡。

• 不需要帮助，短斜坡：16%，大约是 1∶6。

• 有其他人帮助：25%或者 1∶4（基于 Spiller and Labell，1997）。

感觉官能残疾人士有不同的要求。车站要为盲人和其他有视觉障碍的人士提供表面有触感的道路，尤其重要的是盲道的末端和高站台的边缘要预留一定的安全距离。标志牌上的大字体和各种电梯控制面板以及其他面板上的盲文能够帮助视力障碍人士更加独立。导盲犬应该从公共汽车上禁止携带的宠物之列中予以豁免。在车站入口附近的信号交叉口或者其他关键的地方，要为盲人设置音频向导。还要在车站和车辆内为聋哑人士或者其他听力障碍人士提供扩音器播报内容的视觉显示。

如果老年人和其他乘客爬台阶有困难或者在行驶的车辆中保持站立有困难，也会从经过改造设计的台阶、低底盘车辆以及车辆内的立柱中受益。虽然老年人从这些特殊的设计中的获益并不像乘坐轮椅的机动性差的人士那么多，但是他们在改善中的获益也是很明显的，因为获益群体的数量是巨大的：老年人在大多数城市都是公共交通用户的最大群体之一。乘坐轮椅的残疾人士仅仅代表很小一部分用户群体。

虽然带有小孩和婴儿车的乘客比乘坐轮椅的乘客需要的帮助要少，但是他们也从少台阶和低底盘的车辆中受益颇多。当大多数座位上都有人时，设计一两个给老年人和带小孩母亲的座位通常是很有帮助的。乘客也会出于礼貌和乐于助人的精神对这些人的需求保持关注。

因为轨道车辆的空间宽敞，轨道车辆，尤其是区域铁路可以相对容易地为携带行李的乘客提供方便。车门附近更加宽敞的空间，安装置顶的行李架对方便乘客都是有用的。巴士在这方面受到很大的限制，除非专门预留停放婴儿车的区域。专门设计用来为机场和列车站服务的车辆都配置有行李架。

自行车通常是不允许带入巴士的，但是可以在巴士的前保险杠上安装自行车架。在城市郊区的公交线路上使用自行车架是没有问题的，但是在市中心的公交线路上安装自行车架却是笨重的，而且取放自行车的过程会造成一定的延误。

如上所述，当客流量小的时候，可以将自行车带入地铁和区域铁路系统。在拥挤的情况下，这样做是不能接受的。因此公交机构对此做出了限制，什么时候才可以将自行车带入车站，一辆车辆内可以放几辆自行车等。

6.5.4　完全可达性的结果和重要性

在过去的几十年中，为了使公共交通系统对于大量特殊的出行者无障碍化，采取了大量的措施，发现问题，解决问题，取得了显著的进步，包括立法、法规的实施、各种物理和运营的创新。这里回顾这番努力的结果，包括成功之处和问题。

6.5.4.1　完全可达性对于公共交通常规乘客的影响

为了方便残疾人所采取的措施也使常规乘客受益。例如，低底盘车辆不但使老年人和残疾人进入公交车更加容易，而且对于常规乘客来说，其乘降也变得比传统的高底盘公交更加容易和迅速。然而，从某些角度来看，为了方便残疾人士采取的措施对于公交服务也有负面的影响。这种情况下需要采取各种措施减小负面影响，并且灵活地应用规则和条例，即在何处以及在多大程度上对采取这种措施进行限制。一些例子描述了这些问题。

在高底盘的巴士和轨道车辆上使用电梯需要司机停车，锁住刹车，走出驾驶舱，启动电梯，帮助乘客上车，将轮椅固定在公交车上，然后收回升降机，走回驾驶舱，启动车辆。如果保守地估计这个过程要花费 2 min，乘客的下车又要花费另外 2 min，巴士和轨道车辆将落后时刻表 4 min。这是影响很大的中断，不能够在剩下的路程中弥补回来。服务速度和可靠性的下降是不能令人满意的，而且成本很高。这一问题使得采用内置式电梯为乘轮椅的残疾人提供方便要次于在轻轨线路上（圣地亚哥）采用低底盘的车辆、稍微升高的站台和其他设计。

巴士路径偏移其线路，可以采用多种模式运营，从一条线路的偏移到电话预约，都面临着如何协调一位乘客的方便与所有其他乘客的不便和延误之间的关系。平衡个人和所有其他乘客之间利益的问题，实质上是对残疾人和所有乘客采取灵活的路径服务的问题。

ADA 法律规定不仅新的公共交通设施要完全可达化，而且任何车站或者其他固定设施无论何时进行重建或者进行大规模的翻新时也要进行完全可达化。在许多现存的地铁和区域铁路系统中，对车站进行翻新使之完全可达化是很困难的，因为需要重建、安装电梯等。有这样的情况，由于没有资金而无法对车站或者连接车站的通道进行翻新而造成主要设施无法翻新。许多城市中的成千上万的乘客因此而得不到改善，或者说由于 ADA 法的严格实施而关闭设施停止服务。

6.5.4.2　完全可达性的评价

1970 年以来，为了使公共交通系统不但能够为普通公众服务，而且能够为身体有残疾的人士服务，采取了一系列的政策、投资和组织工作，这代表了当代社会的进步。这是道德上正确的一步，因为它加强了平等观念；这是经济上合理的一步，因为它使弱势群体更加具有生产力；这是社会进步的一步，因为它帮助了弱势群体。

为了关心老年人和残疾人而发起的活动演变成详尽的法律，这些法律提出了公共交通系统和许多其他公共和私人设施的无障碍化。为乘坐轮椅的人提供无障碍化的服务是很困难的，这部分人群的数量在大多数城市都是很小的，然而提供无障碍化的车站和车辆却是昂贵的。即使将所有的非货币性和不可计量的收益考虑在内，短期看来，这样做的收益成本之比也是很低的。但是，可以从几个方面对这种类型的评价提出不同的看法。

首先，法律要求公共交通系统无障碍化激发了人们努力进行技术和运营创新，从街道上的路缘坡和与楼梯平行的斜坡到更好的标志和广播以及城郊地区常规公交服务和辅助公交服务的更好一体化。许多这样的创新给公共交通系统带来了改善，使所有公交乘客受益。最明显的例子是低底盘的轨道车辆和巴士的发明，大大方便了所有的乘客，提高了服务速度。在无障碍化措施的经济分析中包含这些收益会使大部分措施从经济上更加可行，有些措施的收益还会超过增加的成本。

对于公共交通机构来说，利用 ADA 法律和类似的政府规章来推动分析和改善所有有特殊需求的人的可达性是合乎情理的。因为公共交通机构虽然有时候会考虑带小孩的乘客、身体状况各异的各种老年人以及带行李和骑自行车的乘客的需求，但是更多的情况是忽略。

在为了特殊人群的无障碍化而对公共交通系统进行翻新时，必须对改变常规公交服务的潜在影响进行认真的分析，这一点必须牢记在心。正如所提到的那样，有些翻新会使所有乘客受益。然而，有些却会直接降低服务质量，从而危害到比其援助对象更多的乘客的利益。这样的例子包括在车上安装升降机会造成长时间的延误、路径偏移会增加乘客通过该区域的时间、在载客量适中或较大的轨道车辆上放置自行车会造成乘客的延误和不便。因此，每一项措施的实施都必须经过认真规划，法律规定也应该根据具体情况有所调整。

最后，当公共交通系统完全可达化时，其作为城市基础服务的作用就会增加。然而，如果法律规定代表着没有资金支持的条文，这会造成现有公交资金的转移，从而减少基本公交系统的资金。这与提供完全可达化服务作为一个社会目标，应该由全社会（专项基金）而不是只有公交使用者支持的原则是矛盾的。应该努力提供政府专项基金实施仅仅一些特殊用户群体需要的特色服务。如果能够提供这些资金，就会促进技术创新和公交系统的改善，从而取得更加卓越的进步。

6.6　乘客信息系统

为了尽可能吸引已有的和潜在的用户，发挥公共交通系统在城市交通中的重要作用，必须提供完整、精确、容易获得的设施和服务信息。在最近的几十年中，随着公共交通在城市交通中地位的变化，对公交信息有更广泛和更复杂的要求。公交信息系统的功能已经从为个体服务提供具体信息扩展为公交服务的市场营销综合系统。

过去，许多公交机构认为既然乘客依赖于公交服务，他们自然会想办法获取信息使用公交服务。随着从“公交用户必需”到“顾客选择”的转变，随着不得不想办法吸引乘客以免他们选择其他的出行方式，信息系统变得越来越详细、精密和用户友好。

一个有效的信息系统的重要性短期看来不那么明显，然而，全世界的实践表明高质量的信息系统会创造长期的永久的利益，比如公交系统的高客流量和良好的公众形象。到过巴黎、旧金山海湾地区、墨尔本或者任何一座德国城市的旅游者会很快发现公交地图标出了所有的公交方式、车站位置和时刻表等信息，公共交通成为他们的经历和对这些城市印象中重要的部分。

不幸的是，许多城市的公交机构仍然实行着过时的做法，提供很少的信息。或是他们对公交服务的信息方面不够重视，以至于信息成为常规用户最不需要的服务项目。因此，许多城市的公交站点没有提供信息，街上跑的公交车只在车前部有指示标志，街上很难看到地铁站的进口，甚至轨道交通线路在城市地图上也没有标出来。这种状况不但有损公交系统的形象，而且使得城市没有吸引力。有些情况下，信息不足或者没有信息使得旅游者和其他潜在的第一次使用的用户几乎不可能再使用公共交通。

这一节描述了公共交通信息系统的组成、规划和有效性测试。最后讨论了许多城市在提供详细信息过程中的常见问题。

6.6.1 公交信息系统的规划

公交信息系统规划主要有两个目标，第一是为公众提供公交系统和服务的信息，从而为目前和潜在乘客提供更具吸引力和更方便的公交出行。第二是提高公交运营效率和公交服务利用率，从而提高整个系统的效率。公交客流量的增加会进一步提高公交服务区的机动性，给全体公众和整个城市带来好处。

对公交服务（线路、时刻表、收费金额、支付方法）不熟悉的人士通常不愿意使用公交服务。因此，公交信息系统的规划应该使人们觉得公交服务是很容易使用的。为了迅速达到这个目标，就要为现有的用户准备并且有效地发布信息，同时使系统对潜在的用户更加开放、更具吸引力。容易理解、使用的公交信息系统可以使城市的机动化水平——城市宜居度的一个重要因素——高于那些依靠步行（发展中国家）、私家车、出租车和其他辅助公交方式出行的城市。

信息系统这个术语已经表明信息系统由几个相互补充并向公众提供信息的部分组成。这几个部分在内容、方法和分布位置上要协调一致，只有这样集成的系统才能够提供公众需要的信息。

公交服务信息系统的规划必须注意三个基本问题：

1. 什么样的人或者会吸引什么样的人使用该系统？

2. 每种用户群体在使用公交服务时需要什么样的信息？

3. 如何才能使公众更好地获取信息？

接下来的一节讨论了这三个问题。

6.6.2 已有和潜在用户的分类

按照需要信息的目的，可以将公交用户分成四大类，这四大类对公交系统的熟悉程度和对信息的需要程度是不同的。

1. 有常用线路的固定用户：这一类通常是去工作的通勤者、学校儿童和学生、购物者和生意人，这些人经常做相同的出行，因此对公交系统相当熟悉。

2. 出行时间和出行线路不固定的固定用户：这群人由对公交系统很熟悉但经常去往城市中不熟悉的区域的那部分人组成。

3. 偶然用户：这类人是指对居住的城市和地区很熟悉，但是不常使用公交服务的那部分人。他们需要公交系统的网络信息以及如何使用服务、付费等信息。

4. 旅游者：这部分人指来该城市旅游的人，他们完全不熟悉这个城市和其公交服务。

这四类人是按照对信息需求增加的顺序列举的。固定用户，公交系统最稳定从而也是最好的顾客，需要的信息最少——仅仅需要使之能够了解公交时刻表、线路和站点的变化信息即可。出行不规律的固定用户需要的信息稍微多一些：这些人对可以获得的公交方式、网络和运营、票价水平和支付方式等已经很熟悉，他们仅仅需要去往城市中他们所不熟悉的地区的公交线路、时刻表和站点信息。第三类——偶然用户需要的信息大部分和第二类相同，他们还需要知道公交方式和线路、票价结构和支付方式之类的信息。最后，旅游者需要关于城市及其公交服务的最完整的信息，因为他/她对当地的状况完全不了解。

在确定所需的信息类型、最好的发布方法和发布的位置时都必须考虑到这四类中的每一类用户。为了提供公交系统及其运营的最基本信息，必须将旅游者作为“设计对象”，指定最综合的信息，即关于网络中不同公交方式的信息，因为乘客很清楚各种方式对他的吸引力。潜在的乘客通常很害怕乘坐公交，因为公交线路是不显示的，而且公交网路也很复杂。因此，需要详尽的信息系统来克服这个问题。

有轨电车和轻轨的线路对于潜在的乘客是完全可见的，它们的线路和站点与车站信息必须清楚的标注在公交地图上。地铁和区域铁路的基础设施很庞大，他们的车站是城市中最显著的建筑，吸引了大量的人流，因此，不管白天和黑夜，在一定的距离外都要能够看到它们。当地特有的系统也要在地图上标出来，因为它们通常要么提供唯一的服务要么是当地的一大特色，比如旧金山的缆车，德国伍珀塔尔的悬空缆车（Schwebebahn），加拿大温哥华的空中列车，底特律和迈阿密市中心的捷运系统等。更进一步，多方式换乘和票价信息也必须提供。

个体出行的信息，尤其是时刻表以及票价金额和支付手段的信息，是四类用户都需要的。

6.6.3　信息项：内容和形式

为了计划和实现公交出行，乘客需要公交网络、线路、时刻表、方式之间的换乘、票价以及特殊服务和系统变化的信息。这里描述了信息系统提供这些信息的主要组成部分。

公交系统的名称、标志被认为是能够代表和给予公交系统认同感的最重要的东西。简洁、醒目易记的名称和标志在塑造公交机构以及该城市或者地区公交服务的良好形象的过程中非常有用。唯一的系统名称在任何信息中使用起来都很容易，而且公交出行者和其他市民也容易记住，比如旧金山的 BART 和 Muni、德国杜塞尔多夫（Dusseldorf）的 Rheinbahn、米兰的 ATM 等。

设计和色彩主题唯一的、简洁并具有特色的标志在塑造良好的公交服务过程中也是强有力的。波士顿的“T”形标志、伦敦的被一条水平杠穿过的圈形标志、所有德国城市地铁和区域铁路系统的标准标志——“U”代表 U-Bahn（地铁），“S”代表 S-Bahn（区域铁路），这些都是成功使用这类标志的鲜明例子。这些名称和标志被用于各种信息资料，从城市标志到印刷资料和网站，它们在其服务地区及来当地旅游的人中间变得很出名。

乘客在计划出行时、在出行中以及任何需要改变出行线路的时候都需要公交线路和网络地图。公交地图必须清晰、合理并且有足够的细节。为了达到这个目标，应该注意以下几点。

基本的公交地图应该显示所有的主干道和重要的地标。在道路网上印上颜色更深的线来表示常规地面公交：巴士、无轨电车和有轨电车。每一种方式都要用不同的线型和颜色来表示，线上要注明线路号和站点位置，并且线路的转弯、分支、会合和重叠都要清楚地表示出来。单行线应该以箭头标出。在大城市中，许多线路在很小的 CBD 地区会合，因此应该包括一个放大的市中心的地图。每一张地图上都要标上指北针和比例尺，以便乘客估计出行的距离。

轨道交通，比如 LRT、地铁和区域铁路的线路通常不和道路重合，他们通常以加粗的线标出，每种方式以不同的颜色表示，并且标出线路的名称和车站的位置。

地铁系统的线路和最近修建的 LRT 系统的线路通常有特定的表示，例如在柏林和其他的德国城市用 U1、U2 等来表示地铁线路（U-Bahn），用 S1、S2 等来表示区域铁路线路（S-Bahn）。有些城市的地铁线路有个性化的名字，例如伦敦的 Piccadilly 和 Victoria，东京的 Ginza 和 Marunochi。最近几十年来，使用颜色表示地铁线路变得很常见：华盛顿的蓝、红、黄和其他地铁线路，洛杉矶的蓝色、绿色、金黄色的 LRT 和红色的地铁线路。

区域铁路网络的整个系统通常有唯一的名字，例如芝加哥的 Metra、多伦多的 GO Transit，巴黎的 RER。费城的 SEPTA 每一条区域铁路线路的标志和时刻表都以不同的颜色表示，尽管它们在地图上不以颜色表明而是用方式标志“R”和从 R1 到 R8 的号码表示。

通常在公交地图上的背面最好能够有发车间隔、工作日和周六、周日的首、末班车的时间、票价结构和金额的基本信息。轨道系统中，通常以三角表的形式给出站站行程时间和票价，这样就可以基本涵盖乘客出行所需的最重要的信息。

除了通常的城市公交地图，轨道网络还经常用缩略图的形式给出，缩略图中只有轨道线路，一般不按比例尺作图。然而，正确标出这样的细节是很重要的：线路在哪里交叉、哪一个车站允许换乘。线路标注和车站名称要清晰显示，最好能够显示出每一个轨道车站都有哪些地面公交线路服务，以及哪些车站有驻车换乘（P+R）设施，自行车换乘（B+R）设施，和完全可达化设施。

轨道网络的缩略图在轨道线路多于一条的城市中广泛使用。莫斯科地铁、东京地铁和华盛顿地铁的网络缩略图被做成了方便携带的袖珍地图，并且在所有的车站、各自的网站上、所有的旅游地图和小册子上都有显示，许多 T 恤、杯子、盘子和其他常用物品上也都能看到。

在所有发车间隔大于 10 min 的线路上都要发布时刻表，因为乘客在服务中需要这些信息。当几条线路在主干道上重叠时，其联合发车间隔或许会缩短到 2～3 min，但是每一条线路的发车间隔还是 7.5 min、10 min 或者更多时间，因此发布时刻表是必要的。服务非常可靠的公交系统即使发车间隔是每 5 min 或者 4 min 一趟也要发布时刻表，尽管在如此频繁的发车次数下乘客是不会注意到时刻表的。

轨道交通的时刻表要给出到达每一个车站的时间，站间距较小的巴士线路只需给出主要车站的到达时间。地面公交线路的低可靠度使得精确给出时刻表是不现实的。

时刻表应该分工作日、周六、周日给出，周几的标注应该清楚地突出。通常说来时刻表清楚易读是很重要的，应该采用以每小时为周期的重复时刻表以便能够容易记住每个车站的时刻表。每一条线路的时刻表应该给出带有终端站和沿线主要站点的线路草图。

有些公交机构发布了所有线路时刻表的完全手册，许多居民家里都有这本手册，以备他们在城市中出行需要。印刷的时刻表现在已经被包括了大部分大型公交机构所有时刻表信息的因特网信息所补充或取代。

票价从两个方面影响乘客，因此必须提供票价信息，第一是一次出行所需的票价种类和金额，第二是如何收费、控制和检票。当乘客熟悉了售票机和车票回收机、收费门的使用之后，完全自动化的买票和自助支付是非常方便和快捷的。然而，人们第一次使用这样的公交系统比起由司机或者收费门附近售票亭里的人工售票会感到更加困惑，在这一点上有人工售票的系统可以给乘客提供帮助和解释。由于这个原因，应该使新乘客容易学会支付何种票价和如何买票。需要简单清楚的解释如何使用售票机。

6.6.4　信息的定位

乘客在 4 个不同的时间段都需要公交信息：出行之前，即在家、办公室或者宾馆的时候；当他们需要寻找车站乘坐公交车时；在公交车上出行时；当他们离开公交车前往他们的最终目的地时。

6.6.4.1 出行计划

计划一次出行时，即将出行的乘客应该能够从公交地图、因特网或者通过电话获取信息。公交地图，至少是轨道网络缩略图，应该大范围地免费派送，以保证居民家中都有一份。轨道网络缩略图可以印在介绍城市的信息资料上，有时也可以印在城市的电话簿上。

通过电话获取信息对用户来说既个性化又方便，但对公交机构来说成本是相当的高，因为这不仅需要训练有素的员工，而且在大型公交机构中，需要几个岗位每天的大部分时间都要有人，以确保来电者不能得到回应的概率最小。尽管如此，为了一些乘客的需要，电话信息服务仍然非常方便和重要。因此，在美国的许多城市中，电话 511 被作为标准的公交信息来源。

尽管完全地自动化而且没有个人色彩，因特网信息对乘客来说仍然非常强大，因为它拥有大量的数据、地图、时刻表和很多由其他途径无法获得的信息。因此，因特网被越来越多地使用，转移了一部分电话信息服务的需求。可以预测因特网的使用会继续增加，尽管电话服务对不会使用电脑或者没有连入因特网的人来说是必不可少的。

在许多城市，乘客不仅可以在因特网上查到关于公交系统和服务的所有信息，而且可以使用程序计划个人出行。乘客可以输入起始地、目的地和期望的出行时间，然后就可以获得完整的路径信息，包括步行前往最近的车站，出发站、换乘站、所需时间和从最终车站出发前往任何在公交服务区内的目的地。

公交机构之间的合作可以产生一个地区或者相邻的城市之间服务机构的联合信息。在瑞士、荷兰和其他一些国家，全国性的出行信息系统可以让居民在一个地方查询到全国任何其他地方的信息，并且可以将计划的出行打印出来，计划包括步行路径、公交出行、城际列车、目的城市的公交出行。

6.6.4.2 公交车上的信息

公交车必须为刚上车的乘客提供简单的情况介绍，在出行期间为他们提供信息。

每一公交单元（巴士或者列车）的外部都应该在显著的位置显示如下信息：

• 路线号码或者标示和目的站。这些信息不仅应该显示在车辆前面以及车门的那一侧，而且车辆后部和车门那一侧的对侧也要显示。原因是潜在的乘客在距离较远时就想知道哪些车正在进站，哪些车停在站里。这些标示要大、醒目易读而且容易改变。电子标示牌可以满足这些要求。

• 公交机构标志、名称和信息服务电话、网址。

在公交车内部，只要可行，乘客都应该看到以下信息：

• 线路的缩略图，并标出所有的车站，或者轨道系统整个网络的缩略图；
• 袖珍地图并印有线路运行计划。

许多最近生产的巴士都安装有基于GPS的自动报站系统，该系统可以播报前方到站、换乘线路和乘客所需的方位等其他信息。某些地铁系统也计划引入报站、发出开关门警告等。然而，许多LRT和地铁系统仍然使用列车司机进行播报。这有几个原因。第一，司机播报信息更加人性化，乘客也更愿意听取真人的意见，因为司机显然对现状有着更加清醒的认识，而且可以根据事件的不同改变播报内容，比如乘坐、关门、天气状况等。第二，由于轨道交通的驾驶比巴士司机的驾驶简单，轨道交通驾驶员可以很容易地进行播报。第三，列车自动运营（ATO）的地铁系统，例如旧金山的BART和华盛顿地铁，通过让司机进行播报来防止司机工作的单调乏味，因为其“驾驶”的职责仅仅是在每个站按一下按钮。

录音播报可以由司机播报取代，除此之外，控制中心可以在每一个车站、每一条线路或者整个网络进行信息播报。车辆上不仅在内部安装了公共广播系统，而且列车的外部也要安装公共广播系统，为了使站台上的乘客也可以听到。

在为乘客提供信息服务中，关键的因素是公交机构的员工，尤其是地面公交线路的司机和轨道交通车站的站务人员。许多乘客与公交系统第一次接触和比较多的亲身体会都是与这些人交流的。如果乘客遇到不能够或者不愿意提供信息和帮助的员工，他们对公交系统的体验总的来说是极其糟糕的。因此，训练员工为乘客提供信息，对待公众殷勤礼貌是很重要的。作为训练效果的跟进，公交机构让教员扮成乘客，去接近员工，对其员工的技术知识和服务态度进行测试。

电子可变标志在巴士和轨道车辆内部的报站中使用得越来越多。在轨道交通系统中，单条线路或者整个网络所有车站的信息都被显示在车门上部、侧壁上、或者天花板上。巴士通常没有这些显示，因为它们要在许多不同的线路上使用，而且巴士网络太过复杂不能够在车辆内部详细显示。

6.6.4.3 公交设施和公共场所的信息

公交车站是乘客首先接触公交系统的地方，他们希望在这里可以看到他们所需要的信息：网络、服务、票价支付等。因此，车站要系统地提供这些信息。

街道上的公交站点应该标上公交系统的标志，更理想的是，城市所有的公交站点应统一标志。公交站点应该提供的最基本的信息是停靠车站的公交线路。该信息包括线路编号和两个终端站的名称，因为许多乘客对公交线路号并不熟悉。时刻表，至少是每一条线路的发车间隔，应该显示出来。在线电子设备显示即将到站的下一辆车越来越多的被使用。客流量很大的站点，尤其是和其他线路交汇的站点，应该提供所有线路的线形和运行计划信息。

公交车站是公交系统、到站客流以及离站客流相互影响的主要场所。乘客的换乘也发生在这里。城市中的许多新开发项目，比如公寓、办公室、商店，都和公交车站相互联系和相互作用。作为重要的客流吸引点，车站必须有显眼的标志，不管白天黑夜，在一定距离之外都可以看到。例如，德国城市的所有地铁和区域铁路车站，分别有大的、彩色的、夜光的“U”和“S”标志，任何时候从几百米之外都可以看到。

在车站，乘客必须能够获得公交线路或者在车站停靠的公交线路的完整信息，以及整个公交系统的信息：标有“你在这里”的地图、运行计划、票价支付步骤。除此之外，车站还应该提供关于周边环境的大比例尺地图（也标有“你在这里”的字样），使到达的乘客知道从哪个出口出去可以到最终的目的地。

由于可以连续地监控列车的运行，提供列车连续到达的信息比起地面公交服务来容易得多。当几条线路到达同一站台时这种功能尤其有用。例如，旧金山 BART 车站可以播报“开往 Richmond 方向去的列车 2 min 后到达”，“开往 Fremont 的列车 6 min 后到达”等。

公交终端站，是公交线路端点或者乘客换乘其他轨道交通或者巴士接运线路的地方，是整个公交系统信息服务的焦点。这里应该有地图显示以及地图派发，以帮助乘客计划他们的出行，通常是计划多方式换乘或相同方式换乘。终端站也应该有通过终端设备显示的所有线路的运行计划、印刷的小册子、整个公交系统的运行计划手册或者为乘客提供互动式咨询服务台。当提供线路间协调换乘的信息时，应该清楚地显示出来并加以说明。

多方式终端站和多方式系统的整体功能——强调乘客服务水平和信息需求，受到越来越多的重视。北美的许多公交系统在多方式车站和终端站的设计、运营和乘客服务上现代化程度很高，尤其是在引进了新的轨道交通系统的地方，例如多伦多、华盛顿、萨克拉门托，以及引进了巴士和轨道交通系统定时换乘的城市，例如埃德蒙顿、波特兰和迈阿密。

自然地，票价信息也应该完整，包括换乘优惠（如果有的话）。复杂的终端站有时需要为乘客提供大量的信息，包括乘客如何从建筑物的入口到达进入终端站的每条线路；线路之间的换乘路径；所有终端站设施和出口的方向指示。这不仅是为了乘客的方便，更是为了以安全、有效地方式引导主要客流。

越来越多的公交系统为视力障碍人士引进声音诱导系统，为乘坐轮椅的残疾人引进专门的信息设备。

图片 6.9　清楚方便地将乘客信息布置在地铁站里——东京

图片 6.10　具有高质量乘客信息的地面公交——洛杉矶

6.6.4.4　为公众发布普通信息

公交信息必须能提供给那些可能成为公交用户的普通公众、公交服务区内的居民和旅游者。为了达到这个目标，轨道交通线路网以及服务和费用的普通信息都要被包括在旅游者信息，比如地图、小册子，和地标、博物馆、运动场以及其他人流吸引点的信息中。除了普通旅游者信息外，公交机构还必须在重要的地点播放其自身更加详细的信息，借此公布给更广泛的公众。

公共场所，比如旅游中心、宾馆、娱乐文化中心、主要的公共办公大楼、报亭，都应该是公交地图、时刻表和其他信息公布的地方，这些信息可以以小册子、显示的方式提供给公众。由于这些信息的广泛获得有助于鼓励公共交通的使用，传播的成本可以间接地从票价收入中得到弥补。

公共媒体包括报纸、电台、电视、因特网和其他的公共通信方式。因特网是目前为止最综合的媒体，可以传播乘客所需的任何信息。然而，许多最新的发展情况和新闻，比如运行计划、巴士路径、站点位置的改变，新线路的开辟，票价和售票的创新，重大事件的特殊服务等，都需要比因特网更加广泛、更加快速的传播方式。为了这个目的，应该有效地利用宣传册、报纸、电台和电视广播传播信息。

6.6.5 信息系统缺乏的共同原因

公交系统服务信息的可获得性和易取得性是影响公交机构形象和吸引乘客的主要因素。然而，许多公交机构往往低估了信息的重要性。这导致了对信息服务资助不足，不能够系统地发展信息服务，而且在许多情况下，不会对最初完好的系统进行维护和更新，任由其恶化下去。在造成信息系统信息不足的众多因素中，这里讨论了四个比较常见的原因，并且讨论了这些原因会造成的结果。

6.6.5.1 机构的内部定位

公交机构对公共关系、信息服务和市场营销的关注程度反映了其董事局和管理层对乘客和公众的定位。积极致力于提高客流量、改善在城市中形象的公交机构对乘客的便利和影响乘客吸引力的因素给予了相当大的关注。这样的公交机构往往有处理公共关系的独立部门和组织良好的公交信息系统。另一方面，公交机构的主要定位是保持现有乘客，往往提供很少的信息，这些信息对吸引新的乘客是不够的。

如果公交机构的定位是保持现有的乘客，那么它会采取这样的态度——因为最大的用户是每天上下班的通勤者，所以服务应该针对这些人。如果将通勤者作为设计对象，时刻表和其他信息在很大程度上会局限于个别线路，几乎不会考虑运行计划在交叉线路之间的协调以及其他鼓励和方便换乘和使用整个公交网络的因素。

而且，网络地图很难找到。巴士和列车上仅仅有单一的目的地标志。如果城郊有车站的话，车站几乎没有站牌。公交机构对这些信息不足的解释是“使用这些车站的人是每天的通勤者，他们对线路很熟悉”。

尽管经常性乘客是乘客的主体，值得重点关注，这些都是符合实际情况，但是忽略非经常性和潜在的乘客仍然是一个严重的错误。第一，非经常性和潜在乘客的数量经常被有这样的内部定位——努力保持现有的乘客，而不是吸引新的乘客——的公交机构低估。第二，这样的政策以及不重视信息服务，使得除了经常性乘客之外的其他乘客使用公交服务很困难，从而阻止了潜在的乘客使用公交出行。第三，大多数偶然性和选择性乘客往往在非高峰期使用公交服务，填平了乘客需求的低谷，从而使得运载这些乘客的边际成本要低于运送经常性、高峰期乘客的边际成本，因此，对他们的吸引可以改善公交机构的运营率。最后，忽略偶然性乘客和新乘客会导致客流量停滞不前，长期看来会降低客流量。这样的机构在城市中的作用注定会下降，前途黯淡。

6.6.5.2 运营便利优先于乘客需要

信息系统的实施和维护需要周密的计划和协调的行动，以及员工，包括司机、站务人员、车站和车辆员工的不断关注。如果所需的行动没有经过严格的控制，纪律没有被遵守，这些员工往往会改动他们的日常职责和活动，使他们的工作更加简单，降低需求。例如，最初只是在一些小的站点可以不进行沿线的报站工作，之后就变得经常不报站。有些车辆上没有显示目的地标志。最初只是在车上不能够获得运行计划和地图，之后车站里也会找不到这些信息。这些被忽略的行动和“经济措施”会降低信息系统的范围和效力。为了防止这样的事发生，如果没有对如何影响信息和乘客的其他便利措施进行核实，公交机构一定不要允许各种各样的运营变化。

6.6.5.3 设计对象的选择不正确

只关注现有乘客的倾向有时会导致信息不足问题的加剧。例如，有些机构对乘客所需信息的使用情况进行调查，然后他们声称详尽的车站标志不是很重要，因为很少乘客说他们使用这些标志。这样的调查本身就是不正确的，因为调查没有包括还没有发现车站的人和没有使用公交系统的人。

这个例子表明需要为公交信息正确地选择设计对象。考虑6.6.2节中定义的四类用户，第一类，有常用线路的经常性用户，应该仅仅作为通勤者服务信息系统的设计对象，这些通勤者在高峰期间进入和离开市中心或者其他主要的目的地。在其他的情况下，第二类和第三类——在他们不熟悉的线路上出行的人们——应该作为设计对象。对于主要的线路和使用公交网络、在线路之间和方式之间进行换乘、进入长距离轨道交通、巴士终端站和机场等，第四类——到城市的旅游者——应该作为设计对象。总的说来，任何信息系统规划中的设计对象应该是对系统最不了解的人。因此，经常性的用户从来不应该作为信息系统的设计对象。

6.6.5.4 预算分配不足

公交信息对于乘客吸引力、公交系统整体形象的重要性总不是那么明显，因为效果不容易量化。而且收益不是马上能够看到，尽管他们能够带来客流量的不断增加，为城市带来永久的收益。由于这个原因，有时候往往低估信息的价值而不为信息系统的建设分配所需的资金。更加常见的情况是当由于资金压力而不得不削减预算时，信息预算而不是其他条目经常会被削减，因为信息的重要性似乎不高，尤其是短期看来。

这些原因中的任何一个都会造成信息不足以及信息传递给公众的方法和内容缺乏创新。信息不足和信息过时的例子很多：目的地标志缺失的车辆、没有提供任何信息的公交车站、被破坏却不进行修理的地图和站牌等。最近几十年，许多城市为轨道交通线路引入了表明公交方式的标志（U1、U2、R、R2）或者颜色标志。然而，另一方面，有些城市的有轨电车和巴士线路的号码非常不连续，这会给乘客造成困惑。原因通常是线路经过几十年的改变，号码随着情况的改变而改变，最终导致了许多号码的丢失和字母、数字的混用，以致现在的编码毫无规律。

6.6.6 信息系统的规划、调试和维护

为了确保项目的收益最大，应该将公交信息系统作为一个系统进行规划，在记住每种信息的主要用户，即谁是所需信息的乘客同时，综合考虑信息传播的地点、传播的内容、传播的方式等。一些例子可以说明这个过程。

大量使用城郊地区停靠的小型巴士的乘客通常是从相邻的社区进入市中心的经常性用户，应该提供的信息必须包括公交线路的草图和该线路服务的运行计划。对于第 2 到第 4 类的偶然性乘客，应该提供电话号码和网站以提供进一步的信息。有类似功能的轨道交通车站，应该显示一幅轨道网络的缩略图，因为许多非通勤者计划换乘到网络中的其他线路上去。

在轨道交通线路的终端以及与许多巴士接运线和轨道交通线连接的主要城郊车站，信息也应该包括第 2 类和第 3 类用户所需的内容。这至少包括一幅城郊地区所有轨道交通线路的地图、所有线路的运行计划以及线路上站点的位置。终端站的规划中如果没有详细接运线、出租车站，或者驻车换乘设施的话，就需要详细的标出。除了这些基本的信息，如果有足够的资金，提供轨道交通和接运线出发时间的在线信息是个不错的选择。当控制系统能够获得车辆运行的连续信息时，应该向公众提供所发生车辆晚点的实时信息。最好能够使乘客获得该地区整个公交系统车辆的位置信息。

在其他的情况下，有地铁和地面公交线路服务的主要铁路车站，应该将第 4 类人——城市旅游者——作为设计对象。信息不仅要包括为车站服务的所有线路走向和运行计划的信息，而且要包括整个公交网络、主要服务区和城市地标的信息。

为了确保现有的和规划中的信息系统的功能特性和有效性，应该定期进行测试。可以将公交站点、车站和终端站按设计乘客种类进行归类，然后测试每一类乘客所需的所有信息内容在各自的设施中是否都提供了。而且还要对城市中所有的地点、建筑和信息中心进行检查，看其是否提供了城市旅游者所需的信息。

对信息系统的重点测试应该集中在轨道交通系统和终端站中，测试可以这

样进行：邀请三到五个非本地人士，包括公交专家和如果到访这个地区会考虑使用公交的人，让他们使用各种公交服务在市内旅游，在不同的线路和公交方式之间换乘，支付不同的费用等。第二天，这个测试组中的每一个成员都应该描述他/她的体验，发表评论，包括正面的和负面的发现。

将其他乘客和普通公众包括进信息系统评价中的方法包括以下几个（Potts，2002）：

• 乘客和公众调查：车内、车站、电话或者邮寄卡调查；
• 对关注对象进行访问；
• 从雇员与乘客的接触中获得；
• 乘客投诉。

维护和创新是保持信息系统准确性和吸引力的重要手段。维护差、令人迷惑或者被破坏的信息比起信息缺乏来更加令乘客气恼。因此，公交机构应该保证以下几个措施的实施：

• 将信息项设计成耐用、防破坏的，而且要容易维护和更新；
• 尽可能保护显示的信息不受天气的影响、不遭破坏；
• 有系统的时间表可以修复信息内容；
• 定时更新的时间表和其他可变信息，在标志类型和传播方法上进行创新，比如更新和扩大网站；
• 定期对员工的知识和对待乘客的态度进行检查，必要时进行再培训。

6.7　市场和公共关系

随着公共交通从大多数人由于没有其他的替代出行方式而不得不使用的时代过渡到高汽车保有量公共交通必须吸引有不同选择的乘客的时代，市场营销发挥的作用越来越重要。为了和其他的出行方式竞争并吸引新的乘客，公交机构必须施行各种形式的市场营销。

市场营销由此成为公交机构对现有的和潜在的乘客定位的重要因素。和信息、公共关系的功能一样，市场营销有助于提升公交系统在城市中的形象和职责。

6.7.1　定义和目的

公共交通市场营销是公交机构为了实现以下主要目标组织实施的计划：

• 为了提升公交服务，使公众可以了解公交服务；
• 为了确保最大数量的潜在乘客可以被吸引到公交系统；

• 为了确保公交服务有最大的整体效益，不仅从运营商的角度考虑（运营效率），而且从乘客和公众的角度考虑。

公交信息服务和市场营销活动是相互联系并且部分重叠的。两者之间的基本不同是信息系统的定位为现有的乘客服务，而市场营销的目标在短期来看主要是吸引潜在用户，长期来看，主要是塑造公交系统正面稳健的形象，加强它在城市中的作用。

许多城市公共交通市场营销的发展速度缓慢，因为公交机构最初没有意识到与小汽车的竞争，而且他们的财务状况恶化。当公交机构的经理面临财务困难时，短期的债务偿付能力往往被当作成功的公交运营的主要标准。然而，即使处在困难的财务状况下，为了增加收入，保持高质量的服务，尽可能多地吸引乘客也是很有必要的。

因此，成功的市场营销是实现有效吸引乘客，提高系统使用率的根本。无效率的市场营销（或者没有市场营销）长期来看会使乘客流失，降低机构的运营率。

6.7.2 市场策略

市场策略是将各种营销活动整合成有确定目标的计划，吸引乘客，提供服务。这种计划应该设计成方案以实现目标。有四种类型的市场营销战略，可以单独使用，也可以组合使用。

无差异化市场策略是向确定的公交服务区（城镇、城市或者大都市地区）的全体人口提供和推销能够吸引公众整体的单一的产品（交通运输）。该策略吸引的和服务的是一般的或者普通的顾客，试图以单一的服务/促销礼包来吸引大多数的乘客。

在大部分情况下，无差异化市场策略是最简单和成本最低的策略。然而，单独实施该策略的效果取决于相同特征的乘客数量，并且假定公共交通作用有限。因此，无差异化市场策略是建立更加复杂和有效的市场策略的基础。

差异化市场策略，与无差异化市场策略相反，根据其需求的不同吸引每一部分人口乘坐公共交通。例如，吸引更多的非高峰时段公共交通乘坐者的活动要突出强调购物者、家庭主妇、老年人和该计划内其他的潜在对象在该时段内乘坐公交的好处。

差异化市场策略通常比无差异化市场策略的成本高，因为需求的多样化以及计划和提交方案的专业化。然而，差异化市场策略的高额投资通常会被比无差异化市场策略更高的乘坐人数和更多的收入抵消。

集中化市场策略是将推销单一组成的公交服务或者吸引客流量市场中所选择的部分作为目标计划。这种市场策略对提供专业化服务的机构来说是最有效的。

个性化市场策略是经过认真组织的致力于增加经常性公交使用的计划。这个概念是20世纪90年代由UITP和德国的一家咨询公司Socialdata（Brog，1998）提出的。他们认识到许多人不使用公共交通是由于他们对公交系统不熟悉，没有使用公交系统的经验或者没有使用它的动机。首先选择了几个潜在的公交用户群体，并且直接和他们接触，试图激励他们思考自己的出行行为，然后向他们详细地介绍公交服务，主要是他们比较感兴趣的出行，并且给予他们免费的公交月票。

这个首创的实验非常成功，所选择的群体中公共交通用户几乎翻了一番。然后使用在第一个项目中获得的经验和态度，将相同的概念——组织这样的个性化方法告知和激励潜在的公交使用者开始使用公共交通——应用于几千个个体。公交用户的显著增加带来了新的收入，这些收入可以用来进一步扩大计划。因此，个性化市场策略需要最开始的努力以及和每个个体沟通的劳动密集型的工作，但是它会带来个体出行习惯的永久性改变。由于不熟悉和害怕公共交通系统而避免使用公共交通的人成为偶然性的或者经常性的公交用户。这样的改变对他们自己和公交机构都有好处。

4种公共交通市场策略的组合选择取决于4个基本的因素：

1. 公共交通的作用：如果公共交通在社区中起重要作用或者如果决定吸引尽可能多的乘客乘坐公共交通，最好对营销计划投入巨资。差异化市场策略、集中化市场策略和个性化市场策略在这些情况下通常都是有效的。相反地，当公共交通主要作为汽车出行的补充时，没有必要进行高度专业化的营销计划，无差异化的市场策略就可以接受。

2. 可以获得的资源：可以获得的财务来源通常将最初的营销局限于无差异化的或者集中化的市场策略，这取决于社区特征。另一方面，如果资金充足，实施个性化市场策略是可行的而且是划算的。

3. 社区特征：城市中的每一个经济和社会团体有不同的公交需求。为了确保营销计划最好地适应城市，分析者必须决定人们的公交需求如何划分。例如，产业单一、人口特征相同的城市，会发现无差异化营销计划比更复杂的计划要便宜合算得多。有各种经济和社会团体的城市通常会发现差异化营销计划是必要的。

4. 公交服务类型：公交服务可以按一系列的特征进行划分，包括服务时间（高峰、非高峰），覆盖区域（CBD导向型、分散型），功能（通勤、购物、娱乐）和其他。公交服务越多样化，营销计划越需要差异化和个性化。

表 6.5 总结了这些主要因素对选择市场策略的影响。该表不应该看作是一套不能更改的准则，而应该看作是考虑替代策略时的参考资料。在确定了实现确定目标和条件的最好的市场策略后，应该定期检查其有效性、扩展和可能改善的地方。

表 6.5　选择市场策略的不同影响因素

市场策略种类 / 基本因素	无差异化	差异化	集中化	组合	个性化
公共交通的作用					
主导	•	•	•	•	•
补充	•		•		•
资源（成本）					
有限	•		•		
充足	•	•	•	•	•
社区类型					
多样化		•	•	•	•
统一	•				•
公交服务					
多方式	•	•	•	•	•
单方式					•

6.7.3　市场活动

公共交通市场活动可以被分成六类活动：市场研究、市场细分、服务调整、信息发布、刊登广告和公共关系。下面描述了这些活动。

6.7.3.1　市场研究

在大多数市场研究项目中，对于有效的营销计划收集必要的信息是必须的。一般来说，这些数据是现有的和计划（或规划）的社区的特征，其人口和交通模式，需求特征。这类信息包括人口统计特征（人口密度等）；城市的物理特征（地形、交通运输网络、土地使用等）；社会因素（就业，该地区的平均收入）；OD 数据；汽车保有量；时间变化的需求，尤其是高峰期特征等。

值得注意的是，为了制定一个平衡的营销计划，收集已经使用公交系统的乘客的态度信息和偏好数据以及社区中存在的潜在用户的数据是很重要的。有了这些信息，分析人士就可以决定是否开设那些在已乘坐的公众看来没有效率的服务。

要收集的数据数量和种类以及更新的频率在很大程度上取决于收集数据要

付出的代价，社区的稳定性和可获得的项目资金。

市场研究收集信息的方法很多。比较容易的是使用他人已经收集好的数据。政府机构比如交通部、城市或者大都市规划部门、人口统计局或统计局都是很好的数据来源。机动车部门可以提供按区域和人口群体划分的机动车保有量，而且它可以提供对应于车牌号的司机地址，以调查机动车驾驶者的出发地。人口统计局有各种层次的信息，把从地区和城市的到统计片区或者交通分析小区的人口、年龄、收入、工作分布、机动车保有量等数据都做了统计。对大城市来说，统计局也提供出行 OD 的集计数据。地区、州或省级规划部门有分区和土地利用的数据。市级和州级道路和交通部门有其管区内道路网和交通量的信息。

通常联系公交机构自己的投诉部门以及电话信息服务部门获取相关的公众需求、态度、价值等信息也很有用。更具体地说，有可能获得乘客对服务缺陷的最常见的投诉及其改善建议的信息。然而为了获取公交机构所需的大量信息，有必要进行市场调查。进行市场调查的主要技术是调查问卷和访问，可以在公交车上（短的）、车站、家里或者用邮件进行调查。

调查问卷总的来说应该简短、简单，没有模棱两可的问题。最好能够提供可以由作答者选择的答案选项，那些需要由作答者填写答案的调查问卷会揭露很多精确的或者没有预见到的信息，但是填写答案需要花费很长时间，而且阅读和分析的成本也很高。如果需要更详细的信息，访问者应该从旁协助填表。

调查或者访问方式的选择取决于所需信息的详细程度和种类。公交车上的调查能够获得比较高的回答率但是不能够获得潜在用户的信息。邮寄调查问卷的主要问题是回收率通常很低，导致调查的偏差。可以通过后续行动，寄信强调调查问卷的重要性，是提高回收率的一个可行办法。另一个可以提高回答率的技术是提供奖励（获得抽奖的机会，免费使用公共交通等）。

采访可以得到比邮寄调查问卷大得多的回答率，但是需要更多的调查时间。电话采访相对来说比较方便实惠，但是它们本身存在着不为人知的偏差。例如，一些低收入人群家里没有安装电话。电话采访的其他的复杂性在于：如何在一天中方便的时间对通勤者进行调查，多个电话号码的家庭，没有电话号码的家庭等。

家庭个人采访的成本很高，需要大量的人力，但是他们能够提供非常可靠和详细的信息。因此当非常需要详细的高准确率的信息时可以进行家庭个人采访。这种访问进行的频率要比问卷调查和电话调查的低。

为了某些问题比如改变巴士线路、调整收费等而召开的公众听证会也可以用来获取关于公众态度和出行习惯的信息。基于网络的调查也可以使用，但是局限于几类特定的人群。

6.7.3.2　市场细分

市场细分是根据个体公交需求在社会、经济、地理和其他特征之间的差异对公共交通用户和潜在用户进行分类。只有在进行了市场细分之后才能实行差异化市场策略或者集中化市场策略。

市场能够细分的程度取决于在市场研究阶段收集到的数据种类和数量。表6.6是所选定的便于市场细分的特征。在所列因素中的一个或者任意数量组合的基础上可以形成一个市场群体。然而，在决定如何划分市场时，应该遵循下列标准：

1. 每一部分在对公共交通的需求和态度上应该有所区别；

2. 每一部分应该有足够的人数以使单独对该群体的宣传成本是合理的。

在很多情况下，进行市场细分之后紧接着可以实行集中化市场策略。如果周末的公共交通使用率比较低，向去往博物馆、音乐会或者体育赛事的公交出行结合家庭特价进行宣传是很有效的。在周六或者工作日晚上商店打烊比较晚的时候，通常是周三，可以提高服务频率以及提供购物者往返程特价。

表 6.6　市场细分中常用的特征

特征类型			
社会/经济	出行目的	出行时间	地理
年龄 教育 性别 家庭规模 职业 收入 汽车可获得性 司机/非司机	工作 购物 娱乐 医疗 教育	高峰 非高峰 工作日 周末	出行距离 出行目的 CBD以内 CBD-郊区 郊区-CBD 郊区-郊区

6.7.3.3　服务调整

在市场研究和市场细分过程中收集到的数据基础上，明显需要对服务做某些改善。这些改善包括：

• 公交线路（通常是巴士）改动：改变巴士路线的部分路段，去除或者增加部分路段，增加新的线路以补充现有的线路，改善换乘位置和设施。

• 票价调整：改变票价结构（区域性的、地方性的等），推出特价票（学生打折，当天有效或者三天有效的旅游者票价）。

• 运行计划改变：高峰期服务的调整，非高峰期或者周末服务的调整。

• 改善经营：推出快车、跨站运行或者其他提速服务。

• 推出特殊服务（购物者特惠，特别事件等）：特殊服务是服务创新的一个特别有效的手段。特殊服务通常是用于满足表现出的或者观察出的出行需求和确定的潜在市场，例如旅游地区的巴士环线或者特殊事件的快速地铁列车。该服务是发掘公交服务潜在用户的极好手段。特殊服务推出之后，许多特殊服务被认为应该升级为永久线路或者改变现有线路的运行计划。

第1、2、4、6和7章给出了修改线路、时刻表、票价结构和公共信息的原则。

6.7.3.4 信息发布

另一项重要的市场活动是向公众传播公交信息的计划。这样的计划，6.6节已经讨论，通常可以在市场研究的基础上结合一些市场元素进行调整。例如，公交服务的宣传可以和车上信息、时刻表设计或者公交站点和车站的信息相结合。

6.7.3.5 广告

广告是与市场营销有关的最常见的活动，有三个相互联系的目的：

(1) 吸引公众对公交服务的注意；

(2) 向公众宣传公交服务的质量和优点；

(3) 塑造公交服务在公众心目中的正面形象。

主要的总目标自然是吸引更多的公交乘客。

有很多方法可以将公众的注意力吸引到公交服务上，前面几节讨论了其中的一些。这些方法包括通过印刷媒介（小册子、报纸广告、海报、公告板、黄页广告、直接邮寄），电台和电视的商业广告，车站和站点的站牌标志设计，系统名称、标志的选择，车辆、标志、站牌的主题颜色等传播。

在向公众宣传公交服务的质量和优势的同时，也要强调实际的吸引力：

• 省钱：一位实际的公交乘客比其他人在汽车上的花费的每年节省额，包括占主要地位的但经常被忽略的固定成本。

• 省时（如果适用）。

• 舒适方便，比如可以在公交车上阅读，避免交通拥堵和停车的烦恼。

• 增加了安全性和可靠性：比较公交事故率和准点率等。

有些城市，实际的吸引力不足以克服公共交通已经获得的负面形象。因此，最好可以向公众说明乘坐公共交通不仅是社会接受的甚至是流行的。这可以通过树立公交服务的地位和形象来实现。这种形象是通过打广告树立的：

• 通过指出使用公共交通可以降低拥堵，创造更加以人为本的环境、通过减少停车需求保护城市的历史遗产、节省（进口的）燃料、减少空气污染等，来呼吁公共精神。

• 暗示采用公交比驾车出行更加明智。

• 借助名人和著名的公众领袖来增加对公共交通的认同感，而且他们实际上也使用公共交通：市长或者州长乘坐地铁或者轻轨去上班的例子能够帮助改善公共交通的形象，并增加这些领袖的受欢迎程度。

图片 6.11　洛杉矶轨道交通服务中，成功的广告

6.7.3.6　协调和预算

协调广告讯息和各种媒体的关系对成功的广告计划来说是必要的。每一种媒体都有最适合的广告目标和信息。视觉媒体，尤其是电视，通常最好用来改变或者树立公交服务和公交机构令人满意的形象。电台和海报可以有效地插播促销广告，使公众不断意识到公交系统的存在。电台对现实生活有强烈的影响，但是促销手册、小册子、时刻表能够更有效地传达公交服务及其变动的详细信息。

媒体类型还必须和营销努力所针对的市场对象相协调。每一群体对每一种媒体有不同程度的感知。因此，特定的市场对象如何以及何时被吸引取决于对象的特征。例如，可以通过报纸、播放新闻或者古典音乐的电台，或者晚上的时候，电台和电视皆可，来传播信息给潜在的高收入阶层公交用户。通过邮件直接联系是接近市场对象中所有潜在的公交用户的少数方法之一，但是需要相当高的费用。

对广告投入的花费取决于要达到的目标和广告或者其他市场活动的成本。经验表明在大多数情况下，占总收入大约1.5%的花费对公交机构成功的营销来说是足够的，尽管这与饮料、烟草、化学和电影产业为了这个目的花费总收入的4%～5%比起来还是比较低。

有很多方法可以降低广告花费。其中一种方法是公交机构和其他组织共同承担成本。例如，可以通过向已经刊登广告的体育赛事（或者系列赛）提供公交服务来进行促销。通过这种方法来打广告，双方的广告成本都可以降低从而受益。公交机构还可以从清楚和广泛的宣传如何其服务使用中受益。

另外一种降低广告费用的方法是出售一种把提升公交使用作为次要功能的产品。例如带有公交地图的啤酒杯垫子或者拼图玩具、在所有的城市地图上印刷公交系统的名称和标志、旅游资料、纪念品如T恤等。除了旅游信息之外，免费广告有时也可以在社区和大学的报纸、电话簿、专业印刷品和出版物之类的东西上获得。

6.7.4　公共关系

目的在于塑造公交机构积极进取形象的信息服务和市场活动，被归类为公共关系。良好的公共关系的基础是公交机构提供服务的质量：没有相当良好的服务，正面的公众形象是不能建立的。假设满足这些要求，还有其他的技术可以改善公交机构的形象和公交服务。

公共关系是建立在公交机构和其他三个方面：普通公众、媒体、政府机构和代表的接触和联系的基础上。

可以通过以下措施加强公众对公交服务的认知：

• 广泛传播、到处可见的声明来描述公交机构总目标和具体目标。

• 总经理或者首席执行官向乘客传达的关于服务创新和改变的信息，或者对造成服务延误问题的解释。

• 经常清洗车辆；立即修复汪达尔主义造成的损害。这种维护方法的成本比它第一次出现时要低，因为已经被汪达尔主义破坏的车辆会吸引更多的汪达尔主义者（见 6.4.5.2 节）。因此长远看来，比起等到造成大的损害时才进行频繁的修理而且遭受不断的恶劣形象来说，通过这种方法保持车辆维护良好的花费不会更多。

• 将公交站点、避雨棚和车站设计成抗汪达尔破坏的，需要很少的维护。

• 鼓励和顾客接触的员工（巴士司机、站务人员、电话信息服务人员）乐于助人、热情礼貌。这在管理层关心公众福利并且雇主和雇员关系良好的公交机构是很容易做到的。

• 保证电话信息服务有足够多的接线员，使公交用户在打电话时不会感到受挫。不断听到忙音的电话信息服务会给公众留下该机构对帮助其乘客不感兴趣的印象。

• 组织投诉部门，实际上旨在消除投诉的肇因。

• 提供失物招领服务。

• 当发生延误时，应该快速提供解释发生了什么事情和多久才可以恢复正常。也应该随时准备道歉，尤其是乘客乘坐的车辆抛锚时。书面解释可以在第二天发给由于公交车故障而工作迟到的通勤者。当公交机构的官员对公众遭受的故障和晚点漠不关心时，公共关系通常很糟糕。

上述建议主要针对改善同公交用户的公共关系。同时，公交机构也应该参与公共事务以维持在公众整体心目中的良好形象。公交机构可以参与的活动包括：

• 通过提供车上的免费广告空间和其他援助来帮助慈善事业。

• 支持进步的交通改善计划，例如交错安排工作时间。

• 促进当地的工作培训计划。

• 和当地的机构进行合作，帮助他们进行社区规划。

• 积极参与特殊事件：假日游行、文娱体育活动、商业活动等。

报纸和其他媒体是公共关系中的另一重要方面。关于公交机构的有利新闻报道不仅可以提升其形象，而且可以降低所需的广告费用。因此，保持同媒体的良好关系是非常重要的。以下是和媒体成功保持关系的建议。

• 将大部分董事会议向公众和媒体开放。

• 确保媒体可以采访到董事会成员和最高管理层代表。

• 最大限度地向媒体提供其所需的信息。开放的政策可以预防没有事实根据的猜测，向公众反馈已计划的项目。

• 和媒体打交道要诚实，避免误导或者含混的表述。

• 提前通知新闻媒体重要的事件。

• 当机构发布重要新闻时，要向媒体提供相关的信息、宣传册等，这可以提高新闻的准确性。

• 安排新闻发布会时要考虑报纸的截稿日期。

• 在传播信息时不要偏袒任何一家媒体。

• 对不利于公交机构的不实或者糟糕的报道不要以偏袒相要挟，而要尽力纠正错误的报道。

• 当服务发生故障时，建议媒体提供可以原谅这些故障的理由。

政府机构对于良好的公共关系来说也很重要，因为公共交通是受管制的行业，大多数公交机构都需要不同政府机构的支持。事实上，民众和政治领袖通常会寻求来自公交机构的良好信息以采取措施改善公交立法和财政支持。以下建议可以建立和保持同政府机构的良好关系。

• 准备一份实时更新的所有相关机构的关键人员、立法代表等的名单；

• 向这些人提供新闻发布的信息、新的宣传册、年度报告等；

• 在重要场合，如引进新车辆，要邀请名单上的一些人或者所有人参加；

• 发生问题时，在问题发展成公共事件之前要通知关键官员；

• 使政治领袖意识到公交机构运营的义务和受到的限制，帮助他们制定所需的法律和财政支持方案。

6.7.5 结　　论

这一节介绍了有效的营销和公共关系计划的基本组成要素以及各种市场策

略和活动。一定要记住成功营销的必备条件是良好的产品，即良好的公交服务。使用发车频率不高、不可靠、速度慢、不舒适的服务，仅仅通过市场细分分析、广告和其他技术来吸引和留住乘客是很困难的。而且，对这些活动的投资没有提供良好的服务时的效果好。

最后，公众的态度和价值观是不断变化的，营销作为一个连续的过程也应该被给予不断的关注。要不断总结和调整营销计划，使之适应社区和居民改变的需求和价值观。

练　习

6.1　查找一个大型多方式公交机构的董事会的信息，然后介绍一下以下信息：

- 机构董事会的组织机构图及其与最高管理执行层的关系；
- 董事的数量和他们代表谁；
- 他们是如何选出来的和谁委任他们；
- 董事的数量和他们所代表地区的公交乘客的数量和人口的关系。

调查关于董事会有效性的几种观点并总结出来。

6.2　选择两种不同组织形式的多方式公交机构，然后：

a. 给出他们的组织结构图，标出主要的部门；

b. 描述每一种组织机构：它主要是方式型的（不同的方式有独立的部门）还是功能型的（所有方式大部分的功能是统一的）？

c. 比较两种结构：数量、相似度、部门负责领域的差异。

6.3　工人们经历的哪一个主要问题导致了有组织的工会的建立？

6.4　定义并介绍公交产业出现工会的后果：

a. 有了工会之后雇员们的工作条件得到了怎样的改善？

b. 对服务质量的正面影响是什么？

c. 工会对政府政策和立法的积极影响是什么？

d. 介绍一些由于工会反对创新的做法而对机构管理和运营实践造成的负面影响。

e. 工会的哪种政治影响力被认为会损害私人和公共公交运营商的效率？哪一种对服务有负面影响？

6.5　在管理层和工会的合同谈判中可以使用什么方法来解决他们之间的分歧，包括根据物价水平上调工资水平、实行有约束力的仲裁、允许罢工。这些谈判方法如何影响相关各方：

a. 公交机构的财务管理，其遭受过度的工资和福利要求，以及其对系统运营创新的能力。

b. 工人对工作安全、合理工资和工作条件的要求。

c. 公众对高质量、高可靠性的公交服务的要求。

6.6 讨论法律禁止公交产业的工人罢工的正面和负面影响。

6.7 讨论英国对公交产业解除管制的结果。消除工会对公交公司的财务状况、雇员的工作条件、劳动力素质和他们对公司的态度的影响是什么？消除工会是怎么影响到公交服务质量的?

6.8 怎么使用有关公交线路、网络、车站和车队规模的统计数据来比较两个或者两个以上同级城市的公交系统？用统计数据和数量能够比较什么？使用各种指标比起使用绝对数量能够更加方便地比较系统的哪些方面?

6.9 定义效率、利用率和消耗率的概念，并就每种给出两个度量指标。

6.10 定义“运营指标”。为什么这些指标能够反映市、州或者国家对公共交通的政策？特别地，讨论运营指标如何反映机构的效率、线路的运营条件，政府对公交机构经济效率和通过低票价使公共交通的使用量最大化的目标之间效益相反的态度。

6.11 分析一条巴士线路和一条轻轨线路的生产力。

a. 一条长 11.8 km 的巴士线路，周转速度是 16.7 km/h，发车间隔是 5 min，巴士的容量是 92 人，包括座位数和站立空间，平均占用率是每车 36 人。

b. 一条长 18.8 km 的 LRT 线路，周转速度是 25.1 km/h，发车间隔 5 min，每辆车的容量是 168 人，每列车有两辆车，平均占用率是每车 68 人。

计算线路 a 和线路 b 的以下指标：

• 已提供的服务，空间一公里/h;

• 已使用的服务，人一公里/h。

假设每条线路对各自的方式运营值都是典型的，比较两种方式已提供的和已使用的容量。

6.12 计算和比较下列两条轨道交通线路已提供的和已使用的服务：

a. 地铁线路，22.4 km 长，周转速度是 33.8 km/h，发车间隔 4 min，列车由 6 辆车组成，每辆车座位数为 64，站立空间 96 人，线路平均使用率是 56%。

b. 区域铁路，34.6 km 长，列车由 8 辆车组成，发车间隔 20 min，周转速度 52 km/h。车辆容量为座位数 104，站立空间 72 人，平均使用率是 38%。

比较两条线路已提供和已使用的服务。

6.13 地铁网络有三条线路组成，线路的特征参数如下表所示：

线路	长度 (km)	高峰小时发车间隔 (min)	列车长度（车辆/TU）	运营速度 (km/h)	平均利用率 (%)
红线	16.6	6	6	33.1	60.2
蓝线	12.4	5	4	29.7	66.8
绿线	8.8	3	8	35.3	77.5

车辆容量是座位数 58，站立空间 112 人。

考虑高峰小时的服务，计算整个网络的生产力和平均速度。

6.14　不同的公共交通方式之间，公交控制中心的作用有一定的区别。选择以下两种方式之一的控制中心：

a. 地铁；

b. 轻轨、无轨电车、巴士网。

通过查阅文献或者采访公交机构获取相关信息，介绍所选择的控制中心的功能，控制中心对系统运营的作用和影响。换句话说，控制中心是怎么改善效率、安全性和乘客服务质量的。

6.15　一个大型公交机构计划建设一个控制中心，监督其地铁和地面公交的运营。控制中心的投资预算相当的高，机构董事局决定认真地进行工程可行性分析以决定预期效益是否会超过所花费的成本。

要求你对控制中心的预期收益进行系统的分析。列出所有的收益，比如服务可靠性、效率、安全性、安全保障的提高。首先确定包括这个列表中的哪些收益，然后针对可靠性：画出服务可靠性提高的收益流量表。对每一个收益项，确定主要的收益和受影响的各方：乘客、运营商（机构）、城市（社区）。说出哪些项目可以量化，怎么量化？

6.16　分类列举公交系统运营技术中 ITS 和远程无线通信技术应用的主要类型，并说明其功能。

6.17　公交机构正考虑为其巴士服务购买和安装 AVL 系统。董事局想评价预期收益和估算成本之间的关系。列出 AVL 系统将会带来的所有收益，包括对公交机构运营的影响和对公众服务的影响。包括定量分析和定性分析，并讨论如何计算一个特定系统的量化结果。

6.18　说明和比较车辆维护的三种策略：响应型、预防型和预见型。比较这三种策略所维护的机车车辆的质量，维护的总成本以及在什么状况下最可能使用哪一种策略？

6.19　解释车辆功能生命周期，并和车辆经济生命周期相比较。列出影响他们其中之一的因素，这些因素决定什么时候应该对机车车辆进行更新。

6.20　提出预防公共交通系统涂鸦和汪达尔主义的几种措施和方法。

6.21 提出并讨论完全可达化公共交通系统的概念。它同常见的向残疾人提供方便的定义有什么区别？

6.22 公交机构必须出资改善为残疾人提供方便的设施。这样要求——所谓的无资助的命令——的基本理由是什么？它是如何影响公平的？换句话说，解释一下谁是这些投资的受益者？谁来买单？

6.23 选择按对公交信息的需求不同定义的四类人中的两类，比如第一类和第三类或者第二类和第四类。列举并解释每一群体所需的信息，并解释两类群体的不同之处。

6.24 列举应该在两种类型的公交设施，比如巴士站点、车辆或者公交终端站提供的信息。然后调查和回顾你所在城市的公交系统是否满足这些要求。

6.25 定义市场细分，解释在公交营销中如何使用？给出一个对公交用户进行市场细分的例子。

6.26 什么是无差异化市场策略？在公共交通系统中如何使用？给出两个可以包括在这个过程中的信息的例子。

6.27 定义差异化市场策略，并比较其和个性化市场策略的目标、技术、成本和其他类似的结果的异同。

参考文献

American Public Transportation Association（APTA）. 2002. *Public Transportation Fact Book*. Washington，DC：APTA.

Biggs，D.，and D. Levy. 2000. *Transit's Safety and Security Record*. Canadian Urban Transit Association（CUTA）. STRP Synthesis S3. Toronto：CUTA.

Brög，W. 1998. Individualized marketing—implications for transportation demand management. *TR Record 1618*，116-121.

EG&G Dynatrend and Crain & Associates. 1995. *Transit Operations for Individuals with Disabilities*. TCRP Report 9. Washington，DC：Transportation Research Board.

Girnau，G.，A. Müller-Hellmann，and F. Blennemann，eds. 2001. *Telematics in Public Transport in Germany*. Cologne：Verband Deutscher Verkehrsunternehmen.

Lieb，R. C. 1976. *Labor in the Transit Industry*. Report to the U. S. Department of Transportation，Washington，DC.

Marciani，M. 2002. The "public" in local public transport：from users by necessity to customers by choice. *Public Transport International* 04，10-13.

Müller-Hellmann，A. 1999. The drive towards the nonpolluting bus for a better quality of Life in cities. 53rd UITP International Congress，International Union of Public Transport，Brussels，Belgium.

Potts，J. F. 2002. *Customer-Focused Transit*. TCRP Synthesis 45. Washington，DC：Transportation Research Board.

Replogle，M. 1983. *Bicycles and Public Transportation*：*New Links to Suburban Transit Market*. Washington，DC：The Bicycle Federation.

Spiller，D.，and L. Labell. 1997. *Operational Assessment of Paralympics Transit System*：*Low-Floor Buses*，*Lift Equipped Buses*，*and Signage*. FTA Report FTA-DC-08-9117-97-1. Washington，DC：Federal Transit Administration.

Transportation Research Board (TRB). 1981. *Transit Boards—Composition*，*Roles and Procedures*. NCHRP Report 75. Washington，DC：TRB.

Vuchic，V. R. 1981. *Urban Public Transportation Systems and Technology*. Prentice-Hall.

——. 1999. *Transportation for Livable Cities*. New Brunswick，NJ：CUPR Press，Rutgers University.

Vuchic，V. R.，and A. Bata. 1989. US cities lead fight against graffiti. *Railway Gazette International*，January，39-41.

进一步阅读

Burkhardt，J. E.，A. T. McGavock，C. A. Nelson，and C. G. B. Mitchell. 2002. *Improving Public Transit Options for Older Persons. TCRP Report 82.* Washington，DC：Transportation Research Board.

Intelligent Transportation Society of America. 1998. *Improving Transit with Intelligent Transportation Systems*. Washington，DC：ITS America.

Kittelson & Associates et al. 2003，*A Guidebook for Developing a Transit Performance-Measurement System*. TCRP Report 88. Washington，DC：Transportation Research Board.

Simon & Simon Research and Associates. 2002. *Public Transit Board Governance Guidebook*. TCRP Report 85. Washington，DC：Transportation Research Board.

Tomazinis，A. R. 1975. *Productivity*，*Efficiency and Quality in Urban Transportation Systems*. Lexington，MA：Lexington Books.

Vuchic，V. R.，and T. Potter. 1983. Train crew reduction for increased productivity of rail transit. *TRB Record 980.*

第7章 公交票价

公交票价是吸引旅客的一个主要因素，同时作为公交系统运营的一个基础要素，它也影响着公交机构的财务状况。公交票价的数量和与之相关所提供的服务质量以及缴费的方便性都极大地影响了人们乘坐公交系统的意愿与行为。票价的种类及其收取方式也影响到运营效率。车票收入也会影响到都市公交运营资金筹集的方法。最后一点，从长远看，这些票价总会对中心城市及周边区域以及近郊的形态和发展产生极大的影响。因而，对给定的公交系统制定票价时要求仔细考虑大量与票价相关的问题。本章对票价有关这些问题的介绍按照五个主题进行组织。

• 设定票价的目的、要求和约束条件；

• 票价收取，包括实体机构方面以及车票类型；

• 票制（或票价结构），代表与出行距离相关的费用；

• 针对不同种类的使用者和用途以及针对一天中不同时刻而设定的专项价格；

• 价格水平或绝对数量（不考虑价格结构）以及它们对运量和车票收入的影响。

针对城市的特定状况，了解不同类型票价的共同特征以及各种运输服务的特点以选择最有效的票价类型（包括结构、价格水平以及收取方式），是十分重要的。

7.1 公交票价确定的目标

制定公交系统票价，必须清楚定价要达到的目标。票价系统的基础目标如下：

目标 1. 吸引最大数量的乘客。

目标 2. 公交机构收入最大化。

目标 3. 达到特定的目标，如增强劳动力、学生或老年人的出行意愿与行为服务，提高一定区域的可达性，促进更有效的公交方式的使用等等。

设定费用时必须经常考虑以下一般要求和限制约束：

约束 1. 需求弹性（见 7.5.3 节）对票价水平和结构的选择的限制；在一定的票价水平上，服务质量以及与之竞争的出行方式的价格会影响旅客选择公交出行的意愿；

约束2. 不同乘客群得到的服务价值（出行距离，慢车或是快车，舒适度，安全保障等）与付出的费用之比的公平性，对于个人以及大众人群来说，这种公平性也是一个重要因素；

约束3. 社会及政治方面——不同人群的服务需要及支付能力——通常也起到重要作用；

约束4. 票价的合理性和支付的方便性；

约束5. 票价类型必须允许相应机构实现简易、低成本的收款与控制。

很明显，由于存在相互冲突，所有这些目标和要求不可能全部达到最优。对目标1和目标2尤其明显：最大化吸引旅客量的大多数情况要求提供中低票价（或者理论上来说，提供免费服务）。而低（票价）将造成比高（票价）情况下更少的收入。因而，必须在旅客吸引量最大化和收入最大化之间寻找平衡。其他目标之间存在类似的妥协与权衡。制定票价时就要求对上述目标及要求和约束进行权衡分析。

在将这些目标和要求转化成现实情况时，在主要目标间进行权衡通常是政治决策考虑的问题。特别的，对大多数城市而言，比起收入最大化或运营收支平衡这样的目标，最大限度的吸引客流以增加人口流动性，增加就业机会或学生到校的可达性，减少交通拥堵，使城市更适宜居住是更为重要的。因此，大多数城市，公交机构获得的公共资金包括设施投资和部分运营成本（见第8章）。因而，多数城市已不再仅仅以收入最大化为目标，也涉及与之相关的其他目标，并旨在考虑对公交的公共投资的条件下收回成本。

为了在这些政策内确定适当的票价结构和水平，设计票价系统的公交机构以及批准并为之提供融资的公共部门必须明确或隐含地决定每个目标的相对重要性。

当车票收入足以涵盖整个或部分运营开支时，管理完善的机构开始对所有目标给予适当的考虑。而当公司或公共机构遭遇经济紧张，没有其他收入来源时，票价不保证一定的收入水平的要求将无法生存。公交运营者将被迫仅仅关注单目标——运营收入。收入最大化要求较大的费用增幅，这将引起一连串事件反应，车票定价的双重恶性循环如图7.1所示。

正如流程图所示，如果票价上涨将导致旅客由公共交通方式向机动车大规模转移，便会出现两种结果。第一，城市道路愈发严重的交通拥堵会降低公交车辆运行速度，增加运营成本（图中虚线所示）。第二，客流量减少导致服务频率降低，进而导致旅客吸引量减少，而引起进一步旅客流失（表中实线所示）。成本的增加和收入的减少二者将使额外的费用增加，进而导致恶性循环。正是上述现象的存在，使得公共机构需要将运输服务维持在一定水平上，而不是允许其继续恶化甚至最终导致较小城市公交的停止运营。

公交公司为求生存被迫追求收入最大化的问题在许多城市尤其是中小城市很常见。在私家小汽车广泛使用的同时，公共交通更多的被视为私营企业。20 世纪 80 年代在大不列颠和其他一些国家放松公共交通管制就是类似的事件。结果也是出现了相类似的两种情况：车票收入提高和财务状况改善，但是这是以最终旅客总运量大量减少和公共交通在都市交通中作用的衰退为代价的。

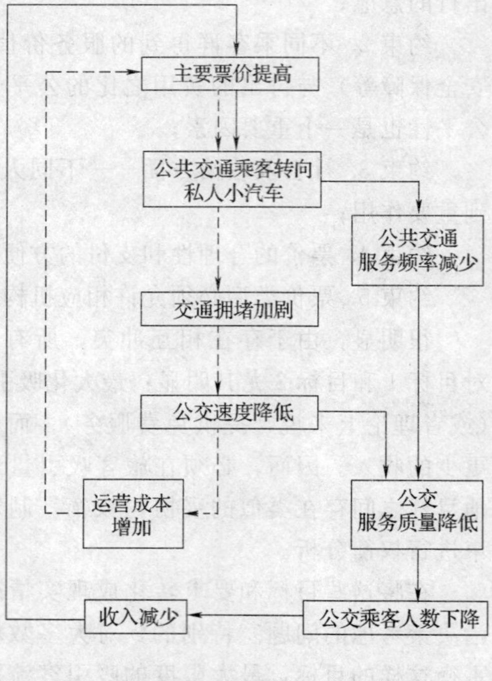

图 7.1　票价提高导致的双重恶性循环

当完全不考虑收入目标时会走向另一个极端。假设公交机构考虑到它拥有足够的政府补贴，以至于车票收入不再显得那么重要，那么该公交机构就将倾向于变得运输效率低下而且极度依赖政策支持。从长远看，这种态度常常导致服务质量的退化及财务危机。

另一个过分强调一个目标的例子是单一票价的广泛使用，当然凭借其对旅客及运营者的方便性，优于其他票价结构（要求 4 和要求 5）。虽然单一票价确有其优势，但在一些情况下（如大城市）它对相对更重要的目标 1 和目标 2 是有害的，这些在后面将提到。

在大多数拥有合理运输政策以及积极的公交措施的城市吸引旅客的目标（目标 1）要远远重于车票收入的最大化。这些政策能增加人口机动性，减少交通拥堵，减轻城市环境的退化。而车票收入也是不可忽略的，在不引起客运量大量流失的情况下，尽可能高的票价水平是必要的。

7.2　费用收取

收费包括收费的位置、方法以及对旅客缴费的控制，旅客的方便性、车辆在停车站的停留（消耗）时间（影响运营速度和服务的可靠性）以及收费的成本。路面交通（主要是公交）特别受停车收费造成延误的影响。在站内收费（通常是铁路）对乘客上车没有影响，但如果涉及到较多的人手或复杂的器材时，征收成本往往会较高。自动服务和智能卡的使用能避免大部分类似的缺陷。

收费方式极大地影响以下方面：

• 对旅客的吸引力；

• 服务质量及其成本（车队大小）；

• 收费设施的成本；

• 使用不同费用结构的可行性。

因而收费方式的选择是非常重要的。近几十年出现了许多收费革新技术和新的运营观念。

定义一个收费系统要四个基本要素

1. 旅客一次出行的缴费时间和地点；

2. 缴费控制的方法；

3. 缴费形式；

4. 收费控制的时间、地点及方式。

上述内容彼此间相互依赖，且在票价类型（结构）上相互影响。

7.2.1 费用收取和控制次数、位置与方法

根据缴费时间和地点，收费可以归为两大类。第一类是在上车前付款，这一类收费包括大量方法，如通过单位购买后从员工工资内扣除，在城市的不同商店或报刊亭，车站的售票口或自动售票机，在检票口或门口前都可购买公交通行卡。第二类是在上车时或者在车上付款，主要有：

• “付费进入”或在出行起点付款；

• 车上（公交或轻轨）通过售票机完成支付，通过在专门机器上去除已预付费车票或者通过一张编码注册过的智能卡实现；

• “付费离开”或者下车前交付，通常在使用多级票价的线路与“付费进入”方式共同使用。

通常车下缴费相比车上缴费而言更可取，因其不会干扰上下车的客流，从而不会降低车辆的运营速度。此方法常用在地铁上，目前已拓展到大多数的轻轨系统以及自助服务的城市公交线路上，这种方法常与车上验票结合使用。

当使用在车上收费方法时，“付费进入”的方法对于上车乘客客流量时间分布曲线较为平坦的线路效果更好，因为它本身不会由于排队和拥挤而产生额外的停车延误。付款离开的方式通常应用在大容量且集中上车而下车人数沿着线路分布比较均匀的线网上。因而在放射状线路上，向入城方向行驶时仅采用先付后入的方法，而在出城方向行驶的线路上采用付款离开的方式。任何时候收

费都会需要第二种方法，除非利用自动服务方式或者使用智能卡。

表 7.1　不同票价结构下收费地点与控制方式选择

票价结构	控制系统及收费地点	站点/车辆入口	车内	站点/车辆出口
单一票价	付费进入	√		
	付费离开			√
	自助服务	(√)	(√)	(√)
多级票价	付费进入/出口控制	√		√
	付费进入/抽查	√	(√)	
	点控制自助服务	(√)	(√)	(√)

注：√—现场核查控制。

图片 7.1　轻轨上的自助售票服务——萨尔布吕肯，德国

在某些城市，付费进入的征收方式用于入城方向的径向线路上，直到车辆到达中心商业区，此时当车辆离开中心商业区时开始采用付费离开的方式。这种方式在中心城市为服务于短途出行会产生一个免费区域，在此区域可减少机动车辆的使用。两种征收方式有时在较长的郊区线路也会结合起来：当乘客进城时支付一个基础费用，离开时根据他们出行增加的线路区段支付增加的费用。

智能卡的引进解决了一些旅客下车时企图逃票的问题。智能卡能够减少或增加电子卡预存的车费。这样的话，当进入时，某公交线路上的最大费用先从卡片上扣除。然后，当离开车辆或站点时，如果费用比最大费用低，在控制点多扣的部分会重新加到卡片上。如此一来，旅客就不再想逃票，因为离开时费用不是减少而是增加，逃票会导致钱的损失。

收费控制按以下三种方式执行：

1. 在车上缴费；

2. 站点检票口（门、转栅）前；

3. 随时在系统的任何地点进行抽查。

收费及控制位置和时间的选择取决于票价类型：单一票价仅要求一次付款和控制，而多级票价要求两次控制来确保合理计费。如表7.1所示的对两种不同费用类型的收费及控制位置的总结，单一票价在入口处（通常公交在车辆上，地铁站在门口处）收取，少数情况也在下车或车站的出口处收取。多级票价必须在入口之前或在入口处收费，并在出口处验票，或者随机地在别处查验，即所谓的抽查点控制。

需要注意的是有可能没有任何固定的位置进行收费和控制，这使得只能使用单一的抽查点控制。这就是所谓的自动服务收费系统，7.2.3节将有所论述。

7.2.2 支付形式

在公交系统中，一般有或独立或联合的4种车费支付形式：

- 出行中现金支付；
- 预付车费；
- 自助服务收费；
- 全自动收费及控制。

前两种形式，现金支付和预付车费只是相同基本收费系统的两种不同形式，后两者跟其他两者在形式及过程中区别很大。

7.2.2.1 现金支付

现金是费用支付时基础而又最直接的形式。它的一些主要优点：最易理解，勿需事先多加考虑以及执行和改变时相当容易。而现金费用同样存在三个严重的缺陷。第一，在高犯罪地区现金交易会产生安全问题；第二，它本身是个较耗时的交易，并且在车上执行时产生主要延误；第三，车上或车站资金箱里资金的整理收集以及银行转账是一个要求安全保护及大量人员处理的过程。而且，所有的现金处理，从司机到分拣人员都必须确保防止内部行窃（见6.4.3节）。

为解决第一个问题，犯罪事件，许多城市尤其在美国要求旅客将与票价一致的钱直接放到车票箱里不找零钱，车辆司机监督，但不允许用手接收任何现金。这样的方式有其快速交易的优点（不用找还零钱），但对旅客也产生了许多不便，因为必须提前准备大量零钱。此外，由于票款箱有时也会产生机械问题，尤其在处理纸币时。在美国这是个相当严重的问题，因为它很少使用硬币（25

美分是通用的最大面值的硬币），而相比其他许多国家而言，其他国家硬币面值可高达2美元或3美元。

由于第二个缺点，缴费产生的延误，许多公交系统做了大量努力通过其他形式来代替现金付费，更多的是通过代币、预付车费及智能卡。除了更容易处理，预付车费还有不需要从口袋里掏钱支付实实在在的现金的优势，而这对用户来说是特别敏感和不情愿的。

现金支付票价与预付票价相比，有时在付费数量上差异很大，因而是不被鼓励的。即便是有一点差异（10%～25%）也使得旅客尽量避免支付现金。但是这些差异有时很大，甚至高达100%。巨大差异性是非常有效的，但这对临时过境用户的出行却产生较大的惩罚和阻碍效应。如果这样导致非高峰期旅客数量大量减少或者阻碍了低收入人群、学生及其他临时旅客上的出行，这种差异就是很不受欢迎的。因此，一个适度的但不是极端过高的车内现金支付票价方式是最可取的。

7.2.2.2　预付车票

近几十年比较倾向于预付车票的方法，预付车费有以下几种形式：

• 预付凭证用现金提前购买，入口处使用。

• 可乘坐多次及换乘的车票。

• 在特定线路或整个网络上有一定出行次数限制或无限制的日、周、月、年票和通行证或票证。

• 预存一定车费的智能磁卡。

这些形式的票证在各大停车场、公共场所、商店、旅店均有销售，并且在许多城市，可定期由雇主按一定折扣代购并从其雇员工资中扣除，与不找零现金支付票款相比，预付车费更方便乘客，并鼓励其定期长期使用公交系统。这种方便的收费类型会诱导乘客使用，达到一定使用频度会给一定的费用折扣也吸引了乘客。公交机构对预付车票给予一定折扣是由于收票的简化以及通过提前售票所得资金能够较早获得。

凭证/代币为有公交机构的象征及特殊代码的硬币。它使得旅客不需考虑所需单一票价的金额，只用一枚硬币进行支付。在美国许多城市均有使用并按一定折扣出售，但它们逐渐被电子票、通行证和智能卡所取代。

多程票可以以一种表单的形式分成几个可拆卸的存根，再根据个人的出行逐个删去或移除；或者是一种单卡形式，或者根据出行线路段的数量甚至几个旅客共同出行，每一行程要进行打孔机检查或删除。删除工作通常由乘客在车站或车上通过专门机器完成。

通行卡是公交机构按照固定的价格发售的缴费卡，允许在指定的时期内不限次数出行，典型的时期是一月或一周，但一些城市也有一天或一年的通行证。近些年，公交机构不断推出大量的有效的旅游通行证，在一天、三天或五天内可以无限制的使用。这种通行证吸引了不少城市访客和旅游者，不仅是因为它与全额的车票相比提供了折扣，更主要是因为它自身的方便性。通常城市的来访者都不喜欢去探寻每个公交行程如何付费以及支付多少，尤其是在存在多种交通方式和使用多级票价的情况下。

除了在公交网络上无限制出行的通行证，还有一些针对特殊区域、特殊线路的通行证，也存在因为价格低廉而需要在每段行程上进行少量额外现金支付的证件。这些一般针对学校和大学的学生使用，从学校学院获得通行证，可享有折扣车票。

具有存储价值和车票的智能卡包括磁卡或信用卡，可能对单程有效也可能对多个行程有效，或者是具有存储一定数额金钱的借记卡。旅客可以将卡塞进收费门闸，插进插槽，或者仅在电子扫描仪（非接触卡）前晃一下。机器会扣除出行的车费，并且通常也会显示卡上的现存金额。

许多公交系统引进了各种不同技术的磁卡，而这些磁卡也变得更加尖端和先进。在一些城市，智能卡不仅用在出行上，也可用在停车缴费及相似的缴费和购物上。这是社会的趋势，尤其是公交系统中智能交通系统技术的多种应用的引入（见6.4.2节），这一趋势还将继续。

在一些公交系统中，在司机（城市街道运输方式）或者地铁站、终点站工作人员的监护下，通过投币或多程预付车票的方式仍在使用。通行卡或磁卡票或者简化了监督付款，或者允许既缓慢又昂贵的传统的个人监督收费方式被手动的或自动的自助服务来取代。

实际上，这些磁卡尤其是非接触类卡的使用方便快捷，这使得多级票价加出入口控制处理系统应用方便。它不仅可以在封闭系统（如有出入口控制的地铁），更重要的是也可以在地面公交车辆上使用。多级票级必须在出口处查验以确保支付的正确数目，人工控制只能通过抽查控制实现。使用智能卡，检票机会在入口处扣除该线路上的最大支付金额，并在出口处根据本次出行最大数额与实际所需数额的差值进行返还，如小于最大额，则将差值加到卡上。因而能通过费用控制确保乘客在出口处验票出站，消除了乘客逃避验票的倾向。

7.2.3 自助收费——SSFC

自助收费在20世纪60年代末欧洲的许多城市中率先被引进到公交系统中，目前在欧洲已广泛使用。经过很长的延误和怀疑（之后证明是不合理的）后，在北美城市中公交系统开始引进SSFC，主要在新兴轻轨系统中。新兴轻轨系统不能手工进行收费，原因是一列轻轨列车有4～16个门。众所周知，SSFC作为一种值得赞誉的支付系统，目前在许多城市都成功运营，包括洛杉矶的地铁系统及多数新型通勤/区域铁路系统。在欧洲已普遍应用在公交上，但在北美却受到限制。

在SSFC中，旅客自己负责缴费并获取各自的车票。没人定期检查旅客是否缴费：多数情况下旅客无需对任何人出示自己的票。然而在车上或站内期间，由一个或多个机构人员进行随机抽查。乘客需对检查员展示自己的票（支付的凭证），如果没有就必须缴罚款。抽查的样本通常为乘客数量的2%～8%，处罚的多少取决于样本数的大小并考虑某一服务的逃票趋势。典型的惩罚数目是旅客所欠交费用的10倍，有时也会达到20倍。

下面的比较说明相对传统的手工收费和控制管理，SSFC有诸多优点。通过取消进入街道公交车辆时收票的过程，SSFC允许使用全部车门，因而上车相当迅速。减少了乘客在站点的滞留时间及人数的波动性，由此使得运行速度和服务的可靠性更高，这样的运输服务对乘客的吸引力更大。

SSFC尤其是首次被引入一个城市时需要做仔细的提前准备，使公众熟悉这种支付观念。例如，1981年圣地亚哥市新型轻轨线路开通的第一个月，老板亲自在车内查票，并向没有缴费的人解释说如果他们现在不支付，之后将缴罚款。经过引进期之后，小样本的点核查控制取代了车上控制，并且相当成功。当乘客适应了SSFC之后，会发现对比于不得不用零钱付费、出示通行证、等待上车等，现在更加方便。

SSFC的引入，各种类型的通行卡及多程车票由于比分别购买各程票更低的收费得到了大力鼓励。车票在车下购买，一般有两种类型：有时效性的，购买后有效期是一定时间，一般是两小时；无时效性的，此种必须在上车时由乘客启用或扣除相应费用。通常，乘客一张票可以用于不同距离和区域票价的多次出行。

乘客在车站大堂内、房间里或在登车后可以扣除一次出行（有时系统会允许两三个人通过单一票证支付共同出行）所需金额。验票机本身很小，即便是在公交或轻轨车辆的一些位置也可轻易的安装。扣除的记录显示了扣除的时间与地点，以备各检票人员稍后检查。

地铁系统中SSFC的优点也是简化和加速收费的过程。虽然在轨道公交系统中，上车的过程不再受收费的影响，然而，在车站，成本昂贵且占用空间的收费口就不再需要了。如果轨道系统计划使用SSFC，车站就会得到简化：过去底层楼面需要专门用于收费，如今就不用了，车站得以更加简化，其建设和运营成本大量降低，乘客进站距离也大大缩短。

另外，SSFC有一处在某种程度上不是很明显，但是极其重要的优势：它可适用使用任何票价结构。很多票价类型，尤其是多级票价，用传统的收费机制在地面公交线路上无法应用，因为没法向乘客核实两次以确定是否合理付费，除非引进先进的智能卡收费系统。否则，整个操作只能在一个车门下进行，造成大量延误。利用SSFC，所有车门都将可以用，可以应用任何票价类型。准确付费是乘客的责任，且仅只需现场检查来控制。

需要提到的是，在美国和加拿大，人们普遍对SSFC存在负面的偏见，他们认为，对乘客收费管理以及强制惩罚都是不合法的，不被社会接受或者客观上是不可行的。1978年埃德蒙顿以及1981年的圣地亚哥成功引进了SSFC并应用在新的（轻轨交通）系统上，以后其他大量的LRT系统和新的通勤/区域轨道系统纷纷效仿。这些证明：这种偏见是完全没有道理的（Padron以及Stanger, 1976）。

在当代的轻轨系统以及很多铰接式巴士服务线路中，如果不引进完全的智能卡系统，SSFC是唯一可行的在沿线站点进行收费的方式。因为人工收费需要大量昂贵的人力资源作售票员，而且操作效率低下。这些都严重冲击到大容量、高性能的准快速公交方式的固有优点。

SSFC的效益随着公交线路和网络上乘客量的增加而增加。他们在载客量多的线路上作用极其重要，但在载客量少的郊区线路效益就很一般，因为传统的上车收费机制并未造成多少延误。由于这一点再加上巴士循环区域设计的很多错误，在波特兰和俄勒冈州的巴士线路上引进的SSFC并未取得成功。基本上，提高乘客上车速度所带来的效益，并未抵消执行抽查验票复杂度及其所带来的额外成本。

图片7.2 波特兰轻轨站上的自助售票机

实际上，SSFC的主要缺点是它们需要检查人员，以及处罚那些没有合理付费的乘客，这就存在很多潜在的问题。更重要的是，这种表面看起来像是免费乘车的自助收费在某些情况下，跟传统收费机制相比，所引发的逃票倾向更严重。但是，大部分国家和城市都已经很圆满地解决了这些问题。从意大利到挪威，包括美国和加拿大城市的大部分新型 LRT 和区域性铁路系统，以及埃德蒙顿、布法罗，到洛杉矶、巴尔的摩以及达拉斯都能解决这些问题。

然而，在发展中国家的城市，由于公交乘客量大，低收入人群以及失业人群比例高，实行 SSFC 也许是不合适的。由于劳动力成本低，大型巴士及轻轨公交的收费都有售票员，或者在入口有收费亭。墨西哥的轻轨线路就是采取这一做法，库里提巴的准快速公交系统也是如此，巴西、波哥大、哥伦比亚以及拉丁美洲、非洲和亚洲很多国家也都是如此。

与常规人工收费相比，自助收费系统有如下的优点（+）和缺点（−）：

+地面公交的所有车门上车时均可开放；

+更高的运行速度和服务的可靠性可以吸引新的出行者，同时由于车队数量的减少降低了运营成本；

+由于收费门不再是必需的，快速公交站点可以小型化和简单化；

+对人力需求的降低也可降低运营成本，可使用多种票价结构，因为即使采用多级票价也不需要双重控制，从而增大了对乘客的吸引并带来更高的车票收入；

−要增加售检票机器的购买和维护费用，但这些比常规的人工收费的运营费用要低；

−逃票的可能性增加（含不购买车票或使用无效的车票）；

−必须配备查票员/团队，实施过程中可能遇到麻烦。

7.2.4 自动收费——AFC

所谓自动收费，就是在一个封闭的系统环境中自动收取并查验乘客车票，单一票价于入口处收取，多级票价制在进口和出口进行两次处理。该系统最初是手工操作，如 20 世纪 60 年代以前的大多数地铁系统，但随着磁性存储信息的发展和自动售票机的应用，AFC 变得可行。这些机器使非人工验票设施得以推行使用。随着 1969 年 PATCO 的 Lindenwold 轨道线路和 1972 年旧金山 BART 引进使用后，AFC 已经成为最新以及现代化的、历史悠久的快速公交系统进行收费的标准方法，如巴黎和伦敦。

乘客购买存有一定金额的磁票或磁卡，将其放置在通行门机器上，机器即时地核对，然后打开放行。出站口过程也是一样的，这里机器将扣除该趟出行的费用。因此，整个处理过程是快捷的，允许考虑时间变化因素（高峰期和非高峰期）以及不同类型的定价方法等等。检票机很复杂精细，其可靠性很重要。

AFC 代表着收费管理和控制的最佳途径。除了其针对大容量乘客收费的操作快捷、智能化以外，它还生成了整个系统内所有出行的记录，可以被分为不同的出行OD、时间、收费类型等等加以分析。因此AFC具有与SSFC相同的一些主要优点，同时也有一些区别。（参见下文方框）

> 与自助收费系统相比，自动收费的优点（＋）与缺点（－）：
> ＋减少收费过程中欺诈行为的发生（逃票或少付车票）；
> ＋不需要人工抽查检票管理，减少人力需求与成本；
> ＋可以提供完整的乘客乘坐率统计数据；
> －需要更多的基础设施：为检票所需的围栏和复杂的检票设备（智能卡的读取与解码）；
> －需要更高的投资；
> －增加残疾乘客检票的难度。

总的来说，AFC与SSFC相比，性能更好，投资更高。由于空间上的要求，AFC只能应用在完全控制化的系统中，如快速公交。在地面公交车辆上使用AFC也很方便，可以在车辆的前后门安装上检票机（例如在车辆的前门读取乘客上车信息，在后门读取/编码乘客下车信息）。该系统可以使AFC应用在地面公交车上，但代价是，车辆的运营成本增加，产生时间延误，占用空间以及机器发生故障带来的问题和风险。

随着智能卡和相关电子设备的进一步发展，AFC将更加广泛地应用到公交系统中。具有封闭式车站、客流量大，应用多级票价的大规模的路网体系，这些因此使得AFC的作用发挥高效。

对不同收费系统特性的总结（时间、支付地点、控制途径、付费形式）见表7.2。

表7.2 收费方法类型综述

缴费时间	缴费地点	控制方法
• 旅行前 • 车内缴费 • 先付后入 • 出行途中（验票） • 付后离开	• 工作地点（从薪金中扣除） • 商店、报亭 • 车站售票处 • 售票机 • 车上或车票箱	• 司机或售票员 • 现场核查（随机） • 收费口或转栅

付费方式

现金	预付现金	自助服务	全部自动化
• 自备相应金额现金 • 找零	• 代币或凭证 • 多程票 • 换乘有效 • 存储价值或智能卡	• 限定期限内有效车票 • 预先准备的车票加以验证 • 无限制出行的通行证	• 现金 • 磁卡 • 信用卡或智能卡

7.2.5 收费系统的评价

由于收费系统种类繁多，公交机构就可以有很大的选择余地，以求最佳地满足当地的现状和要求。对于特定的某个公交系统，要评价哪一个收费系统是最佳选择，应该考虑以下主要标准：

- 影响收费系统的系统和使用者特性（公交方式、客流量、居民人口等）；
- 使用者便利；
- 收费所带来的车辆延误最小化；
- 付费监督的方便性；
- 收费设备和人员的投入成本（SSFC 成本比 AFC 低的多）；
- 车票款保管的安全性（防止犯罪行为）和现金转移的安全性；
- 使用不同票价结构和类型的能力。

各地条件不同，这些众多原则的运用也多种多样，这也解释了为什么不同城市收费系统有着很大的不同。

图片 7.3　首尔采用智能卡的自动收费设施

7.3 票价结构

票价结构，是基于公交线路上收费额与出行距离之间的关系而划分的。按这一标准，主要划分为两大结构：单一票价和多级票价。后者还可以进一步划分为区域票价和分段票价。单一票价是一种不考虑出行距离的固定收费。相反，区域收费和分段收费则随着公交路网内出行距离的变化而变化，三种票价结构类型如图 7.2 所示。

7.3.1　单一票价

顾名思义，单一票价下的收费额是固定的，不考虑乘客在单个车辆或公交网络中的出行距离，它是一种最简单的收费方式。因此，乘客很容易理解和使用。如果是单条线路，通常在车站检票口或上车时收费。因此，付费监管很方便，收费人员和司机的工作也很简单，而且上车过程很迅速。当单一票价应用在车站封闭的路网中时，付费是由收费管理障碍设施来实现的，乘客离站时站口开放，不需要再进行收费控制。如果是用在地面公交方式上，乘客可使用统一的车票，且在换乘点检票，或者由售票员随机验票。

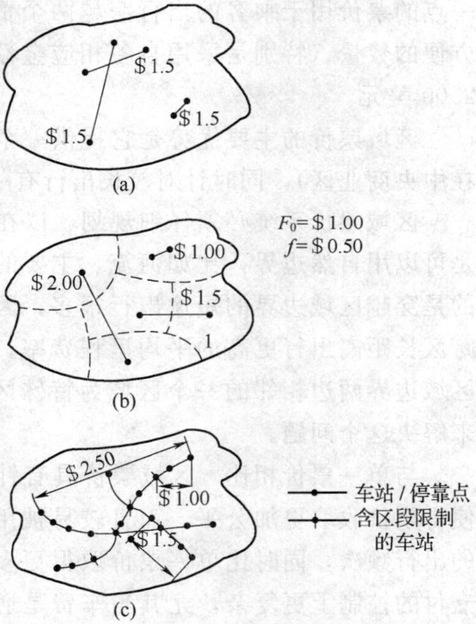

图 7.2　主要的票价结构示意图

(a) 单一票价；(b) 区域票价；(c) 分段计价

单一票价的基本不足之处在于它本身数额固定，根本不能反映出乘客所得的服务质量：乘客一次出行经过 3 个街区与经过 8～10 km 路程要支付相同的费用。在地理范围有限城市，出行距离相对统一，故此单一票价公用的方便性远远超过由于缺乏对出行距离的考虑而引发的不平等性。然而在大城市，尽管单一票价（收取简单）明显的方便性和小城市一样重要，但它的不足显得更严重。例如，对固定费用水平如果对出行长度 2～5 km 是合适的，那这样的费用对于在城市中心区只乘坐几个街区的乘客来说就过高了。同时，对出行距离达到 8～10 km 的乘客而言，费用就过低了，使得相当一部分潜在收入流失。

7.3.2　多级票价

在单一票价中，短距离出行者实际上补贴了长距离的出行者，并且公交公司又无法从后者收取额外的费用。为了避免单一票价的局限性，可以采用多级票价。多级票价包括许多类型，但正如前面所述的，有两个基本类型：区域票价和分段票价，这些都将在下面分别描述。

7.3.2.1 区域票价

根据乘客出行距离成比例收取多级票价最简单的方法是把城市或者城区划分成多票价区域，有时分为两个（中心区和边远地区），有时更多。这样乘客在各区出行为一个票价，高一些的票价应用于乘客从一个区穿越到另一个，更高一点的票价用于乘客的出行跨越两个费用区域等等。区域票价的增加值应当是方便的数量（特别是采用自备相应金额现金支付原则时），比如 1.50 美元或者 2.00 美元。

区域票价的主要优势是它提供一个针对限定区域的统一的基础票价（比如在中央商业区），同时针对较长出行有一个相应较高的收入。

区域票价系统必须仔细规划，以在实践中更可行，每个票价区域应当基本是可以用自然边界，比如河流、主要的公园、干道等等包围的区域。特别重要的是穿越区域边界的短途出行很多，因为这些短途出行支付了比区域内出行或跨区长距离出行更高的平均里程费率。穿过区域边界的短途出行可以通过指定区域边界两边相邻的一个区域为特殊区域，使之从两个区域票价中免除，以此来解决这个问题。

与单一票价相比，区域票价具有针对较长出行距离增加收费的优势，这样使得票价收取更加公平，而且较易被用户接受。因此，区域票价常能导致较高的出行频次，同时比单一票价取得更多的收入。但是，区域票价在收费和费用支付的控制上更复杂，尤其当车费是通过收费箱收集时，例如在巴士上以及其他地面公交车辆上，这是一个特别严重的问题。另一个不足可能是不成比例的高费用票价应用到穿越区域边界的短距离出行的乘客上。

7.3.2.2 分段票价

另一个使得票价和出行距离连接在一起的方法是把交通线路划分成区段，这样票价就随着出行经过的路段数量增加而增加。因为通常区段比区域直径小，票价增加量也较小，与区域票价相比，分段票价与出行距离联系更为紧密。

另一方面，相应地分段票价比区域票价在计算、收取以及控制上更复杂。因此，分段票价通常带来较长的收费时间，需要更多的人力，同时允许更多逃避支付全费用的机会。分段票价因此更容易应用到中低客流量并且采用人工收费方式的线路上。在高客流量的出行线路上，有必要设置有效收费系统来进行分段收费。自助以及全自动收费都可满足这样的要求（见 7.2.3 节和 7.2.4 节）。

概括来说，区域票价以及分段票价都随出行距离变化而变化，但是它们计算方法不同：区域票价是基于地理划定的区域而确定的，而分段票价基于单条交通线路的出行距离。一般来说，区域票价比分段票价的费用分区要少，不同票价区域的价差要大。

7.3.3 三种基本票价结构比较

前述票价的三种基本类型表明每一种类型都有它的优势和劣势。总的来说，单一票价和多级票价区别较大，多级票价的两种类型（区域票价和分段票价）区别较小，主要的区别总结如下。

三种票价类型的结构定义在图7.2中表示出来，三种类型的票价根据图7.3中的出行距离函数划分出来，图7.3（a）中的图标表示的是总费用：单一票价对任何距离来说都是常量，例如图中的水平线。多级票价中的短途基本费用 F_1 对应于短途出行，然后对于额外的每一区域或者区段增加费用的增量记为 f，任意距离的费用可以表示为：

$$F_i = F_1 + f\ (i-1) \tag{7.1}$$

其中：i 为出行经过的区域或者区段数，两种多级票价，区域票价和分段票价有着相同的形式，但是分段票价通常比区域票价的差别等级多而各级差别值小。

图7.3（b）中表示单位费用——对于三种费用类型每单位出行距离的费用。它们之间的区别很明显：单一票价下每单位距离的费用对于短距离出行很高，而对于长距离出行则较低，两种多级票价单位费用曲线则更平坦，每单位距离的费用也随着距离增加呈现下降的趋势，但是在比单一票价更低的水平上：单位费用的下降是根据费用区段的长度和增量 f 的大小，即费用水平是有差别的。

因为这些特征，单一票价比较适用于中小型城市，而在大城市多级票价更为盛行：更多出行以及收入超过了复杂性带来的劣势。也有例外，例如像纽约和巴黎等城市的大型快速公交系统，这些城市的社会因素以及简单便宜的公交保证了城区所有地方市民的出行便捷并且保留了这些城市宜居的大多数优势，也阻止了多级票价的引入。

总的来说，单一票价优势在于乘客理解起来极其简单以及收费控制容易。在收费上，单一票价仅需要一个支付和控制点，而多级票价则需要两个（见表7.1）。

因为和出行距离相联系，多级票价没有许多短途出行者收费过高（因此乘客吸引力低）的问题，也没有长距离出行者收费过低（放弃收入）的问题，而在单一票价中有这种情况。多级票价因此有明显的更加平等、更强的乘客吸引力以及产生更多收入的优势。

为简单地对三种票价类型进行比较，表7.3列出了所有它们主要的特征。

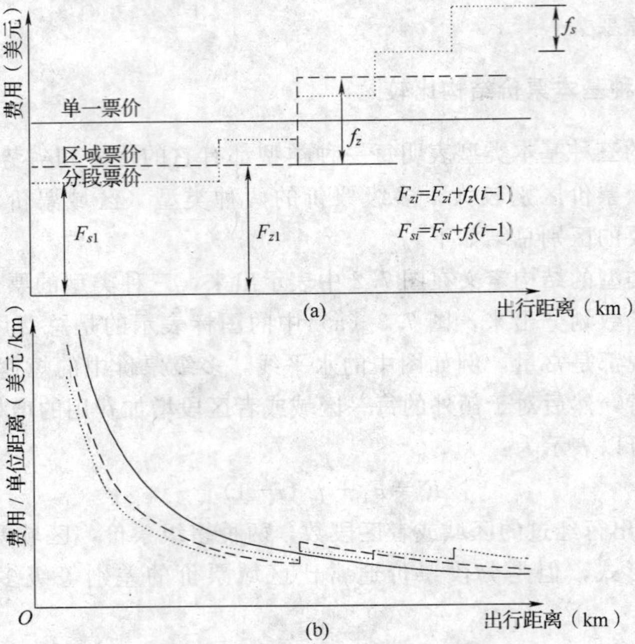

图 7.3　不同票价结构类型下出行距离与出行费用的函数关系

(a) 费用与出行距离的函数；(b) 每单位出行距离的费率与出行距离的函数

表 7.3　票价类型以及它们的最佳应用间的比较

特　征	票价类型	单一票价	区域票价	分段票价
重要特征	公平性	差	好	很好
	乘客吸引力	好	很好	很好
	收入款项	可变	好	很好
	收取的简易性	极好	较好	差
	控制的简易性	极好	一般	差
	对乘客的简易性	极好	较好	差
适用情形	线路长度	短（<5 km）	中等	长
	网络类型	普遍存在的	区域可分	长线路
	出行距离	短	可变	可变

区域票价和分段票价的选择主要根据当地的情形，特别是城区的大小和形式以及它的公交网络。区域票价基于范围和出行的直线距离，和公交网络形式以及个别线路无关，分段票价基于个别线路，更多的费用等级，而且必须解决线路之间的换乘问题，因此，区域票价的费用比分段票价要简单。

7.3.4 换乘票价

使用几条线路的出行可能有多种形式的票价。可能根据每条出行线路单独征收，这样每次换乘都使得付费加倍，或者出售换乘票，通常比全费用相对要低一些。

换乘车票的使用在城市间变化很大，通常和票价结构类型相关。在一些相当大但采用单一票价的城市，单一票价并未考虑不同线路间或者各种方式间的换乘。这部分弥补了无法对长途出行收取比短途出行更多的收入的不足，但是劣势在于乘客涉及一次换乘的出行与那些只使用一条线路的相比要付出双倍的车费。在北美的大城市（费城）有一个更加普遍的实践，那就是对于不同线路和方式间的换乘都有一个低的或者中等的换乘费用。

许多地铁系统，甚至像巴黎、莫斯科以及墨西哥城这样的大城市，有着很久的单一票价的传统，且在所有线路间没有换乘收费。在一些城市（波士顿），轻轨线路也包括在内，但是它们中的一些对于换乘到其他方式（公共汽车）没有折扣，这样使用两种运输方式的出行就需要两种票价。纽约过去采用这种公交票价系统，但是它在1997年引进了地铁网络和公交网络间免费换乘，公交线路间也是这样。这种收费方式导致在公共汽车和轨道网络中乘客的大幅度增加。

一些大规模的地铁和几乎所有的区域铁路系统都使用分段票价，这样使用自动收费设备（伦敦、旧金山BART以及东京）处理系统就变得容易了。它们中的一些在不同运输方式间的换乘没有折扣。一般而言，换乘折扣在多级票价系统中有些不太重要，因为它们的起始费用比单一票价要低，这样的改变方式不涉及到费用的加倍。

从功能上来说，中大型城市大多数先进的收费系统是使用SSFC或者智能卡来收取多级票价，它不考虑出行方式，以乘客出行的OD点为基础。这样的费用在汉堡，慕尼黑以及许多其他欧洲城市中使用，这使得换乘的不便最小化，同时提供了实际的统一的联合收费公交网络，这是公交网和小汽车竞争的一个重要特色。

线路间换乘收费的理由（+）与弊病（-）：

+由于换乘带来的延误增加了一定的系统成本；

+换乘收费是获得额外收入的一种方便途径，尤其是在系统无法采用多级票价的情况下；

-换乘收费收取增加换乘不便性；

-对于乘客因不能由一条单独的公交线路提供出行服务而收取额外的费用是不合逻辑的。

7.4 特殊的较高和较低的票价

在应用传统基本票价系统时，可以有许多变化形式，这样的票价用来达到以下一个或者多个目标：

• 吸引额外的乘客以增加居民的出行水平和便捷性；

• 刺激交通设施的使用，增加收入，特别是在公共交通系统利用率低的时段；

• 对某些现在的或者潜在的特殊的公交使用者的人群提供优惠，比如旅行者或购物者；

• 达到指定的社会或者经济目标，例如给一些年龄段居民（比如学生、家庭或老人）提供最低水平出行的便捷性；

• 增大公交出行在出行方式分布中比例。

以下的几节中将介绍几种常见的特殊票价及其特征。

7.4.1 高质量服务的票价

提供比普通线路（如特快列车或巴士）更高质量的都市公交服务，比如线路全程乘客有座，配备特殊服务设施的车辆等，通常也需要更高的票价。这些票价反映了乘客使用这些服务而得到的较高价值，以及提供相应服务所需的更高的运营成本（较昂贵的车辆，座位保证等会降低车辆利用率）等。

有时公交系统提供两种类型的服务和票价水平用来满足不同乘客的需求和偏好。城际间的出行，普遍而言至少可分为两种类型：在铁路系统中的一等和二等（增加了卧铺）；在航空系统中的一等舱、商务舱和经济舱。虽然这在公交中的使用并不常见，也有一些公交系统提供两种等级不同票价的服务。许多城市（开普敦、慕尼黑、巴黎）的区域铁路都拥有一等和二等车。公交车和小巴常常提供不同类型的服务。在许多发展中国家，与公交性质的大巴相比，辅助公交性质的小巴在收取较高费用的基础上，能提供座位和快速服务。而在其他发展中国家，小巴拥挤且安全性较低，大巴则可以提供较高水平的服务。

随着发达国家公交服务质量的显著提高，提供这两种类型服务的常规市区公交服务已经很少了。可是，在大多数城市中，尤其是在发展中国家，提供两种甚至更多公交服务是极其必要的。这种多样化是非常有效的，例如，在极度拥挤和不同阶层人群同时使用公共交通的条件下，某些人群就不想使用公共交通，倾向于使用私人车辆完成自己的出行目的。但是如果公交部门提供了以高票价为条件的高质量的运输服务，这类群体便可能会被吸引到公共交通工具上，因此减少了小汽车的使用，缓和交通拥堵现象。

通常，公交机构根据不同的票价提供专门的服务，这不仅反映了服务速度、舒适程度对不同顾客群的吸引力不同，而且也体现了对于特殊目标客户群体提供针对性的服务，如为方便游客游览历史名城费城而提供的包含专门设计的巴士及不同游览线路及票价水平的各种专门服务、收取相对常规公交双倍票价的世界著名的旧金山缆车，或者提供晚餐和穿过城市游览观光的历史游轮（墨尔本）就是这方面的例子。

有时，根据特殊的环境，政府规章规定按照社会、经济和其他原因而非票价差别将乘客分组。举个例子，在巴基斯坦，由于宗教社会的习俗规则和标准，在大巴上有专门为妇女服务设立的区域。在墨西哥城地铁中，高峰时段过度拥挤的列车上，9 节车厢中有 3 节完全是为妇女准备的，目的是给她们提供身体的保护。

实际上，在墨西哥城地铁中，提供高票价的一等车可能是非常有效的，因为它可能有效地吸引更多的客流量。目前这一极好的服务系统有着不相称的安全性较低的名声，这导致许多居民和城市观光者很少使用目前的地铁系统。可是，基于社会和政治的压力，防止这种社会分隔的现象仍然存在。就像上面提到的，这会是非常不幸的，当公交系统极度拥挤或者存在大量失业人口和高犯罪事故率时，让大多数中、高收入群体使用公交的唯一途径就是提供高质量的服务，哪怕费用高些。

在同一个城市，不同的票价水平有时是由不同公交出行方式决定的。大多数情况下，区域铁路和快运巴士与城市地铁、轻轨和公交汽车相比有着较高的票价。这个区别的主要原因是高票价的服务方式在相对较长的出行距离服务中（主要是通勤服务）占主导，而且舒适度更高。再者，这些出行方式的顾客大部分属于高收入的居民阶层，而不是分布在城市中心的公交线路上的所有人群。因此，高票价对于较长的旅程和较高的舒适度（购买的产品有一个高的价值）以及这些服务的使用者的能力来说是合理的。这些使用者能够支付更高的公交票价并避免了私家车通勤带来的大量浪费。

7.4.2 高峰/低峰和通勤票价

使用的简便性和方便性是吸引乘客和提高效率的一项基本原则，传统意义上的都市公交系统任何时间的票价都一样。只有长距离出行和以服务于高峰期间大量通勤乘客的公交系统，像区域铁路，通常才会有高峰期和低峰期票价的不同。高峰期的区域铁路的单程车票票价可能是常规公交车票的 2 到 4 倍。(人一公里的费率通常要低些)。

公交车票在高峰期比低峰期高的原因就跟高峰期使用公用设施（电力系统）、服务设施（旅馆）和其他的运输服务（铁路、航空）的原因一样。

• 提供高峰期服务的成本高，因为他们涉及系统的能力、车队规模、员工数量等等。

• 高票价抑制了可以选择其他时间段出行的乘客选择在高峰期出行。

• 高峰期的需求弹性比较低，与低峰期相比，由于高峰期公路拥堵使私人汽车出行非常困难。

可是，降低通勤者的票价也存在社会、经济和运营方面的原因：

• 通勤出行的目的大多是工作和上学。作为获取收入和教育的基本条件，这些出行在社会性和经济性上比基于其他目的出行，如购物、娱乐，显得更为重要。

• 低的通勤票价为就业人员尤其是低收入阶层，提供了更多的工作地点的选择和工作机会。

• 工作和学校出行比其他出行在时间上的任意性小。

• 有规律的通勤出行允许公交公司更好地计划和利用系统能力（车辆、人员）。

因此，在设定通勤票价时存在着互相矛盾的理由：高峰期间，公交机构将付出很高的成本，票价应该很高，但上述的社会原因又要求票价较低。一个合理的折中办法是对下述出行人群按照降序，设定由高到低的费用水平。

• 高峰期不常出行的乘客；

• 高峰期有规律出行的乘客（典型的是上下班通勤）；

• 非高峰期很少出行的乘客；

• 非高峰期定期出行的乘客。

实现这些价格类别最简单的方式是对上下班乘客提供打折的周或月通行证以及对非高峰期规则出行的乘客出售多程打折的非高峰期票。

7.4.3 儿童、家庭及学生票价

许多公交系统中，年龄在 6 到 12 周岁或一定身高以下的儿童可享受儿童票价，通常为普通票价的一半。对儿童提供减价票是基于以下原因：

• 抚养儿童不仅是父母的责任，更是全社会的责任（与之相类似，公共学校是由公共税收支持，而不是学生父母所交的学费）。

• 儿童的出行选择仅是步行或自行车（或坐车），因此他们是真正的公交依赖者。

• 将青少年吸引到公交上，使其形成公交出行的长久习惯，为公交锁定了

部分长期乘客。

家庭票减少收费是由于同样的社会性理由，通常服务于几个家庭成员共同往返出行，同时因为3到5个家庭成员共同出行付全费时的公交价格要远高于其他交通方式，如出租车此时会更便宜。因此提供家庭票来吸引以家庭为单位出行的这类人群采用公交出行而不是其他方式。非高峰期间，家庭票对公交机构在经济上有吸引力，因为它们能带来收入而不涉及额外的运营成本。另外的考虑是家庭票鼓励了家庭出行，对于社会是有利的。

学生票在许多城市以打折的代币、车票或通行卡的形式向中小学生以及本地的大学生提供。设定这些折扣车票有如下原因：

• 与抚养儿童相类似，教育不仅是父母的责任，更是社会共同的责任。

• 大多数学生没有个人收入。

• 学生出行次数多，甚至比儿童对公交的依赖更强，吸引学生就意味着产生未来公交使用者。

由于公交资金不充足，目前的趋势是学校和大学按照通行价格到公交机构购买到代币或通票，然后以一定的折扣卖给学生。这样一来，给学生的公交补贴主要是普通（学校）税，即由整个社会提供，而非公交资金，而且这样确实补贴了公交使用者。许多大学及学院已经和公交机构组织了专门车票的购买安排。大学给学生发放公交一卡通作为到校注册的一部分。这部分资金或由学校提供或通过收取学杂费的特别附加费来实现。通行卡能够让学生无限制的免费出行或者以大幅降低的票价出行。公交机构帮助学校购买学生通票，以其他车票价格的一半出售给学生。这样是合理的，因为学生相比其他公交出行者的平均使用次数低，和那些公交卡频繁使用者比，公交机构因为学生每次实际出行所得收入并不会少太多。如此，专为学生设置公交通票在许多情况下对三方都有利益。校方有一定投资，但对学生在城市的出行提供了更高的便捷性，减缓了校园内部的高交通量及停车需求的压力；学生支付了额外的附加费用，但获得了更强的出行便捷性和方便性；公交机构获得了新的、有保障的收入及更多乘客，通常远远高于其新增服务的边际成本。

7.4.4 老人、残疾人和低收入人群的票价

出于社会因素的考虑，这三种人群必须保证减免车票。交通出行作为生活水平的基础要素之一，许多国家试图通过对所有人群，无论其经济和实际能力，提供方便的公交服务从而使城市交通流动性更强、更方便。公交机构提供的各种不同形式打折票或根本不收费的公交扶持，通常出现在非高峰期。在那些时段，公交车辆上有足够的运输能力，服务边际成本很低。另一方面，退休员工

及其他受益者的出行时间很有弹性，没有必要增加高峰期的负担。上述一些对儿童及家庭的出行折扣的理由同样适用这些人群。为有关这些人群提供票价折扣的不同方法及额外的考虑参见下文。

多数国家，从专门医疗服务计划到低价的剧场门票，老年公民都被给予了特殊待遇、服务及折扣。制定这样政策的原因是退休人员一般固定的收入减少，养老金不足以满足其自身应当享有的基本生活水平。城市公交系统作为为各类人群提供基本的出行服务机构，对逐渐丧失步行及驾车能力的老年公民尤为重要。而且出行从私家车向公共交通的转移带来的众所周知的益处，使得社会尽可能地希望将这部分出行转移到公共交通上来。

在高峰期间以外任何时间，老年公民也应在公交服务上享有极大的，有时还是免费的票价优惠。支持这个政策计划的资金，即对公交机构花费的补偿，通常来自于城市或州政府总的或某些专项基金，例如销售、雇主、旅游或其他方面的税收以及彩票收入等。

近些年在许多国家，针对残疾人的打折或免费是为残疾人群提供基本出行服务的众多措施中的一个。制定这项政策的根据很显然也很容易理解：将他们融入主流社会。许多国家立法要求采取大量的相应措施，比如车站残疾人通道和便于残疾人上下车的公交车辆，同时以低票价或免费作为同一政策的补充。

在许多国家和城市中，低收入人群可以从他们雇主那里获得的福利中有部分公交费用津贴，或者如果是失业人员，可以和其他资助项目如食物券以及其他经济资助一样从市政相关资助项目获取资助。有时，一些不同的公共的或私人的社会团体也会提供公交车费方面的资助。

7.4.5 夜间出行乘客、团体、家庭和其他特殊票价

在其他众多特殊费用中，一些需要做适当解释。

夜间票（通称为“猫头鹰”），是指在晚间，如晚11:00至次日早上6:00，提供服务时的车票。通常收取标准或更高的票价，一般为双倍收费。

> 支持（+）与反对（−）夜间票比平常票价高的理由如下：
>
> + 由于乘客较少、夜间车司机加班费和额外安全需求，开行夜间车的乘客人均成本高于平时；
> + 夜间车服务的乘客除了高额费用的出租车外没有其他方式的出行选择；
> − 大部分夜间车的乘客都是出行去上班的低收入者，这些高额的车票不应该由他们承担。

团体票能够吸引在校学生、旅行团、运动队及拉拉队等集体的出行，因此

很有必要。如果对这些群体费用不打折，他们会以较低的价格包租大客车或公共汽车。

在出行的非高峰期，沿购物出行的方向可采用购物票价。这种折扣票价的设定是可以让居民有更多购物场所的选择余地，并且将居民从私家车出行中吸引过来。

正如上面所述，多数折扣票价的目的是将高峰期的自由出行转移到非高峰期，那时公交车辆有大量的剩余能力可用而增加的运营成本几乎可以忽略，其所带来的收入远大于提供服务所需的成本。

有时可以对指定的区域实行免费，尤其是中心商业区（见 7.2.1 节）。这项政策增强了该区域的员工、购物者以及居民的流动性及方便性，缓解了停车压力。而停车压力通常对这样的商业密集活动区域环境是具有破坏性的。

其他特殊票价包括体育赛事或特殊事件服务票价（针对专门便利服务的更高或更低的票价）和促销票价，如新公交线路刚开通时可以免费等等。

7.4.6 特殊票价的运用

从近期及长远来看，各种不同票价类型的使用都能产生一系列积极的结果：吸引新乘客，增加更多收入，实现单一票价所不能达到的社会目标。但是人们应当理解，当种类过多，甚至出现一个公交系统中有 20 到 30 种不同票价的情况时，为了能够完全利用这些服务，服务人员必须有能力处理多种费用，使用者也必须熟悉这些种类。如此，过于复杂反倒起到相反的作用，运营复杂化的同时也令乘客困扰。

现代收费方法有能力处理多种不同票价类型，但由此得出应该采用复杂系统的结论是不对的。千万不要忘记简明和清晰的服务同样是吸引乘客，尤其是潜在的乘客最重要特征之一。因而，其必须根据当地条件，在不同票价类型的益处和理解与处理的简便性间作出折中与权衡。

7.5 票价水平

票价水平是指不论采用何种票价类型，乘用公共交通所花费的费用总额。它影响 7.1 节中所述的所有定价目标。因为它对公共交通的使用频率和公共交通在城市中的作用影响很大，所以票价水平通常受到管制，票价水平的变动也是非常重要的公共和政治事件。

7.5.1 影响因素

当公共交通是一种私人的、自负盈亏的商业活动时，票价水平主要取决于其所提供服务的成本：原则上讲，票价收入应该大于支出并有一定利润。目前，公共交通竞争对手私人汽车，小汽车有着不同的出行成本结构，同时增加了间接社会成本，政策因素对公交出行方式的票价影响通常比成本因素的影响要大。因此，影响票价水平的主要因素如下：

• 政府的城市交通政策，反映了在 7.1 节中说明的各定价目标的相对权重。政策可能在对公共交通完全忽略到大力支持之间变化。

• 融资方法：主要依赖于车票收入或是其他资金来源、资金来源类别（城市或州预算，指定税收，彩票收入等）。

• 公共交通服务的方式和质量。

• 公共交通服务成本。

• 竞争性运输服务的数量和质量，尤其是小汽车对其需求弹性的影响。

• 服务区域人们的生活习惯和方式。

当然，这些因素的权重随不同城市的政治、地理和社会条件而变化。

7.5.2 票价水平的范围和域

票价水平对公共交通乘坐人次和收入的影响曲线图如图 7.4 所示。图中显示，票价相当低的时候潜在的公共交通使用水平最高，车票收入也随着票价成比例增高（零费用处所示的虚线跳跃，反映了当免费时会产生额外的公共交通使用这一现象）。在一个特定水平，继续增加票价会导致公共交通乘坐人次的明显减少（下一节会讨论需求弹性系数），最终达到基本由没有其他自由出行选择的被“俘获”的乘客组成的客流低限。票价收入的增长随着公交车的乘坐人次减少而越来越小，最终达到一个最大值然后下降。

以图 7.4 为基础，可以定义如下几个票价水平：

• 零票价（或免费交通）：交通服务免费，公共交通使用人数最多，但是没有票价收入。

• 低票价是指费用增长导致对公共交通乘坐人数减少很小的阶段；收入增长与票价增长基本呈线性关系。

• 中等票价是费用导致公共交通乘坐人次适度减少，但收入增长随着票价增长而递减。

• 高票价是指公共交通乘坐人次大幅减少，公交车票收入的增加也随着票价的升高而逐渐减少。

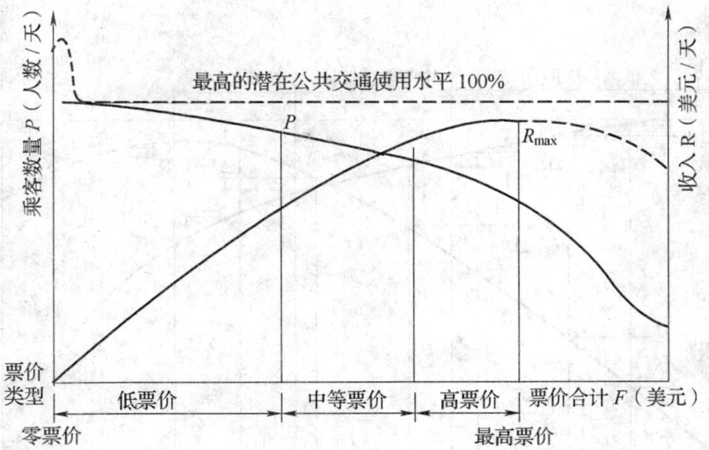

图 7.4 票价水平与车票收入函数的概念图

• 最高票价是指收入最大时，即票价进一步提高会大幅降低乘客乘坐人次从而降低运营总收入。

既然在最大票价之上再增加票价会明显产生反作用，票价的实际范围也就是从零到最高票价，如 7.4 图所示。

另一个概念是收支平衡点价格，即使得车票收入和运营支出金额相等的价格。同样，这个价格并不能在图上表示出来，因为它可能在任一个点，在公共交通使用频繁的城市，例如香港，收支平衡点，费用可能在低票价或者中等票价之间，在私家车使用率高并受到补贴的城市（主要在美国），该票价点可能并不存在，因为即使是最高票价带来的车票收入可能也比运营成本少。

在不同票价水平下票价增长的影响如图 7.5 所示，显示了公共交通乘坐人次和收入两条曲线。情况Ⅰ是低票价区段，费用从 F_I 增加到 $F_I{}'$ 只导致了公共交通乘坐人次减少 ΔP_I，但是带来了显著的收入增加 ΔR_I；情况Ⅱ是票价增长发生在低票价到中等票价之间，公共交通乘坐人数的减少要比第一种情况有所增加，收入增长也小了一些；最终，情况Ⅲ票价增长发生在中等票价到高票价之间的情形，公共交通乘坐人数的减少非常大，收入增加则很小。

当然，这只是对现实世界的一个简化模型，它假定提供的服务、出行需求、市场营销等其他条件相同。两种变量间的相互关系是定性的而不是定量的。

7.5.3 公交需求的票价弹性

可以通过需求价格弹性概念来定量描述上述票价变化带来的乘客人次的变化值。弹性系数定义为需求变化百分比除以价格变化的百分比。这个无量纲的

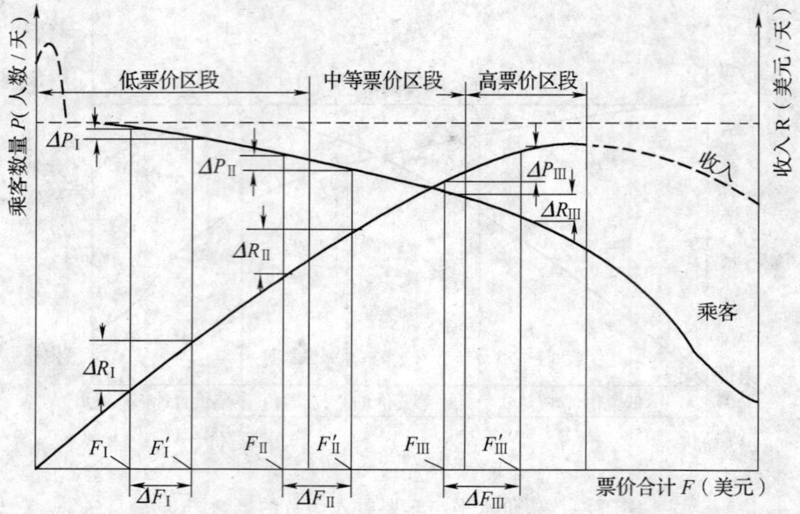

图 7.5　不同票价水平下费用增长对乘客人数和票款收入的影响(概念上的)

值表示每一美元价格变化值引起的单位需求变化值。

价格的增高会引起需求的减少，因而弹性系数通常是个负值，弹性系数的绝对值越大，表明需求对价格越敏感。该值的区段定义如下：

E>1（或者 E<−1）弹性关系

E=1（或者 E=−1）单位弹性关系

E<1（或者 E>−1）无弹性关系

应用到公共交通中，需求弹性系数是用交通使用人数的变化率除以票价的变化率：

$$E=\frac{\Delta P/P}{\Delta F/F}=\frac{\partial P}{\partial F}\times\frac{F}{P} \tag{7.2}$$

这个定义是点弹性系数，因为它反映的是在某个点上交通使用人数对票价的敏感程度。它的结果表达的是票价每变化百分之一时引起的交通使用人数变化百分比，票价增长时是一个收缩比率，在票价降低的时候是一个扩张比率。实践中通常使用弧弹性度量，比方说，票价变化前后假设费用从＄1.00 增长到＄1.20（20%），日均旅客数量从10 000减少到 9 600（−4.00%），那么由公式(7.2) 可得：

$$E=\frac{-400/10\,000}{0.20/1.00}=\frac{-0.04}{0.20}=-0.20$$

既然弹性系数反映的是票价每变化百分之一时的交通使用人数变化百分比，那么该弹性系数就反映出票价每增长百分之一会使交通使用人数减少 0.20%。

关于公共交通需求价格弹性系数有两点值得注意：首先，该值是一个负值，表明与通常的需求价格曲线关系一样，交通使用者数量和票价朝相反方向变化，票价的增长会导致交通使用者数量的减少；其次，该弹性系数值的绝对值通常小于1，表明需求是缺乏弹性的。举例说，乘客量减少的百分值比引起其变化的票价变化百分值要小。

多年来，很多公交系统都计算每次票价变化所引起的弹性系数值。例如费城地区铁路在20世纪80年代票价增长产生的弹性系数值在－0.36到－0.94之间变化。弹性系数数值的大范围变化反映出每次提价对公交乘客人数、服务质量与竞争、地区经济状况和其他一些因素的影响。

在最简单的单一票价情况下，总车票收入 R_a 是旅客数 P_a 和票价 F_a 的乘积：

$$R_a = P_a \times F_a \tag{7.3}$$

票价弹性系数在估量由票价变化所引起的乘客数量变化方面是非常有用的。关于公共交通行业不同出行人群要求弹性研究很多，表7.4给出了一个假想系统。但是这些数据只能从总体意义上来运用，是相对弹性系数，而不是实际弹性系数。比如，表中数据显示短途交通比长途交通的交通需求弹性系数的影响明显要大，非峰值交通与峰值交通的关系也是如此；通勤需求的弹性系数也小于购物出行和学生出行需求弹性系数。

表7.4 在假设系统中不同乘客人群的费用弹性

费用成分	平均	工薪族	购物者	老年人	学生
现金	－0.35	－0.18	－0.45	－0.44	－0.25
预付费用					
车票	－0.33	－0.17	－0.43	－0.42	－0.33
通行卡	－0.26	－0.14	N. A.	－0.33	－0.27
多级票价					
•短途	－0.50	－0.25	－0.62	－0.58	－0.55
•长途	－0.23	－0.12	－0.30	－0.25	－0.23
时间					
•高峰期	－0.21	－0.16	－0.25	－0.25	－0.20
•非高峰期	－0.48	－0.24	－0.62	－0.55	－0.52

来源：基于Ferreri，1979

但是，一般文献中的精确的数值并不能拿来就用，因为交通需求不仅会因为当地条件产生很大变化，也与时间和对公交态度改变很有关系。它取决于众多因素，如公共交通服务水平、停车费用、公众对环境和城市的整体态度。最后，该领域的理论研究结果通常存在着一个不现实的精度：实际上如何确定单个群体的弹性系数可靠性值得怀疑。

得到一个可靠的给定公共交通系统的价格弹性系数估计值，也就是计算出它的票价改变所引发的影响，可以通过统计票价改变前后乘客数量的变化来取得。其他技术还包括集计时间—序列和非集计的交叉—区段 logit 模型。更进一步的交通需求分析参见 Ferreri（1979）和 Kemp（1980）的论著。

7.5.4 不同票价水平域的特性

近十年来各国在票价水平上的讨论、进展和试验非常多，大体上可以总结如下。

7.5.4.1 零票价

总是有人提出建议取消票价来使乘车人数最多，公共交通可以通过政府预算或其他专项收入来源获得资金，比如指定用途的销售税收，彩票等。但是也有以下反对理由：

• 大多数情况下，新增加的使用公共交通的乘客是因为较好的服务才被吸引过来的，而不是因为低廉价格。因此最有效的使用额外资金提高公共交通使用人数的方法不是降低票价，而是提高服务水平。

• 出于公平考虑，乘公共交通工具的乘客至少也要为公交提供出行服务支付部分费用款，这也是公众所认可的理念。

• 零票价可能导致公交乘车权的滥用并带来运营问题：产生不必要的出行，公共财产损坏的增加，更难规范车厢中的行为等等。

• 大量的任意出行可能导致局部短区段线路的严重拥挤并使得服务成本大大增加。

• 免费会造成公交管理层由于承担较低的财务责任而在资金充足时造成浪费，在公交系统获得资金少时又会导致服务水平的滑坡。

在 1970 年前后有几个零票价的范例。其中一个是在科罗拉多州的丹佛，在非高峰期实行零票价，也就是一天中的大部分时间。该范例显示乘客的数量的确大幅增加，但是上面提到的几个弊端开始蔓延，该示例最后也没有永久持续下去。

但是零票价在一些特殊的应用中也有成功范例，比如：

• 在人口活动密集的地理有限范围内的往返服务或公共交通服务，比如 CBD、大学校园、机场等。例如丹佛的 CBD 的免费往返公交（从一个大的公交终点站开来低底板的巴士），布法罗轻轨对进出 CBD 区域的免费服务，以及 2003 年华盛顿塔克玛整个轻轨线路的免费市中心往返服务。

• 主要干线或大站的一些支线。比如衔接都市铁路交通的市郊铁路，或者机场、大型停车场的集散通道等。

• 特殊事件发生时的整个公共交通网络。比如华盛顿地铁在某个国家会议日或节日被主办方整个租下来向公众提供免费服务。

• 开通一条新线时的促销。

7.5.4.2 中低等票价

公共交通统计结果显示，美国城市中公共交通使用率最高的是纽约、旧金山和新奥尔良市。这些城市的公共交通票价一贯是中低水平。尽管路网密度大和发车间隔短也是他们公共交通使用率高的部分原因，但是一贯保持低票价的政府政策也是一个重要的有利因素。

这些年来，一些城市无论大小（如亚特兰大、辛辛那提、伦敦和洛杉矶），已经开始暂时或永久的降低票价（经常是本地居民投票决定是否用公共税收来改善公交服务）。上座率的增加非常显著，比一些需求弹性系数理论所预期的结果还要更多。比如亚特兰大在1970年的票价降低（从40美分降到15美分）导致乘坐人次比预期增加了25%。当增大服务班次以应对增大的客流时，更好的服务又再吸引了8%的新乘客。

大部分的票价降低在财务上不能做到收支平衡（比如，额外增加的客流量所产生的收入增加并不能弥补票价降低和额外服务所导致的收入减少，或者得不到与原有服务一样的成本回收率）。但是这些改变在后期评估时都被认为是非常成功的，因为它增加了城市的流动性，减少了城市交通拥堵，并且给城市的社会经济活力带来了积极影响。

在一些情况中，政治压力迫使公共交通票价极低，比如墨西哥城地铁多年费用仅为1比索，远远达不到发行磁卡票的成本。这种极低票价导致实际问题和零票价基本相同，当被应用到更大的公共交通体系中时，最终导致了财务危机，迫使票价产生急剧上升（在墨西哥城由1比索上升到20比索，然后又上升到50比索）。这种急剧上升产生对乘客选择公交的不利影响比中低费用随着通货膨胀自然增长时所产生的影响要致命得多。

7.5.4.3 高票价和最高票价

与鼓励使用公共交通的政策相反的是把车票收入最大化看做提供公共交通服务的主要目标。基于公共交通也适用自由市场原则的观点，这种票价政策给公共交通提供的政府援助非常少或者根本没有，却没有注意到给予公共交通竞争对手——私家车巨大的隐性补贴，因此任何关于都市公共交通是自由市场的思考都是错误的。虽然高票价的应用使得公共交通的财务管理更为从紧，但却对公交上座率有明显的负面影响。

当达到最高费用时，这种情况就是直接的反作用：乘客量和车票收入都会下降。实际上，即便当票价只是接近最高值时都很有破坏性，因为收入上的微小增长会导致明显的非货币的负面影响：大量的旅客流失，最终导致如图 7.1 所示的旅客损失恶性循环。

7.5.5 票价水平的选择

票价水平选择决定于一系列因素，包括从提供服务所需的成本到特定都市区域的交通政策。考虑到公共交通系统的功能特征、客流吸引、财务稳定性，根据近十年来的经验，我们可以得到以下总体结论。

在整个交通体系中使用零票价并不实际，也不是人们所需要的。但在小范围人口活动密集区域（如 CBD、大学校园、博览会等），公共交通应当占主导地位而尽量禁止私家车通行，同时可以有公交车票收入以外的渠道为公交服务提供资金的情况下，零票价政策就可以发挥有效的作用。

低票价政策对保持公共交通的高乘坐人次并且减轻交通拥堵非常有效，这可以说是营造一个平衡的城市交通体系的重要政策元素。但不管怎样，低票价政策必须有车票收入之外的其他长期资金支持。

中等票价代表合理和公平的公共交通票价政策，财务稳定性也比低票价政策好得多。不过也确实阻止了一部分公共交通出行，导致由小汽车产生的交通拥堵增多，除非对使用小汽车者也有一个合适的价格政策。此外，停车收费政策应可以保持公共交通高使用率的同时降低补贴需求。

当政府把最低的公交补贴看作比提升公交使用率更重要的目标时，就有可能采取高或者最高交通票价政策。这种政策会忽视公共交通造成的间接和长期负面影响，比如交通拥堵对城市正常生活和环境的破坏等。

票价的增长应该与通货膨胀步调保持一致，并且反映出与之竞争的出行方式的定价。有规律的中小幅度的票价提升要优于突然的大幅度票价的提升。

练　习

7.1 列出并简要讨论设定都市公共交通票价水平和结构的主要目的。

a. 它们中的大多数一致吗？还是有一些相互冲突？给出例子。

b. 在设定票价水平和结构时，哪些目标或约束通常占支配地位？

7.2 设定交通票价水平时要考虑多个目标。通常有两个目标占支配地位，两者的权衡是制定票价政策的主要目标，它们分别是什么？相互关系又是什么？讨论影响每个目标相对重要性的主要因素有哪些？

7.3 单一票价和多级票价

a. 给出它们的定义和特征。

b. 进行比较。

c. 给出各自适用的背景环境。

7.4 关于公共交通票价水平的各种观点在两个极端之间变化：

a. 公共交通应该免费。

b. 票价应该补偿所有运营成本。

分别讨论这两种观点并给出你的态度。

7.5 SSFC如何影响票价类型的选择？尤其是在单一票价和多级票价的选择上？

7.6 与现金和票证相比，描述公交磁卡的特点，它们各自的优缺点是什么？

7.7 与公交磁卡相比，非接触式智能公交卡的优缺点是什么？

7.8 一个大城市的公交机构（比如底特律、巴尔的摩）想要对单一票价和多级票价做一个全面的比较分析（如单一均价＄2.00或市中心区＄1.50中心区之外＄0.5递增），列出你认为应该考虑的条款，指出你想获得哪些数据？并详细说明两种票价类型各自的优缺点。

7.9 你现在负责一段20 km长的轻轨新线的售检票机制，你正准备建议用自助售检票系统。用简明概要的形式说明：

a. 该系统怎样运作。

b. 与传统售检票体制相比较的优缺点。

c. 为什么SSFC特别适用于轻轨系统？

d. 引进该系统所需的主要步骤（准备）。

7.10 （多选）美国大多数城市选用单一票价的原因有：

a. 它们使收入最大。

b. 单一票价在控制和检票上更简单。

c. 很公平。

d. 单一票价比多级票价能吸引更多客流。

7.11 （多选）免费乘坐公交：

a. 比单一票价和多级票价都更公平。

b. 帮助公交机构获得政府更好的资金支持，从而在财务运营组织上比现在更健康。

c. 最好的吸引小汽车转向公交的方法。

d. 以上都不对。

7.12 无限制型公交通行卡的使用期限有一周、一月、一年的：

a. 对旅客和公共交通运营者来说，它们各自的优缺点分别是什么？

b. 在公交系统中，通行卡对于自助售检票方式的重要性是否比对传统的对每个旅客都单独售检票方式的重要性更高？

c. 它们怎样影响公交系统的使用？

d. 通行卡的使用对于公交系统与竞争对手城市小汽车相比而言的竞争力是否有影响？

7.13 比较无限制使用的通行卡如月卡，与预先购买具有一定金额的借记票卡，然后使用时从里面逐次扣除相应车费。试讨论这两种方法使用的方便性及其对公交票款收入和出行习惯的影响。

7.14 解释SSFC在不同出行方式中的应用如何变化；说明在三种主要方式（公交车、轻轨、地铁）中因为票务管理不同（司机、车站出入口及现场抽检）而造成的使用难易程度。

7.15 讨论售检票体制对公交体系运营和使用带来的影响：

a. SSFC的引入影响使用不同的票价结构类型的能力吗？如果有，如何影响？

b. SSFC的引入对准快速都市公共交通运输系统中不同车辆类型（比如铰接车和轻轨列车）的使用造成什么影响？

c. 有时限的通行证的存在是否能够影响雇主和政府机构通过补贴职工和居民的公交费用来降低使用者的费用以增加对公共交通使用的积极性？

7.16 单一票价通常对旅客只检票一次，一般在车辆或车站的进入口，这对多级票价来说是不够的，描述一下采用多级票价时可以采取哪些检票方式？

7.17 在车上或车站对旅客进行抽查检票时：

a. 基本目的是什么？

b. 操作困难有哪些？

c. 对于采用入口检票的单一票价有用吗？

d. 哪种都市公共交通方式用不着这种方法？

参考文献

Ferreri，M. G. 1979. Transit price elasticities revisited，in *Transit Journal*，Summer，65-71.

Kemp，M. A. 1980. Planning for fare changes：A guide to interpreting and using fare elasticity information for transit planners. Working Paper 142805，Washington DC：Urban Institute.

Padron，M.，and R. Stanger. 1976. No barrier fare collection. *TR Record 614*.

进一步阅读

Deibel，L.，S. Stern，S，L. R. Strickland，and J. Sulek. 1979－1980. *Self-Service Fare Collec-*

tion. Report No. UMTA-VA-06-0049-79-2-7 and Report No. UMTA-VA-06-0049-80-1. Washington，DC：UMTA，U. S. DOT.

Foote，P. J.，and D. G. Stuart. 2000. Impacts of transit fare policy initiatives under an automated fare system. *Transportation Quarterly*. 54(3):51-66.

Hugonnard，J. C. 1988. *Arriving at a Regional Integrated Fare Policy and Structure：A European Experience*. Paris:RATP.

Leopold，H. 1983. Grundsätzliche und aktuelle Fragen der Tarifgestaltung im OPNV. *Zeitschrift für Verkehrswissenschaft* 2.

Lobron，R. 2003. Developing a recommended standard for automated fare collection for transit：scoping study—regional fare management programs. *TCRP Research Results Digest* 57.

Transportation Research Board（TRB）. 2002. *A Toolkit for Self-Service，Barrier-Free Fare Collection*. TCRP 80. Washington，DC:Transportation Research Board.

UITP. 2000. *5th International Conference on Automatic Fare Collection*.（CD-ROM.），Brussels:UITP.

第8章 公交融资

公交系统在城市范围内扮演着十分重要的角色，有着独一无二的地位。公交服务通过满足人们的出行需求来改善城市内的生活环境。从宏观上看，公众出行能有效地刺激社会经济活动，提高社会公正度，创造以人为本的城市环境。因此公共交通是公共政策的一个重要议题和达到预期公共目标的一个有效工具。

为了实现其目的，公共交通必须和城市内的私家车以及其他一些不同的交通服务提供者进行竞争。这些交通方式的融资结构差异很大，包括使用者付费和政府资助等。美国的公交融资系统十分复杂，涵盖了整个三级政府：市政府、州政府和联邦政府，此外还有私人投资和车票收入。

本章将从整体讲述政府对交通行业提供资金的目的和不同方式，以及特殊的公交融资来源和公交资助水平。

8.1 公交服务投资的原理和趋势

在城市里，政府和公共机构在提供公共设施，例如公路、步行广场、公园以及古建筑区域等方面负有主要或完全的责任。政府机构还应该负担公众服务的经费，包括安全和保险、公众健康、环卫、保持城市的可持续发展和宜居等。此外，政府也要参与到交通体系大部分的投资活动中。

8.1.1 政府参与运输融资

政府在很多交通系统的公共所有权和交通系统融资活动中有不同层次的参与，其主要因素有如下几点：

1. 基于它们的物理性质和功能，有些交通体系属于公共设施。比如高速公路，河流和海滨，对所有人开放。

2. 大多数交通体系需要一些集中的或协调控制的系统设施进行运营管理。因此，尽管大部分公路上的车辆和飞机都是私人拥有和运营的，但是公路、街道、航线、机场却归政府机构所有、运营和控制。

3. 所有的交通系统——公路、铁路和航空以及水运交通，尤其是旅客运输——对国家经济和生活是必不可少的。交通投资刺激了社会发展和人口流动，因此政府常常把交通融资作为经济和社会政策的一部分。也是因为这个原因，交通体系不会是纯粹的商业活动，而是一个商务企业和社会服务的结合体。

4. 交通体系给其使用者和很多非使用者以及公众都带来了利益，因此，不仅仅由使用者来支付交通体系的成本，而同样由其他受益者通过税收或其他方式负担其成本就显得合理和公正。

5. 交通设施带来的许多利益是定性的，很难将其分配给不同的社会团体。

6. 在许多情况下直接向使用者收费在操作上不可行。比如街道的使用不能直接向使用者收费，无论使用者是坐在车里、骑自行车还是步行。

历史表明，政府部门在不同交通方式的发展过程中都扮演着重要的角色。罗马帝国曾建设了一个庞大的道路网；在19世纪的上半叶里，英国、法国和美国都建设过多条运河，1825年发明铁路后，在铁路建设方面投入大量资金，而在整个20世纪里，这些国家又大量投资于航空运输上。

从19世纪开始，政府部门开始关注和参与到城市公共交通中。当时的公交公司大部分是私人公司，有时由一些市政部门运营的。由于提供的服务是面向公众的，因此，不管是私人还是政府的公交运营机构都必须受到政府部门的不同程度的监管（见第9章）。

虽然当时公交的高乘坐率给予公交运营充足的资金，使其运营能盈利，但是当时政府还是给予公交机构部分补贴，主要基于明确的政策目标：大力发展公交给居民更大的机动性。1883年，英国议会就决定每年给铁路，以补贴用以维持市郊铁路的低票价，目的是希望工人搬出人口稠密的市中心到郊区去居住(1899，韦伯)。

当遇到大型的建设项目时，如地铁建设项目，政府部门通常在开始阶段就会参与到建设中，并提供部分或全部的资金。很多城市居民都认为城市道路建设是政府部门的职责。虽然地铁与道路相比是另外的一种交通方式，但其与城市道路有着相同的功能——运送居民。因此，政府部门就应该像投资道路建设一样投资地铁建设。

20世纪30年到40年代起，由于小汽车和其他交通方式的兴起，公交面临更加激烈的竞争，同时，公交运营机构也开始从私营向公营转型。此时，政府部门在公交系统融资上的作用大大增强了。

因此，基本上在所有的国家里，不难理解并接受这样的观点，公路、铁路、航空和水运运输系统，尤其是它们的客运机构都是由政府部门以各种形式给予不同程度的资助，以达到或促进某些社会目标。

在美国，这个观点却被广泛地误解。在美国，人们相信：公路的建设费用是完全由它的使用者的燃油费和其他税收承担（有些公路以通行费形式）的，航空公司是独立的商业企业，公交系统和铁路的客运系统则是失败的，因为它们需要联邦政府的资助。但事实上，没有一个客运系统，包括公路和航空客运系统，能没有政府资金的支持而补偿其所有成本（见章节 8.1.2）。

这种严重不利于公交系统和铁路客运系统的扭曲局面，是美国国会政策所造成的，他们大量投资于公路和航空系统的建设，却严重忽略了铁路客运和公交系统的利益。在公路和航空系统每年得到几百亿的资金用于投资建设和运营管理时，Amtrak（“美铁”，全国铁路客运公司）却从来没有获得过用于维持其基本运营的政府资金。政府对于公交的投入比起公路要晚很多，而此时公交运营状况已经严重恶化。在 20 世纪 70 年代政府对公交系统大量投资，但到了 80 年代，投入资金逐渐下降。在 21 世纪初的时候，基于压力，联邦政府对公交系统的投资缩减了 50%，而与此同时，其在公路投入占联邦对交通系统的投资仍高达 80%～90%。

对于国家铁路客运系统的不利偏见也尤其明显。用于公路网的建设与维护的基金成为“投资”，而用于“美铁”的注入的资金则称为“补贴”。这个地域广大的国家需要高效的铁路客运系统的要求也一直被忽略，与此同时，对于是否该为“美铁”投入资金的讨论还会持续很长的一段时间。整个国家关注的只是融资方式，而不是为国家提供一个其所需要的现代铁路客运系统的目标。这样的政策如果用于其他的交通方式时，这个国家将不会拥有一个州际公路系统或者覆盖全国和州际的航空系统。但是这二者的发展都被列为国家优先发展的目标，随之发展了为其融资的各种方法，并由国会立法，保证其在之后几十年内能被持续地贯彻。

8.1.2 美国不同运输方式的投资

政府对交通的经费支出是非常大的。从 1980 年到 1999 年，各级政府包括联邦政府和州政府或当地政府，对五种主要运输方式的投入资金数在表 8.1 中列出。各种运输方式的投入资金数的比例图如图 8.1 所示。表 8.2 列出 1985 年以来上述三级政府收入及支出额在各种交通方式投资额及其占政府总交通投资额的比例。图 8.2 描述了各种方式收入所得占政府花费的百分比。

表 8.1 政府（联邦、州和地方）在各种交通方式上的费用支出（百万美元）

	1985	1986	1987	1988	1989	1990	1991
高速公路	46 604	50 435	54 032	57 361	59 854	62 563	66 526
公交	16 333	17 586	19 321	16 827	17 594	19 261	20 857
铁路	1 072	917	817	586	606	541	783
航空	7 903	8 749	9 540	10 422	11 240	12 568	13 974
水运	5 124	5 974	5 601	5 245	5 289	5 480	5 847
总计	77 036	83 661	89 311	90 441	94 583	100 413	107 987

续上表

	1992	1993	1994	1995	1996	1997	1998	1999
高速公路	68 954	69 991	74 531	79 309	81 550	84 212	89 454	95 494
公交	22 322	21 279	25 088	26 162	26 346	26 875	28 108	29 027
铁路	906	819	845	1 043	1 015	1 148	1 099	565
航空	15 916	17 408	17 941	16 960	17 273	18 776	19 593	21 789
水运	6 167	6 593	7 046	6 628	6 775	6 996	7 137	7 682
总计	114 265	116 090	125 451	130 102	132 959	138 007	145 391	154 557

注：不包括管道费用支出。

来源：运输统计署，政府运输统计 2001

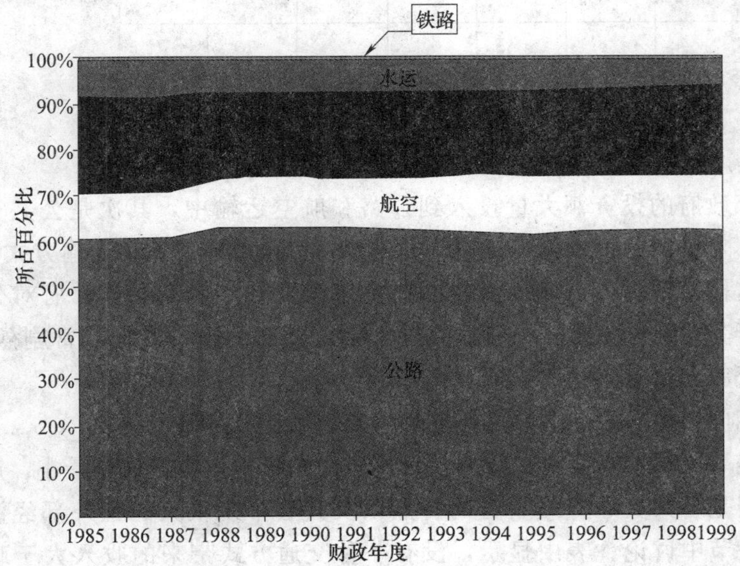

图 8.1 联邦政府、州政府、地方政府各种交通方式运输消耗总汇

表 8.2 1999 年政府（联邦、州和地方）在交通上的支出

	绝对支出（百万美元）	所占总量百分比（%）
公　路	95 494	61.78
公　交	29 027	18.78
铁　路	565	0.37
航　空	21 789	14.10
水　运	7 682	4.97
总　计	154 557	100.00

注：不包括管道费用支出和一般支持。

来源：运输统计署，政府运输统计 2001

从上面的图表中可知：

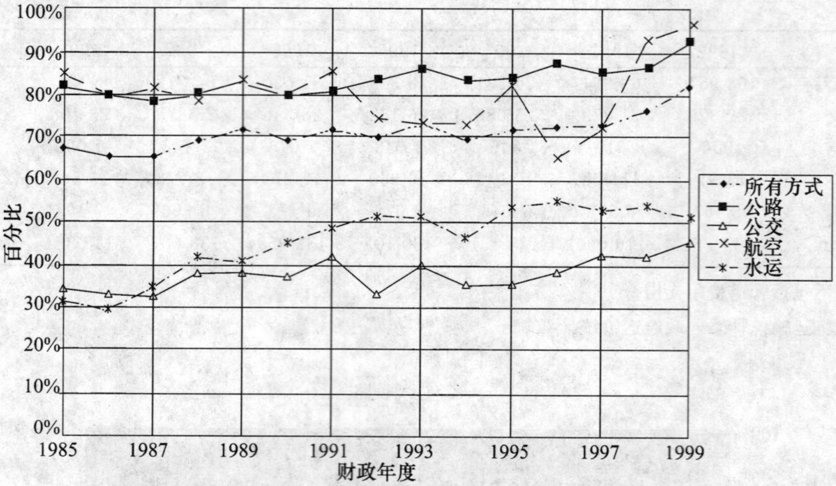

图 8.2　各种交通方式的收入支出比例

• 联邦政府的投资额大量投入到公路和航空运输中，其次是公共交通，再次是水路。对铁路的投资额可以说是非常小，完全忽略了这种运输方式。

• 在这段时期内，虽然投资额的数量持续上升，但是联邦政府对公共交通的投资小于其他几种方式，只有铁路除外，对铁路的投资减少非常剧烈。同时，这期间对公路和航空运输的投资一直占主导地位。

• 该期间州政府和地方政府投资额增长速度比联邦政府更快。

• 如表 8.2 所示，公共交通的收入支出比在各种运输方式中最小。产生这种现象的原因是公共交通方式本身的特点以及其会带来很大的正外部经济性，这些将在下一节中讨论。表中显示，没有一种交通方式带来的收入大于政府部门的投入，即所有的交通方式都得到了三级政府的补贴。这里必须提到的是在其他的工业化国家里公路系统是得不到政府补贴的。政府在公路系统的汽车、汽油和公路相关的税收所得收入都超过政府的总投入额（Pucher，1995）。

8.1.3　运输资金分配原理

大部分的交通方式运营都要遵循私有与公共资金之间的平衡原则。提供商业服务的交通方式大多通过私有资金融资，即直接来自于乘客的使用者付费。对社会存在很大影响的交通方式往往都有着公共资金的补助。本节将回顾各种交通方式之间的平衡和各种交通方式运营的资金来源。

政府政策原则和融资方法是在一个较长的社会经济发展过程中形成的，许多国家政策的演变存在以下几种模式。

8.1.3.1 客运交通与货运交通相比

政府部门在客运系统融资中承担的责任比其在货运系统中更多。这是因为货物运输更多是企业的商业行为，是国民生产和经济的一部分。而客运往往还是与社会目标和环境的外部经济性存在很强关联的经济系统。

8.1.3.2 城市间与都市客运相比

长距离的城市间的客运运营比都市客运更遵循经济原则。在城市区域，对小汽车的出行往往通过免费使用路权，便宜甚至免费的停车费用等给予补贴，而公共交通系统往往由政府补贴其运营费用。其外部性如对土地使用的或实现对低收入人群的机动性的正外部性和噪音和空气污染等负外部性将会影响使用者付费与公共投资的决策。

在各种运输方式中，政府都不同程度地参与到城市交通运输的投融资中。一些城市街道和公路需要非常高的投资，远远高于燃料税和这些设施所能得到的其他使用税的收入，同时需要庞大的政府资金支持。绝大多数的公交系统，特别是对高性能的复杂的基础设施，同样大部分或者完全依靠公共资金。

8.1.3.3 经营与投资成本

来自运输系统用户的收入通常首先用于经营、维护成本，然后是对资本的投资。政府资金则首先用于投资，其次，也会用于经营和维护的需要。国家、州和当地三级政府对运输系统投资有着不同的结构。

8.1.4 公共服务的资金来源

用于支持城市公交和其他公共系统和服务的多种私人和公共资金来源大致可分为三大类：由用户直接获得的收入，政府专门拨款和一般的政府预算资金。

8.1.4.1 由用户直接获得的收入

用于公众事业的基本资金直接从使用者以车票、公交卡、费率、票或门票的形式收取。来自于用户直接缴纳的这些资金可用于公众事业的运营和其他公众系统投资，像运动会、选举、自来水的供应系统、出租车以及其他服务。在一些情形下，来自使用者的这部分资金仅仅能承担运营成本，如体育场馆、博物馆和一些城市公交服务。有时候，这部分资金只能支付运营所需的一部分资金，这主要存在于大多数的城市公交系统和市民的一些文化活动中。

8.1.4.2 政府专门拨款

当一种税是针对某一系统的用户，并且收集到的收入是用来资助建造该系统时，这样的收费称为所谓的用户税。例如用于机场的运营或机场扩建的机场起降费和为筹措机场出入设施建设资金的客运票价附加费。有些则是更广泛的基础税收，如征收汽油税用来建造公路或其他交通设施。

各级政府（地方、州和联邦），有时会使用专门指定渠道获得的资金，以支持某一特定的公共服务。一个很好的例子就是用国家彩票的部分收入，来降低城市老年居民的公交票价。在某些情况下，还会向需要筹资系统的间接受益者收取税收来为其融资。这样的情况，通常称利益分享税，它的征税对象是公路沿线或地铁站附近的居民或企业，因为这些业主能直接或间接从这些设施带来的各种活动中受益，然后将这些收入用作运输设施的投资或经营成本。

8.1.4.3 一般的政府预算资金

许多公用系统、设施和服务都不需要公众直接支付费用（票、门票等）。这些设施的建设和维护所需经费都是完全由政府从其一般预算中来供给的。

如上所述，交通系统有着不同的组成成分，包括公营的、私营的以及社团型的。公路系统由公共设施（如公路、街道）和大多数私人轿车所组成。航空系统基本上也是这样：由公共设施（如飞机场、飞行线路和空中交通控制）和大多数私人飞机所组成。在大多数国家，由国有机构代理经营，但是在美国，除了 Amtrak 外，铁路公司是私人所有的。近年来，许多国家都纷纷采取不同的重组措施：包括引入各种不同形式的私营、准公共及公共组织间创新的公私合作方式来提高铁路运行的经济效率。目前这样的变化仍在继续。

因此，总体来说交通运输系统通常还是归类为由使用者付费和政府资金一起提供融资的一类系统。

8.1.5 交通费用水平和政府投资之间的关系

公交方面的投资数量、公交服务的收费水平、以及运营补贴的多少依赖于公交系统公共政策，即它的企业的性质和社会服务功能间的关系。最终，它还取决于基于城市区域和人口而制定的社会与经济政策。就像第七章和第九章所描述的那样，关于公交服务的定价及其对政府融资方面的影响有着许多不同的意见和观点。

其中一个极端的观点认为关于公交的定价应该弥补由其所产生的所有成本，也就是说交通行业应该是一个纯粹商业性质的行业。这个观点的提出是基于城市交通运输的定价应该由自由市场经济来调节的认识。

显然，自由市场经济理论并不能简单地应用于城市的交通运输行业，这个原因是多方面的。首先，自由市场经济只考虑如何使企业获利，而忽略了交通应该为公众服务的特征以及由交通服务而产生的外部收益。其次，自由市场经济不可能规范有着不同的投资政策或运营费用结构的不同竞争者之间的关系，比如公共交通和私人小汽车之间的关系。实际上 Weyrich 和 Lind（1999）就很明确地证实了这一点。城市中小汽车比公交系统更不适用于市场经济原则。尽管表现得不是很明显，但在许多国家对小汽车的经济补贴也要比公共交通高出很多。

自行车更是不能将城市交通行业看作纯粹商业企业，和自由市场经济不能应用于交通行业的一个有力的证明。自行车这种交通方式由于其许多积极方面的因素而是人们期望保留的：对于使用者来说，自行车是一种舒适、便宜而且有利于健康的交通方式。相对私人汽车来说，自行车的使用者需要的空间相对较小，因而产生的交通堵塞也要少；它不产生噪声，不会对环境造成污染。总之，相对小汽车来说自行车有着很少的负面效应。因此，公共政策也经常鼓励使用自行车，并且在没有任何使用者付费的情况下投资兴建自行车设施。同样，对人行道基础设施建设的投资也属于公共投资领域，这些公共政策是符合逻辑的，人们从未产生过疑问。

其它相关的因素是城市公交系统组成部分的所有权，融资的方法对于私人车辆/道路系统的使用者收费的形式与公交收费的形式不同。旅客在大部分情形下为某次特定出行选择出行方式时只考虑其边际成本。在小汽车出行中，总计的边际成本只是每次出行总的成本的10%～20%，而固定成本则被忽略不计。人们在使用公司的车辆时更是一点不会考虑其费用。公交系统为了和小汽车出行竞争，所收取的费用应该根据小汽车出行的边际成本来确定，即只收取总出行费用的一小部分。这就使得以市场为基础的定价机制在城市交通中不可行。政府需要采取措施在不同出行方式间创造一个更加公平的竞争环境。

总而言之，城市公交系统在组织、成本结构、使用者收费以及政府补贴方面都与其他的行业有着本质的不同，这就使得自由市场经济在城市公共系统各种方式间既不可能存在也不可能被创造。

在城市中，当没有一种重要的交通方式可以代替公交出行时，便为城市公交通过自身票款收入维系其发展创造了条件。这种情况现在在许多发展中国家存在，因为那里城市公交出行不需要特殊的基础设施，并且拥有廉价的劳动力。这使得交通的投资和运营费用都非常低，但同时也让交通服务的质量非常差。

另一个关于城市公交收费标准比较极端的观点认为，城市公交应该作为一种公共设施免费为市民提供服务，即完全由政府买单。这一政策的优点在于可以实现高密度的人口出行，并有效地避免了由于其他交通方式（主要指小汽车）的使用而带来的负面外部效应。

这种观点在大多数情况下都是不切合实际的，因为它忽略了公共交通应具有的商业性质，这样的安排将公交系统作为了一种公共的设施，它将给政府的财政预算带来巨大的压力。这种政策的实施将导致政府资金的不平衡分配以及运营的低效化。

20 世纪 70 年代，在美国，许多有关零收费的城市交通运营实例表明：免费的交通服务有着好的一面（比如固定公交乘客的大量增加），但也有其不足的一面（比如资金的不足，以及运营方面存在的问题），（见第 7 章）。在其他国家，接近零收费的公交政策也有实行。像前苏联的一些城市和墨西哥等其他发展中国家的少数城市，实行实际上等同于零收费的低价公交票价。所收取的费用只是运营所需要经费的很少部分。但是，多数情况下，随着其经济状况恶化，在很多时候要求提高公交收费使其更接近其实际价值。

目前，免费公交只是在某些特殊的区域取得成功的应用，如在城市商业中心区设免费区，其目的在于运用公交实现城市中心区短距离的运输，减少交通阻塞，鼓励旅游业的发展等；它也被用在去往火车站或飞机场的短途支线运输，或作为半公众化的穿梭巴士与禁停或限制停车政策相结合，在校园、医院大楼间、游乐场所内和历史名胜区内或其间运送乘客。

经验表明，这两种对城市公交投融资的极端的观点——票价应该补偿其所有成本费用，或是政府应该承担所有费用——都仅出现在有限的城市公交服务中和一种非常特殊的情况下。最佳的票价水平应该是在票价收入和政府投资之间找到一个平衡点，这点取决于当地条件和要求。

20 世纪六七十年代，发达国家用于城市公交运营的政府补贴是相当有限的。当时与小汽车交通的竞争加剧，而城市公交由于小汽车的高拥有率和政府对小汽车使用的大量隐性补贴而面临经济困难，补贴形式有政府负责主要道路和大型停车场的建设，并对停车和驾驶小汽车实行直接补贴（公司车辆、免税等）。

在 1960～1980 年间，美国和其他发达国家城市公交机构的运营比率（收入/支出）由于开支的增加持续降低，尤其是在劳动力成本增加后，为了与仅考虑很低的付现成本的小汽车竞争而须维持较低廉的价格。很明显，城市公交的运营补贴应该得到相应的增加，可是很明显，这种增加补贴的趋势不可能无限制的持续。由于在某些城市和地区的公交运营比率需要维持在一定水平，大约在 40%～60%，因此人们做出了很多努力来保证公交机构的财务稳定性。通过完善业务实践，控制由于工会的过分要求而导致的劳动者工资的增长，私有化某些职能部门，如车辆维修和车站清洁，某些公交运输服务的外包以及其他的相关措施降低了成本。通过这些新的措施来提高公交服务水平和运营效益，寻求最有效的政府资助方式等在最近这些年受到广泛关注，并不断涌现一些创新性的解决办法。

建设高质量的城市公交系统和大量的基础设施，像地铁、轻轨、AGT 系统和公交专用车道系统，需要大量的资金投入，而公交系统由于其低盈利回报的特征而使得其对私人投资者失去吸引力。因此政府在建设融资参与度上比筹集运营费用上要高。来自于各城市、各地区和联邦政府的公共资金被用来提供全部或大部分的资金，用于建设纽约、波士顿和费城的地铁，法国巴黎地铁，德国城市的U－Bahn系统。这些政策的道理很明显：它没有制定高票价政策以使投资得到回收，避免了由于高票价而导致系统的低利用率；它的目的在于采取低价或者适当的价格来实现大量的人口流动，高强度的社会活动和旅游等，从而在整个区域实现了一个高的人口流动效果。这个社会效益目标要比回收政府的沉淀投资更重要。

8.1.6　不同层次政府部门的作用

不同级别的政府在不同的项目和系统，包括运输系统的参与程度与方式不同，各国之间也不一样。虽然在这方面没有明确的定义，三级政府的作用可归纳为以下一些典型模式。

8.1.6.1　地方和州政府

当使用者的票价收入不能支付运输系统——这里包括街道、公交系统、人行道和其他设施的运营和维护成本时，第一类提供公共资金的政府是地方和州政府。在城市交通中，这些资金补充了来自票款收入的不足。在城市交通资本投资上，地方和州政府占主导，或者是与联邦政府一起投资。

8.1.6.2　联邦政府

联邦政府或国家对包括交通运输系统在内的许多公众系统和服务设施进行投资，这些待投资的项目应满足以下所述的一个或多个条件：(Vuchic，1987)

1. 该项工程对于整个国家来说意义深远（而不是只使建设当地受益）。

2. 该项工程能为一个以上的地区（省）或州提供服务。

3. 该项工程是用来建设一个具有长远意义的永久性设施（基础设施）。在这方面，政府代表一个高层次的实体，它能够汇集全国资源，使个别大型的、超过地方政府能力的投资项目，可以在当时完成。

4. 该项工程有很大的、积极的、难以量化的外部效应。

5. 该项工程的研究和实践表明，它可以使国家受益，因为它可以被不同的地区使用，而这又反过来要求汇集国家资源来进行建设。

6. 该项工程在国家层面受到强有力的政治支持。

在联邦政府为一些大型工程，包括大型水坝、灌溉项目、州际公路系统和内陆水道等融资时，普遍遵循了以上原则。联邦政府支持对主要城市的公交系统进行投资，是因为公交工程完全符合以上的多项条件：公交系统的建设能提高城市区域的效率，而城市效率对于推进国家经济的发展十分重要，在这里满足条件1，对于所有的城市公交系统都能满足条件3和4，许多城市包括纽约、芝加哥、华盛顿、费城和圣路易等大型的地铁工程，甚至条件 2—地区间的服务特性，也能得到满足。

许多国家的政府对于大型城市工程建设的投资都有着特殊的政策，这点在巴黎，伦敦、比利时最大的 5 个城市、德国的许多中型和大型城市都得到体现。在美国，联邦政府对于这些大城市工程项目的投资主要看其是否满足条件 1、3 和 4。

美国联邦政府在城市公交系统建设投资方面扮演着多样化且十分重要的角色。近年来，由于联邦政府资金主要用于资本投资，因此用于城市公交的运营资金大幅度减少。这些减少的运营资金仅有部分由各地区及当地政府的投资所替代。联邦政府在这一方面的重要作用正在得到研究和发展，并有一些示范性项目。

8.1.6.3 *政府投资间的相互依赖性*

来自车票收费，当地政府、州、联邦政府的不同种类的城市公交建设资金经常是彼此依赖的。每个政府都关心该项工程或服务给本地居民带来的利益，并希望以财务贡献的形式来证明其承诺。这方面的一个例子就是要求车票收入至少在其融资总额中占有一定比重来作为当地政府的份额。相似的，联邦政府对于城市公交系统建设的投资在大部分情况下只是工程所需总资金的 50%～60%。联邦政府的配套资金将按照一定的比例由州政府和地方政府来分担，比如州政府承担三分之二，地方政府承担三分之一。这一比例通常以一个预先确定的公式为基础，但是在多数情况下其他因素的变化可能造成由公式引出的一些调整。

8.1.7 公交融资的公共政策的总结回顾

前述关于城市公交在城市发展、公共政策的制定、投资原则和程序表现方面的描述和分析十分重要，时常成为讨论的议题。为方便起见，特别将与城市公交融资相关的一些主要问题总结如下：

城市公交系统除了具有实现居民流动的重要功能外，还有大量的积极影响和正的外部效应，这些都是无法用金钱来衡量的。因此把城市公交作为一种介于商业企业和社会服务性质之间的综合体来运营，使用者收费和政府投资一起来为其融资。外行有时候会有所疑问，城市公交系统到底是亏损还是盈利的？这样问是不恰当的，这就好比问公路和机场是亏损还是盈利。关于这个方面更详细的论述请参考 Vuchic (1999)。

将公共资金用于城市公交系统的建设和运营的主要原因概括如下：

• 城市公交是一种公共服务，它为全部人口包括各个年龄、各个收入的阶层，不论是本地居民还是旅游观光者，也不论其是残疾人还是其他人，提供流动性。

•由于城市公交能实现大运量且可靠的服务，使得城市能够发展多种城市活动，增加城市人口密度和功能。

•地铁公交系统有特殊的设施和结构，代表着基本的城市基础设施，类似于街道、供水、污水处理、以及其他公用工程系统。

•城市公交网络特别是地铁、轨道交通，对理想城市的发展和形成，减少无序的城市蔓延有显著作用。

•城市公交在城市中心区域和郊区活动中心为公众提供服务，因而使整个城市更加具有活力，这是一个依靠小汽车的城市所无法实现的。

•城市公交避免依靠小汽车服务而产生大的机会成本，因为小汽车出行将产生交通拥挤、负面的环境影响以及需要占用大面积土地来停放车辆。

•城市公交的收费水平由于受到小汽车使用者仅考虑出行的边际成本竞争的影响而受到限制。

•通过票价水平最大限度地提高公交机构的收入，通常会导致大部分的出行转移到小汽车上，从而使社会和环境成本增加。

与所有由政府提供部分资金的公共服务提供者一样，公交机构比追求利益的民营机构具有更复杂的筹资机制，经营效率衡量也更为复杂。近期为提高城市公交运营的效率所采取的一些措施将在8.4中讨论。

8.2　地方和州公交资金的来源

由公交乘客所支付的车票费用是城市公交运营的基本资金来源。每个公交运营机构的主要目标之一就是使公交的运营比率最大化，或者说是提高车票收入占整个运营费用的比例。当运营比率大于1时，公交运营机构处于盈利状态，不需要其他的资金补充。自从20世纪60年代，在美国以及许多其他国家公交机构的运营比率都介于30%～90%。为了满足运营所需经费，以及在城市公交方面的资本投资需求，各级政府（地方、州和联邦）或者需要从自己的财政预算中拿出一部分资金，或者要寻求新的机制来筹措公交运营和建设资金。现将用于城市公交的资金来源概括如下。

8.2.1　专用于公交的税收

地方政府和州政府发展了一系列不同的城市公交融资渠道。城市公交系统的特征以及其所服务地区的经济、政治条件都影响着为了公交融资而征收的相关税种。各州税收特征的多样性使得很难在全国实施统一的税制。但是可以根据融资体制将其归成几种，然后根据税制的来源将其分为三类。

8.2.1.1　税收的分类

根据税收的来源和为公众提供服务的城市公交的关系，地方和州财政收入为交通投融资可分为三大类：与经济获益有关的税项及收费、广基税、和其他来源。对于特定类型的税，可以归类如下：

- 交通运输使用税/费：
    - 燃油和机动车辆税；
    - 停车税；
    - 路桥通行费和区域进入费。
- 与经济获益相关税费：
    - 雇主薪资税或者职业税；
    - 房地产增值税。
- 广基税：
    - 零售税；
    - 个人所得税；
    - 财产（从价）税。
- 其他来源（消费税）。

这些潜在的公共交通融资渠道都有其内在的特征。因此，对给定都市区域，在评价不同的融资渠道的适用性和确定判断标准时，必须考虑这些特点、当地实际条件和所定义的目标。

8.2.1.2　主要评价标准

在这里对于每种公共交通收入来源的主要评价标准及其相对重要性做一个简要的概括：

- 潜在收入

税收潜在收入数额是一个很重要的考虑因素。这取决于这个税收项目的对象有多大，什么样税率是可行的。对于税基广的税目，其税收收入远远高于对特定对象的税收收入，如汽车轮胎销售。

- 经济影响

税收对于经济发展的影响是双重的，即有积极的一面，也有其消极的一面。如果某项税收，使在一个地区开展业务或居住都变得较昂贵，那么征收此税将对经济产生消极的影响。另一方面，如对城市中心的停车实行收费，将使得城市公交更具有吸引力，那么该项税收对于经济的发展具有积极的影响。同样，对香烟和酒类征税对于整个社会有着间接的利益。由于这些影响通常都是间接的或比较小的，这一评价标准的相对重要性就显得比较低。然而，它可能导致与其重要性不相称的强烈的政治上的反对，这一点将在另一评价标准中考虑。

• 公平

一种给定税收对不同市民团体、企业群体和旅游者群体的影响，对于社会和经济及其税收政策的政治接受度来说都是十分重要的。公平通常主要关注给定税收对不同人群的影响上：它是否影响各个人口类型、经济地位和支付能力?这方面最重要问题是，税收结果是否是逆向的，更多影响的是低收入人群而不是高收入人群。

• 利益关系

在城市公交投融资系统中，费用与支付方从投资项目中受益的程度总是需考虑的一个有效因素，因为它关系到人们的公平感，并因此影响到人们对此项税收的政治上的接受度。然而在许多城市中，城市公交一般被认为是一种能使整个城市受益的基础性服务设施，而与税收和利益的直接关系并不重要。在许多城市都采用了税率最低的广基税的事实证明了这一点。

• 行政管理方面

另一个考虑的因素是税收实施和管理的复杂度问题。在某些情况下，例如汽车燃油税的征收，这种制度已经存在，要加大征税力度就会显得比较容易。可是另一方面，确定欲征收的利益分享税的区域界限就显得比较复杂。在大多数情况下，这种判断标准基本代表技术上的观点，占有相对较低的比重。

• 政治认可

这个评价标准十分重要，因为它对于任何税种的征收都十分关键。前述的许多评价标准，如收入、公平、利益都关系该项征税制度能否得到政治上的认可。此外，大量的当地因素，如各种不同的组织、政团、商业集团、以及一些相关团体都有着很强的政治影响力。

在选择税种时，当政策或许多其他的因素影响交通时，都往往有负面的内涵。它通常意味着一些特殊利益凌驾于一个重要目标和经济、社会或技术上的考虑。这种重要的看法有时是合理的，但并不意味着在所有情况下都是合理的。负责任的政治和民间的领袖比起专业技术或经济研究者，往往可以有一个更广阔、更现实的观点。政治家也会不考虑或超越一些不切实际的理论家的观点，或者也可以接受有经验的公职人员或顾问的富有创意的建议并有效地执行。

8.2.2 不同类型税收的特点

在8.2.1.1所列出的关于城市公交融资的基本税种将在此给出定义。并对其各自的特点和相对权重做简要介绍。需要强调的是列表中的税种并不全面，在不同的城市和国家采取许多不同的税收政策。它们的特征可能在大多数情况下有效，但不是对所有地方都有效。关于各税种的定义和特征也因国家不同而异。

8.2.2.1　交通运输使用者税/费

为城市公交的运营而对同一区域内的小汽车实行收费的政策有两个基本原因。首先，每个大型城市都应建立一种能使各种交通方式有效衔接的统一的联运系统。这就要求所有的资源，如街道/公路、停车场等可以共享，并且各种交通运输功能，像城市公交、以及其他运输方式可以统一付费。其次，小汽车使用者能从良好的城市公交服务中获益，因为城市公交有效减少了交通阻塞，使交通更加通畅（城市公交罢工时拥堵较为严重的情况证明了这一点）。小汽车使用者还可以将城市公交作为一种备用的交通方式，当不能使用小汽车时，他们的出行计划不会被搁浅。最后，在各种紧急情况下，像遇到暴风雪、洪水、地震等自然灾害或大的经济萧条时期时，城市公交扮演着十分重要的角色。

在各个城市对于小汽车征收多种不同的税，有 3 种是最为普遍的：车辆税，停车费和通行费。其中车辆税最为常见。

燃油税和车辆税

许多国家和地区已对燃油、小汽车的零部件及汽车注册登记收税。这使得对城市公交投资追加的一些税收容易组织和管理。然而，这些措施在那些仍然沿用投资不可转作他用的过时条款地区，例如，规定与道路相关的税收只能用于道路建设投资的地区是不可行的。

这一部分所得的税收是相当可观的，尽管不是十分稳定——它随着在这一地区行驶的车辆数、小汽车的燃油经济性和燃油价格的变动而变化。对这些收费政策的公平性和对经济所带来的影响可以进行详细的分析，但并没有实际的意义，因为这一部份税收的收入只是整个公交投资所需资金的小部分。尤其在美国，汽车和燃油的价格都低于其实际价格，尽管汽油价格的上涨引起了公众的关注与不满，但美国汽油的价格仍然非常便宜。汽油价格上涨几美分并不会对经济造成大的影响并引起社会不公平现象。

提高小汽车燃油价格具有深远的意义。高的燃油价格有利于引导人们购买具有更好燃油经济性的车辆、鼓励联合出行、减少车辆行驶里程，这样可以减少交通阻塞，抑制城市扩散现象，对保护环境也有一定好处，并降低国家对燃油进口的依赖性。

因此，对燃油税和车辆税用于公共交通的政策是切实可行而且具有积极意义的事情，但是在许多情况下，这一政策的可行性受是否能得到政治上的认可的影响，因为公路利益集团反对增加车辆税收。我们应该记住，站在国家政策的角度，应该把保护能源和减少车辆行驶里程数作为明确的目标。提高燃油价格和车辆税是促成这些目标的有效措施。

停车税

停车位的提供和定价是控制城市中心区车辆使用和鼓励公交出行的一个强有力工具。在那些公交得到广泛利用和充满活力的城市，城市步行中心区一般限制停车位置，并实行停车费随时间递增的收费政策，这就使得短期停车者相对于停车一天的通勤者来说具有一定优势。因此，对城市中心的商业停车场或所有停车位置征收公交专用税是实现城市多种交通方式平衡发展的有效措施。

这一措施在澳大利亚的伯斯、悉尼以及许多欧洲城市被成功的引进和运用。在美国，实施这一政策的问题在于：由于郊区有大面积的免费停车场，没有采取措施限制小汽车的使用和控制城市郊区的扩散，提高停车收费将会削弱市中心区相对于郊区的地位。

在美国大多数城市实施停车收费的另一个更基本的障碍是其自身不协调且无作为的交通运输政策，停车位成为私人财产对其收费水平和结构无任何管控的情况普遍存在，这使得在美国实施停车收费不能带来积极的经济影响、公平和政治上的接受水平，因而失去了支持的基础。

总的看来，在停车上征收城市公交税是一项可以引入的有效措施。但是，美国大多数的城市没有能够成功将停车收费政策纳入其协调发展的城市交通运输政策，这也阻碍了其多式联运系统的发展。

通行费和区域进入费

几十年来，在交通主管部门或运输部经营的收费设施，如桥梁和隧道，以及城市公交运输系统，用所获得的通行费收入为城市公交的运营和建设资金提供了融资。这种组织结构安排使得部分通行费收入用于公共交通，并有许多优点：这种类型的用户税通常带来大量收入，能导致部分出行者放弃小汽车出行而选择公交出行，它易于执行，并且由于是一个所在地交通部门内部决定的政策，通常在政治上也是可以接受的。这种征收通行税的例子，如纽约市和费城（港务局经营轨道交通线路），以及特拉华州将从州际公路运输上征收的通行费用于州内公交和其他项目。

另一种类型的公路运输通行费是对驶入指定区域的车辆如驾驶到城市中心区的车辆收费。这一收费政策最早在新加坡得以实施，在1975年新加坡政府指定了实行该项收费的城市区域（area licence scheme）。这是一种综合的交通管理方法，其目的在于鼓励人们从小汽车出行转向公交出行、出租车出行以及其他方式出行的转变。这实际上创造了一种防止交通阻塞的长期工具。在城市内划分通行收费区域是一项十分成功的政策，但是由于缺乏长远的考虑和实施的工具以及政治上的阻碍，使得这种方法在其他城市被延迟实行。由于该项政策（ALS）能很好地改善交通，对经济有积极影响并能带来经济利益，这一政策在九十年代被奥斯陆和其他的斯堪的纳维亚城市引进。经过长期的政治争议和技术准备，伦敦在2003年2月决定对上午10点之前进入城市中心区的车辆进行收费。英国其他的城市也可能效仿。在这种情况下，作为多式联运协调政策的一部分，电子道路收费系统——ERP（其前身为ALS）的部分收入被分配给城市公交机构使用。

8.2.2.2　与经济获益有关的税项及收费

这种类型的税的征收主要针对从该地区交通服务中获益的雇主、商人、或物业业主。

雇主薪资税

基于方便的城市交通能使企业获益，许多国家和地区对雇主征收一定税费用于城市交通的建设投资和资金积累。实行这一税收制度的最成功实例是法国，在法国每个人口多于100 000的城市，将对城市中所有多于9个员工的企业征收1%～2%的薪金税作为城市公交资金，用于资本投资、运营花费和月票的减免。这一政策产生于20世纪70年代中期，它常常带来了城市公交事业的复苏、城市经济的增长和宜居的环境。

在美国，各企业通常会拿出大量的资金作为员工停车补贴，而这些资金可以免税而得到联邦政府的补贴，但每月公共交通补贴仅为15＄。近些年，新的联邦法规极大地提高了城市雇主用于员工公交补助资金的免税额，这一政策对城市公交起到了间接但是十分重要的促进作用。然而用于城市公交的雇主税被限制使用，一定程度上因为这一政策将削弱中心城市的竞争力，并导致城市无控制地向郊区蔓延。

房地产增值税

在新建交通运输设施附近的物业主需要对城市交通的建设融资做出贡献，因为他们将从新交通运输设施带来高的可达性中获益。这一政策早就存在，19世纪早期对伊利运河的建设投资便是一个实例。在城市中，这种利益共享或者效益评估的概念已经在若干个城市地区为城市公交系统的建设获得资金。在华盛顿，地铁的建设刺激了围绕车站的一些投资的发展，并实现了私人投资的一些案例。

这种利益共享或者增值税概念是公平合理的。在美国，这一观点引起了广泛的关注。这一政策尽管也不容忽视，但是在实施上还是受到一定的限制，而且从这一领域获得的资金只是大型城市公交事业（像地铁）建设所需资金的很小一部份（通常低于10%）。在一些经济条件和法律条款不同的国家，由公共运输机构先购买资产，在运输系统建成后再将其卖掉以赚得收入以及房地产增值税及私人投资都是很普遍的。在日本、香港和新加坡存在很多这种联合融资和房地产增值税的案例。

8.2.2.3 广基税

这种税是对多种活动和民众征收的，税基广泛。尽管这一税收政策只是在广义上与城市公交事业的利益相关，但是由于这类税收便于管理，而且由于其征收面对广大人民，且征收数额相对较小，因而其对经济和公平没有太大的负面影响。由于这些原因，几乎所有地区和当地政府都把广基税作为最常用的征税办法并将取得的财政收入用于各个方面，尤其是用于城市公交事业的建设方面。

零售税

这种消费税普遍存在于美国各个州中，在其他国家也以不同的形式存在(直接包含在销售价格中比在售价基础上加上零售税更为常见)。这种消费税的基础是销售的消费商品和服务以及商业公司的采购。这一政策的缺点在于其自身的递减性以及在一些国家对食品、医疗服务、服装、公用设施等基本生活必需品的税收实行豁免，来减少低收入人口的负担。但是，销售税有其内在的意义，它能够调节消费，鼓励居民存款，这是一个可取的社会目标。

由于其税基广泛，销售税能征收到大量的资金。虽然城市公交事业的建设只能占到销售税总额的0.25%～1.00%，但是这一部分资金已经足以进行一笔相当规模的投资、城市公交的运营费用补贴或在某些情况下能直接降低票价。

销售税有一个边界问题，即在邻近地区消费税率可能大相径庭。然而，城市公交税通常只是在都市地区征收，其所引起费用的增加只是很小的数量，最多不超过1%，因此它对同一个州的一个地区和其周边乡村来说不是很重要。正因为如此，除了少数几个没有销售税的州，只要从销售税引入公交税这一政策在政治上的接受度高，公交税已被证明易于管理并且是一种重要的融资来源。

个人所得税

个人所得税征收的范围广，因此它能为城市公交事业获得大量潜在资金。然而，只有少数城市和地方政府使用这一税收政策。巴尔的摩和费城曾利用个人所得税为其城市获得了大量的资金，但是这一政策的显著缺点是其城市中心区相对于郊区缺乏竞争力。在其他国家，有些城市在有限的年份内收取一种特别的所得税专用于改善城市交通状况。如果一个大城市拥有许多乡村、城镇和其他管辖区，这种税收的管理将会变得十分复杂。

财产税（从价税）

这是一种从价（ad valorem）征税，大多是对房地产，有时还对企业设备和库存，个别情况下甚至是对个人财产实行征税。对于大多数地方政府，财产税是主要的税收来源，并成为支付当地学校费用的主要来源。这种税是以个人财富按比例来征收，它可能代表了对有固定收入者，尤其是退休人员的一种负担。

把部分财产税用于城市公交事业，是相当常见的。有些地产税的专项经费，用于主要工程项目须经民众公投，这些经费也一直是当地地铁或轻铁系统等项目建设资金主要的来源。

8.2.2.4 其他资金来源

在许多其他用于城市公交的税收中，各种商品的消费税是最常见的。消费税是对不同类型的零售、商品或活动，有时以实现公平的收费标准为目的，或对社会不鼓励消费的商品或业务征收所谓的罪恶税。征收这种罪恶税的对象主要是烟草、酒精和赌博等。作为可接受的附加费，消费税有时用于供水、污水处理、电力、煤气、及其他公用设施，有时可以带给当地政府显著的收入。城市公交也是这类收入的接受者之一。将公共事业收入以消费税或是收入支出的直接内部核算的形式用于都市公共交通的典型案例，是电力公用事业与公交公司的共同所有权，这种做法在几十年前就已经很常见了。

8.2.2.5 不同类型运输税收的总结

通过上述对相关税收的描述表明，应用于城市公交系统的每一种税收在各个城市或国家之间有许多不同的特征，它们的适用性由运输系统的类型、经济和政治环境以及民众态度决定，因此在一个城市或者都市区域选择可能的公共交通税收渠道是非常复杂的。

为了给上述各种税收提供一个总体的比较，在表 8.3 中列举了各种税收类型，同时用定义的 6 种标准来做相应的评价。每一个评判标准被赋予一个从 1（最低）到 4（最高）的相对权重，同时每种税收类型的每一方面也都被用 1—4 的分数来评价。有评价值的每一纵列后面是加权后产生的这些评价值。每一类型税收的总评价值在表的最后一行中给出。

表 8.3 运用不同税种进行公共交通融资的评价

税种判断标准和权重	运输用户						利益相关方				广泛收入税						其他	
	燃料和车辆税		停车费		通行费		雇主薪资税		房产增值税		零售税		个人所得税		财产税		消费税	
潜在收入：4	2	8	1	4	3	12	3	12	1	4	4	16	3	12	3	12	2	8
经济影响：2	3	6	3	6	3	6	1	2	2	4	2	4	1	2	2	4	1	2
公正：2	3	6	3	6	4	8	1	2	2	4	2	4	2	4	3	6	2	4
利益相关性：2	2	4	2	4	4	8	2	4	3	6	1	2	1	2	2	4	1	2
行政管理：1	2	2	2	2	3	3	3	3	1	1	3	3	2	2	1	1	3	3
政治可接受性：4	2	8	1	4	2	8	1	4	2	8	2	8	2	8	1	4	3	12
合计		34		26		45		27		27		39		30		31		31

显然，上面给出的评价数值是非常粗略的。这种对定性要素的量化本质上是粗略并主观的。评价系数会随着许多因素的改变而变化，因此，每个不同的案例应该有不同的系数。所以，表 8.3 的系数仅供参考。

8.2.3 具有征税权力的公交组织

在主要大城市中，城市公交机构服务范围常常覆盖中心城市及广大的市郊区域。因为他们为很多的当地行政机构服务，所以常由州政府立法机关建立，通常是以政府部门管理机构、管理区、代理机构、公司或者其他相似机构的名称命名。这些名称暗示了其一定的法律地位或权力。在东北沿海岸的一些城市，如波士顿、纽约、费城，以及亚特兰大、克利夫兰、檀香山等，城市公交机构是政府部门。他们从所在的城市或者政府中以不同的形式（差别很大）获得财政支持。一些港务局，如在纽约和费城，他们是两个州共同成立的机构，这些机构拥有两个州之间各自的铁路运输线路以及其运营权，并从其预算中获得运营经费。迄今为止最大、最古老的港务局是纽约和新泽西州港务局，它也是其他港务局的模范，它经营包括机场、桥梁、隧道（其中大部分有通行税）和 PATH 铁路系统。

许多大城市都设有区域公交行政管理机构，他们通常拥有直接征税的法律权力，典型的例子有旧金山海湾快速公交管区、阿拉米达．康特拉科斯塔公交管区、丹佛地方公交管区，以及一些中等规模的城市区域如奥尔巴尼、纽约和布里奇波特、康涅狄格州等，他们的董事会拥有向公众征收相应税收的权力，其税率一般有明确的法律条文限制。

公交管理区可以征税的类型及其应用，随不同的政府和城市区域而不同。一些管理区有权力征收财产税、其他销售税、通行税和其他资源税。在一些地区这些收入被指定作为资本投资，在另外一些地区，则可能被用作运营费用或者同时用于这两种用途。

相对于每年依靠政府分派资金的机构，通常拥有征税权力的行政管理机构是更加稳定的组织，因为他们的税收依赖于整个地区的生产能力，这保证了这些机构可以出售具有更高风险的其他类型的债券或具有比收入有更低利率的普通信用担保债券（GO）。

8.2.4 地方—州—联邦投资的结构

在美国，整个国家用来支付运营费用的四种来源大约是（2000 年的数据）以下的比率：票款收入和其他收入占 54%、当地政府运营补助占 22%、州政府补助占 20%、联邦政府补助占 4%，这些百分比随城市和州的规模和票价水平政策的不同而不同。

包括修建新线路、车站、控制中心、辅助或维护设备以及购买（铁路）新机车车辆设备在内的新建投资，大部分是由联邦政府负担。1979 年在美国，联邦投资份额曾高达 80%，然而近些年其比重已有所下降，同时许多当地投资比重却显著增长，这些资金大部分由指定用途的税收收入和其他形式的资金组成。例如，前铁路路权或者隧道的价值被算做为项目融资中的地方投资。在 2000 年全国公共交通新建投资中各资金来源的份额是：联邦政府 47%、州政府 11%、当地政府 15%、当地专用资金 27%。通常联邦政府和州政府在这方面的投入是以当地对项目的一定投入为条件的，通常被称作配套资金，但这一称呼并不正确。例如，在一些州，LRT（轻轨）线路的资金来源比例大约是：联邦政府占 80%，州政府占 16.67%，当地政府投资占 3.33%。

8.3 公交的联邦政府投资

在世界上的一些国家，传统上国家或者联邦政府都会参与到其首都的交通运输系统的规划及融资工作中。从莫斯科、雅典和斯德哥尔摩（瑞典首都）到布鲁塞尔（比利时首都）、巴黎和墨西哥等城市，国家政府在公共交通系统（主要是地铁、地区性铁路、轻轨和公交）的规划、融资甚至是实施工作中投入相当大的力度。在所有的这些例子中，每个政府都认为首都及其高效率、有吸引力的公共交通系统对于国家来说意义重大。

在许多国家，政府在所有城市的公共交通系统发展和投资方面扮演着非常活跃的角色，美国和德国就是很好的例子，联邦政府不仅为所有的城市运输系统建设融资，而且在研究、发展和技术运营创新方面采取了很重要的措施。目前法国、挪威以及其他一些国家政府也为公共交通融资和发展制定了多种多样的国家规划。

8.3.1 联邦政府在都市公共交通中的作用及其发展

联邦政府参与高速公路的融资始于 1917 年，1956 年通过的两个联邦法案，使联邦政府在美国的经济、运输和城市发展中的参与变得更加有力和具有法律效力。联邦资助高速公路法案推动了全国高速公路系统的建设，高速公路税收法案保障了高速公路的资金支持。它们大多是通过汽油税和其他与高速公路相关的税种来实现的，这是非常有效的融资方法，但是它仅局限于高速公路主干路的建设和维护。城市街道、人行道、自行车道以及整个公共交通没有得到支持，而承受着机动车增长的巨大压力。

因此，联邦公路法案促成了城市运输的这种恶性循环：公路建得越多，交通流产生和增长得越快，公路建设资金越多，与此同时，城市中其他交通方式的运营状况日益恶化，进一步增长了私人小汽车出行的需求。尽管小汽车具有很高的机动性，但由于其他交通方式的恶化以及大多数城市被小汽车所主宰，城市区域变得越来越不适于人们居住了。

城市居住地的急剧恶化，其中一个原因是交通运输，这些原因导致了从本世纪中叶到60年代末，联邦政府开始参与到城市公交系统中去，这在美国公共交通发展史上是一个转折点，联邦机构开始负责公共交通事务，最开始是城市大众交通管理委员会，接着是联邦公共交通管理委员会（FTA)，开展了一系列的活动，按功能可以分为三类。

8.3.1.1 公共交通运输融资

FTA联邦资金对于不同的城市公交援助及其资金分配设定了标准，从新建铁路线路和购买公共汽车的投资到新的维修场所和控制中心的建设。这项计划使美国20多个城市建设了新的轻轨、地铁及地方铁路系统，购买了很大一部分铁路和公交车辆，对旧的公交线路、公交车辆维修中心和铁路维修中心、控制中心等等进行了现代化改造。

8.3.1.2 新的系统概念、研究和发展、以及运营

这类活动非常广泛并且在公共交通系统的现代化建设中起到了极其重要的作用。它开始于20世纪60年代后期，当时陈旧的城市公交系统已没有能力去发展创新，甚至也无力从别的国家吸取经验来转换这一系统，城市大众交通管理委员会（UMTA)，后来是联邦运输委员会在将轻轨运输、铰接式低地板铁路和公交车辆、自动收费、智能交通运输技术的应用、新的市场营销技术等观念以及许多其他方面引入北美都起到了很大的促进作用。

8.3.1.3 改善公共交通运输，建设宜居城市

许多联邦政府资助的计划和项目都致力于促进公共交通运输业与城市经济活动、社会条件和宜居环境之间的良性互动。自从1991年多式联运法的出台，运输业的这个广泛的观点已得到越来越多的支持，联邦运输法强调运输中多种运输方式的协调统一，并且城市规划中要求采用综合规划方法。通过这些规划，联邦运输委员会现今不仅为公共交通融资，而且为与公共交通相关的项目，如商务中心地区的步行区域规划、郊区的公共交通导向的发展、多式联运枢纽站附近的土地使用规划等等融资。

8.3.2 联邦政府投资的趋势

联邦城市公共交通基金从20世纪60年代后期开始启动，一直逐步增长以满

足由于在过去几十年间忽视城市公交业发展而产生的需要，在 1974 年，联邦政府又提出了对其运营费用的补助，然而联邦援助在 1980 年停止增长，在 20 世纪 80 年代逐步下降。正如图 8.3 所示：从 1980 年开始，对运营费用的联邦补助（以现在价格计）呈现停滞状态，这就意味着以不变价格计补助在减少。州政府和当地政府的份额，特别是来自于城市公交票款和其他收入的资金份额，从 1980 年开始增加。这种发展趋势导致来自公交票款和其他收入中能补偿的运营成本份额增长到超过 50%，同时联邦资金承担的份额下降到 10% 以下（如图 8.4 所示）。

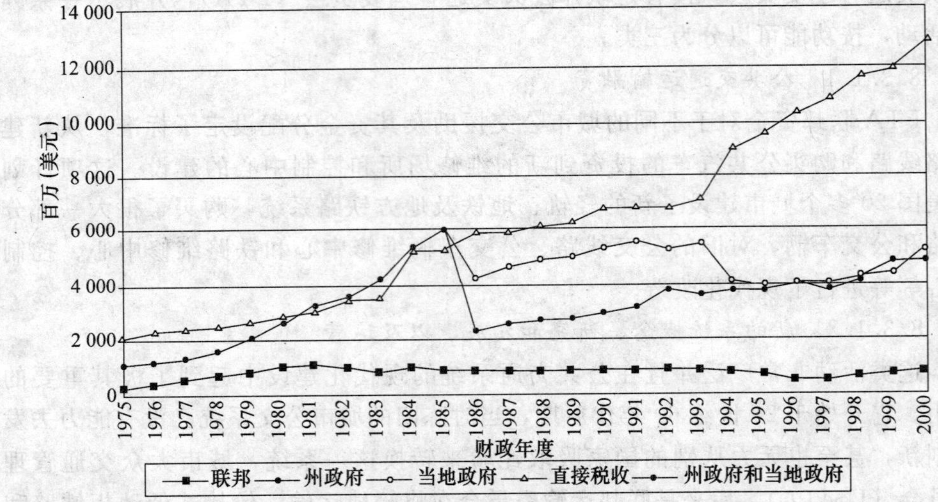

图 8.3　公交运营资金来源，1975～2000 年

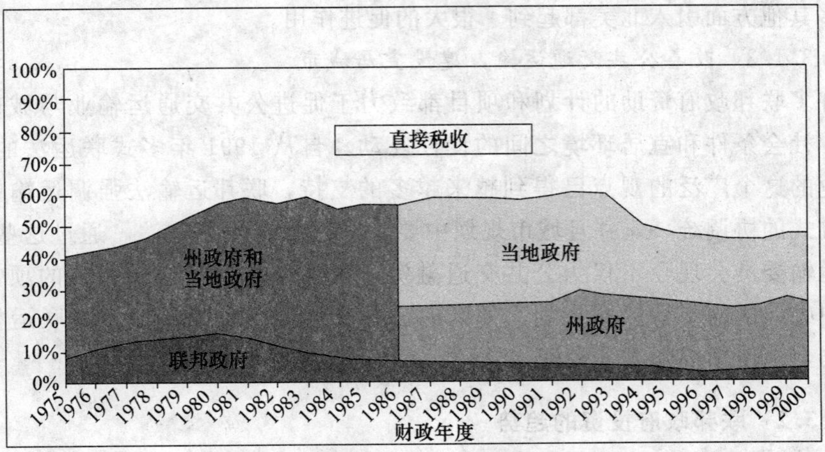

图 8.4　公交运营资金来源及所占比例，1975～2000 年

图 8.5 和图 8.6 显示了四种资本投资来源的绝对数值和在总投资中所占的份额，各自呈现了不同的形态。州政府和当地政府的份额已有所下降，但是地方性资金却显著增长。这种情况下，地方性资金不是来自票款收入，而是从许多各种地方性税收和其他收益中获得。联邦资金的比例从 1988 年的超过 60%开始下降，但是遵循本章前面讨论的投资原则，它仍占 50%左右，是最大的贡献者。

图 8.7 中的饼状图体现了在 1990 年和 2000 年，四种资金来源占公交运营费用和新建投资的精确百分比，并显示出票款和其他收入在运营费用融资中占主导地位而在新建投资融资中联邦政府资金占主导。

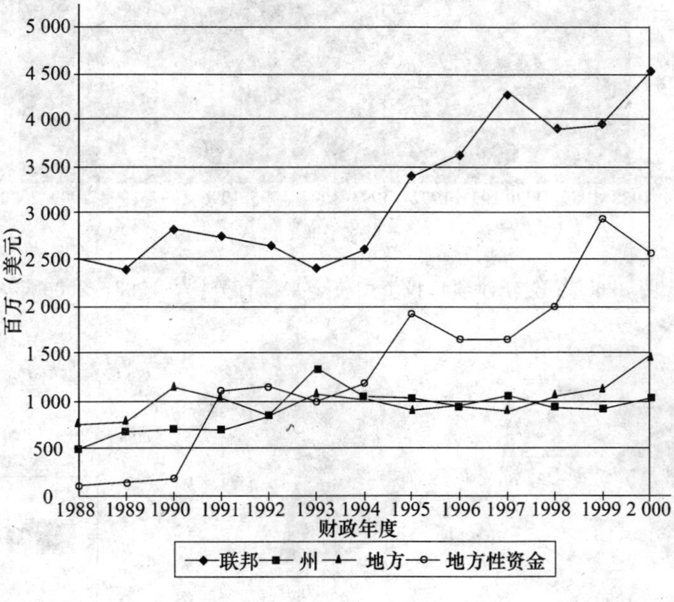

图 8.5　公交新建投资资金来源，1988～2000 年

如上述，联邦融资中的发展趋势反映了联邦政府的政策，在 20 世纪 80 年代，类似于始于 20 世纪 50 年代的趋势，联邦运输政策开始强烈的倾向于公路。在“使用者应该为成本承担更大的份额”口号的引导下，产生了提高公交票价的强大的压力。然而，同样的口号并未应用于公路，增加燃油费的建议被批评为为难公路出行者，投资在都市公共交通上的联邦资金从 1980 年的 42 亿美元下降到 1988 年的 36 亿美元（均以 1987 年不变价格计），同时公路投资持续增加，从 1980 年的 123 亿美元增长到 1988 年的 138 亿美元。

1991 年 ISTEA 法案及 1997 年 ISTEA 法案的继续篇 TEA-21 法案的实施，扭转了公交融资的下降趋势，联邦对公共交通的投入资金从 1995 年的 46 亿美元增长到 2002 年计划中的 67 亿美元。

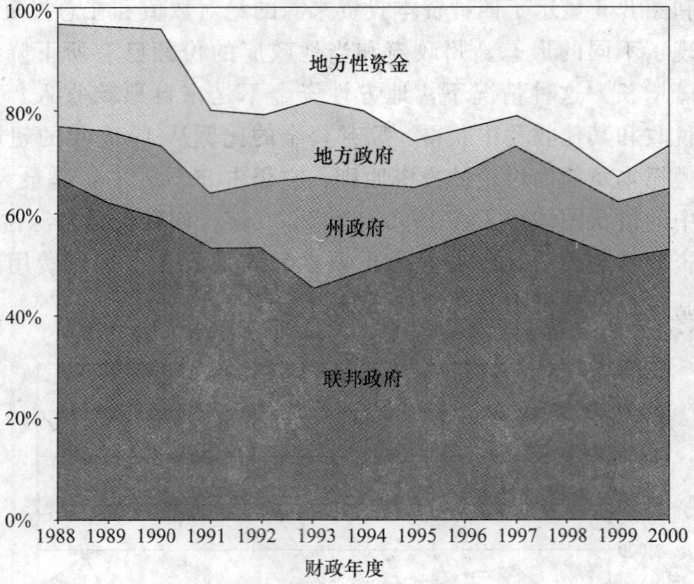

图 8.6　公交新建项目投资中资金来源百分比，1988～2000 年

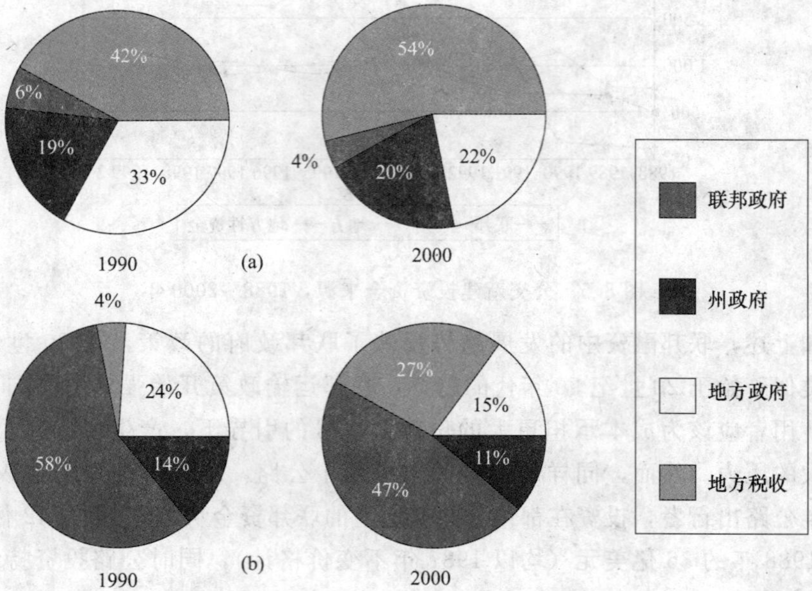

图 8.7　4 种投资金来源占公交运营费用和资本投资的百分比，
1990 年和 2000 年
（a）运营费用；（b）资本投资

8.3.3 投资基金分配原则

尽管联邦对于美国公交业投入了巨大的资金，但对主要新建项目的投资分配却并未充足地满足该类资本的需要，因此FTA设定了很多的标准对不同的城市提报项目进行评价和排序。他们尝试使用一系列设立在投资和运营成本、预测的公共交通工具乘客人数、成本有效性等基础上的指标，以做出充分客观的评价。但由于以下几个因素的影响，这一方法的结果不是很令人满意。首先，上述指标大多是基于远景状况下的方案条件，如未来成本、公共交通工具乘客（人数）、收入、转移和对其他公共交通服务及公路交通的影响等等，这类评估效果会随着方案预测使用技术的不同而不同，结论的可靠性也存在争议。因此这类方案间接地具有较强的主观性。其次，在不同的城市，条件、需求和建立主要交通方案的目标也是不一样的，因此它们不能建立在任何定量的指标上。

现应用的标准主要有三个：

1. 项目成本效率：每个项目新增乘客的项目投资成本。

2. 地方首选理由：对于计划项目，应该考虑所有合理的各种运输方式选择，但是对于建议项目的选择，可以考虑非量化的当地对于某一运输方式和其他基本设计特征的偏好。

3. 地方财政支持：FTA联邦运输委员会希望能够鼓励公交机构和地方政府机构来证明他们对于所选择的计划项目的兴趣和承诺。证明地方政府承诺的主要证据就是他们准备的投资金额的数目。因此，如果一个项目60%投资额来自地方公交机构、地方政府、州政府投资以及其他地方资金渠道，一个拥有40%地方投资份额的项目计划是排列在该项目计划后面的。

在大多数其他国家，国家政府或者国际投资者，如世界银行和欧盟，对于公共交通的投资也必须经过仔细的核查和判断，这些判断标准包括项目经济可行性、投资回报率、非经济方面和外部性，包括短期社会效应以及对于多式联运及土地使用的长期影响等。

8.4 公交机构效率的改进

城市公交需要公共财政支持的理由是合乎逻辑并且强有力的。然而，公共投资的提供要求使得它不能根据商业企业的原则通过减少需求来“高效”地运营交通运输系统，而是最大可能地满足社会服务要求。

8.4.1 效率的需要

为满足运营效益要求，同时提供高质量服务并达到城市交通的目标，我们必须按以下原则去努力：

• 无论公共资金投入多少，公交系统应该使其运营效率最大化。

• 考虑到职工福利、工作安全、其他利益，以及公交职工承担的公共职责中的责任，与类似工作相比，公交工人的工资率应该是具有竞争力的。

• 在决定公交票价水平时，应该以城市交通政策为基础，在考虑需求弹性的前提下决定总收入和旅客数量之间的权衡。

• 设计高质量的城市公交系统应该用价值工程和其他评判来核查，以确保该系统的设计是高效率的，并防止出现不正当的“镀金”系统，然而，这并不是暗示着公交系统必须总是以最低标准来建设。作为城市和其内部环境的一部分，公交系统必须是有吸引力并有利于它所服务区域的可居住性的。更进一步来说，具有符合审美观的公交车站和公交车辆可能产生更高的舒适性、安全性，同时吸引更多的乘客。

• 为方便运营和提供高质量的服务，公共交通系统设计应该在仔细考虑维护成本、防止恶意破坏和犯罪以及维修简单等前提下做决定。

这里论述了公共交通政策和融资实践的各个方面，这些观点和方法已被人们认知和应用有几十年了，然而，在最近几十年，许多城市公交融资出现了新思想、新方法，同时这一创新的过程仍将在许多城市和国家继续发展着。

8.4.2 国际上提高公交效率的努力

在20世纪70年代，大多数工业化国家的政府在公交方面的资助一直在增加。然而，大约在20世纪80年代，政府援助增加的趋势虽然是明显的，但同时运营比率却在持续地降低，这一局面肯定不能无限持续，融资程序必须稳定下来。为达到这一目标，应采取相应措施，包括强制公交机构提高他们的运营有效性和运营比率；通过改变资产所有者和其法律地位来重组机构，如部分私有化和出租服务等；调整管制措施，在一些极端情况下放松管制等。

在美国，尽管许多公交系统已进行了内部重组、部分租赁或私有化的组织变革，但是最具创新的发展却产生在欧洲。在欧盟各个国家并行与多样的努力改善下，欧盟已经在公交系统组织、竞争性购买机车车辆、对某些类型的服务进行招标及其他方面，推出了新的标准和要求，这一政策将通过广泛地讨论、评判与修改。在近几年内整个形势可能会进一步发展。

在城市公交系统的重组中，英国城市公交系统的私有化和放松管制是一个较为极端的的例子（见第9章）。其从根本上改变了城市公交机构的法律及组织上的地位，至少在所有权的转换时期，经营成本上有了很大程度上的降低。但是，这样做的代价是公交网络的不统一和乘客数量的巨大损失及其他许多消极后果（Fawkner，1995）。

城市公交巴士公司的组织分拆很普遍，在其他国家的某些城市还尝试了少数其他交通方式组织上的分拆。例如，墨尔本甚至将其有轨电车系统分为两个公司，导致了混乱的结果。近期，一场浩大的针对伦敦市地铁系统的基本组织形式的政治斗争展开了：国家政府一直致力于将地铁网络划分为三个公司；伦敦市市长对这一政策表示强烈的反对，他表示为了追求短期的效益而将城市公交系统分割是不可取的，这将使城市公交的经营恶化，服务质量降低并导致乘客数量损失。

其他的欧洲国家拒绝了英国的这种放松管制的模式，因为这种模式将追求财务效率作为唯一的目的，这常常导致服务质量的恶化。其他国家致力于改善运营有效性，同时提高对乘客的服务质量。这种方法认识到了城市公交服务是城市公交系统存在的原因，当然，经济有效性也是一个需要考虑的重要因素，但不是主要因素。关于引入竞争元素的同时保留各种形式的市政所有权，公共管制以及最重要的、统一的公共交通系统在欧盟引起了广泛的探讨，许多新的公交政策正在发展中。

在许多欧洲国家，人们考虑引进的改善措施可分为以下几个大的方面：

- 内部组织的改革，以提高城市公交运输组织的效率。
- 将部分或者全部的城市公交运输组织承包出去给专业运输组织。
- 通过技术和组织创新（改变作业方法、自动化、智能交通等）来改善内部运营。
- 推行公交优先政策，以提高公交服务速度和服务的可靠性。
- 投资建设现代化的城市公交设施，吸引更多的乘客来减少运营成本。
- 城市公交车辆通过国际竞标采购。

德国是成功运用这些措施来改善城市公交系统财务状况的典型实例。他们在致力于保留统一的公共机构和交通联合会的基础上，同时通过各种组织上的创新来提高工作效率。各项措施包括：城市公交在不同部门之间竞争，私有化某些功能：如车票销售、车站清洗，对工会提出的超出主流工人工资水平的工资增长的要求进行控制，并解决工会所反对的技术创新活动，如自动化售票。然而，在德国城市，这些变化如此成功的根本原因是其城市公交系统极其优越的基础设施，它能让系统在保持高劳动生产率和低营运成本的同时，提供具有吸引力的公交服务，实现高乘客流量。这样的局面来自于自20世纪60年代末开始的对公共交通系统的稳定投资以及协调的城市公共交通政策及其实施。

法国、新西兰、瑞典和其他一些国家的许多城市都重组了他们的城市公交系统。他们把整个公司或独立的部门承包给本地或国际性的运营公司，如 Connex、Stagecoach 公司等。这种新的组织架构，一般都可以在很大程度上降低成本的同时，保持完整统一协调的、高品质的公交服务。

通过这些改进措施，欧洲许多城市的交通部门将城市公交的运营比率由40%提高到70%，有的甚至高达90%。然而，需要再次强调的是，像德国那样，高质量的城市公交服务是提高城市公交运营效益和吸引更多乘客的主要原因。在瑞士、比利时、荷兰、斯堪的纳维亚等国家大多数城市中，城市公交系统也包含在很大程度上独立于城市街道交通的轨道交通网络：（轻轨，地铁和区域铁路）。它有美观的车站，仅有一名列车员的长列车，自动化运行的车站，广泛应用的智能交通系统，并充分整合铁路和巴士服务，因而非常具有吸引力。由于这些特点，相对于陈旧的基础设施和机车车辆，劳动密集的作业等特点的系统来说，公交公司只需要相对较低的经营成本，便可以让旅客享受高品质的服务。

在大多数国家，联邦/国家政府在城市公交建设资本融资投资方面仍然担任着非常重要的角色，作为补充，各州/省和地方政府分别承担部分投资。交通建设项目的实施已越来越多地采用公私合作和各种新型组织，如运用“设计——建造——营运——管理”模式及类似的安排。

练　习

8.1　列出至少三个使用公共资金为运输系统进行公共融资的原因，并给出历史案例说明它在政策制定过程中的应用。

8.2　对比并讨论国有客运铁路（美铁）融资与其他运输方式融资及其与其他国家铁路客运融资方式的不同。

8.3　在大部分城市区，公共交通的融资来源于公交票款收入和公共资金。这些资金如何合理地为公共交通提供系统资金？

8.4　公共政策怎样影响在都市公共交通融资中公共交通票款收入与政府提供资金的比率？

8.5　在大部分城市，如果收取充分高的票价，则公交资金可全部来源于其利润，为什么大部分城市不采用这样的价格，反而利用政策为公交服务提供资金支持？

8.6　分别讨论票款收入最大化目标和服务乘客数最大化目标，特别分析：

a. 哪个目标更适合城市公交，为什么？

b. 如果以票款收入最大化为目标，将会产生什么消极影响？

c. 如果以服务乘客数量最大化为目标，将会给城市带来哪些间接利益？

8.7 讨论在采取以下两种极端的公交收费政策的城市中，公交的特征及其作用：

a. 公交应该自负盈亏并且票价应该足够高以获得利润。

b. 公交资金应该完全由公共基金提供，为公众免费服务。

8.8 为什么在小汽车和公交之间不采用市场化的自由竞争原则？

8.9 公共资金对公交运营资金的支持份额大还是对资本投资的支持份额大？解释原因。

8.10 讨论交通运输融资中用户税的使用，并描述与其他一般税相比，其积极和消极影响。

8.11 讨论使用公交融资相关利益税的合理性。

8.12 用于公交的广基税的三个主要种类，他们的特征是什么？

8.13 找出一个实际（或假设）的规划有建设轻轨线的城市，并且考虑为其融资的几种不同税费方式，说明你在确定评估该项目不同种类税制的选择标准时考虑哪些条件？

8.14 列出并论述在给定城市用燃油税和机动车税为公交融资的反对和支持的论据。

8.15 从1975年新加坡开始对机动车进入城市中心区收费，近年来已经引入到另外几个城市。论述作为公交融资来源和多式联运政策工具的收费政策。

8.16 哪种类型的债券、收入、一般债务，利率更高？为什么？在哪种情况下公交机构需要拥有什么权力才能以低价出售债券？

8.17 联邦政府或者国家参与公交融资的政策原理有哪些？

8.18 政府的公共交通投入资金的分配常常需要下级政府部门的一定投入，如提供配套资金或拿出票款收入用于投资，理由是什么？

8.19 列出并描述近年来公交系统为提高运营比率而做出的主要变化。

8.20 许多公交机构采取哪些内部措施来改善其财务状况？

8.21 公交系统中资本投入怎样影响运营效率和公交系统的运营成本？举两个投资使运营成本减少的例子。哪些投资会增加运营成本？请解释说明。

参考文献

Domstad, R. 1996. *Tendering for Bus Services in Gothenburg*. Gothenburg City Traffic Authority, Sweden.

Fawkner, J. 1995. Bus deregulation in Britain: profit or loss? *Public Transport International* 6:18-23.

KPMG Peat Marwick. 1994. *The Impact of Metrorail on the Commonwealth of Virginia*. Northern Virginia Transportation Commission.

Ministère de 1'Aménagement du Territorire, de 1'Équipement et des Transports. 1995. *Urban Public Transport in France, Institutional Organization*. Paris: Land Transport Administration.

Pucher, J. 1995. Urban passenger transport in the United States and Europe: a comparative analysis of public policies. *Transport Reviews* 15(2):89-107 and 15(3):261-277.

Vuchic, V. R. 1987, Urban transit: a Public asset of national significance. *Urban Resources* 4(1):3-6,63.

——. 1999. *Transportation for Livable Cities*, New Brunswick, NJ: CUPR Press, Rutgers University.

Weber, A. F. 1899. *The Growth of Cities in the Nineteenth Century*. New York: Macmillan, Repr. Ithaca, NY: Cornell University Press, 1965.

Weyrich, P. M., and W. S. Lind. 1999. *Does Transit Work? A Conservative Reappraisal*. Washington, DC: Free Congress Foundation.

进一步阅读

American Public Transportation Association (APTA). 2002. *Annual Report for 2002*. Washington, DC: APTA.

Hartman, R. J., E. M. Kurz, and A. B. Winn. 1994. The Role of Performance-Based measures in Allocating Funding for Transit Operations. TCRP Synthesis 6. Washington, DC: TRB.

Stanford Research Institute (SRI). 1956. *Organizational and Financial Aspects of the Proposed SFBA Rapid Transit System*. Menlo Park, CA: SRI.

UITP. 2003. "PT financing: exploring all the options." *Public Transport International*, special issue 06.

第9章 公交所有权、规则和组织

城市公交存在的主要原因，是为了提供乘客运输服务。作为一个基本的公共基础设施，公交在城市功能中扮演着重要的角色：它的经济活动和社会活动。这种重要的作用使得公交在一定需求下考虑公交服务的数量和质量（网络延伸、服务频率、能力、速度等）及票价问题。另一方面，要求公交必须提供最有效、最经济的方式，因此，通过乘客票价获得的收入，在多大程度上弥补公交运输成本往往是由具体的城市或地区的政治决策设定的。举个例子：这部分费用有可能是公交运营成本的一部分，通常会在公交利用率最大和交通运营的公共支出最小这两个目标之间均衡。

公交系统的两个方面，即所提供的服务和所获得的财政支持会对以下几个方面产生重要的影响：交通运营公司或机构的所有权和组织、政府管制、以及公交系统财政的各个方面。公共的或私有的所有权、政府管制的程度以及形式和其相关问题，已经成为交通运输专业人员和政府官员们广泛讨论的话题，而且很多观点和争论在最近几年发生了很大变化。

为了理解这些问题，本章的开始，对历史上大多数城市中公交所有权发展以及向公共机构转变的过程，做了一个简单的回顾。在接下来的章节中，我们定义了公有所有权的公交机构的形式，紧接着在9.3节中回顾了一些关于如何整合各类服务，从而提供给公众一个单独的协调性的公交网络的方法措施。9.4节对政府交通管制做了一个系统化的分类和定义。9.5节由一个关于解除管制的争辩以及其结果的评论组成。

最后一节9.6节，向大家描述了最近的一个趋势：通过更多复杂精细的交通管制，在给大众提供所需的服务以及维持对大众利益保护的前提下，允许更加多样化的所有权机构以及管理方式。同时，对很多城市中公交机构管理措施的新形式、公共私有伙伴关系、投标、协议以及其他使公交服务多样化和改善的一系列措施等做了概括。

9.1 私人公交公司和公共接管

19世纪的大多数公交服务（马匹拉动的公交车，以及1880年后的电动的路面电车/轨道电车）都是由私人公交公司提供。城市里的出行需求很大，当距离超出步行能力范围时，公交是人们唯一的出行途径。这种情况，很容易促使私有企业对基础设施和机动车辆进行投资，运营公交服务，收取合理费用，并赚取利润。很多快速公交/地铁系统也有这样的例子。然而，在很多国家和城市，地铁以及对其设计的服务区域需要高投资和长期计划，这种方式的早期开始阶段，总伴随着政府的参与或领导。

9.1.1 公交起源和政府控制需要

机械化公交的重大发明（主要是从19世纪80年代到20世纪初叶的电车）与城市的快速发展相一致，并导致了公交系统的快速发展。公交服务的巨大需求以及其快速发展，使得公交系统成为极具吸引力的行业。因此，当时美国的大多数公交公司由私人经营，其中有的公交公司是伴随着土地的开发和郊区的发展而成立起来的，其新的公交线路的设计，有助于服务和改进当地的出行。在很多其他国家，公共的（通常是市政的）所有权是从电动公交服务的引进才开始出现。

在公交发展的这段时间，与公交相关的工业发展极其活跃和极具创新性，并在城市发展中发挥着重要作用。一般来说，当公交能够获得利润时，扩张的积极性以及私有企业的运营效率都会被很高效地利用，以此来提供公共交通服务。然而，由于各个国家不同的政策，各个城市间的情况也差别很大。

起初，一些城市没有任何政府管制，允许企业自由进入公交商业化运营。但这些城市出现了不同类型的问题，这些问题要求不同类型的管制措施，或者公众接管。具体问题如下：

首先，由于最主要的还是考虑到私有公司的经济效益和利润，公交服务大多数主要靠有大量乘客的线路提供。像那些社会效益很重要、但经济上没什么利润的公交服务，比如低收入区域的线路、人口密集度不高区域、以及深夜时段的公交服务，往往得不到足够的重视。

其次，很多公司中都存在一个类似现象。当政府对进入公交运营市场没有限制时，很多公司都抢着挤到繁忙路段和主干道，而不愿意运营那些郊区路线，也不愿意提供夜晚和周末的公交服务。这样就导致了典型的致命竞争现象：在他们服务区域内，大型公司就可通过降低票价价格来冲击竞争者，从而迫使他们停止运营。一旦竞争者消失，大型公司就成为唯一运营商，于是就会利用其垄断地位以牺牲乘客利益为代价来最大化其利润：提高价格，但服务质量却随之下降。

这种致命竞争导致了很多实力较弱的竞争者破产，中断了那些本来就不稳定的公交服务，最终在一些地区或者整个城市产生无法控制的垄断。

第三，这种混乱的竞争，导致了许多重复的、协调性差的公交服务。这种服务既不能提供有效的公交服务，也不能给乘客提供方便的、连通性好的交通网络。相反，乘客经常被迫换乘几次、等待换乘、支付多次票价，并且很难获得不同公交线路信息以及系统的信息。(Cheap，1980；Cudahy，1990；Yago，1984)。

城市的政府部门逐渐意识到，尽管公交正在发展，但由于诸多原因，公交不可能发展成为一个私有行业，不可能以自由市场的基本形式来运营。很多因素给予公交特有的性质，并且使其有别于纯粹的私营企业。

首个显著的特点就是公交需要巨额投资。当然，其他交通方式的发展也是如此，典型的例子如兴建地铁系统。由于投资要求巨大，并且地铁的作用对城市来说很重要，因此，每次投资必须由政府提供，或者至少得到政府的部分支持。于是开始不同分工：一些基础设施（道路、车站、车辆等）由私人开发商建设和运营；在有些情况下，政府会担保他们的债权，从而加以一些约束；但在大多数情况下，甚至在某些由私有企业运营的公交系统中，地铁隧道以及其他主要公交结构设施的建设，都全部由政府买单。

第二，跟很多其他的公共基础设施和服务一样，诸如给水、排水、电力等，公交不适用于传统形式的市场竞争。在一个区域内，当不同形式的出租车和巴士服务，可以彼此之间相互有效的竞争时，高质量的公交服务，如轻轨（LRT）和地铁系统，需要庞大的基础建设以及大量资金的投入。但他们是天生的垄断部门，因此这样也不适于相同线路上运营商之间的竞争。

问题已经变得很明显了：路面电车以及后来巴士企业之间的竞争，最终不得不由公共机构部门接管和整合。当在没有汽车的竞争、并且劳动力廉价时，地铁系统作为竞争系统中的一部分被修建，并且仅在特大城市。在纽约，曾经有3个快速公交运营公司，2个私有的和1个公共的。为了改善财政状况，1942年他们合并，但是仍然各自独立运营几年。1948年进行了票价整合，收费从5美分上涨到10美分。营运整合进行得非常缓慢，在接下来几十年的不同阶段中慢慢引进，以取得更好的服务质量和更高的运营效率。

在很多大城市，经常发现多种公交服务互相平行。在这些地方集中出行是如此密集，以至于在很多交通要道上建设和运营了多条平行的公交线路。尽管如此，这些并行的公交服务在类型、服务质量以及站台空间上还是有很多区别。典型的有纽约、芝加哥平行的本地线路和快速公交线路；巴黎、伦敦、纽约的地铁和区域轨道线路；还有东京的Tokaido区段，其中有4条轨道线路，即2条市内的和2条区域的线路，目前高峰时单向承载客流量达170 000人/h。

公交有别于其他基于市场的系统的第三个特点是：公交对于居民的福利以及城市经济存活能力提供着不可或缺的公共服务。正是如此，我们才务必要确保公交服务的安全、可靠和稳定。不允许由于运营公司的破产而导致服务的突然中断，因为如果出现这种问题很可能会导致整个系统的中断。基于此，公交在其发展的初期，必须由政府以多种方式进行管制。

最后，公交还有很多正面和负面的外部特性，比如，较之其他交通方式空气污染相对小、对土地利用的发展产生积极影响等，这些都是城市政府感兴趣的，但在系统收费问题上却没有反映出来。

起初，政府的管制通常考虑的是安全以及公司的财政/管理能力的方方面面。满足这些要求的公司就可以获得运营公交服务的特许经营权。在有些情况下，政府给予的特许经营权也包括一些对城市的财政利益，如公交公司维护整个城市街道的义务。然而，不同公司间的服务合作内容却没有考虑。因此，尽管政府对费用方面通常有限制，但是很多公交公司彼此之间还是会相互激烈的竞争。

9.1.2 私人公司的问题

曾有人说公交是在私营企业下发展繁荣起来的。它运行高效，服务优质。然而，历史记录表明，事实并非总是如此（Yago，1984）。公交系统的运营质量千差万别，而且总在不断变化。

很多公交公司都是具有公益意识的，他们拥有高效率的组织机构，并且不断改善和扩大服务。比如，美国的公交和铁路公司，他们在很多城市（纽约，费城，洛杉矶）都建造了极具吸引力的车站，并提供极好的乘客服务。然而，很多其他公司，只一门心思谋求短期利益的最大化，并以牺牲服务质量来谋求私利。

在很多城市，私营公交公司的问题以及公众接管的压力不断增长，但是针对这一变化也有很多强烈的反对者，主要是那些私营企业主以及他们的集团公司。因此，芝加哥早在 1902 年、1906 年和 1907 年曾有三次公民表决以支持公众接管公交系统。尽管每一个都被通过，接管直到 1942 年才正式进行（Cheap，1980；Yago，1984）。

很多因素的发展，加剧了提供公众利益跟追求利润最大化之间的矛盾，而这也是公交系统规划和运营间存在的最主要问题。首先，由政府管制的收费水平，成为一个很大的政治问题，因为收费被工作量大且收入低的阶层福利所影响。这种境况自然阻碍了乘车收费价格的上涨，而运营商又需要通过涨价来解决其财政问题。换句话说，当私营公司被迫提供公众服务却不能在收费中得到足额的偿还，而政府又不给予补贴，矛盾开始加剧了。这种情况一旦发生，公司只好被迫减少机动车辆以及基础设施的维护，并降低了服务质量，因此，乘客开始流失，问题进一步变得更加严重。

特别著名的是一战结束时发生的电气化铁路（城市公交公司）的国家金融危机，并由此引发 1920 年的联邦调查（U. S. FERC，1980）。由总统威尔逊任命的调查委员会，确立了公交在美国城市中的重要地位，并提出了一系列极具进步意义的政策；然而在 20 世纪 20 ~ 30 年代，这些建议大部分被忽略。

随着后来私人小汽车的引入和广泛运用，美国城市的公共政策并没有保护公交，来解决那些由于城市拥挤和公交使用率下降引发的一系列难题。此外，不仅是地方上，甚至州，更甚的是在整个国家层面上，都在大力支持小汽车的发展。联邦政府对高速公路建设的支持也是大幅增加，并随着 1956 年联邦州际高速公路法案的制定达到高潮。而这一法案从财政上支持全国范围内的高速公路网络的建设，并为高速公路建立了永久的财政支持机制，其中包括很多城市高速路和主干道。在 20 世纪 60 年代中期之前，联邦政府没有给城市公交提供任何财政支持。

公交同时还在通用汽车公司、Firestone 公司以及标准石油公司的一个重大阴谋中受害。这些公司成立了一个组织，叫做国家城市线路，来专门收购公交公司，并用巴士来取代有轨电车。Snell（1974）提供了关于国家城市线路秘密计划的最详细的文档描述，并由法庭证实。在大部分城市，整个有轨电车网络，甚至具有 A 级、B 级路权的线路都被废弃并由 C 级路线的巴士取代。与有轨电车相比，巴士与其他交通混行，舒适度低，在公众中的形象差，因此甚至其极大扩展到原有有轨电车网络的年份，即从 1946 年到 20 世纪 60 年代，公交依然存在一定的乘客流失量。

公交公司的财政状况逐渐恶化，随着有轨电车各自独立路权的终止，其服务质量不断下降，私人小汽车的竞争也愈加激烈。这些状况使得私营公交企业将心思只放在如何继续生存，而不是公众利益以及创新等问题上。实际上，在有些案例中，他们有的甚至跟乘客对着干，导致乘客更多的流失，从而导致政府允许终止那些不盈利的运营线路。这种现象在那些意图终止通勤线路服务的铁路公司中尤其普遍。很明显，高速公路由政府资助和补贴，小汽车运营其上，而没有任何公共补贴的私人公交公司肯定是竞争不过小汽车的。

9.1.3　公交公司的公共接管

在很多国家，小汽车的使用快速增长，公交更加依赖于公共政策，而政府也没有意识到必须平衡私人交通和公共交通两者的关系。于是导致这样的恶性循环：小汽车的使用增长→公交乘客量和收益下降→服务下降→更多的出行选择从公交变为小汽车。于是许多私营公交公司都被公众接管并整合成公共的公交机构。这种转变，大体而言，有很多的好处也有不少缺陷，详见下面概述。

跟诸多的私人运营商相比，单独的公交机构有如下优点（A）和缺陷（D）：

A-1. 公交机构将不同的线路及方式统一，并因此能提供一个在服务、收费以及信息方面协调运营的公交网络。如果得到实施，公众就能真正使用到一个多式联运的公交系统。

A-2. 公交机构的主要目标，就是提供给城市和居民需要的服务，而不再是从运营角度上追求财政利益。

A-3. 通过将不同的线路、车队、企业管理等整合为一个单独的机构，可以实现一定范围的经济效益。

A-4. 网络整合中允许将乘客量多的线路中获得的利润支持乘客量少的线路，这对区域覆盖，社会以及其他因素都至关重要。

A-5. 相对于许多的私营公司，一个单独的机构，政府在公共政策上能够更好地与之协作和提供补贴。

D-1. 运营的财政方面问题很难定义，并且这一问题的忽视很可能导致严重的低效和缺陷。

D-2. 工会可能会利用独占的地位优势来强制获得过高的薪酬或导致较低的劳动生产率。在很多州，立法机构废除了对公交机构罢工的禁令，这无疑使问题更易于突出。

D-3. 在很多巴士公司间存在的竞争刺激不复存在了，机构的管理部门如果不能连续地创新和警惕自己，就很可能在运作上变得陈旧，并对公众的乘车需求变得不再敏感。因此在很大程度上有悖于 A-2 提出的优点，即主要目标是提供公众优质的服务。

D-4. 大型区域机构有时候将工作重心只放在区域系统，而忽视了本地的公交服务。而地方上的公交服务对城市和邻近郊区同样至关重要。

考虑到公众需要更好公交服务压力的加大和城市交通复杂性的增强，公交系统的整合和向公共所有权的过渡这两个转变，其利还是远远大于弊的。然而，在很多城市，这种转变并没有带来上面列出的所有的益处，除非在接下来的几年中公众不停地施加压力。正如前面提到的，纽约 3 个快速公交公司的整合，其组织机构形式的整合若干年之后才得以真正实现。形成巴士公司并从简单的改变到联合收费，实际上花了几十年时间才得以实施。此外，很多公有制的公交机构并没有发展成当初刚创建时期望的那样以公众为导向。

很多城市，在私有制的前提下，已经有很多小企业整合成一个大的私营企业；而在另外一些地方，向公共所有权的整合和转变也在同时发生。

很多城市，主要在欧洲，由于1890年有轨电车的引进，形成了市政公交公司。而其他大部分城市在两次世界大战期间都实现了公共接管。在汉堡，1918年，很多有轨电车公司跟一家快速公交公司合并。在伦敦，1913年，成立伦敦交通委员会，其任务是“管理运营伦敦交通领域所有方式的公共交通，除了出租车和铁路”。

美国公交的公共接管在20年后才粗略地进行。最早的公共所有权是在旧金山（1912年），但是在1947年之前，市政铁路公司还得与私营公司进行竞争。在纽约，3家快速公交公司（BMT、IND和IRT）在1942年合并，并且城区公交机构，也就是纽约城市公交局（NYCTA）在1948年成立。在费城，公交机构，SEPTA公司在1967年开始经营，并在当时接管了最大的私营公司PTC。随后SEPTA还接管了其他几家公交运营商，并在1983年从铁路中获得了区域铁路，从而完成了整个区域的统一。

9.2　公交系统的所有权和形式

跟其他发达国家一样，美国跟随了整合的趋势，并在所有的大中型城市中实行公交公司的公众接管。到1970年，已经有159家公交机构。尽管这只占整个国家公交公司数目的15%，但它却承载着整个国家77%的不关联的公交乘客出行量。这种不成比例的原因在于，很多大中型城市公交机构都是公有制的，而大多数小城镇的运营商仍然是私有制的。

到1990年，公共接管进一步发展。当时，美国公交协会（现在的美国公共交通运输协会）报道说，美国拥有5 086个公交系统，其中1 580个，也就是31%，是由市政、郡县、地区当局、州政府，以及其他政府机构进行管理和补贴。其中还包含这样一类数据也在增长：在与政府机构的协议下，负责运营和管理的私营公司，这些31%的运营商承载着94%的不关联乘客出行量（APTA，1993）。由于数据信息的形式和种类都发生了变化，更多所有权方面的最新数据未能获得。

因此，当公交系统主体还是私营性质时，他们仅承载一小部分乘客。公有制实际上包含所有的大中型公交系统。公有制公交公司的主体地位在其他发达国家也是类似的，很少有例外。在英国，无管制导致了多式联运整合公司的解体（参见9.5.2.1节）。在日本和香港，尽管这些国家和城市缺少铁路和巴士系统的互联方式的整合，但是他们拥有很多不同类型的公交组织机构以及特殊的环境，这些因素使得公共的和私有的铁路公司相互整合运作，成为可能并获得成功。

然而，从1980年开始，在公交产权、管制和组织形式上发生了翻天覆地的变化和革新。开始出现了公交系统向私有化的极具意义的转变。起初，很多公共公交公司协议授权给私营企业多种多样的职能与运作，比如车辆维护、维修、车站清洗、收取费用以及市场调查，但保留公交服务的基本功能。但是最近，许多国家已经开始更多根本性的变革，公交服务的系统管制、组织都以协议的方式交由私人运营商，或者引进专门的企业来管理和负责公交机构。

公交组织机构的所有权和形式取决于很多因素，包括国家和都市的经济系统和法律的规定，私营和公有企业运营的传统机制，以及客观环境和政治限制。另一个强烈影响公交机构类型的因素是公交的财政来源和途径。回顾城市公交系统的不同组织形式和所有权形式，从传统的私营公司、到城市和区域的公共公交公司，都印证了这一点。所有权的新发展，比如公私合作伙伴关系，管制上的变化，以及公交机构的新形式，都将紧接在9.4节对公交服务管制的一个系统回顾和9.5节对无管制公交服务讨论之后，在9.6节进行详细的讨论。

9.2.1 私营公交公司

私营公交公司在各种环境下运作得很成功，在这里进行大体的分类和描述。

美国一些小城市的公交公司，在私有制下的运营，比起小范围内专门的公共机构，通常要高效得多。由于美国城市和城镇居民的出行，极大地倾向于使用私人小汽车，公交公司的收入总是不能满足投资和运营的支出。因此，他们通常会得到政府直接或间接形式的财政资助，比如特殊公交服务的补助，包括校车服务、包车服务、以及其他的特殊安排。

在欧洲国家，很多城市和区域铁路以及巴士公交公司也在私有制下运营。他们要么得到公共的补助，要么提供特殊地理环境的服务（高山地带、狭窄走廊、跨水域等），而这些地方都拥有较高的乘客量。有的案例中，私营铁路公司兼顾货运，从而间接支持了客运服务的发展。这种类型的公交运作，最著名的例子有瑞士私营铁路公司，德国、澳大利亚以及其他国家的区域铁路和巴士公交服务。

在中国香港和日本广泛应用的轨道和巴士公交系统，并且他们在私有制下运作得很成功。其很多因素和环境是有别于大部分其他国家，使运作成为可能的条件具体如下：

- 中国香港以及日本的城市如东京、大阪，其人口密度极高。

• 跟美国和大多数欧洲国家相比，使用小汽车不仅受空间限制，而且费用十分昂贵。小汽车出行很少能得到直接或间接的补贴，比如很多其他类的出行可免税收、停车费较低甚至免费等。

• 土地利用，比如大型活动中心的规划建设，都伴有轨道公交线路，并在周围设置很多车站。

• 在日本，很多区域铁路公司都拥有自己的住房建筑群、部门仓库、购物中心、娱乐公园、以及其他的商业发展部门，而这些收入都可以用来部分支持公交运营。

• 尽管属于私有制，很多公交公司仍做了多种多样的运营安排，以赢得合作、财政支持或者政府给予的很多方面的保障，如基础设施的建设投资（如地铁的建设），还有社会费用等。

关于最近的私有化公交组织机构的讨论将在 9.6 节中讨论。

9.2.2　市区公交机构

一些公交机构是建立在城市和城市边界内一般服务网络的基础之上。它们可以有好几种形式。

准私有制公司。它是这样一种组织形式：以私营股东企业的形式对公交进行运营，但城市政府控有大多数股份（51%或更多）。这种形式在德国和很多其他欧洲城市中应用，它结合了私营企业运作高效和拥有直接政治利润的自主权这两大优势，政治利润是指在城市的准公交政策中获得利润。

公用事业部门。通常是城市的电力公司，当公交是由电力驱动时，公用事业部门就开始掌控一些城市的公交系统。这种组织形式对于财政方面来说很便利，因为电动的公用设施可以通过其电力能源的销售来获得盈利，从而可以支持公交财政。这种机构设置，允许城市能够采取较低的公交收费政策，从而在很大程度上影响了居民的出行习惯。以新奥尔良城市为例，通过运用这种组织形式，该城市在美国长期保持最低的公交收费水平，并成为公交出行率最高的城市之一。这种组织形式如今已不常见了。

市政机构。所有权归市政府所有，并作为政府的一个部门来运作。这种组织形式也有很多优点，并在美国旧金山市政铁路公司以及德国的很多 Stadtwerke 公交公司中得到例证。这种组织形式的优点是：城市政府直接地对公交进行管辖并担当起责任，比起城市中其他的独立公交机构，政府政策会更加倾向于这种公交形式。资金的提供更加直接，跟其他市政设施的合作也变得容易了。其负面问题是，公交必须与城市中其他需要资金的部门进行竞争，比如学校、房地产、公安部门。另一个问题是，公交经常服从政府强有力的政治利益，也很容易受工会组织的强烈影响。在城市政府中，工会是拥有强大的地位的。

基于城市政府的公交机构，比起地方公交公司，拥有更好的管理控制优势，并且能跟其他的市政功能更好的合作。缺点是财政独立性和稳定性降低了。此外，随着城市逐渐区域化发展，公交也必须发展成跨区域系统，因此会越过中心城市（或自治区）的权限。

9.2.3 区域公交机构

在大部分发达国家，城市都已发展成空间上的大都市区域，但城市功能结构的发展却没有跟上步伐。政府的管辖权限仍然保留在原有的城市边界中，而周边区域单位迥异：市、镇、郡县等。因此，由于这些城市区域都有常见的区域功能、问题和服务，如税收、空气污染、交通运输等，相应的，这些问题也就需要一些政府单位来解决。很多大都市区有几十甚至几百个政府单位。

在很多大都市，如多伦多（大都市多伦多）以及迈阿密的Dade县，有很多具有执行职能的区域政府。在很多其他地方有都市政府机构或者都市计划组织(MPOs)。这些组织机构帮助和引导当地政府履行该区域的职责、处理问题以及执行政策。他们通常利用拥有的有限权利，来组织协调和批准一些计划以及分配基金，但没有执行权利。除了这些政府和机构外，还有一些特殊职能的政府机构管理处理一些单独的功能，如公交、水利设施、空气污染控制等，还包括一些不同的管辖权。这些政府机构，如学校、空气净化单位、两州贸易港口部门，都会有对应的组织形式，如局、区、双边协议等。这些将在下面进行详述。

关于公交，都市化发展使其必然在之前的城市公交系统上继续扩张和完善，并服务整个区域。而服务于这些区域的公共机构，可根据相应的政府组织机构的所有权和形式，来发展自己不同的形式。最常见的如下：

郡县-所有权公交机构。它归属于一个或几个郡县，并服务于这些郡县。当这种机构的服务区域不只一个州时（这种情况有的，如纽约、费城、圣路易斯、华盛顿，就有很多这种机构），称之为双州协议或三州协议。郡县公交机构的特点跟市政公交机构很相似，只是与它关联的是县而不是市政府。

区域公交机构。它是由州立法机关为特定目的（这里指公交）而设立的机构。它的服务区域通过地理位置来限定（通常是一个或几个县），其任务旨在提供（创建/运营）公交系统。这些公交机构通常运营整个公交系统，如纽约城市公交（NYCT）、华盛顿大都市区交通运输局（WMATA）、费城区内（包括区域铁路部门）的宾夕法尼亚东南交通运输机构（SEPTA）等。或者，公共机构可作为几个公交运营商的总机构，协调他们的计划、运营，有的还包括财政，如德国的公交联盟。在纽约地区，都市交通运输机构（MTA）在权限上是以下公司的总机构：NYCT、长岛铁路（LIRR）、北方地铁（MNR）、长岛公交（LIB）、以及MTA桥梁隧道分公司。在芝加哥地区，区域交通运输机构（RTA）跟芝加哥公交机构协作，运营快速公交和巴士、区域铁路机构Metra、以及市郊巴士机构PACE。德国的公交联盟（见9.3.2节）扮演着同样的角色，但跟美国的大都市区域总机构相比，它在其成员的工作计划和财政交易上需要更多的投入。

部门的创建一般是由州的立法法案决定。它的管理董事会也是由地区和州政府任命。这种类型的机构，其对应的服务网络、服务标准、收费和财政，都是相对独立的。然而，大多数机构部门其财政还是非独立的。他们从地方或州政府获得资金，但不具有收税权利，因此他们只能发行收益债券，但不能发行一般责任债券。

在有些例子中，公交机构是某些更大的、财力雄厚的机构的一部分。例如，Port Authority Trans-Hudson（PATH），是一家在新泽西和纽约州之间运行的大容量快速公交系统的机构。它是纽约—新泽西港口机构的一部分。该机构在纽约—新泽西—康涅狄格州地区拥有诸多机场、桥梁和港口设施。港口部门公交机构（PATCO）运营着费城和新泽西郊区间的Lindenwold轨道线，它是特拉华河港口机构的一部分，特拉华河港口机构是一个双州机构，拥有并运营管理特拉华河和一些桥梁。

区域公交特区如同某个部门：它是一种具备特殊目标的组织机构，其服务区域超越了单个的政府限界（城市或郡县）而需由州立法法案创建。特区跟机构最本质的区别是，他们通常必须有50%、60%或者66.7%的公民投票表决通过，并且拥有税收权利。这种权利也就赋予其法律上的权利，不仅发行收益债券，还可以发行一般责任债券。由于有特区居民的税款做后盾，一般责任债券非常稳定，也因此，相比收益债券能够以更低的利率发行出售。特区由于财政基础比较雄厚，并且大多数都能发行低利率债券，他们比一般公交机构实力更加雄厚。

在旧金山海湾区，有一个很不错的关于公交所有权和机构的例子，其跟财政紧密关联。当法律规定在海湾区域建立一个快速公交系统时，加利福尼亚州立法机关也准备一项关于其组织形式以及筹资途径的法律。基于对各种可能组织形式的研究（SRI，1956），立法机关决定创建海湾快速公交特区（BARTD），它将向三个郡县提供服务（旧金山、Alameda、Contra Costa）。它还拥有税收权利，从而为海湾快速公交系统（BARTD）筹集资金。

该计划上呈到三个郡县的监事会，并在1961年获得采纳。7.92亿美元的债券发行，引来了1962年的全民表决，并以61.2%的比例通过（要求60%以上）。

BARTD 从此通过发行一般责任债券来为系统的建设筹集资金。另外从海湾区的很多桥梁收费站也获得不少基金。金门大桥除外，因为 BART 的 Transbay Tub 建设，从旧金山到东海湾，跟海湾大桥是并行的。同时还发行了收益债券，来抵消所有车辆的成本（那个时候没有联邦基金）。

BARTD 机构成功地建设了该系统，并从 1972 年开通时就进行运作管理。最重要的后续扩张是 2003 年旧金山机场的开通。该扩张需要特殊的组织机构和安排。因为它起初是位于由上述三郡县组成的 BART 特区之外。San Maten 县，是该线路扩张所到的地方，它为加入 BART 特区签订了一个特殊协议，并为建设投资支付部分资金。

机构和特区的大多数特性，比如他们的法律地位，立法机关准许的途径，董事会成员的任命，乃至税收权利，在各州之间都有所不同。所给的都是一些典型的特点，但还有很多特例，比如有的公交机构也有税收权利，有的特区不需要公民表决通过等等。这些具体的特性取决于不同州的法律和章程。

对于那些拥有很多镇和城市区域的州来说，州所有权公交机构是比较合乎逻辑的公交组织形式。比如 Delaware、Maryland、新泽西以及 Rhode 岛。尽管 Maryland 和新泽西地理面积不算小，但他们已经很发达，将他们的各种公交服务整合成一个机构（具有很多子机构、服务协议、其他子机构等）是符合逻辑的组织方案。

9.3　不同运营者提供公交服务的整合

在 20 世纪 20 年代到 60 年代，尽管很多私人公交企业呈现强劲的联合和整合趋势，同时一些公共公交机构也合并成一个单独的系统，但在很多城市，尤其是大城市，公交服务仍然呈现分散的局面。例如，大多数欧洲城市的区域铁路系统仍然隶属于他们各自国家的铁路部门。在纽约，三个快速公交系统在 1942 年被公共部门接管并联合在一起。但是巴士系统其相应的费用收取在 20 世纪 90 年代以前依然是独立于快速公交系统之外的。三大区域铁路系统（LIRR、Metro－North 和 NJT）的整合至今仍然没有完成。他们共享轨道线路和车站，但服务、收费系统、企业信息也只实现部分整合。东京有两大地铁公司（一家公有制、一家私营的），他们各自收费。他们的服务跟日本铁路集团以及其他几家私营铁路公司很好地整合在一起，但是轨道和巴士系统之间还是很少有合作。实际上，轨道和巴士服务的独立运营，在很多国家的大多数城市是很典型的，如日本、韩国、南非、墨西哥，以及其他很多国家。总的来说，公交服务的整合，在西欧国家、美国以及加拿大获得比较大的进步；而在其他一些国家，整合工作进展有限，有的甚至根本就没有。

公交系统之间这种完全整合的缺乏，导致了很多严重的后果。乘客受到直接影响的同时，运营商也同样遭受运营效率低下和盈利损失的问题。最终，整个城市区域都遭受间接的较大影响。

要实现公交系统的完全整合存在很多障碍。大致分为以下几类：历史障碍（传统的运营模式、不适宜的车辆，等等）；政治/法律障碍（不同的地方权限、对地区服务类型的法律限制）；组织障碍（不同的工会组织、公交和轨道公司不同的运营商等等）。

当服务整合不能完全实现的时候，若干途径的应用可以实现部分整合和协调。当法律和其他障碍完全解决时，部分途径可能被永久采用，或者只是实现完全整合的一个台阶。

9.3.1　有限职能整合

给公众提供服务，并以不同程度联合，比较常见的两种形式是：收费协会和公交社区。

收费协会通常由以下部分组成：联合收费和收税的协议以及收益的分配。这些协会限定，合作伙伴不能相互竞争，而且是通常拥有终端一终端的线路连接方式。

公交社区不仅使合作伙伴之间收费上存在联系，还使他们在线路和日程计划上进行合作，如果合适的话，他们甚至可能垄断联营所有车辆。美国和很多其他国家的铁路货运，就采用这种组织方式。东京的地铁和区域铁路服务系统，以及其他的日本城市也采用此类方式。

不同公交公司的所有服务的全面整合，就是大家熟知的公交联盟，最初，德语称之为 Verkehrsverbund。

9.3.2　完全职能整合：公交联盟

正式的联盟机构，必须拥有一定的权利，包括计划、费率、收益分配等等。因此，尽管合作伙伴仍然是各自独立的机构，公交联盟仍是一个提供完全一体化服务的组织机构。

导致公交联盟创建的最基本的思想体系，是在 1960 年代中期 Hamburg，发展起来的（Pampel，1969 年；Homburger 和 Vuchic，1972 年；Interplan 公司，1973 年；Pucher 和 Kurth，1996 年）。创建公交联盟的动因，主要是认识到以下的现实问题：相比小汽车在城市的所有节点提供直接出行服务，公交不仅需要进入停靠站并等待，还经常绕道而行，消耗双倍的费用，且线路之间协调性差。这些组织障碍的存在，归因于传统的所有权境况，实际上已经不能吸引消费者了。为了能更好地与小汽车竞争，公交必须提供一个单独的信息系统，统一并且合理的收费，将不同线路和不同方式的换乘成本最小化（无缝化联合运输）。为此，第一个公交联盟，Hamburger Verkehrsverbund（HVV），在 1965 年创立。它包含运营地铁、有轨电车、巴士、渡船线路（HHA）以及区域铁路系统（德国联邦铁路运营的 S－Baha）这些主要的公交机构；还有很多其他的或公共或私有的巴士、渡船公司。

公交联盟公司 HVV，必须合法的给该地区提供一个高效的、经济的公交系统。在区域和基础设施产权内，独立于行政的界限。HVV 是一个全能公交机构，主要包括以下几大功能：

- 公交网络，线路和换乘站点的规划；
- 协调时刻表的准备和车队的分配；
- 联合收费的准备和引进；
- 以一个采用的契约性方案为基础，收集和再分配得到的收入；
- 公共关系，包括定期的出版物；
- 从地方各级政府申请财政资助的准备。

合作伙伴提供服务，收取和转交费用给 HVV。重新分配的公式，建立在提供的服务乘以巴士或铁路机车或铁路里程的单位成本，以及历史指数基础上，该历史指数代表合作伙伴优先加入联盟的运营比例。因此，合作伙伴 a，最终获得的总收益份额 R_a 为

$$R_a = (R_t - C_o)\frac{I_a \sum_{x=1}^{m} A_{ax} c_x}{\sum_{a=1}^{n} I_a \sum_{x=1}^{m} A_{ax} c_x} \tag{9.1}$$

式中 R_t——所有运营商交给 HVV 的总收益；

C_0——HVV 的运营成本；

I_a——合作伙伴 a 的历史指数，即优先加入 HVV 的运营比例；

A_{ax}——服务项 x 的数量，比如线路一公里，车辆一公里，列车一公里，座位一公里，这些都由合作伙伴 a 提供；

C_x——对应 A_x 数量的单位成本或者相关权重；

m——成本计算中要用到的服务项目的数量；

n——HVV 的合作伙伴数量。

通过在 Hamburg 的引进 HVV，消除了不同机构服务和方式间存在的差异和障碍，从而使快速便捷的出行成为可能。联合的收费系统以及更好的信息和

形象都产生了出色的效果：提高了运营效率，并吸引了更多新的乘客。Hamburg 的成功使得很多其他城市纷纷效仿创建公交联盟，包括 1972 年的慕尼黑（MVV）、1974 年的法兰克福（FVV）、1978 年的斯图加特（SVV）、1985 年的维也纳、1990 年的苏黎士，以及很多国家的其他城市地区，如德国、澳大利亚、瑞士以及其他国家。最具综合性的公交联盟是在德国的鲁尔河地区（VRR）。经过多年的规划和协商，该联盟创立于 1980 年，它覆盖整个鲁尔河地区，包括像 Düsseldorf、Duisburg 和 Essen 这样的大城市。总共包含 22 个城市的公交运营商，服务 740 万人口。每个公交联盟在其法律、财政以及组织机构安排上都会有所不同，但是其基本理念，即不同机构给广大客户提供完全一体化的公交服务，这一点都是一样的。自然而然地，在很多地区，如 Hamburg 和 Rhein－Ruhr，其最初的机构设置、财政组织，尤其是收益再分配的原则、不同方式的单位成本以及收费结构都在不断地重新协商和修订，从而才能更好地适应出行方式的变化、经济发展的变化，适应新的联盟财政计划以及组织机构的部分私有化变化等等。

公交联盟已经被公认为是提供给公众一体化服务的最有效的组织形式，但仅仅将不同的运营商合并是行不通的。其他形式的整合服务，是不同运营商改变其服务类型、机构事务处理、特殊的法律机会和限制等方面提供的。举个例子，巴黎的三大 RER 线路，A、B 和 C，他们在服务、收费和信息等方面都实现完全整合，尽管他们其中一个隶属公交机构（RATP），另一个隶属法国铁路公司（SNCF），而第三个则由联合司法机关控制。然而，这三大 RER 线路，还同时跟 RATP 的扩展地铁系统合作，在其相应的中转站（枢纽站）、收费体系以及信息方面都进行了整合。

9.4　公交服务管制

作为一项公共服务，公交不仅影响广大公交乘客的福利，而且影响着整个大都市区域的方方面面。因此，公交组织和运营的诸多方面必须由政府机构或其他管理部门来进行管理控制。管理控制的内容和程度，因国家、城市、公交方式、系统特性以及各地方环境的不同而不同。

9.4.1　管制目的和种类

公交管制的目的数不胜数，有时甚至相互重叠。但大概可以分为四大类，具体在下表中列出，并同时列出他们管制的主要目标。

由于管制的诸多不同的自然特性，通常由若干不同机构来实施。他们可能是不同层次的：地方的、州的或者联邦/国家的。这四类管理都将详细讨论，并且重点讨论经济管制。经济管制自1980年以来一直是争论的重点和试验的主题。

按主题和目标划分，公交管制可分为4类。

1 安全

• 保障公众出行的安全以及其他潜在受影响的团体或个人的安全。

2 经济（特许经营权、运营、票价）

• 保证服务的可靠性和永久性，防止由于暂时或者永久性地服务中断而导致的个人和社会损失。

• 防止对公众的过高收费。

• 防止由于服务资源的浪费、不正当竞争、打击性竞争而造成的运营商的损失。

3 技术和社会因素

• 争取达到或测试一定的技术/运营创新。

• 为特殊群体、特定地理位置、特殊出行类型提供一定水平的出行移动和特殊服务，这一点被认为是社会的需要并且是合理的。例如，残疾人的座位，给小孩和老人打折扣。

4 外部影响

• 将公交对周边、环境、城市特性、生活质量产生的负面影响最小化，而正面的影响最大化。

9.4.1.1 安全管制

保证高标准的安全是政府对公交管制的最基本职能。对高速公路、航空、国家基础设施，以及其他的系统和服务也是一样的。

安全标准包括以下几个方面：

• 结构要素和公交基础设施的设计，尤其是轨道交通的设施，如桥梁、隧道、轨道、道岔、信号。

• 车辆设计和性能，包括结构上的强度、刹车能力、抗火能力等。

• 车辆维修的频率和范围。

• 操作类工作，如工作小时、责任制、车辆控制以及信号。

• 驾驶员培训和其他人事培训。

跟巴士和辅助公交车辆相比，地铁和区域铁路系统的安全标准要求通常是最高的。相比小机构或公司，大型机构的管理控制更加严格，也易于长久维持下去。

有时会有人指出批评安全管制的过分严格，以及管理标准的陈旧过时，从而使得运营逐渐变慢并且效率低下。更严重的是，由于过分管制，有些运营根本无法进行下去。如陈旧的管理措施等例子，在轨道交通安全管理中比较常见。在有些例子中，为长途铁路而设计的安全标准也应用到区域铁路和快速公交系统当中，这其实没有必要，因为其运营的客观条件是不一样的。比如，在纽约市、Newark、新泽西之间运行的 PATH 系统，就用到了铁路标准准则，尽管它本是一个典型的快速公交系统。但是这些标准对车辆冲击强度强加了很高的要求，导致了车辆超重和运作成本的增加。然而事实上，跟长途铁路运输不同的是，PATH 系统是有完全的路权保护的，没有平面交叉，拥有短的信号闭塞分区，紧急刹车以及故障—安全信号系统允许列车以非常小追踪间隔运营等等。

美国另外一个公交管制需要进行现代化改进的例子，就是有轨电车—列车系统。LRT（轻轨）车辆在城市道路上行驶，并随后驶入铁路轨道，而这些轨道同时也供长途高速铁路运行。这种有轨电车—列车系统在若干欧洲国家都已经确定是可行的。主要是通过技术上的创新，LRT 车辆跟铁路轨道、动力供应和信号系统都兼容；并且铁路安全标准也进行了修改，控制系统取消了以前那些力求撞车破坏损失最小化而设定的过分要求，而是将撞车的可能性降至最低。这就使得高速铁路和 LRT 公交单元可以在相同轨道上进行联运。然而在美国，铁路标准仍然不允许这种运营方式。

因此，很多时候，需要修订和改进安全标准。那些标准很多都是铁路运营在 100 年前甚至更早时制定的。并且需要消除那些不必要的妨害和阻碍公交系统联运（轻轨、地铁和区域铁路）的安全标准，这些不符合铁路标准的要求，不应该应用到公交运营体系在城区的运营中。

政府需要对公交安全进行管制，这一点没有任何质疑或争论。但是在很多例子中，为了适应现代科技的发展（尤其是信号和车辆移动方面的控制），传统的铁路标准需要修订，特别是公交系统应用到铁路轨道方面。

9.4.1.2 经济管制

这类管制旨在确保公众可以得到所需水平的公交服务，并防止那些破坏运营商正常竞争的不正当竞争行为。管理控制的内容具体如下：

- 特许经营权，或者企业提供服务的法定权利和义务；
- 各项服务的收费；
- 服务的数量和质量。

特许经营权，也就是某个机构或公司在一定定位下提供服务的许可权。它赋予运营商各项权利和义务。根据管制的范围和内容，可以把它分为两大基本类型：最小化管制，受服务的安全性和可靠性限制；另一种就是考虑系统因素的管制——公交网络中的协调和服务质量。

在最小化管制这一种情形中，规定要获得特许经营权，受到要求提供相应的经济和管理能力的证明的限制，以确定能提供满足给定要求和标准的服务。公交就是一个自由市场，随时向有资历的运营商敞开大门。这种最小化管制（甚至是无管制）可以产生有活力的竞争，而且能够吸引潜在的公交运营商；但是也可能导致不公正的竞争、服务质量降低以及某些竞争者的破产。这在发展中国家中比较常见。

另一种比较好一点的管制，考虑到系统的因素。它限定、控制或者禁止竞争，以达到一个一体化的、完全协调的系统。如果公交机构资金充裕，管理能够胜任的话，这种垄断方式就可以提供一个最佳的运营系统。如果达不到这些要求，服务下降的话，就有必要检查和改进基金筹措、规则以及管理行为的途径和方法了。

特许经营权的这两种管制类型存在很多变化，它组合了不同程度的进入控制和系统内部的协调。可能会出现两种有规则的服务运营，这两种服务在线路区段进行部分地竞争。在发展中国家，公交机构经常跟部分控制或无控制的巴士、小巴士以及各种各样的廉价巴士进行竞争。

这种单个的公交机构跟私人竞争者无限制进入市场的结合，由于最后结果往往事与愿违，在几十年前大多数发达国家都取缔了这种做法（但是在大不列颠通过放松管制得到恢复，这在后面将详细讨论）。究其原因是，公交机构总是被迫在那些扩张的线网上整日地运营。然而，私人巴士和那些廉价巴士的服务总集中在那些容易盈利的路段以及高峰时段，从而将那些较少盈利的线路留给了公交机构。这种行为，就像撇去奶油的乳酪一样，自然将好处全给了私人运营商，而将公交机构摆在很被动的地位。当公交机构要求公众补贴的时候，往往还遭受"效率低下"的指责。这种有管制与无管制的结合，经常导致提供的两种服务质量和等级的不同，运营商的经济状况也不稳定。

收费管制在其程度和形式上也有很多不同。起初的状况是没有任何管制，就很容易产生对乘客的过高收费、不公平的收费，以及众所周知的公交供应商之间的价格战。

跟其他运输系统一样，价格战在缺少管制的公交运营中也存在。在 19 世纪为竞争乘客和长途铁路货运，价格战频繁发生，这也是政府后来引进管制的主要原因之一（为此在 1887 年专门成立了州际商业委员会）。自 1978 年美国航空公司（Eastern，Pan. Am，以及很多其他公司）解除管制以来，价格战已经成为很普遍的现象，并导致很多公司的破产。同时，引起很多公司的合并和接管，以及导致很多外国航空公司的破产（瑞士航空公司，Sabena等）。

在无管制的运输市场中，由于竞争企业可以自由进入，这就很容易导致打击性竞争（见9.1.1节）。他们以牺牲服务质量为代价来降低收费。当资金雄厚的企业消灭竞争对手，它就实现垄断，把收费提高到“只要交通能忍受”的程度，而服务质量没有提高。这种现象在航空公司极为普遍，如果城市公交也如此，那将对社会造成极为有害的影响。这在很多发展中国家可以观察到，那些不受管制的竞争者，尤其是那些廉价巴士和一些辅助公交，通过提供可靠性和安全性都很低的服务来削弱大型公交和铁路公司。

因此，由于许多原因，价格战和不公正竞争都是具有破坏性。他们导致不等价交易，并伤害了大多数低层收入人群的利益，因为他们收费的原则是：只要有一类乘客能忍受，他们就将收费最大化。他们很少将收费与运输成本挂钩，因此很容易使经济活动扭曲畸形，并最终导致一些公司的破产，同时所有的竞争者也蒙受损失。

收费管制的其中一种类型是收费最小化控制（收费下限）。这有利于禁止打击性竞争，但是并未能保护客户不被过高收费。如果某线路只有一个运营商，那么他就可以随便收多少；如果有两个运营商，而控制如果不是很严厉的话，他们依然可以通过合谋来随便收取费用。

另一种收费管制可以描述为最高收费控制（收费上限），以此防止对公众的过高收费；但是这种管理并不能消除价格战现象。这种收费水平往往会流失很多乘客，造成不等价交易，并有损广大低收入者的利益。

最后，最常见的管制类型是全面收费控制。关于收费水平和结构体系，它往往会做出理性的决策，并能有效地防止价格战现象。但是，如果考虑到政治压力对管制体系的强有力的影响，问题就产生了：政治影响往往是收费过于低廉，使得公交机构很难获得足够资金来满足其运营、扩张和现代化发展的需要。

服务数量和质量的管制通常由技术标准来规定和定义，以确保满足整个城市、各个线路、区域、邻里以及不同群体的确切需要。其标准包括以下各项：服务频率、可靠性、速度、舒适度（如：乘客拥有座位率）、通风和空调处理、车辆清洁度等等。

9.4.1.3 技术和社会因素的管制

作为一个受管制约束的公共服务机构，公交经常被政府用来发展、测试或验证新的设备、运营标准以及各种各样的发明。这些管制中常见的有：噪音和空气污染的最高指数；消防安全标准，包括防火材料的选择、保护措施的要求以及紧急疏散流程；新型清洁车辆的引擎测试；新设计的电动机车的运行和控制；连续信号闭塞系统，完全自动列车的运行；以及其他很多方面。

针对服务，还有更多广泛的管制要求，以应对社会的诸多方面。例如，针对学童的特殊收费，高龄市民车费打折或者免费出行，以及为残疾人提供的特殊设备或者其他特殊服务（见6.5节）。

在很多例子中，政府会提供特殊的资金或授权，以引进和验证某些新的技术发明和创新。这有利于促进公交系统的改善，通常还会产生额外效益—促进其他运输系统的革新。

然而，对于公交系统来说最大的问题是，当政府命令其进行改革、创新、提供特殊服务的时候，却并没有得到政府相应的特殊资金来应付那些额外的成本和消耗。这种无资金补助的命令在上面讨论的例子中很多，包括提供给残疾人的基础设施的建设，相对其他车辆而对巴士更严格要求的空气污染指数的控制，以及轨道公交对铁路标准的服从，等等。

在很多案例中，这种无资金补助的政府命令，代表的是一种不合逻辑的社会政策。总的来说，这些授权命令，大多是关系到社会服务的提供、技术的创新以及社会的改善，这些都是具有进步意义的，也是社会所需求的。正因为如此，这些措施应该是由社会作为一个整体来提供和进行财政扶持的。但是，政府不给公交系统提供任何特殊的资金扶持这些措施的实施，实际上就将问题从整个社会转接给公交用户来独自承受：从乘客那攫取资金，直接降低了公交应提供的最基本的服务数量和质量。这种境况不仅从政治角度和伦理角度来说是错误的，以美国为例，它还同时加剧了公交资金来源不足的问题，尤其是跟高速公路相比，后者资金充足，在财政评估方面也很少受指责。

9.4.1.4 管制的影响

随着现代经济和社会的复杂性不断增加，对运输系统所造成的巨大影响的仔细研究和审查成为一种迫切需要。这些影响包括对近、远期周边环境、城市发展以及居民生活质量的影响。11.3节对这些影响进行了的讨论。

在大多数发达国家，已有大量法律针对公交系统产生的空气污染、噪音污染、对自然环境以及居民拆迁造成的影响等进行管制约束。在美国，法律要求：每一个涉及联邦基金的项目，都必须执行一个详细的、综合的影响分析计划，即环境影响分析（EIS）。牢记这些是重要的。然而，这些影响不仅包括负面的，还包括积极的方面。在有些例子中，项目的机会成本和收益也将考虑在内。比如，如果没有建设快速公交线路，进一步增长的小汽车对城市将会产生什么影响？或者，跟仅仅过度依赖小汽车相比，高性能公交系统的建设将怎样改善整个城区的环境和居民的出行？

9.4.2　公交管制的作用和重要性

从城市公交的起源开始，就已经注定这些公交服务必须由政府进行一定的管制约束。其原因在 9.1 节中已阐述过。随着时间的推移，城市逐渐发展和扩张成为多政府区域。经济、社会和环境都变得越来越复杂。需要进行管制约束的不仅包括安全和特许经销权，还包括环境、社会和经济的影响。

为适应安全保障、可靠性、合理收费，以及当代城市公交服务的其他特性要求，公交管制也在逐渐扩大。一方面，随着管制复杂性增强，一些管制的流程变得越来越复杂和缓慢。由此，公交管制就变成了为响应当代城市区域需求而确保高质量公交系统的一种手段。另一方面，在有些例子中，公交管制开始拖累运营，使成本更加昂贵，并阻碍生产力的发展，阻碍新的设施的规划和建设等等。因此，关于公交管制的问题是，该怎样提供公交的必要功能和所期望的结果，而不至于使流程、成本和延误过分复杂化。

关于政府必须对公交服务的安全性进行管制约束，这一点大家都已达到共识；但其管制的程度在各个国家、不同交通方式以及不同公交机构之间是有所不同的。例如，发达国家的安全标准以及其执行比发展中国家要高。在不同公交方式中，由于其规模、技术特点以及 ROW 控制，区域铁路以及快速公交系统的安全标准，在实施的时候往往最为详细和严格；其次是轻轨（LRT）和巴士。辅助公交方式几乎不受管制约束，既有如伦敦这样对出租车的严格控制和高质量要求的，也有很多发展中国家和一些发达国家城市中的“非法廉价巴士”，后者的运营几乎不受管制约束，服务质量标准甚至是最基本的安全标准也很低。

在最近几十年，技术和社会管制措施已经变得更加复杂精细化了。它们包括对一系列产品和服务的测试及应用，如车辆样品、燃料、其他设备、ITS（智能交通系统）设备或程序（见 6.4.3 节）、运作控制、通讯、以及公共信息系统。新的设备和技术有时是面向不同用户群体的。如信息系统，是针对正常用户、可能被吸引来坐公交的小汽车用户，以及城市观光的旅游者。

有些政府管制措施加强了政府基金和收益所担负的社会责任。例如很多国家的城市，对年龄大的市民的低收费或者免费公交已经很常见。这些减少了的收费通常由特殊的基金或者税收来补偿，城市对学生进行降价收费也很常见，但现在有种趋势就是要求学校机构或者政府对公交机构的这些服务费用给予偿还。因此，跟强迫公交机构承担那些成本并实际获得政府补贴这种做法不同的是，各部门机构的偿还政策更有益于公交机构进行财会计算以及成本控制。对某些类型的收费进行免税，这种做法的引进，部分偿还了小汽车使用时被免税的各种成本消耗（汽油、停车、通行费等）。

外部影响性控制，尤其是环境保护措施，已经越来越多的被公众应用并得到公众的支持，但在不同国家不同城市，其规则范围和途径有所不同。然而，很明显，对环境影响的管制约束将一如既往地重要，并要求公交运营商给予更多特殊的关注。

在所有管制类型中，经济管制是最为饱受争议的。这主要取决于社会发展的程度以及不同政府的主导意识。很多自由市场倡议者反对经济/财政管制，而公益倡议者却强烈支持。没有经济管制的两种情形—发展中国家的无管制公交和少数发达国家放松管制的公交—在接下来的两节将进行讨论。

9.5 无管制公交服务

这一节将回顾政府对其有限管制甚至没有任何管制的公交服务。这里有两种情形：一种是在发展中国家的城市中，从未建立过组织完好的公交系统；另一种就是在一些工业化国家的城市中，他们曾有过组织完善的公交系统，但在最近几年公交机构却开始放松管制并发生了根本性变化。

9.5.1 发展中国家的无管制辅助公交

在非洲、亚洲以及拉丁美洲，很多发展中国家城市，其大部分有时甚至是整个公交服务都是由一些相互竞争的私营企业、组织团体以及个体来提供。他们利用巴士、小巴士、货车、载客小汽车以及其他道路车辆构成了一个多样的公交系统以及辅助公交服务系统，诸如巴士和小巴士、随停公交车服务、以及团体出租车。大多数情况下，无管制的公交运营商总跟公有制公交系统进行竞争；在有些特例中，两者也会相互协调，相互补充。

这些不同的辅助公交服务，尤其是无管制公交，在发展中国家广泛运用。这些国家都存在以下情况：

- 大量的乘客公共交通出行需求（很少的小汽车拥有量）；
- 缺乏令人满意的甚至是基本的公交服务；
- 价格低廉比高质量的服务包括安全、舒适度、可靠性等因素更重要；
- 廉价劳动力；
- 缺乏理性的交通运输政策，这些交通政策可以促进不同方式的协调以及提高整个系统效率，相比于长期更有效的措施，这种情况更有利于实施短期的直接收益措施；
- 缺乏组织能力来引进公交车辆在道路上的优先权（公交专用车道、交通信号优先权，等等）；

• 缺乏对高性能公交方式的资金投入，如快速公交系统（BRT）、轻轨（LRT）、以及其他轨道交通。

图片 9.1　无管制的迷你公交服务——墨西哥

9.5.1.1　用户服务

由于不同国家和城市有不同的所有权、组织形式、服务质量、安全条件等，相互竞争的私营辅助公交服务也各有不同。但是大多数都有如下共同点，使得它们在城市中发挥着重要的作用：

• 辅助公交在交通需求量大的地方服务频率高：包括主要干线出行、中心城市或者主要活动中心之间及其内部的出行；

• 只在乘客叫停的地方停车，跟必须在很多站点停车的公交巴士相比，出行更快；

• 大部分辅助公交车辆都给所有乘客提供座位；

• 有的辅助公交服务还将乘客从主干线上送到各自很偏远的目的地。

辅助公交服务，尤其是无管制公交的局限性和缺陷，有如下几点：

• 当交通需求量不大的时候，在线路、区域、时间上，辅助公交服务频率低，可靠性差；

• 安全标准低，通常根本就没有乘客责任保险；

• 在有的情况下，过分拥挤使得乘车环境很差；

• 由于竞争性服务不能体现出一体化，乘客在路线选择、换乘、付费等信息的获得上很不方便，尤其是在没有时刻表、地图以及其他已有信息的情况下。比起一般公交，乘客使用起来十分困难。

• 如果对收费不进行管制，运营商通常会对乘客收取过高费用。

9.5.1.2 公交系统方面

将辅助公交作为一个系统来考察和分析，我们将其优点（用＋号表示）和缺陷（用－号表示）如下列出：

＋私有运营商和组织机构在竞争的市场环境下，可以在短时间内响应交通需求并提供服务。

＋私营辅助公交（廉价巴士和出租）自给自足，不需要政府的任何补贴。

＋他们给司机和机械工提供受聘岗位，虽然薪水低于正规标准或者个体劳动收入水平。

－在那些很少有交通管制和强制性措施的城市，廉价巴士总是会造成道路混乱（Bangkok，Caracas，Lagos，Manila）。

－在大城市，辅助公交的效率远不如正规公交，因为其车辆比正规公交车辆占道空间大、每乘客一公里的污染大。

－辅助公交不能像一体化交通那样通过协调和改进，提供公交专用车道、信号优先、以及高质量的车辆。

－辅助公交运营商建立了自己强有力的活动集团，反对通过引进高质量的正规公交巴士或者轨道交通来提升服务。

－当运营环境开始对辅助公交不利的时候，大量的运营商就会在短时间内撤掉业务，扔下城市公交服务不管。

－当辅助公交不受管制的时候，公交规划就难以进行，因为没有运营商数目、运作情况、乘客运量以及 OD 间的出行方式等的数据资料。如果没有当前境况的信息和数据，是不可能进行任何规划的，而且很难进行任何改变。

9.5.1.3 政策方面

对竞争性的辅助公交服务的评价存在着极度不一致的观点。其中一种学派，尤其是主张市场导向经济的人，给予了辅助公交包括无管制公交非常积极的评价。他们的主要论据是，廉价巴士和出租车通常不需要公共机构的任何投资和补贴，也不需要政府干预；因为在很多城市，尤其是发展中国家，政策主导的经济效益总是不佳。他们同时还指出，辅助公交提供的服务快速、频率高，而且总能在很短时间内响应需求。

交通运输规划者和分析城市生活质量及社会环境的城市专家却持不同观点。这些专家把公交评价放在它所提供服务以及产生影响的整个城市经济、社会和环境特性中去考虑。他们承认，辅助公交，包括无管制公交服务在内，在仅靠公共交通难以满足需求的城市是非常重要的。然而，他们指出，廉价巴士以及其他类似的服务，在大多数情况下是不可靠的，而且舒适度和安全性极差。辅助公交系统达不到每个潜在用户都很容易使用的要求，它难以控制，而且实际上不可能进行相互协调和更新。总之，辅助公交只是一些独立的服务机构的集合，而不是一个可以进行规划和控制的系统。

很多发展中国家的大城市，像Bangkok、Lagos、以及Lima，其交通都在开始慢慢拥堵起来。他们的公交资源匮乏，却有分布广泛、大量的无管制的辅助公交服务。市民对这些服务的满意度如何呢？总的来说，尽管服务的可靠性和服务质量较差，城市居民还是大量选用这些服务（如果收费低廉），因为他们没有其他选择。对当地服务不熟悉的人们，在找到哪一种服务可以利用以及怎样选用时总是存在很多困难。小汽车车主通常不会使用辅助公交服务，因为其服务质量低下，且经常拥挤不堪。

这些城市的政府官员和交通专家们开始意识到，改善常规公交系统，对提高居民出行效率、吸引小汽车使用者以及减缓道路拥堵是至关重要的。很多发展中国家的城市已经在通过引进高性能公交系统来尽力削减辅助公交服务，尤其是无管制服务。很多城市如开罗、圣保罗以及圣地亚哥，都建设了地铁系统；马尼拉、墨西哥城、突尼斯，以及其他城市都建设了轻轨线路。在圣保罗、库里提巴、波哥大、基多（无轨电车）等城市，由于基础设施的投资和机构的重要改革，开始引入高质量的公交巴士服务。比起辅助公交，所有这些系统提供的服务，载客量大，运输效率也要高得多。

建设基金有限通常是发展中国家头疼的问题，并且，一些国际金融机构反对公交基础设施的投资建设，并施加压力促进辅助公交服务的建设。但辅助公交服务与生俱来就难以管制，尤其在发展中国家。鼓励无管制公交服务，减少了政府对公交的投资，但同时也降低了辅助公交的服务质量和服务形象。更重要的是，无管制公交的泛滥，使得出行者越来越明显地划分为两大类：占绝大多数的低收入的辅助公交使用者和中等及高收入的小汽车用户。这些城市的交通环境依然是混乱、极度拥堵，因为公交得不到任何优先通行权，也没有任何高效率的公交系统的建设。

公交系统比较完善的城市，像圣地亚哥、墨西哥市、开普敦，他们引进无管制的辅助公交服务以后，很多出行者开始从乘坐公交向乘坐无管制公交转移了。虽然政府补贴降了下来，但服务的质量也下降了，并变得凌乱和可靠性差。政府当局试图通过一个更基本的包括所有服务的组织来改善这种状况。例如，圣地亚哥城市政府就创立了一个大型巴士服务重组机构。他们付出巨大的努力，克服小巴士拥有者的游说，引进了协调的公交系统。协调性好的主干路、接运线网络上的优质服务取代了之前混乱、网络重叠且各自独立的巴士路线，他们的运营效率更高，道路也没之前那么拥挤。

准确地说，发展中国家竞争性的私人公交和辅助公交提供了有效的服务，并且在很多城市给居民提供了重要的出行服务。但是，跟管制性整合后的公交相比，他们也的确存在很多西方工业化国家和城市都存在的问题：大多数私人公交与正规公交缺少协调，并只顾抢着经营收益较好的线路赚取利润，将收益较差的线路或者夜间服务线路留给公交机构服务的正规公交，等等。

无管制公交可靠性差，换乘也不方便，而且对于初次出行的旅客来说也是不可取的。无管制公交和廉价公交的司机通常岗位培训不充分，而且工资也低于标准水平。最重要的是，如果没有管制，整个城市交通运输系统就得不到协调和改善。私营竞争性公交不利于多式联运的整合。

9.5.2 发达国家的放松管制的尝试

公交管制的职责是跟公交所有权形式（公有或私有）相关联的。早在1970年代，一些发达国家就此进行过争论。由于该问题跟政治意识形态是紧密关联的，所以该话题一直有着一系列广泛的观点和相当多的争议。

有一点大家已经达成共识就是所有公共系统（如公交）的安全控制，毋庸置疑是政府的职责所在。因此，没有任何组织质疑安全方面的管制。还有一点大家都一致认同的是，很多时候管制过分，会致使运作不够灵活，阻碍创新，并导致效率低下。

这种例子有很多。例如，很多国家要求变更公交运营路线时，需要冗长的法律程序；关于残疾人服务可达性的要求需要严格的阐述；必须像铁路一样对轨道公交系统进行严格的分类；所有项目投资必须由工会审核通过的法律要求等等。

除了在安全管制的基本要求和过分管制的害处等一系列问题上看法一致以外，他们在大多数问题上存在着激烈的争议，争议主要是围绕公交服务的经济管制问题。如9.4.2.1节中我们定义的，经济管制包括经销权、进入控制、公交系统的所有权、收费水平、日程安排、服务标准等诸多方面。在这些方面，人们有两种观点：支持放松管制和支持一体化公交系统（即反对放松管制）。他们各自的论据和提议将在下面进行概述。大部分是参考在英国的争议事件，因为它是曾经争议最激烈、也是放松管制曾经实施过的地方。在下面的章节中将描述该问题在英国的发展历史，并概述支持和反对放松管制的观点，并将说明和分析该国放松管制的最终结果和影响。

9.5.2.1　英国的放松管制

在英国，政治领导人和一批经济学家强烈支持放松公交管制。1979年保守党选举胜利，政府开始对公交进行自由市场的引进。这标志着强烈争议的开始，也是公交管制的放松在发达国家中的一个最大的尝试，很多其他国家都在密切关注。

保守党政府活动的一部分内容是，将各种经济部门私有化，减少政府的作用，减弱甚至完全消除工会权利。英国交通部还在1984年发表题为“巴士”的白皮书（U. K. DOT，1984）。

该报告对英国的公交巴士的境况和发展趋势做出了关键性分析，并给出政府提议，进行快速重组——私有化和放松管制。该报告引发了广泛的讨论和争议，最终制定了放松管制和实施的法案，结果使得公交运营商、市民、政治领导人、研究学者一度对此进行分析和争论。

报告中的方法和随后支持放松管制的很多论点，大都局限在公交系统及其运营的问题上。而其他更多的相关问题，如多式联运整合的必要、公交在城市中的作用、交通运输政策法规、以及城区的一般问题，几乎没有提及。公交服务被看作是一种商业行为，只在某些情况下才考虑公众和社会的利益。

实际上，甚至是公交，也没有被当作一个系统来对待。《巴士》，如题目所示，将巴士公交当作一个从其他公交系统中独立出来的一个整体，就像城区铁路和区域铁路一样，由英国铁路来统一管理；他们没有考虑私人交通（小汽车）的竞争这个重要因素，也没有讨论小汽车的过分使用对社会造成的负面影响及相关问题。

《巴士》很正确地指出了英国巴士公交的很多严重的问题（在其他国家也不同程度地存在）：

•运营成本增加比通货膨胀还要快。

•由于过分管制，加上运营商都处在垄断地位，服务对公众需求的响应不够。

•由于保护性垄断地位，很多公交机构都不思创新和改进。

•小型巴士比较便宜，且服务频率高，但由于工资要求高，且缺乏主动权的原因没应用。

•工会向机构和公司勒索过高工资，并总能在政府的很多补贴增加额中获利。

•这些情况，使得公交乘客的比例，甚至是纯粹的公交乘客数量，都在大量减少，从而进一步危及公交系统的生存。

报告指出，所有这些问题的原因，在于公交服务系统的组织结构：政府通过管制和补贴进行干预，造就了行业垄断、缺乏竞争；工会为要求提高薪酬和利益而具有的干涉权利过多；公共服务的需求多样化；合作联运的成本太高等等。

大部分公交和城市交通专家都承认这些问题的存在，但绝大多数人在国会中争辩并声明：由公共机构运作的城市公交，其发挥的作用远远优胜于以盈利为目的的私营公交机构。在解释公交问题产生的原因以及解决问题的办法提议上，两大派别存在很大分歧。

实际上，两种观点在各自的意识形态上就存在根本性分歧。自由市场的支持者认为，公交应该是一个商业化企业；它应该适当考虑到公众的利益，但那不是它的职责。如果能够获利运营，公众也能获利，乘客实际上也就会增加。

支持公交管制和整合联运的人则认为公交是城市经济和生活质量的基本元素。他们坚持认为，公交应该尽可能高效地运营，但整个系统的目的在于为乘客和城市服务，而不是为了利润最大化。利润的获取总是跟公众利益难以吻合的，如果片面追求利润，公交使用率将会大幅度下降。更重要的是，如果对城市交通的其他方式没有更加严格的财会管理，尤其是私家车和卡车，那么对公交财会的严格管理是不合逻辑也不可能实现的。

因此，两大派别在公交的基本概念上就存在分歧：公交的目的所在，哪个是主要哪个是次要——是商业企业还是公共服务机构。下面将概述各自观点的详细讨论。

9.5.2.2 放松管制

英国的巴士放松管制由1985年的交通法案推出。它作为政府驱动力的一部分，尽可能多地私有化和放松对国家工业部门和服务业的管制。该哲学/政治基础是教条的，他们坚信，政府机构效率低下，而且社会服务也大量浪费；在他们看来私营企业都是高效的（否则他们就会破产倒闭），而且由于他们的健康经济而为公众带来的利益远比政府提供的服务大得多。

英国政府对于推出巴士服务放松管制的计划，以及对其优势的论证，都将在下面进行简要概述（U. K. DOT，1984；Pickup et al.，1991）：

•政府将确保市场竞争的自由，允许服务供应商自由进入市场，自由建立收费体系。巴士公交自由市场的引进，将大大有利于竞争，去除受管制运作带来的效率低下。

•所有的公交线路都将公开招标，有资格的竞争者（由政府审批的所谓“有责任感的运营商”）都将公之于众。没有人竞标的线路（那些线路不太可能获利）将会由政府给予扶持的公共公交机构来运营。

•政府将保证所有的公交运营商对于公交车站和其他公共设施都将拥有同

等的通行权和使用权。同时政府还将会对其运营进行监督，防止“莽撞驾驶”为了拉拢乘客而相互追赶与巴士竞争。

• 为给巴士运营商提供公平的竞争环境，巴士服务必须完全与轨道交通或其他方式相脱离。

• 这种任何巴士公司都可以进入市场的自由性，会产生很多竞争，尤其是主要线路上。

在这些原则指导下的公交服务，将会产生如下特定的结果：

• 由于竞争，服务运营商将会对公众的需求响应更加积极。

• 无工会组织的企业的进入，将会减少相当多的成本（预计达30%之多），而竞争将会迫使所有运营商都降低成本。

• 较低的运作成本将会大大增加公交服务的频率和多样性，从而吸引更多新的乘客。

• 利润动机将促使新技术的产生以及运作上的革新（如小型巴士的广泛运用）。

• 对整个网络进行财政计算，而不再是单独针对各个线路，消除了不同巴士跨线路间补助金，同时也能降低运作成本和竞争，因此导致更低票价。

• 更高频率、更加多样化和更加低廉的公交服务，将会吸引更多的乘客，这就促进收益的增长，从而进一步促进公交服务的发展。

9.5.2.3 反对放松管制

反对放松公交管制的人士认为，要想创造一个自由的市场环境，至少要有以下三种条件：

1. 服务的购买者至少应支付他所购买服务的边际成本。

2. 所有竞争者，其各自运营成本占资本成本的比例应几乎相等。

3. 外部性（溢出成本和利润）不重要。

而在放松公交管制的提议中，这些情况都不存在。首先，服务收费的无管制，将经常导致价格战争，并导致大幅度降价，这就违反了第一个条件。这种现象，在美国对其航空公司放松管制的例子中得到了明显的验证。不仅行业遭到破坏，很多新建的航空公司也纷纷破产，其中也不乏很多老的、建设完善的航空公司，如Pan-Am，Eastern，以及Braniff。

其次，尽管大多数巴士系统没有大型公共基础设施，新的公交服务竞争者还是要拿出相当大的投资来购买巴士车辆。第三，所有的公交，包括巴士，在大部分情况下都对社会和环境产生重要的外部性影响，而这些在他们的收费中没有得到任何体现。

由于很多相互竞争的巴士公司，包括公共的和私有的，以及他们从轨道线路的脱离，相互协作服务和收费的一体化公交系统将消失。这将破坏公交系统经过几十年的努力整合才创建的巨大资产，并且这种整合吸引了相当多的额外乘客。

反对放松管制者还进一步强调，无管制的竞争，将会产生与其支持者所声称的截然不同的结果。主要有以下几点：

• 由于私人运营商为了扩大利润而削减成本，比起公共机构，他们往往降低其运营和安全标准，减少人事培训。

• 解除价格控制，使得他们只追求收益和利润，而不是最大地吸引乘客。因此，收费价格将会上涨而不是下降，尤其是那些由一个公司单独运营的线路。

• 主干道上服务的增加和出行较少线路服务的减少，将加剧城区的隔离，并对低层收入群体产生很多负面影响。

• 没有线路间的交叉补贴，出行量少的线路服务公司，将在已有的基础上向政府要求更高的补贴。因此，当考虑整个巴士服务网络的时候，要实现主干道线路上成本降低的可能性减小了。

• 现代区域范围的公交系统具有协调换乘、联合收费、信息综合等其他优点。若去除这种整合的服务，其损失将远远超出引进高频率服务（大都是低运营成本的小巴士）而获得的收益。

• 将公交系统拆分成一些独立运行的巴士线路的集合，一系列城市问题都将出现：降低公交的公众形象，削弱公交在城市交通规划中的作用，甚至会导致提升私人小轿车的主导地位。

• 没有工会，将导致薪酬低廉，劳工利益减少，而且没有工作权益的保障；将对公交行业的雇佣关系的水平和质量产生很多负面的影响。

在总的评价中，实施管制和整合公交的支持者指出：公交自由市场在很多年以前就已经失败了，但那个时候还没有小汽车的竞争。现在，除了依然存在导致以前失败的主要因素，再加上小汽车使用的竞争因素，想再次引进自由市场理念，只会导致公交服务的更大程度上的恶化（Pickup et al.，1991；Cartledge，2002）。

反对放松管制的人士指出，公有制公交系统远好于不受管制的私营市场，这一点在现实的例子中得到支持。所有现代化的高质量公交系统，如在Brussels、Stockholm以及Munich，都是公有制的；自由市场性的或者无管制的公交的所在城市有Manila、Bangkok、以及Lima。所有去过这些城市的人都能很明显地看到前者的优越性。

9.5.2.4 检测论证：放松管制的结果

人们对于英国放松公交管制带来的影响进行了大量的研究。经过若干年的调整和变化，许多有卫星城的大城市的调查显示，放松公交管制主要会带来以下结果（Fawker，1995；Pickup et al.，1991）。

• 管制一旦解除，大量新的公交公司快速发展，但是很少有大型公司成为真正的竞争者。逐渐的，竞争从实际的道路上巴士间的竞争转变成了少部分大型运营商董事会之间的竞争。

• 小型巴士的使用出现相当规模的增长，其在主干道上服务的频率高，获利多。但是小型巴士的驾驶员跟正规公交的相比，其培训质量要低得多（Banister and Mackett，1990）。

• 出行量较少的线路，其公交服务经常不连续，损害了公交乘客的利益。

• 运营成本（以及补贴）下降了 20%～25%。随着该比例的下降，似乎他们会再一次获得相似的增长趋势，正如在解除管制前他们所经历的。

• 由于新巴士投资建设的削减，巴士车队已经老化。

• 除了引进小型巴士，没有任何其他的革新；实际上，很多新理念的验证，如伯明翰的 O. Bahn 运营部门，被终止了。

• 收费大幅度上涨，尤其紧随公交管制放松之后。这损害了乘客利益，并给低层收入群体造成困难。

• 几乎所有大城市都出现乘客流失现象。主要原因是很多巴士线路被取消，收费上涨，以及由于非整合服务中信息贫乏所造成的混淆。这些因素远远比通过在主干道提高小型巴士服务频率所带来的效益重要。

• 巴士-公里出行量的增加，大都出现在平行的相互竞争的线路上，而不是新的路线上或新型服务。巴士行业的雇用工人大量减少，其工资相比其他行业也降低了。

• 每巴士-公里的运营成本降低了，但是使用强度，或者每巴士-公里的平均乘客量也减少了，因此，巴士运营起来更加便宜了，但是利用率却降低了。

• 调查显示，非公交使用者的出行成本降了约 20%（由于补贴减少），但是巴士乘客的出行成本至少上升 40%（由于收费的迅速上涨）。同时数据表明，小汽车拥有量，尤其在公交收费上涨的地方，增幅最大。在分析放松管制产生的间接影响时，Pickup 指出，在衡量公交补贴下降的时候，也应将低收入巴士乘客所遇到的困难、拥堵导致的费用增长以及环境破坏都包括进去（Pickup et al.，1991）。

回顾英国的整个巴士公交服务系统，很明显，公交管制的放松降低了公交的协调性，并促使与轨道交通系统的分离。由于大量不受管制的运营商不愿提供报告，因此很难获得有关巴士系统的信息和准确数据。所以，巴士服务不是一个整体意义上的系统。

一个更重要的问题是，管制的放松实际上使得公交脱离了城市交通规划，因而从总体上削弱了交通运输系统多式联运的规划和系统的方法。在1986年《巴士放松公交管制》法案的制定以后，英国国会审核通过了对高速公路建设的大量投资。有批评家认为，放松公交管制，实际上只是高速公路游说集团的一种掩饰手段，用以进一步削弱公交在城市中发挥的其实已经不是很充分的作用。

很重要的一点是，政府意识到了，公交在伦敦举足轻重的地位，如果伦敦也放松公交管制，其负面影响将远远超过正面效益，甚至会产生很严重的危机。因此，当巴士放松管制席卷英国的很多城市，去除政府对收费、排班以及联合运输合作的管制时，伦敦并没有如此。相反，伦敦的巴士服务，通过服务部门的招标来进行局部私有化，同时允许隶属于伦敦交通部门的公有制企业与私营企业相互竞标。

协议化的服务只是部分私有化，但没有解除管制。表9.1展示了完全放松管制后和通过协议部分私有化后两者的比较。该表很清晰地表明，解除管制是降低了成本，但是也明显损害了乘客的利益，减弱了公交的作用。通过合同私有化，也一样能节约成本，但是他们对乘客产生的影响总的来说都是积极的。

表9.1　英国城市公交放松管制VS伦敦公交协议私有化的结果

期望结果	解除管制的实际影响	私有化/协议的影响
促进成本降低	是：减少25%或更多	是：减少25%
降低收费	不是：收费上涨30%	不是：收费上涨6%
服务能更好地响应客户需求增长带来的效益	不是：逐渐减弱的规范性和贫乏的信息抵消了巴士-公里的增加带来的好处	是：服务质量大幅改善
防止巴士出行量减少，减少对小汽车的依赖	复杂：巴士乘客量下降30%但部分地区（主要是那些单个运营商垄断的地方）呈现大幅增长	是：乘客量持平
促进服务和技术创新	少：小型巴士的大量投入使用是仅有的重要服务创新	复杂：较多的企业运营商提供一些服务创新

资料来源：Fawkner，1995

总之，如果放松管制的主要目的是要在短时间内降低公交的税收和政府投资，那么它是成功的。但是，考虑到对公交乘客量的影响，考虑那些对依赖公交的低收入群体的福利以及短期和长期内公交在城市中的作用，放松巴士管制无疑会产生相反的结果，并导致英国大都市圈的很多交通问题的产生（Pickup et al，1991；Fawkner，1995；Vuchic，1999）。

有趣的是，早在1990年初，当时管制放松后的状况相对比较稳定。当时有很多大量的各种社会团体，如工程协会、汽车俱乐部以及政党等。一般都是坚决主张要改进公交服务、减少小汽车使用的负面影响、推行道路收费政策，等等。但是，这些平衡城市交通中不同交通方式的措施，在一体化整合协调的公交系统中容易推行，但在分散的几乎不受管制的公交服务体系中却很难实施。

9.5.3 其他国家的公交放松管制

很多国家已经对公交放松管制的概念进行了讨论，但大多数情况下大家都把它理解为对管制的重新探讨以及对一些国家和城市管制过分或者造成不合理负担的一些修订。对管制要求和流程采取的一些变化、调整和削减，被发现是很有用的。很多国家的管制改革，像澳大利亚、法国、德国以及瑞士，都极大地提高了运营效率，扩大了组织结构的选择性，并激活了诸多竞争因素，促进了服务质量的改善（详见以下部分）。

然而，英国的放松管制，跟其他国家的偶尔涉及放松管制的过程存在着根本的区别。首先，英国全面的解除管制，不仅包括经济和收费管制的去除，而且包括经销权审核较大的放松；并且，由于无管制服务的自然特性，降低了质量标准，削弱了安全管制实施的监督力度。其次，英国放松公交管制的主要目的是为了减少政府对公交的投资消耗。该目的实际上践踏了公众拥有一体化、高质量公交服务系统的权益，正如一位强烈支持放松公交管制的鼓吹者在文章的标题写的那样："选择市场化还是整合"（Hibbs，1986）。最后，完全的放松管制削弱了公交规划及其在城市交通联合运输政策中的作用。

大多数其他国家对自身的管制标准和流程进行了修订，将提高经济效益作为主要目标，并将以乘客量最大化为目的的一体化公交系统放在其次地位。因此，他们的放松管制的范围比较小，并且受到整合服务保留或者改善的制约。存在协调性的公交在联合运输规划和政策制定中能够允许作为一个整体系统来处理。

9.6 公交所有权、组织和管理的形式

在最近几年，公交行业正在经历重大的组织结构的变化。由于公交服务尖锐的财政问题和公众不满意度的日益增长，公交的传统组织形式一管委会监督单个的公共机构，这个公共机构提供城区的所有公交服务一遭遇挑战。为讨论这个问题，交通运输研究委员会（Stanley et al.，2003）发起了一项对公交组织进行的研究，并将该问题集中在三个方面：

• 为什么必须对传统的公交组织结构进行根本性变革？

• 变革会产生哪些自然特性？

• 怎样将已有的公交组织转换成新的结构模式？

这些问题都将在下面三节中进行讨论。他们分别涵盖以下因素：变革的必要性，变革的多样性以及最近几年发生变革的一些具体的例子。

9.6.1 组织的问题和产生原因

我们对诸多城市公交运营状况做一个典型的回顾，从中可以看到，为什么对公交以及城市其他交通运输服务的组织进行变革是必须的。在最近几十年很多城市的公交机构面临越来越多的亏损。迫于财政压力，公交机构总采取保护性政策，形成保存现有服务的心态，而不是采取有效措施来吸引更多的乘客。因此，当补贴需求增长的时候，乘客就感觉公交机构并没有给予他们足够的重视，也没有在服务上进行任何革新。在公共基金支持的高性能公交方式的城市中尤其是这样，例如铁路和升级巴士服务，传统上就远远不够，结果是公交大多由路面巴士组成，而与小汽车相比，肯定是不具备竞争力的。

公交组织日益面临的问题主要有两大类。第一类问题，实际上是由于公交机构自身令人难以满意的表现而引发的运营效率的低下及财政困难。第二类问题，都是由于缺乏一个明确的交通运输政策所致。一方面，很多西欧及其他国家，像澳大利亚、加拿大、日本，他们在创建具有吸引力的公交系统方面取得令人注目的进步。另一方面，很多国家在政策和财政决策上依然继续支持高速公路远胜过支持公交。由于很多政治和组织障碍，关于引进联合协作运输重要进程的进展也总是变化不定的。

最近的组织改革大都集中在公交机构和服务上，但也有很多城市，开始越来越多地关注城市综合交通运输政策和新的组织形式的发展，以求实施效率更高。

公交服务的效率和服务满意度的日趋低下，触发了人们对公交组织结构、管制以及所有权等方面的广泛讨论。有两种对立的观点，一种反对传统的公共公交机构，另一种支持。对这两种观点的评论，有利于我们消除基于不同意识形态和维护自身利益的评论。焦点集中在对问题的实际评价以及对公交系统组织一系列问题的可能解决途径。

批评性观点，总将公交组织视为“公共垄断”，并总在逻辑意识里认为公共所有权易导致管理差，运营效率低。但是，这些批评家的确正确指出了单个公共机构的缺陷及其带来的问题，如 9.1.3 节中列出的条目 D－1 到 D－4。财政方面的问题，若依靠政治决策，更难管理，尤其当城市交通运输政策没有很明确地定义和推行的时候。工会，依靠政府补贴，经常向管理层施加压力，以获得更高的工资，因此罢工成为他们的有力武器。他们甚至认为，由于缺乏竞争才会导致公交服务对乘客的忽视以及服务质量的下降，这在很多城市也确实是有事实依据的。

前面已经讨论过，站在这条战线的很多支持者都认为，放松管制和公交私有化就会解决那些问题。因为他们认为，私营企业天生就效率高，工会应该解散，而且受利益驱使的运营商会引进改革创新，对乘客需求也会很敏锐，尤其是引进竞争机制后。但如9.5节所示，英国和其他地方的放松公交管制的应用在解决这些问题的时候也是事与愿违，因此还在进一步发展和探究其他途径。

很多公交运营商反对这种批评性观点，认为它夸张且不切实际。他们明确指出，从早在几十年前他们接管私营公交机构到现在，整合的公共公交机构基本达到了他们的预期目标，如9.1.3节中列出的A－1到A－5。大多数整合的联合运输系统证实了这一点，例如巴黎、慕尼黑、还有多伦多，他们都是由公共公交机构发展起来的。但是，很多运营商也同样认为公交财政效益和对顾客需求反应低效等问题的严重性，认为应予以解决。大多数进步的公交机构的领导者也都强调，组织机构的改革创新和对乘客服务态度的改善是必要的。

在很多国家，公交机构重组和服务态度改善的集中行动，都是遵照国际水平的要求。大量的文章、报告，以及国际公共交通协会（UITP）的政策条例，都着重强调，必须加大对乘客需求的关注力度，抓紧改善运营效率。政府和运营商间的协议关系，引进新型公交组织方式的关键问题，这些都是广泛讨论的话题。

回顾那些批评和支持传统公共公交机构人士所提出的观点和论据，我们可以将公交服务要求特性的诸多因素以及他们现有亟需解决的缺陷做个概述。

首先，公交机构存在的主要目的就是给公众提供高质量的服务。这就要求给现有的以及潜在的公交用户提供一个整合的协作化的公交系统。

其次，很多公交机构在很多时候容易产生运营问题的组织形式和财政状况下运营。例如：

• 拟定管理委员会成员的法定程序和委任步骤，易使得管理机构在技术上不能胜任，也未能足够充分地提供高质量的公交服务。

• 管理层总是趋向于保存现有的状况，而不思改进和创新。

• 工会滥用权利反对技术和运营上的创新，并总是提出高于通过生产率增长证明合理的工资增长要求。

• 为追求时间、运营和维护工作的便捷，职工总是对面向用户服务的各种要求熟视无睹。

最后，对公交的政策和财政支持，为高质量公交服务的提供及其有效运营给予了根本性帮助。在区域多式联运系统中，如果没有充分的组织和财政支持，即使是管理组织最好的公交系统也不能有效满足顾客的需求。

将问题放在一个更广阔的角度来看，援引 TRB 研究（Stanley et al.，2003）在公交系统中寻找创新方面存在的六点问题：

1. 城市生活质量和经济活力越来越受到以下状况的威胁：城市发展散乱而无计划，交通拥堵状况日益严重，运营成本不断增加，以及公共服务质量的不断下降。

2. 社会经济发展的趋势正逐步削弱传统交通服务的适用性。

3. 地面交通的有利环境或者提供服务的过程，充满着零散的责任。

4. 公交组织机构的内部文化和动力由于历史的障碍而很难改变。

5. 在公交服务延续方面，乘客所能感受到的服务质量没有得到充分的关注。

6. 公交组织结构在先进技术的应用部署上总是特别缓慢的。

理解这些问题及其缘由，对于寻求新的解决途径至关重要。

9.6.2 公交机构结构的重估

为确定哪些改革是必须的，就必须对公交机构的结构功能做一个简要的分析。公交机构的活动可以由一个简单的模型描述定义为三层活动，如图 9.1 所示。最高层，也就是战略层，必须着重公交机构的最基本目标：对乘客和客户

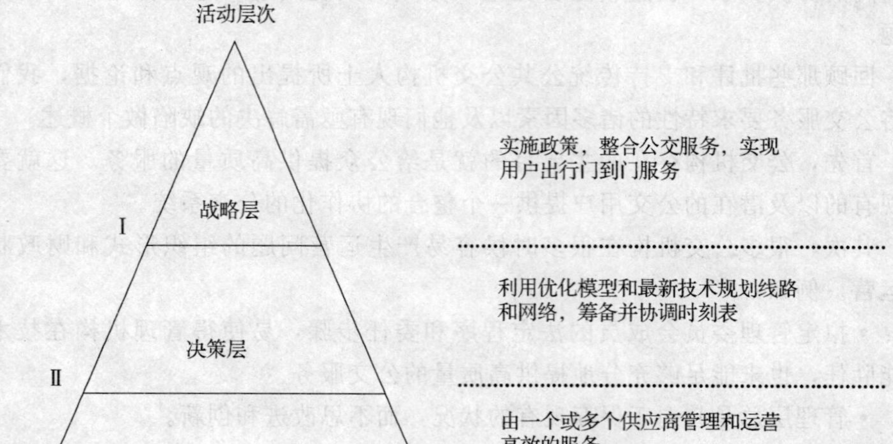

图 9.1　公交服务供应的概念模型

的服务。机构的很多政策必须从该层制定。第二层，决策层，由网络设计、路线，以及运行计划、收费等组成。第三层代表服务的实际提供（指挥运营）。

在传统的公交机构中，这三类层次活动都是由同一组织机构执行。然而各层活动相互依赖，并且需要相互协调，因此有必要对他们进行定义，并使他们在机构中担负的责任维持一定的独立性是合乎情理的。经验表明，董事会成员对技术和运营问题的直接干预，能够引起混乱。而且，三个层次的分离，可能允许公交机构或者执行决策计划的伞状组织，寻求投标者或者协议伙伴，从而使得运营可以由公交机构或者其他的公有制或私营运营商来执行。各层的主要活动如图 9.1 所示。

回顾一下，公交组织中认为应当进行的改革包含很多方面，从针对不同运输方式的交通运输政策而进行的广泛讨论，到所提供的服务质量以及新兴技术的应用。很多城市要求变革的主要条目大致可以分为七种，这里做简要概述。

9.6.2.1　扩大任务

公交机构的现有基本任务，即提供公交服务，必须进一步扩大为包括担负起管理城市流动的责任。我们可以很明显的看到，为了实现多方式运输系统更好的管理，需要一个多式联运机构的协作化的管理。在有的城市，一个重组的公交机构或许就是担当该责任的合理机构。在有些城市，包括旧金山和伦敦，形成了很多新的机构来管理公交、停车以及执行很多其他的交通功能。奥斯陆（Olso）有一个专门机构，对于驶入城市的车辆收取道路费，而这些资金随后分拨给道路和公交财政机构。在新加坡，道路交通管理局（LTA）针对所有道路、公交以及出租车公司，执行政策制定和协调合作功能。

9.6.2.2　关注顾客

公交服务的组织和运营，必须建立在对现有和潜在公交用户的需求的认真分析的基础之上，而不是期望那些需要使用公交的用户去乘坐公交。两种方法的区别在于，一种从乘客的角度出发，一种从运营商的角度出发，见图 9.2 的图解。表中的乘客 C 可以选择一种或若干种线路和交通方式，如表中所列的巴士、轻轨以及地铁，并且，乘客可通过所有出行中所获得的感受（水平粗线框）来判断评价系统的服务质量。

公交提供商（1 个或者更多）运营和分析单个服务或交通方式（垂直的粗虚线框）的效益。整个公交系统的性能评估必须包含两者。如图所示，总体公交系统的性能跟这两者都是关联的：服务质量和效率包括用户和运营商的。

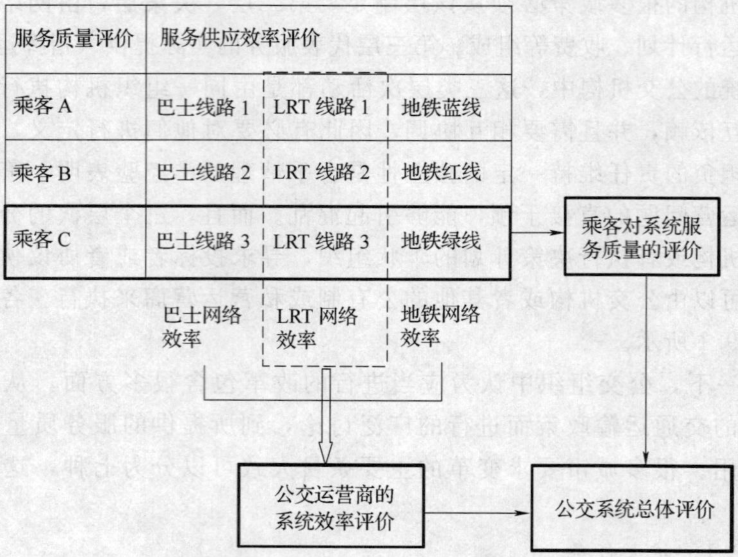

图 9.2　系统效率、服务质量以及公交系统性能概念

这里的观点就是，公交运营商在评估自己提供的服务的时候，不仅要从单个服务的效益措施（垂直方向）出发，还应考虑到乘客的评论和观点（水平方向），他们使用的就是由不同出行方式组成的服务。

9.6.2.3　竞争和其他激励机制

各种不同竞争机制可以有效防止放松管制的公交机构，变成反对改变和创新的自我保护机构。竞争可以在单个公交机构的各个部门来组织进行，或者实行竞争性的投标/管理。公交竞争必须具体到线路、时刻表安排、服务质量、以及收费体系，因为公交是应用在线路上，而不是街道上。

9.6.2.4　合作与整合

在不同交通方式及功能的交通运输机构之间的运营合作，是实现管理机动性这个扩大任务的基础。如公交、交通、停车、行人等等。为使合作更加有效，各类服务，有时是基础设施和资产，必须进行共享或者整合。

9.6.2.5　先进技术的应用

公交系统的技术革新在最近几十年发展很快。例如，新的隧道挖掘技术、低地板巴士以及轻轨车辆、还有列车自动运行系统。目前最复杂的创新技术来自 ITS 领域或者远程控制领域（Girnau et al.，2001）。智能交通系统在公交的应用包括在线运营控制、智能卡以及其他现代收费系统，乘客通过电话、网络了解服务信息，公交站台和车站，安全系统，车辆检修，以及其他方面等等

(见 6.4.3 节)。

这些技术创新大都需要投资，并且需要付出巨大努力来实施改革和人事培训。但是，在很短的时间内，更高的效率和更好的服务所带来的回报是值得为之付出的。公交组织机构必须允许和鼓励技术创新的引进和推动。

9.6.2.6　组织结构的改革

对许多公交机构内部组织结构的重新评估是很用的。有些方面是必须进行修订的，包括法规的构成、责任、董事会成员的任命方法、劳资关系和提供给乘客有吸引力公交服务的利益驱动机制。

9.6.2.7　服务和运营效率的监督

为保证公交系统的服务和表现能够满足已定目标、标准，或者提供的协议，公交机构或者其监督部门，必须保持对常规的公交服务质量和运营效率的监督(见图 9.2)。

9.6.3　私有化和公交重组的其他形式

由于已经意识到传统的公交机构必须进行改革，目的是以达到提高运营效率及提高所提供服务质量的组织形式，所以现在面对的问题是该怎样实施改革。

回顾几十年前，公交机构从私有制向公有制的转变，我们可以看到该改革所带来的正面和负面的影响。整合多式联运公交网络的创举，其带来的效益是巨大的。纽约、巴黎、柏林，以及其他同类城市，他们的公交系统，远比那些由私人运营商提供的分散服务好的多。在定制收费标准方面，公共公交机构通常会理性地折中考虑，以同时满足公众的社会需求和机构收益的最大化。

然而，随着时间的推移，单个公交机构的负面影响也愈加严重。如前面所讨论的那样，他们的运营效率以及对客户需求的考虑在下降。这种尖锐的危机使得很多经济学家和政治家开始呼吁放松公交管制，但他们却没有阐释无管制的竞争怎样才能避免那些导致公共接管的问题。

由于对放松管制在几个国家的试点结果明显不满意，全球很多城市都在致力于寻求以下基本的组织结构方面问题的答案：

在继续向公众提供一体化、收费合理的服务且提高对客户需求关注的同时，怎样才能实现经济、组织上的更加高效?

对于一些不同的功能，公交机构跟很多私营企业签订了竞争协议，如基础设施的维护、票款的收集、以及车辆的全面检修。这些活动和安排，改善了运作效益，降低了成本，现在很多国家还在继续和发展。

最近几年，公共一私有制伙伴关系的发展已经进入一个新的阶段：以协议的形式转让巴士公交线路的运营，这种新方法的实施已经收到了很积极的效果，并逐渐在很多国家的城市中应用，如美国、法国、德国、斯堪迪纳维亚的国家，以及其他别的地方等等。在英国，伦敦的竞争协议的应用，是在中央级公交机构即伦敦交通运输部门的协调下进行的（有别于英国其他城市放松公交管制的做法）。

9.6.3.1　哥德堡的例子

各种各样的协议和私有化巴士公交服务的组织形式和流程模式，在许多不同城市中应用。这里将介绍一个这一过程极好的例子，即瑞典哥德堡城市的例子。

早在1978年，瑞典交通法案就规定："每个郡县都必须建立一个公共交通运输部门，以负责组织管理当地和区域的公交服务。"亏损必须由市政府和该县补贴，各承担50%。

管理部门，指定为PTE，可以是一个公共所有权的股东企业，也可以是城市/县所属部门。它可以从运营商那里购置服务，也可以直接或间接地利用自己的巴士车辆进行运营。PTE必须协调所有网络中的线路，并制定所有运营商的价格收费水平。

该法案还要求准备将公交服务的战略层和决策层从运营层中分离开来，如图9.1所示。该市的一个公交机构GS，每年获得2 000万SEK（相当于300万美元）来准备竞标。10年后，1988年的交通法案进一步深入定义公交服务的组织，并要求推行和实施。1988年法案的主要指示有：

• 各县的PTE机构必须负责公交运营的特许权的管理。

• PTE允许但不是非得招标。

• PTE制定所有招标服务项目的细节：包括网络中的线路、车辆型号、运营时段、服务间隔时间、收费、驾驶员的制服、设计和商标等等。

• 投标必须面向州属、市属或者私营运营商。

• 服务质量和协议成本必须是选择运营商的主要标准。

• 当选的政治委员会在选择运营商时必须对其选民负责。

协议的第一轮由哥德堡西部地区的5个不同巴士线路集合组成。4个运营商相互竞争：GS（该市的公交机构）、一个私有制企业、还有一个州属企业、以及一个由4个小型运营商联合的资本协会。GS在投标线路中赢得55%，而私营企业赢得45%。他们在1993年开始运营。

这种服务结构的重组，其效果是显著的。GS在竞争中失去了一部分线路，但是跟私营企业一样是很具有竞争力的。这种新的服务组织和安排，已经被证明有效地降低了运营成本，跟1989年相比，由于改革，降低了45%。这些节省都是通过多项改革来实现的。GS被重构为股份所有的企业，所有股权由市政府拥有。在内部，不同交通方式形成竞争性分离：轻轨、巴士、渡船（这种改革在以前是遭联盟反对的）。运营已经流水线化，部分员工被重新分配到市政府的其他部门。分离出来的轻轨和渡船子机构依然归属于GS运营。

1997年进行的第二次竞标，改善了当地和区域公交线路的协作，并提高了对巴士车辆尾气排放标准的要求。

9.6.3.2 法国城市的公交组织

法国国家政府通过若干法律，支持城市资助和组织地方公交系统。1973年，该国引进Versement de transport（交通运输筹资）税，要求在人口超过30万的城市，所有拥有9个以上雇员的公司必须支付2%左右的薪水单税。这也是公交发展史上的一个标记。这种可靠的筹资渠道使得全国的公交系统大肆复苏和扩张。

由于地方财政的保障，很多随后的法律的颁布促使公交机构向地方区域分散，也推动了区域和地方公交部门的形成；这些公交部门提供预算，制定政策、收费水平以及服务标准，但是将具体的运营分派给独立的公共或私营企业。1982年的地方交通运输组织法案（LOTI）奠定了法国现在城市交通的组织结构。它推行竞争性协商流程，以对城市公交系统的托管运营商进行选择。

但是，尽管颁布了LOTI，法国还是有很多城市和运营商并不支持公交系统运营的竞争性流程。这就使得一部分城市的企业运营是由行业内部决定，而不是通过正当的竞争过程。城市政府发布了申请的要求，但可能只收到一个公司的竞标，往往就是当前的运营商。有几个城市已经出现针对勾结和行贿的控诉。在1993年，Sapin法案（以它的推行者Michel Sapin命名，他是当时的财政部长）开始推行。该法案重点改善公共服务的授权问题，包括公交在内。法案特别规定，由地方政府负责，通过与另外一个实体的竞争性协议来执行运营，提供公交服务。

Sapin法案其目的在于确保公平竞争，杜绝腐败。尤其旨在实现两个目标：实现市场效益和公众需求以及政府管制之间的平衡，实现协议的透明化和可阐释化。

由于公交机构的这种组织方案，法国现在大多数城市公交部门都是这样运作的：通过协议将公交系统的运营转让出，且大多是作为一个整体或一个机构转让出，而不是通过若干巴士或轨道公交运营商。三大公交运营商，Connex、Keolis、以及TRANADEV，在超过60%的城市运营。其他城市的运营商多种多样，有时候有管理组织或团体的参与，或者是其他城市或国家的公交机构，或者是一些运营着巴士线路集合的私营企业。而所有的轨道交通系统都是由单个的企业来运营。承包约定一定期限，一般是5年，由此根据提供的服务质量和经济效益，对承包工作进行回顾和评测，以决定是否继续续约。

9.6.3.3 其他城市的例子

从这些例子我们看到，公交服务的私有化和协议形式以很多种形式存在，在这里可以描述一些可选性特征，由于诸多途径和新的法案及范例总在不断出现，所以全面系统的回顾是不可能的。

巴士服务的招标模式正在不断应用，其目的不仅是为了在传统公共公交机构中引进竞争性运营，也为了改善无管制公交的服务状况。这种组织上的努力，可以从这样一个角度看：作为反对垄断的公交机构，其目的在于改善多个无管制公交的混乱服务和低效率运营。拉丁美洲的很多城市正在努力做这方面的重组。例如，在圣地亚哥和智利，由于大量巴士公司彼此间的相互竞争，以及地铁在很多冗余线路上无组织地运行，导致其公交服务极其混乱。为将这些服务改进成协调性的联合运输系统，他们都在做巨大的努力。在紧接着私人运营商跟公共机构的广泛协商之后，中央机构又规划设计了网络，将干线、支路上的巴士线路跟地铁系统协调起来，这些新的服务模式都将进行公开招标。

协议有时候对整个城市的公交系统起作用。如上面提到的法国的例子，其城市或者公交机构聘请一家专业的公交管理企业，在协议的规定前提下，运营整个公交系统。这些企业有 Arriva、Stagecoach、Connex、TRANSDEV、Keolis（法国铁路的一个子公司，SNCF），以及法国、英国、澳大利亚、新西兰和其他一些国家的城市的公交运营系统。

有些城市的交通运输部门已经分解开来，专门负责公交管理。例如，全国铁路客运公司（Amtrak 美铁）在许多城市运营区域铁路服务。汉堡公交公司（HHA），跟邻近的公交机构合作，管理运营着几个德国小城市的公交系统。

轨道交通系统的招标跟巴士相比，限制较多，成功的可能性也要小些。大部分公交运营商也反对将轨道交通系统分给不同机构。他们很有力地争辩道：轨道交通系统天生就是一个整体化的系统，不适合多家运营和竞争服务。很多城市将轨道交通拆分来实现竞争性服务，其结果和经验都证明了这一点。

墨尔本扩展的电车轨道网络被分离成由两家公司来竞争运营，结果被认为是失败的，且正在考虑重新整合成单独的一个机构。在新加坡，大运量的快运公交系统（MRT）网络被两家同时也运营巴士的企业拆分。将轨道系统拆成两个公司的理由，说是为了创立竞争机制，但却遭到质疑。因为两家公司服务的领域不同，所以他们实际上根本不存在竞争。是否将伦敦地铁系统拆分为三个子网络，该问题已经演变成国家政府和伦敦市长的一场激烈的争论。尽管世界前沿的交通专家都支持市长，强烈反对公交网络的拆分，但国家政府还是一意孤行，认为竞争是实现效率的唯一途径。

他们甚至试图将铁路基础设施的所有权从运营公司那分离出来，这将影响到轨道公交系统的组织。该提议正在广泛讨论中。但英国铁路的这种重组已经失败了，瑞士和德国的铁路公司在推行改革时变得很谨慎，只将部分线路开放给不同运营商运营。

很明显，巴士和轨道交通的管理存在相当大的差别。轨道比巴士服务的投标成功率也明显低得多，似乎是由两种模式天生的区别所致。重要的原因是在于系统物理特性（特殊的ROW以及精度较高的系统技术）、成本结构（不同的投入/产出比例）、管理和运营方法（铁路更加集中化）的差别以及两种模式公共形象的根本性差异。

很多国家的政治甚至意识形态因素，影响了公交的组织结构。例如，欧盟采取大量管制措施，旨在激发购买车辆和提供服务方面的竞争。当然有些措施在一定程度上鼓舞了公交行业及其供应商，但是有些直接遭到诸多大型公交机构的反对。因为那些将严重破坏完善的一体化服务系统（Stanley et al.，2003)。该争论还可以持续很多年。

9.6.3.4　竞争性私有化过程的回顾

这里将正努力重组公交系统过程的主要特点做一个概述。

很多城市创立了专门的机构来执行出行流动管理，例如，分析居民出行需求，以及协调公交与其他功能活动，诸如交通、停车、以及自行车。很多情况下，这些专门机构的建立是为了详细地组织管理所有的公交服务。他们制定战略决策，并组织管理服务供应商。两种职责分开来执行。

公交政策的制定和服务的组织安排将由城市或州政府或者某个伞状机构来执行，或者如果公交机构自身没有参与竞争，它也可以进行服务投标的管理。

服务协议通常都建立在准确、详细的任务基础之上。中央公交部门（或者公交机构）准备好服务线路网络，各自的时刻表、票价、以及其他一系列的细节，包括车站和车辆的质量及清洁度、对顾客的态度、信息服务、市场营销，等等。

有两类要求尤其重要。一个是系统的表现性能，包括车站和车辆的条件、速度、以及服务的可靠性。第二个，则是影响乘客乘车体验的所有因素。公交部门或者独立的调查公司将通过调研对这两类要求进行监督。通过协议，在调查结果的基础上对运营公司进行提前惩罚，这是很常见的。

在服务协议中，对乘客的服务态度在很大程度上影响吸引（或丢失）的乘客量，支付的承包额一般跟服务的乘客量相关联，以维持并激励运营商不断吸引乘客。

承包年限一般在3到5年。一般会有一个条款，如果运营商的运作没有令人满意，协议将被取消。运营商有义务完善服务，如果要中断协议，必须给出详细说明和通知，一般会提前几个月。

总之，与运营商的协议规定了所有工作和服务质量的要求。财政安排会有所不同，会将客流量较多线上的运营商应交付额与需要补贴的客流量较少线上的交付额区别开来。协议还必须包括持续时间和终止境况。有时候还包括对未能如意运作的惩罚和对乘客量增长的运作的奖励。对协议的总结回顾或重新招标将依据规定好的时间段进行，如每半年，或者每年进行一次。

在大部分大城市，租赁在巴士公交网络中都占有一定比例。由于政府或公交机构必须监督、协调，以及规划整个网络，租赁服务游离于许多运营商，会使得监管和合作任务变得更加复杂，为此而付出的成本和组织难度甚至可能超出了运营成本降低所带来的效益。这一点使得租赁服务开始规定上限。在一些小的城市，大部分或者甚至是整个公交服务，可能是在一个协议下运营。

练　习

9.1　当许多独立的运营商整合成单个的一体化公交机构，公众能从中获得什么利益？运营商又能获得什么利益？(在哪些经济领域可以实现?)

注意：只讨论整合带来的利益，而不管所有权（是公有还是私有）。

9.2　从早期的例子可以看出，当公共公交中存在什么问题时，政府必须对其实施管制？考虑到公共公交服务推行时的社会环境和要求，请定义管制的目的。

9.3　私营性公交机构和公共公交机构，在下列相关方面的本质区别是什么？

• 公共服务（吸引乘客）和经济效益间的关系；

• 提供服务的基本目标和目的；

• 运营及内部组织的方法途径。

9.4　列出并阐述：

a. 几十年前大城市里对私营公交实行公共部门接管，其三大好处是什么？

b. 跟私营公交公司相比，大型公共公交机构更容易出现的两大弊端是什么？

9.5　列出并阐述城际公交公司及其所有权的各种形式。

9.6　区域公交机构形成的原因是什么？

9.7　定义公交区域：他们的目的、形式、运作范围，如服务领域。

9.8　在所在服务领域的税收权利上，公共公交机构的优势是什么？即，该权利是怎么帮助公交系统搞筹资投资建设的？

9.9　定义公交联盟：其目的、可能包含的运营机构以及运作的基本方法。创立公交联盟最合理的地方是哪里？哪些又是不合理的？

9.10　定义政府实施公交管制的主要目的，并列出主要种类。

9.11　列出并一一阐述政府公交管制的四大类型。

9.12　哪一类公交管制是最重要的？主要包括什么内容？列出并阐述这种管制的主要形式。

9.13　从乘客（用户）的角度来看，进行公交经济管制的主要理由是什么？公交运营商又能从中得到什么利益？

9.14　举出公交技术和社会因素有时也被管制的例子，阐述其目的。

9.15　如果不对公交服务实行经济管制，下列方面会存在哪些问题？

- 运营机构的商业活动；
- 服务质量和收费价格。

9.16　下列领域中，哪些管制的影响可能是负面的？

- 安全；
- 经济（票价）；
- 社会因素；
- 外部影响。

9.17　英国的放松公交管制，跟美国以及其他发达国家实施的公交私有化措施，其本质区别是什么？哪种方法更好？为什么？

9.18　在很多发展中国家的城市，很多辅助公交以及一些公交运营商是不受管制的。阐述这些服务的优势和负面特性。

9.19　在发展中国家，城市政府力图对目前无管制的公交服务实施管制，其主要原因是什么？谁会反对？为什么？

9.20　定义区分放松公交管制的不同形式（或程度），如墨西哥市和曼彻斯特的例子。将该形式应用到英国，请简要讨论：

a. 由该国家放松公交管制的提议者可以看出，放松管制可以实现哪些效益？

b. 1986 年放松管制实施后，哪些效益得到了真正实现？

c. 放松公交管制带来了哪些问题和损失？

9.21　传统公共公交公司的部分私有化，主要产生了哪些问题？

9.22　列举并讨论，公交私有化或者通过竞标或投标将一个或多个巴士线路承包出去，其目的是什么？这种组织安排有何好处？为什么这一过程一般会导致运营成本的降低？

9.23　公交服务承包经营会出现那些弊端？怎样防止和解决这些问题？这

些问题既可能出现在运营商之间，也可能影响顾客。

9.24 很多城市公交运营商对待乘客态度最积极的变化是什么？这种转变产生了什么效果？

9.25 将公共公交公司的公交服务承包出去，会产生哪些正面和负面的结果？

9.26 阐述私营性服务在以下方面的重要性：

• 竞争和经济效益；

• 对乘客吸引力的关注。

9.27 在承包给私人运营商的公交服务中，为什么关于公交服务的乘客调查极其重要？

9.28 关注和评价你所在城市的公交机构对已有乘客和潜在乘客的态度。如果某些方面不令人满意，提出改善意见。

9.29 轨道公交系统引进了哪些组织安排和方法来提高运营效率？其结果如何？

9.30 成立专门管理乘客流动的机构，其目的是什么？结果怎样？是跟其他运输部门一样组织管理城区的公交吗？

9.31 （多选）公交联盟是：

a. 覆盖一个州以上的公交部门；

b. 包含不同交通模式运营商的公交机构；

c. 私营公交公司的一个整合机构；

d. 不考虑模式，公共与私营运营商的整合公交机构。

参考文献

American Public Transportation Association（APTA）. 1993. *1993 Transit Fact Book.* Washington，DC：APTA.

Banister，D. J.，and R. L. Mackett. 1990. The minibus：theory and experience and their implications. *Transport Reviews* 10(3)：189-214.

Cartledge，J. 2002. "Privatizing public transport—the British experience. *Public Transport International* 1，18-23.

Cheape，C. W. 1980. *Moving the Masses.* Cambridge：Harvard University Press.

Cudahy，B. 1990. *Cash，Tokens，and Transfers：A History of Urban Mass Transit in North America.* New York：Fordham University Press.

Fawkner，J. 1995. Bus deregulation in Britain：profit or loss? *Public Transport International* 44，18-23.

Hibbs，J. 1986. The market alternative to integration. *City Transport*，May/June，23-24.

Homburger，W. S.，and V. R. Vuchic. 1972，Transit federation—a solution for service integration Revue de 1' UITP 2.

Interplan Corporation. 1973. *Integration of Transit Systems.* Report to UMTA. Washington，DC：U. S. Department of Transportation.

Pampel，F. 1969. *The Hamburg Transport Community，an Example of Co-ordination and Integration in Public Transport.* Report Ib. 38th Congress of UITP in London. Brussels：UITP.

Pickup，L.，S. Meadowcroft，P. Goodwin，B. Tyson，and F. Kenny. 1991. *Bus Deregulation in the Metropolitan Areas.* Aldersot：Avebury/Gower.

Pucher，J.，and Stefan Kurth. 1996，Verkehrsverbund：the success of regional public transport in Germany，Austria and Switzerland. *Transport policy* 2(4)：279-291.

Snell，B. C. 1974. American ground transport：a proposal for restructuring the automobile，truck，bus，and rail industries. *Hearings before the U. S. Senate Committee on the Judiciary，Subcommittee on Antitrust and Monopoly of the Committee on the Judiciary*，93d Cong.，2d sess.，Appendix to Part A，A1-A103.

Stanford Research Institute（SRI）. 1956. *Organizational and Financial Aspects of the Proposed SFBA Rapid Transit System.* Menlo Park，CA：SRI.

Stanley，R. G.，Matthew A. Coogan，and Michael P. Bolton. 2003. *Emerging New Paradigms—A Guide to Fundamental Change in Local Public Transport Organizations.* TCRP Report 97. Washington，DC：TRB.

United Kingdom Department of Transport. 1984. *Buses.* London：HMSO.

United States Federal Electric Railways Commission（FERC）. 1980. *Proceedings and Final Report.* Reprint. Washington，DC：U. S. GPO.

Vuchic，V. R. 1999. *Transportation for Livable Cittes.* New Brunswich，NJ：CUPR Press，Rutgers University.

Yago，G. 1984. *The Decline of Transit.* Cambridge：Cambridge University Press.

进一步阅读

Bayliss，D. 2002. Review—urban public transport competition. *Public Transport International* 3，4-9.

Girnau，G.，A. Müller-Hellmann，and F. Blennemann. 2001. *Telematics in Public Transport in Germany*（in German and English）Cologne：Verband Deutscher Verkehrsunternehmen.

Mess，P. 1999. *A Very Public Solution：Transport in the Dispersed City.* Melbourne：Melbourne University Press.

Rinqqvist，S. 2002. Scandinavian solutions：a model of cooperation. *Public Transport International* 42，31-33.

UITP. 2002. *Relationships between TOCs (Train Operating Companies) and IMCs (Infrastructure Management Companies)* Report by the Regional and Suburban Railway Committee; International Association of Public Transport, Brussels, Belgium.

Vuchic, V. R. 1986. Deregulation: a return to the primitive. *City Transport*, May-July, 18-20.

YTV Transport Department. 2001. *Competitive Tendering of Bus Services in the Helsinki Metropolitan Area 1994-2001*. Technical report by the Helsinki Metropolitan Area Transport Department, Helsinki, Finland.

第10章　公交系统规划

本章主要介绍公共交通规划的组织、基本程序及方法，其中以公交系统规划为核心描述了城市交通长期规划的主要过程，包括公共交通出行人数的预测和规划的制定与选择。

10.1　公交规划的目的和组织

在这部分中，首先讨论综合规划的重要性，接着回顾法律要求、交通规划中政府角色以及近几十年来规划过程的改进。

10.1.1　短期和长期公交规划

交通和公共交通规划通常根据规划时段分为两类，它们在性质、目标类型和特征上不同。

1. 短期规划是可以在3～5年，有时候是8年时间内实行的方案和措施，通常不包括主要的投资和基础设施建设工程。

2. 长期规划由主要基础设施工程、线路、网络以及类似设施的规划组成。长期规划可以包括大型投资、建筑或者新车辆类型改进，规划范围可能是10～25年。

有些情形中，中期规划是指包括中等投资和执行周期为5～10年的工程方案。

短期公共交通规划可以包括服务时刻表、购买新型车辆、调整既有或者开通新线和网络、改造一些基础设施，还有组织方面，比如费用类型、收费方式及联合运输的整合措施。因此，短期规划依赖于当前情形以及近期趋势，因为所做的变化很容易被调整或者甚至被颠倒过来。短期规划不直接关注长期发展，但是应当注意保证短期规划与长期规划一致。

长期规划以满足在实施的规划期限内，例如未来10～15年的城市公共交通需求为目标，根据这个性质，这类规划要处理涉及资产投资、物理及组织修改或者公共交通系统的新组成成分的方案。因为这些制定都是固定的，与其他活动有着许多影响和相互作用。它们的长期影响通常通过建模被仔细评估。长期公共交通项目的投资必须考虑社区整体的经济、社会、环境效益和成本。长期公共交通项目的例子包括建设一条新的轨道线路、网络或者主要公共交通枢纽站、重组网络、建设运营控制中心、安装新的信号系统以及引进各种 ITS 技术等。

长期的规划通常每隔一定的时间需要检审 1 次，比如每 5 年，如果发生了一些变化就需要修正或者更改。

本章主要讨论长期规划。

图片 10.1（a） 1953 年多伦多央街线艾灵顿站长期规划的结果

图片 10.1（b） 1983 年多伦多央街线艾灵顿站长期规划的结果

10.1.2 综合规划的需要

规划在社会的许多领域都是基本的功能。公共系统和设施，比如城市和交通系统，通常比私人系统和组织需要更复杂的规划，因为它们具有更大的复杂性和各种各样的客户——一般公众。此外，公共系统的目的和目标比私人系统更加多样：它们不仅包括经济结果，而且还包括影响到公众以及整个城市或者市区的功能。

多方式公共交通系统由不同方式的网络组成，它有着复杂的结构，而且占用相当大的空间。为了有效实现其功能，网络、基础设施以及车辆等必须规划为协调的系统，此外，由于交通和市区的几乎所有活动（住宅、工业、贸易、服务以及其他）都相互影响，交通规划必须和土地利用规划、城市形态以及地区特征和生活方式相协调。因此，所有这些方面都必须通过综合长期的规划程序来规划设计。

特别地，拥有固定设施（线路、终点站）的公共交通系统需要长期、综合规划。没有这样的规划，大型及中等大小城市的公共交通系统就很少能满足城市人口的交通需求。这样做的一个原因是城市形态、土地利用以及公共交通系统之间所需的协调只有通过长期规划才能实现，另一个原因是固定设施网络通常需要投资和相当多的时间来规划和建设。

公共交通系统效率同样需要认真规划。单线运营甚至整个公共交通系统（和城市中其他交通方式分离）的运营可能会产生不足以及问题。因此规划中必须对整个公共交通系统和其他方式进行协调，以及它们与土地利用之间相互作用的协调。由于不断增加的城市复杂性以及与其他活动的较强独立性，公共交通规划必须与所有相关的城市规划、经济以及城市社会的多个方面相联系。为了包含整个交通系统，规划必须包括实现功能的所有地理区域，而不是那些被局限在行政界线内的区域，因此，现代长期的城市交通规划在某种意义上必须是综合的，详细说明如下。

10.1.3 法律和行政管理方面

交通规划的组织—它的法律基础和程序—因国家不同而不同。规划的成果也可能因时间和城市的交通情形而不同。有时规划的目标在于有着系统和网络物理定义的主规划的成果：美国国会 1956 年采用的州际高速公路国家系统，或海湾地区快速公交网络的主规划、慕尼黑的 U－Bahn 系统以及华盛顿地铁都是很好的例子。在其他范例中，一系列的政策和财务方法都被用来作为规划以及城市交通系统建设的基础。例如，美国的一些联邦法律不仅定义了融资而且包括交通规划的规划程序。类似地，德国议会 1967 年采用的城市交通融资联邦法案成为了城市地区制定公共交通以及其他交通系统的法律及财务基础。

10.1.3.1 美国联邦规划立法发展

最初考虑到都市区交通规划的立法是 1962 年的联邦一援助高速公路法案，它建立了规划的结构和程序。该法案自 1965 年 7 月 1 日开始实施后，只有当高速公路项目是“由国家和当地社团协同开展的并基于连续的综合交通规划过程”(特别补充)，联邦援助才会给人口超过50,000的城区分配高速公路项目。这些研究行为的详细方针由美国公路局建立，并在随后的 1981 年、1991 年（ISTEA）及 1998 年（TEA－21）的法规中修改。这些法规提出了更广泛的需求，但同时为了在区域层次上进行协调，尝试把更多规划权力给都市规划组织。

“3C”（持续、合作和综合）过程的引入在综合交通系统制定中很重要，“持续”具体是指规划过程正在进行时，要经常重新评估以及更新公共交通规划来反映市区的变化；“合作”定义为不仅是各种政府层（当地、州及联邦）而且是同一层次独立机构之间协调的需要，同时也意味着在规划过程中的原则和规划小组之间的合作是多学科交叉的。

“综合”的定义比前两个术语要更精确，它可以描述为调查和分析所需要的 10 个要素：

• 影响发展的经济因素；

• 人口；

• 土地利用；

• 出行类型；

• 既有交通设施，包括一般交通和公共交通；

• 终点站和换乘站设施；

• 交通控制特点；

• 分区法令、细分规则以及建筑代码等；

• 资金来源；

• 许多定性因素，包括社会和群体价值因素，例如保留休憩用地，环境宜人以及符合美学观点。

这种要求的意图以及包括的列表可以概括成以下一般的实际需求，综合规划方法和组织需要：

• 包括整个系统（网络）而不仅仅是单独线路或者路径；

• 协调所有交通方式，例如公共和私人的，客运及货运等等；

• 不仅包括技术和经济（成本）因素，而且包括相关的元素，比如社会和环境因素以及城市形态；

• 覆盖整个都市区，它表示一个功能系统。

为了包含相关因素并覆盖整个市区，规划必须由包括各种学科的小组来执行，同时涉及到不同管理权限和单位的合作。

交通规划，特别是公共交通规划牵涉到许多非交通相关元素的规划，因此，一个地区的交通规划是其他规划过程的前提，同样其他规划也是交通系统规划的前提。

法规需求有两个重要影响。因为规划是为整个城区制定的，所以将规模设定为区域或者大都市层次会使得交通成为一个系统。法案需要州规划部门和当地社团之间的合作。由于缺乏能够制定所需综合交通规划的机构，这个法案导致所有城市化地区专门机构的出现，它们主要为整个城区或者区域制定交通以及其他规划。

1962 年前，城市交通规划实际上只是为高速公路制定规划和提供融资，这是 1956 年制定的两个高速公路法案的结果，法案为 66 000 km（41 000 英里）州际高速公路系统制定规划，同时提供联邦资金支持，该资金占到投资的 90%。通过包括了所有的交通方式，1962 年的法案走出了第一步，由以高速公路为重点扩大到多方式间的规划以及财政援助。同时，在所有人口多于 50 000 都市化区域的所有城市也需要建立城市规划组织。

在交通发展过程中主要的一步是 1967 年联邦交通局的建立，随后是 1970 年的城市大众交通援助法案，它第一次把长期联邦财政事项引入到公共交通项目中。法案中同时声明了特殊需求的人群分类，包括老人和残障人士以及其他人群享有相同的公共交通服务权利。

另一个重要的联邦活动是 1975 年采用了联合高速公路—公共交通规划规章。城市交通规划过程需要制定一个长期的交通方案，每年都要确定它的有效性。交通规划中包括长期部分，以及一个较短期的交通系统管理部分，短期部分的目标是在没有新设施的条件下改善既有的交通系统。规章的这一部分很重要，因为这是把短期决定和长期规划决定区分开来的标准，而且它必须是包括所有方式的规划，这就迫使规划部门检查所有方式的运营以及它们的分界区域。

一项多年的交通改进计划（TIP）需要被制定且它须与交通规划过程中方案、目标一致。交通改进计划为期 5 年，它包括在这个范围内的所有项目。它成为规划和城市交通项目设计的联系纽带。该报告将所有的交通项目集中到一个文件中，这个文件可以让决策者参考。它也包括年度的要素，该要素为决定下一年联邦投资的数量提供了基础。

1982 年的路面交通辅助法案给各州及当地政府更大的使用高速公路和大众交通资金的权力，同时也产生了一定调整，使规划过程中联邦需求大幅减少并集中关注规划目标是什么。

1991年联合路面运输效率法案（ISTEA）使得在交通特别是城市交通收益方面又向前迈进了一大步。该法案第一次强烈声明联合运输系统的必要性，重点强调了它们在效率、出行者服务质量以及城市化地区生活质量的积极影响方面的重要性。相同的基本精神在随后的二十一世纪交通效率法案中保留着，同时期望在2004年的交通立法中继续体现。

联合路面运输效率法案保证每个州必须在六个地区建立全州范围内的规划过程，包括公共交通以及联合运输设施，以提供方式间的“无缝出行”。都市规划组织需要将交通改进项目加入到短期改进以及长期规划中去，应当考虑土地利用政策、联合运输的连通性、增强的公共交通服务以及管理系统。

联合路面运输效率法案大大增加和便利了用于提高环境质量的项目资金的使用，比如空气质量改善措施、高速公路美化以及湿地保护等。一个创新以及获得巨大成功的规划已经得到认可，并且获得了修建自行车专用道的资金，这样可以非常有效地刺激和改变城市及区域中自行车出行的状况。

联合运输设施，例如停车换乘、车站自行车存放、行人设施，及其他使公交改进和城区更宜居性的措施也有着积极影响。许多联合路面运输效率法案资助的项目已经由联邦公共交通局实施，不仅改善了公共交通，而且增加了社区的宜居性，实现了基于公交导向发展以及在城市交通和城市规划中的其他创新观念。

联合路面运输效率法案同时也分配资金用来支持建设高速地面交通，包括磁悬浮示范项目，尽管它没能够为美国国家铁路旅客运输公司Amtrack建立一个永久性的充足的融资系统。该融资系统仍然受单独立法以及由于极端政治压力和游说议员的团体鼓吹会加速高速公路和航空运输的竞争导致的不稳定政策因素的约束。

10.1.3.2 大城市规划组织

1962年由联邦救助高速公路法案建立的城市规划组织MPOS，在所有人口超过50 000的城市化地区（SMSAS）开始实施长期交通规划。小城市的规划有时集中在各州的交通部（或高速公路局），这样可以确保获得比在单独的城镇更多的专家意见以及工作的经济性。

一般都市规划组织由城市、周边县市以及州（或各州边界上那些标准都市统计的城市化地区）的管理机构和相关部门的代表组成的政策委员会牵头，通常通过已建立的流程任命人员。公众利益可以通过该委员会，或者通过一个专门的由各种组织代表以及对交通感兴趣的市民组成的咨询委员会来表现。该团体任命的人员必须对当地政治条件相当敏锐，而且将能较理想地代表各界利益，使委员会作出的决策能获得民众的支持。

由遵从政策委员会指示的一名负责人领导一名主管来进行交通规划研究，通常由来自城区不同机构和部门交通专家组成的技术咨询委员会为他/她提供帮助，该主管通常拥有由交通规划和相关专业人员组成的一定规模的小组。

10.1.4　综合运输规划的初始情况

从 20 世纪 50 年代早期开始到大约 1970 年，美国大部分城区有大型的交通规划机构，这些机构为他们的区域制定综合运输规划。该规划的产生，即区域交通研究，包括一些像 CATS（芝加哥）、PATS（匹兹堡）、TCATS（双城）、BATS（旧金山海湾地区）、DVRPC（费城）以及许多其他地区的规划。规划过程从那时候就开始了，但是在最近几十年中，规划重点不是在综合规划的产生中，而是在规划单独走廊、系统以及设施上。

10.1.4.1　进度及重要性

制定初始都市区运输规划的工作从某些原因上说非常重要。首先，由于受到规划州际高速公路系统及其他高速公路的压力刺激，认识到对整个交通网络进行规划的需要，包括街道、主干道、高速公路和公交系统；其次，可以处理大量数据以及运行复杂模型的新计算机设备允许一种新型的规划：不同于结构导向的、主要定性评价的规划，这使基于大量数据和计算的规划和评价有了新的可能。出行量、交通条件以及交通费用都较以前在计算上有更高的精度；第三，由于新的计算能力，使得制定许多可选择的规划，然后选择最优的方案成为可能。

在这些新的时机下，城市运输规划进入了一个新的时代，此时尝试对更复杂的时间需求做出响应。许多不同方式组成的交通系统需要协调，同时分析它们与土地利用的相互影响。人口机动性的快速增长，特别是随着机动车保有量的增长，开始发挥更大的影响，对城市和城市化区域的发展、特征以及宜居性有积极也有消极的影响。

作为州际高速公路拥有充足资金以及公共交通缺少任何联邦支持的结果，该初始规划并不完全涉及多种交通方式。高速公路的绝对主导地位受到广泛批评导致了 1962 年法案的产生，在该法案中正式要求加入上述的 3C 规划。在初始规划中尝试但没有完全实现的更好的综合化，现在却变为强制性的，甚至该法律也没有充分地纠正通过都市区运输规划努力产生的初始集中的不足。

10.1.4.2　观念及技术缺点

早期城市运输规划过程的基本规划理念和程序在后来的几十年中成为标准的规划实践，但是许多在概念方法和使用程序上都发现有根本性问题，它们受到许多修订和修正的约束。关于规划理念和技术的讨论和变化仍然在继续，在规划中指出其主要的不足非常重要。

用趋势推断法代替规划。在大部分都市区综合交通研究中使用的程序由以下主要步骤组成。广泛收集之前各年的现状资料和数据。由人口规模、小汽车保有量、公交利用率等的历史趋势来预测未来。这些数据用来定义目标年规划实施的情形，一般使用过去趋势的线性推断，除非有一个明显的原因说明，过去以相同速率变化的趋势不再继续，这类情形作为未来设计的交通网络应当能够满足的需求。

这个过程有几个基本概念上的缺陷。根据其目的和功能，运输规划表示一系列以产生想得到的交通系统或者设施为目的的活动。规划应当由当前情形和现有交通系统的评述以及由过去和当前趋势对未来推断组成，然后很重要的一步是检验推断的趋势是否导向可接受的目标。如果是，规划应当顺应这种趋势，但是如果趋势没有导向目标，在通常情况下，规划应当由政策、行动和不鼓励的内容组成，通过更改或者改变现有趋势以实现可接受的目标。

因此，在规划的一个阶段，趋势推断是一种有用的分析方法，但是基于推断趋势做计划不是规划，它是一系列活动的集合，它们鼓励目前的趋势而不是它们引导的方向。这种“规划”因此会导向不受欢迎、非可行的方向。事实上，在许多情况下，规划和推荐的政策可能集中在以实现特定目的而改变过去趋势的措施上。

出行需求认为是固定的，不依赖于所提供的交通系统。推断的出行需求认为是土地利用和活动的函数，但不依赖于出行条件。事实上，新交通系统和设施的建立对出行量和方式分担有着明显的影响。规划必须把它考虑进去，作为协调新的设施对出行需求影响的反馈。类似地，如果服务恶化，出行需求就会有减少的趋势。如果交通量达到高速公路的能力，同时出行时间增加，或者如果公共交通服务数量和质量下降，这种现象就会发生。

不同方式理想的角色没有得到明确的定义。1950～1970 时期的主导规划思想是城市出行应当是以小汽车为基础，公共交通作为高峰时段的补充，同时服务非驾驶者。运输规划因此集中在高速公路上，特别是新的高速公路修建上，仅仅在少数非常大的城市运输规划才考虑到轨道快速公交。在其他城市，假设既有街道和高速公路都可以提供公交服务。轻轨则不在任何规划范围之内。这种方法导致高速公路统治地位的加强，同时系统内的公交规划和小汽车出行相比没有竞争性。因此，综合规划导致对小汽车的依赖性增加，而不是尝试着通过编制规划来平衡交通系统。

其他方式，比如辅助客运系统、自行车以及步行等一般被忽视。这会产生严重后果，因为单是步行有时会占到 20%～25%的出行（在其他国家可能更多），特别是在中心城区。

城市交通间的关系并没有被充分理解。交通对城市形态的影响，比如土地利用分布、次中心和走廊的形成、步行区的建立或者分散及城市扩张等没有得到充分关注，甚至完全没有预见。例如，在中心城区建设大容量的停车库的负面影响在大部分美国城市还没有被完全认识到。20 世纪 60 年代后期环境问题的觉醒得到了加强，随后转化为关注环境影响、清新空气以及其他的成文法规。

10.1.4.3　*针对需求建模，忽视系统设计*

正如前面所述，由于运用计算机产生了新的、强大的规划技术，使得复杂的分析和建模成为可能。但是这一能力也存在一些负面结果。

首先，基于计算机的模型以及定量工具的可获得性，产生了一种信念，就是交通网络可以使用设计原则或者算法进行机械规划，这样就导致在交通系统设计上创新的锐减。事实上，定量模型可以用来评价规划，但是对于设计来说，专业知识、经验以及判断力是不可缺少的。

第二，出行需求预测吸引了许多学术上的关注，出行需求预测成为建模、分析、研究以及理论文件的主要领域。模型是动态标准化的，这样它们的使用加强了基于趋势推断的过程，而不是趋向合理目标的规划。

出行需求预测理论和过程中做出的广泛努力在许多情况下很难得到证明。因为对自然行为的分析是针对未来人们行为的，因此在该过程中极度精确是不可能实现的。同时在公共交通规划的许多情况下也是受到批评的，这些将在第十二章中讨论。事实上，交通规划研究中出行需求预测达到的精度很难评估，因为很少有研究在规划年限内对规划设施的实际出行量和预测量进行比较。

第三，如果公共交通规划的需求方得到了更多的关注，则在长期规划中供给方的许多方面会被忽视。现有的政策和实践通常认为是给定或是固定的。面向公交系统硬件的发展和创新，例如车辆设计、信息系统以及收费设备，公交以及其他交通方式定价政策影响，如停车，受到相对少的关注。因此，美国在公交系统规划和发展的态度、政策以及实践上落后于同一层次的国家。

在一定程度上，在国际规划文献忽视公交系统发展的同时对需求也存在相同的偏见。许多高质量的覆盖城市交通模型的刊物，如 BTE（1998）包括了优秀的需求预测模型以及它们与土地利用规划的关系，但是不论在高速公路还是公交上，都没有包括任何交通系统设计和运营的模型。公交线路和网络形式、车站数量和选址、公交和高速公路网络间的联合运输关系等很多方面都没有在学术和专业文献中得到足够的重视。

大部分对公交网络规划和设计的研究主要是以经验为主，几乎没有理论基础和创新理念。此外，在关于交通规划建模的有限刊物中，许多刊物由于太理论化而不能在任何城市的实际规划中使用。鲜有出版物为公交系统设计者提供在规划公交网络和设施中可直接使用的方法。该领域需要得到更多的关注，并为当前针对特定地区实际规划和公交系统设计和评价过程中应用分析研究建立起桥梁。

10.1.5 城市运输规划的评价和趋势

城市交通和公共交通规划在20世纪的下半叶经历了许多阶段，对起初的规划修改的尝试使得规划过程更加复杂和综合。社会、经济以及政治环境导致在程序、法律要求以及城市化地区的政策等方面有许多变化。最后，个人利益和整个系统效率之间不断分裂（用户平衡对社会最优）以及政府保护公共利益不受各种利益团体对交通的影响刺激了交通政策的改革。对于美国这些改革的详细描述可以参考 Smerk（1991）、Weiner（1999）和 Papacostas 以及 Prevedouros（2001）。对于城市交通政策以及它们对城市的影响，可以参考 Newman 和 Kenworthy（1998）、Pucher（1995）、Vuchic（1999）以及 Katz 等（2003）。在美国，一些运输规划中的显著改变已经发生，且近几十年来其他国家也相继发生了变化。

开始于1962年高速公路援助法案的3C必要条件的城市综合运输规划的宽泛概念在随后的立法中得到了加强，在这个发展过程中 ISTEA 是最重要的一步。

运输规划相当程度上受到考虑环境保护、清洁空气、老年人使用公交的简易性（包括低地板车辆的发展）、保证残疾人得到方便等规定的影响。

20世纪70年代的能源危机导致了强调对单独项目规划的转移，其与长期综合规划相比可以在短期内实施。

很重要的是科技和规划创新带来了新的中等容量的公交方式，如 LRT、AGT 和 BRT 等的发展。这些方式在许多城市的引入终止了两极分化的公交系统，该系统只是由路面公交车和轨道快速公交组成，而没有中等 PCP 特征的方式（见12.1节）。这些发展产生了更广泛的方式。

从20世纪80年代起，公交规划扩展到包括各种形式和私人部门参与过程。例如，随着设计一建造一运营一维护（DBOM）和类似安排的使用，修改就变得更加容易了。

在最近几十年中许多国家经历了小汽车拥有量的快速增长，例如俄罗斯和其他东欧国家，它们在重复着美国曾经在 20 世纪五六十年代经历过的以牺牲公交为代价、高速公路占主导地位的规划。当它们的高速公路的主导地位远没有像美国一样得到加强时，它们的问题可能就会更大，因为这些国家没有空间以及经济条件来容纳城市中大量的高速公路建筑和停车设施。某些国家目前抑制自行车和公交车的使用来满足私人小汽车的利益是误导规划政策的典型的例子。

在有着先进运输规划的发达国家，最近几十年来注意力都集中在机动车交通和城市环境冲突的减少上。步行区、交通宁静和新的设计理念带来的城市中公共交通角色的上升，它们把重点放在宜居性、生活质量改善的持续性、经济效率以及环境承受度上。

1991 年的 ISTEA 以及随后美国的发展强调了更多使用不同的方式以及将它们连接成协调系统的必要性，这就需要综合运输规划。

10.1.5.1 长期规划中公共交通机构的角色

起初都市规划组织主要针对所有的交通方式执行长期规划，这样就只留给公共交通机构短一中期规划，在大多数情况下这种安排的结果并不令人满意。都市规划组织倾向于综合区域规划，包括土地利用规划、经济分析、对社会的考虑以及环境方面，而在公共交通系统领域缺乏广泛的专家意见。公交规划需要广泛数据、对联合运输公交运营的深入理解以及公交系统设计和运营中的经验，通过公共交通机构（如果有规划部门的话）或者特殊的公交规划机构可以有效地执行，通常在其直接监督下采用顾问的意见。在设计中没有公交机构参与的公交系统比由有运营经验的人设计的，在运营上更可能出现问题。

由于这些原因，所有拥有或者计划拥有固定线路（基本的轨道系统）的公交机构有必要拥有他们自己的规划部门。这些部门制定公交规划，并把这些规划给都市规划组织来测试，同时和其他方式的规划进行协调。公交机构然后进行详细的规划和设计（线路的确定、车站选址、特殊路权分配的制定、建筑物、全部车辆、运营等)，再实施规划。

经验表明主要的新的轨道交通系统规划由公交机构内的专门部门或者与公交机构及都市规划组织紧密联系的独立部门来完成。这些组织间好的工作协作是必要的，公交机构必须提供网络、运营和公交乘客数的数据，它也应当在制定和评估规划中协助规划机构。合作通常通过两组织间的直接接触，或者通过两部门的成员或技术咨询委员会实现，当然前提是它们必须存在。都市规划组织经常参与到评价规划、分析联合运输问题和为了获取资金并导向规划实施的政府内的活动。

公交规划不应当仅仅局限在有专门规划职能部门的大型公交机构。为了更加有效，每个机构必须执行规划，即使它不包含主要的资金投资，也应集中在短期到中期的实施上。

10.1.5.2 运输规划实施

规划机构通常会做一个未来15～25年的主要规划。它的实施通常按不同的方式分别进行，因为资金的来源不同。例如，高速公路和街道从地方、州以及联邦基金的某种组合中获得资金，依赖于设施的类型，而自行车设施通常有特殊的资金来源。

公交规划也包括为每个主要项目筹集资金，它由不同的政府层支持。在主要的公共交通项目中，例如华盛顿地铁或者丹佛的轻轨，资金可以从专门的政府分配或者纳税人支持的当地税收中获得。然后，一条线路或者整个网络的规划参照准备好的时间表（5年、10年或者在华盛顿地铁的案例中为25年）进行实施。

美国大部分都市区有大量的政府单位：城镇、城市、县，有时还有州。在许多州，所有这些实体部分或者几乎完全独立于运输规划，这种高度分散的决策表现出规划及其实施中的严重问题。在这种情形下，许多都市规划组织为未来年采用一般区域规划，该规划代表一个咨询指南，而不是可以实施的固定的协调的规划。然后都市规划组织收集所有的当地开展的交通项目，评估它们，同时考虑它们的可行性以及和主要规划的关系。这种评价导致了对项目实施进度进行排序。

因此，缺少协调决策的都市区有着严重的问题，它们只能执行本地产生的、部分长期的规划。这样的规划通常使得主要的、协调的交通网络很难实现。因此，在存在这种情况的州及都市区，完成有效率的规划，不仅需要改善的技术规划程序，而且更重要的是需要政府重组来做出决策和规划实施过程，这样来产生区域规划，不是咨询意见，而是对区域中所有的管理单位的义务达成一致。

10.2 规划步骤和方法

城市运输规划包含许多不同的规划过程，这些规划过程依赖于规划的目标和范围、基本综合规划或者规划的修正、时限以及其他方面，一些基本类型规划的程序和步骤表示如下。

10.2.1 运输规划过程的基本步骤

运输规划的基本步骤如图10.1中的流程图所示。

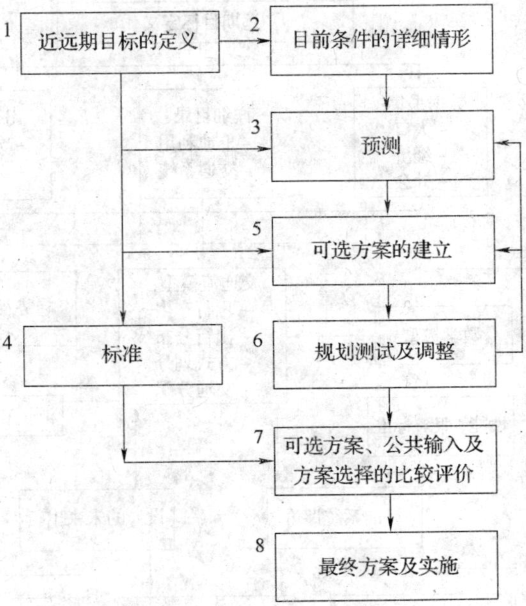

图 10.1　综合运输规划中基本步骤的顺序

来源：基于 Creighton，1970

1. 对未来运输系统的目标与目的进行定义；

2. 调查收集：既有城市及其交通系统的数据；

3. 在选定的规划目标年因素的变化及预测；

4. 根据目标和目的获得的一系列规划评价标准；

5. 若干备选规划的制定，通常指的是可选的规划，为了设计未来条件，满足已定义的目标；

6. 技术详尽阐述及对可选方案测试，考虑对设计需求及城市发展的影响；

7. 使用基于目标的标准以及公众意见对可选方案进行比较评估，选择确定推荐方案；

8. 确定最终方案，同时为实施做准备。

这是规划过程的基本流程，包括从数据收集到最终方案生成和实施的全过程。每一步都由数据处理、建模、技术分析等组成。

包含更多技术细节的规划过程如图 10.2 所示。从规划的目标和目的定义开始，规划过程可以分为四个主要阶段。阶段Ⅰ，集中在详细调查和数据获取上，通常收集现状交通系统和城区的综合信息，包括基础结构元素，如土地利用和交通系统；人口、经济以及社会环境的一般数据；出行量、出行特征以及出行方式，同时还有交通系统服务方面的数据。

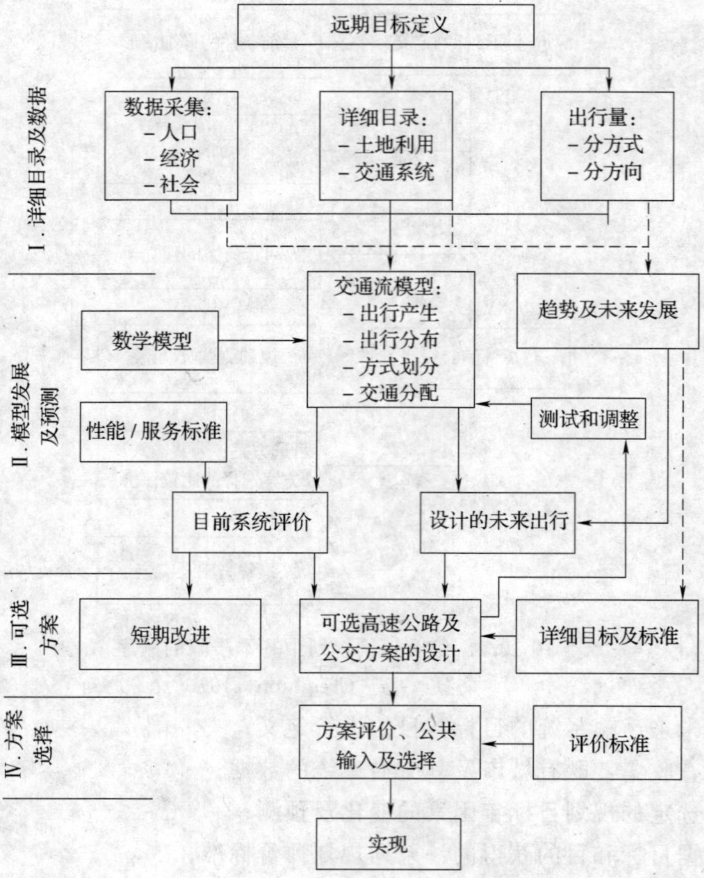

图 10.2　长期城市运输规划的技术程序

阶段Ⅱ为开发基于计算机的模型进行出行预测。这些模型需要用来预测不同方式既有或者新建网络中现在或未来的出行。这些模型也用来评价网络现在的状况：交通量/能力之比、运行速度及可靠性，表明网络状况是充足或者哪里存在不足。模型还用来预测既有的及随后可选的新建网络上的未来出行量。由这些模型得到的出行预测值用于对新设计进行测试。

运输规划中最重要和最有创造性的部分是阶段Ⅲ，即基于目前情形、设计变化及未来城区目标的可选方案的制定。短期改进规划也属于这个阶段。

最后的规划步骤，阶段Ⅳ，是使用从未来交通系统采用的目标和目的中获得的标准，对规划方案进行评估与选择。

10.2.2　公交系统规划过程

综合城市运输规划包括所有方式，传统定位为高速公路/汽车系统。有些方式，比如自行车和步行并不包含在大多数的模型中。公共交通很少引起足够的重视。因此，长期公交规划通常由公交机构、都市规划组织、或者专门建立的机构组织，有顾问积极参与，而且在该规划的一些阶段中，有居民的参与包括提议、回顾、评论以及对规划输入和输出的支持。在美国，这是正式规划过程法定的要求。

公交和其他方式在城市中所扮演的角色不仅与它的物理形态，而且与城市活动及生活类型和特点紧密联系。从概念上说，规划一个城市和区域的交通系统的次序从逻辑上说应当从定义城市/区域类型开始。这个观点应当转化为交通系统的目标，尤其是联合运输的组成，因为不同方式的角色对城市的物理特征、活动及环境有着主要影响。例如，有集中办公楼、大型生产制造工厂以及高密度住宅区的城市需要的高效率、高容量的公交系统。另一方面，汽车导向的区域趋向于依赖较低密度的住宅区，经济和商业活动沿着高速公路分散开来。在另一种情况下，有着适宜温度、平坦地形以及许多教育机构的城区对于自行车专用道路系统的设计是合适的。自然地，在任何情况下，单独方式的主要角色由依赖当地环境和采用的目标的具有相对重要性的其他方式的网络来补充。

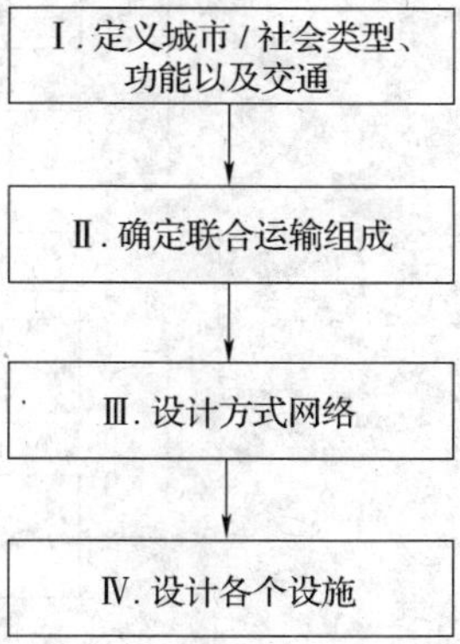

图 10.3　从城市交通系统到单独方案的四阶段规划次序

多方式城市运输规划过程可以看作由图 10.3 中四个层次的分析及决策组成。层次Ⅰ从未来适宜的城市化区域角度出发，基于该角度的目标应当转化为层次Ⅱ中不同方式和它们间关系的相对角色的规划。该层次的决策决定了公共交通和其他方式应当具有的角色，即它们间的关系应该是怎样的。层次Ⅲ由每种方式的设计组成。公交系统在这里用公式表示，确定方式和它们的网络。最后，单条公交线路和设施在规划程序的层次Ⅳ中规划和设计。

公交规划中更加详细的次序，包括技术步骤，在图 10.4 中阐明。如图 10.2 中表示的一般规划程序，第一步（图表中的方框 1）是收集现有公交系统的数据和信息：交通方式和它们的网络、服务及使用，如分方向和时间周期的乘客量。与该步平行的工作是，未来城市/城市化地区的构想也被制定（方框 2），定义了未来公交的角色（前面描述的次序中的层次Ⅰ和Ⅱ）。基于该观点，出行预测模型用来评价未来公交的角色并在步骤 3 中使用，该设计量在步骤 4 被用来检查现有公交系统（方式和网络）能否充分满足未来的需求并在城市功能中发挥期望的角色。如果系统能够充分满足需要，程序转到步骤 5，终止短期规划。当只需要规划公共汽车网络时，这就是通常的规划过程。

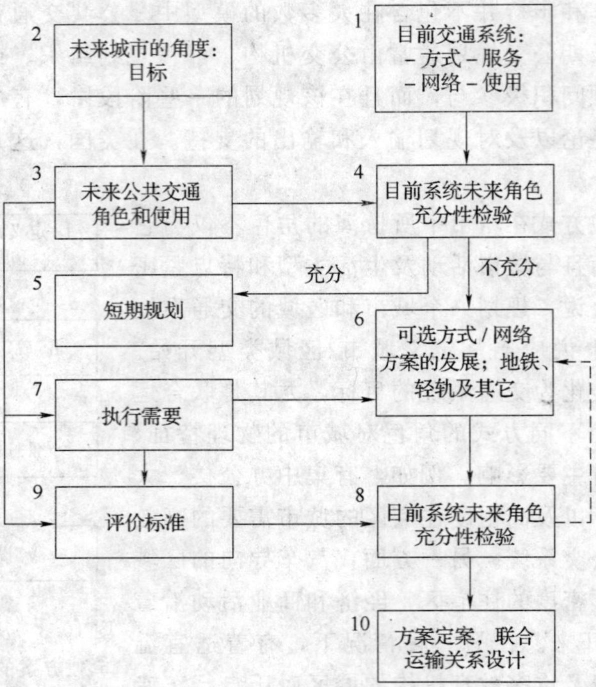

图 10.4　公交规划过程

如果现有的系统不能够满足未来的需求，而且最重要的是不能够提供可以和小汽车出行相竞争的高质量公交服务，长期公交规划制定就是下一步选择，如方框 6 中所示。在该步骤中，通过制定一个或者多个规划，使其不仅能满足设计出行量，同时也满足相应性能需求来达到城市中公交渴望的角色（方框 7）。

公交规划方案的选定代表着非常复杂的过程，该过程需要吸取公交系统专家的意见。它包括两个方面：方式的选择和网络的设计（分别见第 12 和 4 章）。这两方面的特性相互联系：即使在提供相似的公交服务时，不同的方式，比如地铁、轻轨和 BST 等可能会有或多或少不同的最优网络。该过程通常产生不同的交通方式和网络的规划，然后在步骤 8 中进行评估，考虑基于未来系统定位（方框 9）的标准。在最后步骤流程图中的 10，对已选择的规划方案最终定稿，并定义其中联合运输方式间的关系。

正如对运输规划过程的回顾所示，规划过程的方法和流程随着条件、范围以及运输规划的目标不同而不同，公交规划与城市综合运输规划相比更有侧重，在规划制定、方式选择及网络设计上它需要特殊的专家经验。需要强调的是列出的顺序并不是绝对的，而且由流程图中表示的工作计划应当根据特殊规划过程要求进行调整，以适应特殊需要。然而，这里描述的概念作为大部分公交规划工作基础是有用的。

10.2.3　设置目的、政策、目标和标准

任何好的规划的基础都是对目标和目的的清晰定义，规划系统需要在目标规划年实现这些目标。政策和标准应当成为规划机构如何实现被采用的目标和目标的指南，但是目标和政策可能受到政治驱动，而且通常会对规划机构施加影响，目标和标准基本上是技术性的，它们更可能任凭规划机构处理。标准是技术值，一般用数字表示，规划机构可能对它有更多的控制权。

远期目标是比较宽泛的陈述，它陈述了与机动性、出行机会和公交服务性能特征及规划修改的成果相关的令人满意的情形。例如，考虑到城市化区域交通角色的一般目标是：

• 适当的机动性对于所有类型的地区人口是应当获得的，以增强其就业、娱乐、商业及其他活动的机会；

• 城市中的交通应当允许需要各种密度的多样化的活动；

• 中央商业区（CBD）的交通应当刺激其功能和发展；同时，应当保护已改进的环境和经济条件；

• 中央商业区以及其他主要的活动中心应当可达，而且没有长期的交通拥堵；

• 交通应当服务郊区住宅区，但不能强加过多的负面影响，比如空气污染、噪声和安全风险；

• 应当为低收入地区提供到潜在工作需求地区的足够交通服务。

• 在中等城市以及大城市，应当提供联合运输交通系统来有效地实现必需的服务。

为了满足相应的机动性的目标，可以列出更多的交通系统详细目标，例如：

• 每种类型的高速公路网络（例如高速公路、主干道）应当是连续的，并且和其他网络及终点站设施相协调；

• 街道网络的效率应当通过对专门设施的使用来提高，比如主要为快速汽车交通专门设计的单独街道，其他的街道主要为局部可达和停车使用；一些街道专门为公共交通或者没有车辆的行人商业街保留；

• 在中央商业区和其他次中心区，以及住宅附近，行人出行应当得到鼓励，通过提供安全、方便的人行道以及其他设施来实现。

考虑到不同的城市公共交通角色的目标包括：

• 在发展中国家，公交代表基本的出行方式，它应当能够在所有城镇和城市提供合理数量和质量的服务；

• 在小汽车保有量高的国家，在小城市公共交通的主要角色是提供社会服务：为大多数的非机动车用户提供交通服务；

• 在中等城市，公交不仅提供社会服务，而且取代一些机动车出行，因此可以减少拥堵和过多的停车需求；

• 在大型城市，公交必须在整个城区提供可以和机动车竞争的高质量交通服务，没有这种服务，大城市的功能和发展就会严重受限。

基于这些目标，一些针对中等和大的城市化地区的特殊目标可以定义如下：

• 公交应当可以在城市中心区以及沿着主要交通走廊提供可以和私人小汽车相竞争或者优于它的服务；

• 为了实现竞争服务，应当为公交提供最大可能的路权，这样就可以和交通拥堵独立开；

• 在可行的地方，应当在轨道公交车站以及中心区的附近提供停车地点，而且在 CBD 地区应当减少。

被采用的目标和目的可以用作技术系统规范及服务标准出处的基础，同时考虑到既有条件，如城市大小或者公交服务区、人口数量、密度及特征，出行目的以及其他方式的使用（小汽车拥有量、出租车和其他辅助客运系统、自行车和步行习惯）。这些规范从两个层次上得到确定。

系统规范定义了基本层和公交系统应当提供的服务的基本水准和质量，因此其角色应当和城市以及其他交通方式相联系。对于高性能的交通方式，例如轨道和其他导向方式及 BST 系统，规范包括：

• 路权类型—决定公交方式和性能的基本特征（见第 12 章）；

• 基础设施几何元素，例如轨道/导轨的最小半径的和最大坡度、车辆轮廓、TU 长度、及车站的类型和大小等；

• 最大速度及运营速度；

• 覆盖区域（步行 5 ~ 10 min 到达车站）以及受高性能方式服务的人口；

• 考虑到的备选系统或方式的投资以及设计运营成本。

每一种公交方式，如地铁、轻轨和常规公交，有不同的规范集，每一种代表性质不同的性能－成本包（PCP）。

服务标准是一个定义集，大多数由定量值表示，公交系统应当在运营中符合标准，并对每一种公交方式分别制定标准。标准的例子比如：

• 每种线路以及时间段（高峰、正午、晚上、夜班车服务）的平均和最长可接受发车间隔；

• 不同线路和方式间换乘车站/站点的数量和位置，及各线路间的协调度；

• 一天中的每个时段，平均及最大承载系数，通常和座位数有关；

• 非高峰期和高峰时期的服务可靠度；

• 平均出行速度。这可以通过特定出行来测量，例如通过线路显示乘客可以在给定的时间内从中心走行多远。这些通达时间轮廓线或者等时线可以绘成图，并帮助确定公交网络形状。在图 10.5 中给出了华盛顿通达时间轮廓图。

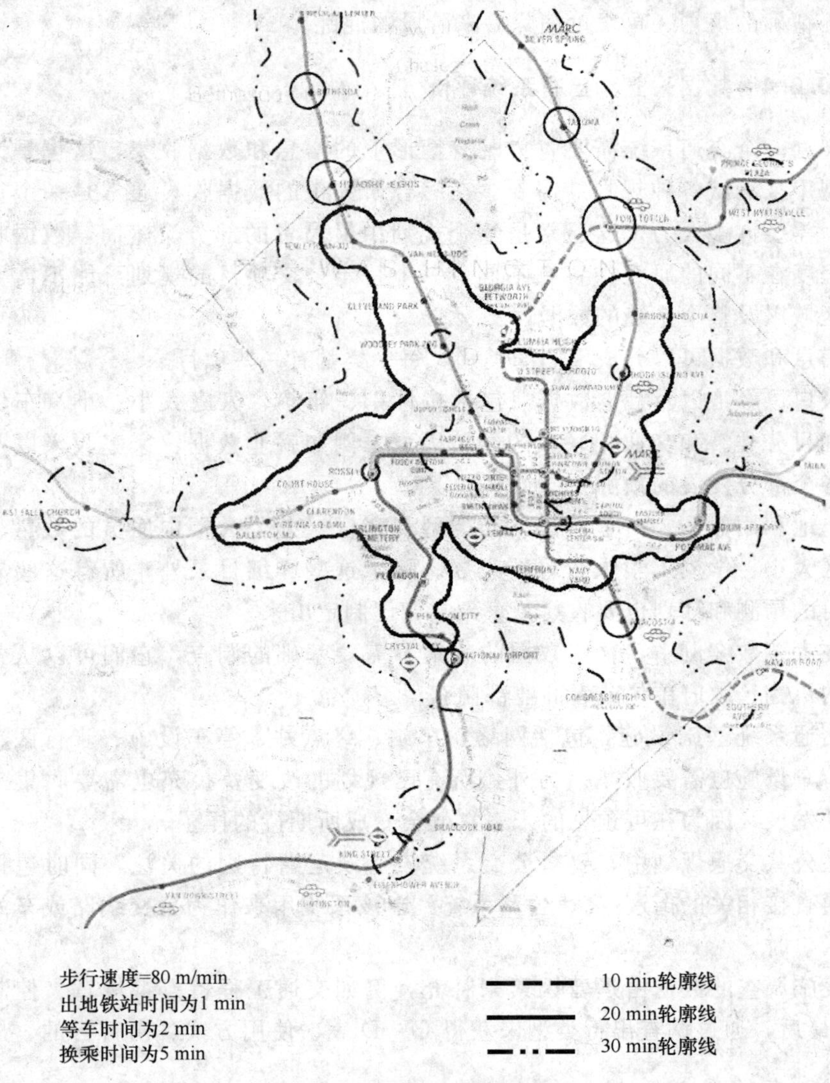

图 10.5　华盛顿地铁网地铁中心站通达时间轮廓图

对系统规范的准备代表了在长期运输规划过程中的主要决定。未来公交系统的目标和目的通过这种规范和公交方式的选择转化为规划。服务标准更像是一个短期的决定，因为不同于系统规范，它们可以随由乘客量、可获得的资金等决定的任何给定系统发生变化。因此，服务标准更多是一种运营决策，但服务标准又是由长期规划来考虑的，因为它决定了公交服务的期望水平，从而确定方式分担和设计乘客量。

这些目标、标准和目的上的细节在不同规划和公交运营机构之间有特定的变化，精确的规划、草案可消除后来阶段的混乱。

10.2.4　数据采集和已有系统评价

规划一个交通系统需要收集既有情形下的信息和数据收集，这也是为了建立模型用来测试各种规划的需要。在综合研究中的数据收集通常是一个很大的任务，需要许多人力，这通常是整个规划中最昂贵的部分。然而，数据收集的详细程度在不同的研究中各有不同，一个特定公交项目的规划可能不需要收集整个区域以及整个系统的数据。

信息和数据可以分成不同的类别，每一类都有一些项目。

人口、经济以及社会数据，包括按性别、年龄、家庭大小、小汽车保有量等的细目分类。和交通相联系的经济因素，例如就业数据、家庭收入以及地区或者各个部分发展的预测。

土地利用数据，由个人活动的类型和密度（办公大楼中雇员的数量、商店零售区大小、学校入学人数等）组成。除了这些详细目录外，所有这些未来发展项目的预测和计划也要收集，直到它们已制定出来。

在大多数案例中，这些数据的收集不需要基础的调查，它们可以从各自权限内的机构、政府单位或者商业部门获得。

交通系统基础设施，包括网络、车站、终点站、停车设施、步行区、卡车及自行车设施也需要收集。另外，所有已规划的改变及扩充也需要收集来推动系统的发展，因为在可预见的未来它就会变成所期待的样子。

在公共交通规划中，要对公交系统设施及运营特别的关注，同时包括和公共交通直接相关的街道/高速公路系统：当该系统用来作为公交线路或车站和站点的入口时。

设施调查的数据由运营因素来补充，例如交通工程特点（规章、控制装置等），最后，通过调查出行类型来获得 O－D 表、使用方式、出行目的、出行距离等。

公共交通系统基础设施和运营数据包括以下内容：

• 分方式和覆盖面的公交线路网络：

• 各条线路的描述，包括名称、长度、车站数量、运营时间、服务小时以及每天分时段的发车间隔，运营速度及周转速度，服务可靠性；

• 公交终点站以及方式内、方式间换乘的车站；

• 公交车场、保养场、车辆库存区以及其他设施；

• 分类型、大小和使用年限的车辆数量；

• 票价类型及数量。

公交系统使用由目前公共交通乘客人数的相关数据构成，数据包括每条线上乘客量：

• 沿着每条线路分方向的流量，包括 MLS（见第 1 章）；

• 每小时、每天以及季节性的变化量；

• 上车、下车以及换乘乘客量，特别是在主要站点/车站；

• 乘客特征以及出行类型。

大多数关于公交系统基础设施、线路、车辆等的数据可以通过公交机构获得，公交线路沿线的运营条件以及一些详细的乘客量通常通过第一章中描述的实地调查来获得。

收集到的相当多交通数据被加入到计算机数据库中，这样它们就可以很容易被用来建立出行预测模型，同时获得公交系统分析和规划的各种关系。这其中的大多数关系都是相互有利益联系的，例如由不同土地利用类型产生的每天出行数，由出行目的产生出行时间分布、公交乘行与小汽车拥有量相关等。

一些自动收费系统有计算机化的数据汇总功能，它可以提供乘客出行及数量的详细数据。在车站出入口有自动收费门的轨道系统，通常提供客流量的全部信息，甚至包括任意时间段的特定 OD 数据。当公交机构使用了这样的系统时，数据采集的和数据输入的成本就可以消除了。规划需要的一些数据已经存在于以机器可读形式的人口普查数据中，但是其他数据必须通过公交机构或者规划组织通过乘客数计数以及其他调查来采集。

图 10.1 中方框 3～8 中显示的剩余规划步骤更加复杂，以下部分将对其进行描述。

10.3　出行及公交需求预测

预测未来的出行量，也即出行需求预测，是道路及公交规划过程的基本要素。改良既有公交线路、延伸网络线路或者建设新的网络的决定需要这些设施上未来乘客量的可靠信息。预测未来出行量的工具是基于出行者出行行为的逻辑知识的过程的，它基于随着每种特殊情形调整的理论关系。对于小规模的需求预测，比如邻近地区、购物中心、小医院或者大学校园的出行量估计，可以使用直接（手工）计算法。对于一个大型走廊、主要的活动中心或者整个城区规划来说，必须使用基于计算机的模型。

出行预测模型可以用在规划制定、测试它们各自特征的规划过程中，例如线路布局变化、车站数量、方式特征、土地利用开发等的变化。它们也用来评价可选方案以及确定被选方案的执行情况。

大量的智力付出、研究以及科技论文都对出行需求进行了预测。但是大多数需求预测研究结果的可靠性却非常有限，而且几乎没有研究在交通网络建成后再去检验方案的准确性（Boyce 等，1970）。为了完全理解任何方式出行评价的性质，我们必须牢记以下事实。

首先，未来出行需求预测只能和未来任何发展预测一样精确：人口增长（或下降）、经济发展、社会活动、需求趋势、人们的习惯及态度、国内及国际发展等。

第二，标准规划过程是基于代表目前条件和关系的模型，只有当这些关系在将来不会变化的假设下才是有效的。

第三，出行量不仅由提到的外部影响因素决定，而且受到提供的交通系统类型的影响，这样在运输规划过程中就需要一个反馈机制。

第四，作为上述的一个结果，高性能的公交系统不应当仅仅规划为各种独立发展的成果，因为新系统本身一般不仅有产生新的出行的能力，而且可以影响土地利用和其他发展。因此公交应当作为城市规划的相互依赖的元素来考虑。换句话说，公交规划应当不仅仅基于相互独立的趋势集合，更应当是具有标准化要素的城市发展规划的一部分。一个规划较好的公交系统都有一个趋势，就是把它自己与线路和车站通过它们发展中的积极影响绑定在一起。该公交对活动和土地利用影响的要素可能经常改变需求预测过程，从基于经验的趋势计划到具有标准化元素的建模。

10.3.1　四阶段法及其他需求预测模型的介绍

传统的需求评价方法是由四阶段组成，它用来评价在每个地区产生的出行总数、它们的分布、使用的交通方式以及它们走行的具体路线（Meyer 和 Miller，2001）。该方法相当复杂，需要大量的数据，步骤中有许多变化，而且不同的过程的程序，比如非集计模型，也已发展起来。但是到现在，四阶段法及它的每一步骤一般都保留了共同的过程。该方法及它的主要模型的知识，特别是方式分担预测过程，对公交规划非常重要，在下面部分中将会简明解释。

四阶段模型以及大多数其他出行需求预测模型是通过定义研究范围开始的：整个城区、一个县、一条走廊或者轨道公交线路或网络服务的地区。然后建立可以模拟和预测规划地区的活动和出行的规划模型。为了建立这些模型，地区被划分为小区，小区定义为连续的区域，有着相似的人群或活动，例如在同一类型建筑进行的商业、工业、办公或居住。通常使用定义为人口普查地域的单元，这样一些人口和活动的数据就已经可以获得。分区界限应当按照主要道路、水体或者其他地理间隔。

对于每一个小区来说，收集与规划相关的交通设施数据。交通设施主要包括街道和高速公路网络、公交线路、车站、交通终点站以及所有方式的其他设施。然后选择代表活动中心的中心点，也就是质心。收集关于人口及其特征、出行数量及目的、时间等数据，通常也计算调查交通和乘客量、街道条件和公交服务特征。如果进行人口调查，普遍的方法是使用1%～4%居民的样本。这些数据的收集通常需要付出很多努力，包括广泛的组织、精心准备方法以及建立大型的调查人员队伍，该规划阶段花费的成本和时间是相当大的。

运输规划的一些阶段是基于表示各种影响因素及出行生成间关系的理论模型。这些模型基于现有条件建立：在规划时它的参数从现状计数测量中计算得到，该过程称为模型校准。然后，这个校准的模型就被用来设计未来规划年的出行，假设出行者的行为和活动与需求产生及特性间的关系和现在一样。如果这些关系改变，就有必要相应调整出行预测模型。

交通量预测步骤可能有不同的次序，这由规划开始阶段规划部门的假设决定，最普通的顺序在图10.6中（Fertal等，1966）清楚地表示出这一过程经典的流程。在图中六角形方框中表示出该过程的四个阶段是每个研究必须包括的主要步骤，在此对它们进行定义并在后面进行描述。

出行生成是指在指定时间内，例如给定的工作日，研究区域的每个小区（或任何地块）出发或者到达出行数量的估计。不同家庭类型的估计可以利用因素得到，这些因素包括家庭大小、成员年龄、职业状况等。居住的数量和类型（例如公寓、单人家庭）、职业、零售区或者区域销售数量也可以用来估计出行生成。

出行分布是连接出行生成预测中获得的起讫点的过程，结果是一个出行表，行和列是研究区域的小区。许多不同类型的模型用来进行出行分布预测，常用的模型有不同形式的重力模型以及增长系数模型等。它们在下面介绍，而

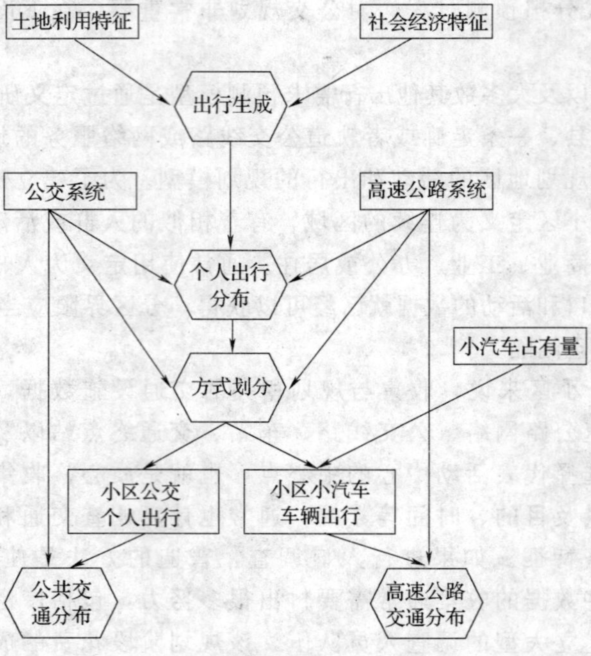

图 10.6　出行量预测中的步骤顺序

且在文献（特别是 Meyer 和 Miller，2001；Ortuzar 和 Willumsen，2001；以及 Papacostas 和 Prevedouros，2001）以及大部分城区交通研究报告中有广泛的描述。

方式分担是预测不同方式出行分布的规划阶段，最普通地，分布集中在公共交通和小汽车方式上，但是在许多城市中其他方式，比如步行和自行车都必须包括进来，因为它们可能占到10%～30%的出行量。

出行分配是预测基于每种方式网络上起讫点以及出行条件的具体线路的出行。出行预测模型的这四阶段在下面进行描述。

在图 10.6 中显示，数学模型是所有交通流预测中所有主要阶段的基础，所有这些模型是基于城市出行者行为的假设的数学规律。

10.3.2　出行产生

出行产生的目的是对目前以及未来规划目标年每个小区在给定时间期限内出行产生及吸引的数量进行预测，不考虑它们的迄点。这包括小区内部产生的出行以及小区之间产生的出行（Dickey 等人，1983；Papacostas 及 Prevedouros，2001；Meyer 及 Miller，2001；Ortuzar 及 Willumsen，2001）。出行产生阶段模型的基本形式可以简单表达为（BTE，1998）：

$$T_i = f(S_i)，和 T_j = f(S_j) \tag{10.1}$$

式中 T_i，T_j 分别表示小区 i 产生的出行量及小区 j 吸引的出行量；S_i，S_j 是小区 i 和 j 的社会经济特征。

用来预测出行生成的社会经济和土地利用特征随着小区类型以及它们中的活动、可获得的数据及收集当地信息的可能性不同而不同。一般地，在 Stopher 和 Meyburg（1975）及 BTE（1998）的基础上，社会经济变量可能包括家庭大小、家庭收入、小汽车拥有量、驾驶员数量以及住房结构类型。土地利用变量包括活动类型，比如办公室、工业、零售组织、医疗中心、教育和公共建筑以及娱乐户外空间。

在规划目标年预期的这些特征被用来预测出行量，基本假设是影响因素和各个小区出行生成间的关系不随时间而变化，未来土地利用可以根据合理精度预测。此外，这意味着交通需求在考虑到整个活动数量和交通系统质量上是无弹性的。当这些假设不准确时，因为建筑物的大量建设、交通系统升级或者规划的类似变化以及那些针对出行生成的变化可能与基本模型预测有所不同，就有必要调整模型。

一些针对出行生成计算发展的技术方法在这里简要描述。

多元线性回归模型最普遍用来预测出行生成，该模型有两种类型：集体分区类型和居住水平回归模型，这些模型的一般形式如下：

$$Y_i = a_0 + a_1 X_{1i} + \cdots + a_n X_{ni} + E \tag{10.2}$$

式中　Y_i——小区 i 居民产生的总出行数量；

X_{1i}，X_{ni}，等——小区 i 的解释变量，比如人口、小汽车拥有量等；

a_0，a_1，a_n——回归系数（最小二乘法方法估计）；

E——误差项，假设独立且正态分布，期望值为0。

规划者在 X、Y 值中（为了估计系数，规划者必须知道 Y 值）加入区域的历史数据，来决定系数 a。使用从历史数据中确定的系数，未来出行生成通过将预测变量值 X 加入到公式中来预测。

该模型有许多问题，集计值可能不够精确，而且确保回归数据的有效性也很困难，如果没有满足严格的假设，结果的精确性将受到影响。有时，即使模型在数据上是统计有效的，规划者也可能获得不合逻辑或者在实际中不可行的结果。

出行产生模型的家庭类别和基于小区的模型相似，它简单地由上述的家庭特征，取代小区模型中对应的集计值。

家庭类别模型选择重要的变量并任意地对它们进行分层。从这些类别中，可以计算每种类别出行率的平均值，这些平均值假设在时间和地点上是不变的，然后再基于平均出行率做出计划。在表 10.1 中给出了出行率变量值的例子。

表 10.1　不同家庭规模及小汽车拥有率的日出行比率的举例

家庭大小	日出行比率，家庭中有小汽车数		
	0 辆	1 辆	2＋辆
1－2	1.15	2.43	4.21
3－4	1.23	3.18	5.55
5－6	3.43	6.43	6.98
＞6	4.88	7.33	8.99

虽然这些社会经济特征可能更近似于出行决策者的行为，但是它们遇到与区域回归模型相似问题的影响。该模型也需要每个家庭的许多详细信息，这就使获得多数重要的统计数据量既昂贵又费时。

区域以及社会经济的线性回归模型在空间上都不可转移，它们可能受到文化价值和人口属性变化的影响。

交叉分类分析的目的是建立多维矩阵，每一维表示一个独立的变量，分层为许多离散种类和类型，举例来说，出行生成的变量如小汽车拥有量、家庭规模和收入，对于出行吸引来说，通常使用职业类型和工作密度（Kanafani，1983）。

该方法使得对不同因素的影响以及它们和出行生成的关系的理解更容易，此外，它避免了回归模型的线性假设。它的缺点是抑制了特定小区家庭间的变化结果对分组的灵敏性以及缺乏统计方法来评价结果的可靠性（Stopher 和 Meyburg，1975；BTE，1998）。

公交出行的直接预测可以用在有较大程度使用公交的地区。因为这里描述的大部分出行预测模型已经在有高小汽车拥有量的城区得到了发展，它们重点定位于小汽车出行而很少把注意力投向公共交通，并且经常完全忽视步行和其他方式。在大部分家庭产生公交出行的具有高质量公交系统的城区，公交系统规划可以使用直接计算公交出行作为家庭特征、职业、靠近公交车站等的函数的模型。例如，对地铁线路服务地区的调查可以产生出行生成率，它可以应用在规划地铁线路服务的地区。

城市内部公交线路的短期公共交通规划也可以依赖目前公交使用的统计数据，但偏向使用服务质量特征，例如速度、频率、可靠性以及系统形象作为变量。

该过程比地区综合交通研究更加实际，而且费用更低，这样可以产生精确的结果，该精确性对于规划高质量公共交通的大城市的多种公交服务已经足够和更加有效，例如波士顿、纽约、费城以及其他工业化国家的许多城市。在多数发达国家，绕开方式分担分析不是问题，因为这些地方公交、自行车以及步行比小汽车出行更占主导地位。

10.3.3　出行分布

根据每个小区产生或者吸引的出行量的预测，下一步是预测这些从每个小区 i 产生的出行如何分配到小区 j 上，作为它的吸引出行。换句话说，该阶段将产生的出行和吸引的出行联系起来。一般地，出行分配是三个主要因素组成的函数：连接小区间的交通设施类型和范围；土地利用类型以及人口的社会经济特征。

用来预测出行分布的模型可以分为以下三种类型：

• 增长系数模型，将常增长系数应用在既有交通流量上，假设未来出行类型不会改变。

• 重力模型，基于每个小区出行对的出行数与这些小区的活动（或出行产生）是成比例的假设，但是与距离以及其他到潜在目的地出行间的阻抗是成反比例的。

• 介入机会模型，基于每个为购物、娱乐、工作等区域的小区间的相对机会交通流。

增长系数模型简单地将常增长率应用到当前的交通流量上。该增长系数经验上根据过去的数据确定。该增长模型不论怎样有两个问题，首先，假设高速公路或者公交系统没有任何变化或者这些变化对单独系统或设施吸引的出行数没有任何影响。更重要的是，模型假设交通在过去的增长率和在未来的增长率一样，也就是说，它是基于过去趋势的推断。

在其形式中有许多变量的重力模型是目前为止用来预测出行分布的最常用的模型。19 世纪（Lill，1891）该规律第一次由 Lill 使用，来分析城市间铁路出行，它有着与牛顿引力定律的相似的形式：

$$T_{ij}=K\frac{M_i\times M_j}{d_{ij}^2} \tag{10.3}$$

式中　T_{ij}——单位时间内小区 i 和 j 间的出行数；

K——反映当地条件的常量，必须通过经验获得；

M_i，M_j——小区 i 和 j 的人口；

d_{ij}——小区 i 和 j 间的距离。

在 20 世纪五六十年代期间，在出行分布方面这一基本模型得到了广泛应用，人们注意到人的出行行为不严格遵从与物体的重力相同的规律。为了达到更吻合的效果，做了以下两个调整：

• 修改公式的形式。例如，每个小区的 M 要么在定义上改变（例如包括小区内的就业），要么乘上一个常数；

• 模型中的诸多系数通过从特定城市获得的数据来计算。该校准步骤使模型实际上适用于给定时间的给定区域。

在各种修改后，在规划研究中使用最广泛的重力模型的基本形式为：

$$T_{ij} = T_i \frac{A_j F_{ij} K_{ij}}{\sum_{j=1}^{n} A_j F_{ij} K_{ij}} \tag{10.4}$$

式中 T_i——小区 i 中产生的总出行数；

A_j——小区 j 吸引度的测量（例如可获得的岗位）；

F_{ij}——摩擦因子，或者小区 i 和 j 间的出行阻抗，通常作为由出行时间、距离、直接费用等组成的出行费用的逆函数来计算；

K_{ij}——特殊小区到小区的关系因子，通过经验计算。

因此，公式表达了从小区 i 到 j 的出行数，与小区 j 吸引量和所有小区吸引量的比值成比例，Papacostas 和 Prevedouros（2001）对不同分布模型做了很好的回顾。

该模型的主要局限在于最初的公式修改以及系数校准后，公式代表了一个数学模型，该模型有着常增长系数模型的主要缺点：它基本上是基于经验的，适合特殊的情形和时间。它被用于不同时间（如未来 10 到 20 年）出行行为预测，只有在假设研究地区人的基本行为将和现在保持一样时，具有相同的可靠性。

介入机会模型尝试用来纠正前面两个模型的不足，它定义小区 i 和 j 间的出行数 T_{ij} 为：

$$T_{ij} = \frac{P_i \ (e^{-LV_j} - e^{-LV_{(j+1)}})}{1 - e^{-LV_n}} \tag{10.5}$$

式中 L——接受任何特别的目的/机会（例如购物、接受工作等）的概率；

V_j，$V_{(j+1)}$——分别表示一直到小区 j 和 $j+1$ 通过的机会数；

V_n——机会总数；

P_i——小区 i 的人口。

需要特别注意的是，随着机会总数 V_n 趋于无限，内部交换数成为各个小区相对机会数和研究中小区人口数的函数。

该评价方法更复杂而且更易于受到计算误差影响，但如果正确使用，对于规划者来说它将比仅基于现状的模型更强大、更有用。如果规划者考虑到未来

10 到 20 年的值，他/她可以调整每个小区的人口数（通过人口普查获得）和机会数（包括规划期在建以及规划建设的发展）。虽然目前的机会数可以获得，但对于规划者来说规划的数量可能更难获得，因此，如果数据可获得，规划者可以在交通系统的外部环境调整未来变化的交通流，而且甚至可以设计交通系统变化引起的发展上的变化。

10.3.4　方式分担

不同方式间出行分布的估计是多方式运输规划中最重要的一步。它针对给定的交通网络为每种方式产生基本的需求信息。最一般地，方式分担指公共交通与小汽车间的分布，但是它有时除了这两个基本方式外还包括更多的方式。不同方式间，比如步行、公交、自行车、无缝换乘（K+R）以及停车换乘（P+R）接运到一种主要方式（通常在一个轨道公交车站），其分布预测被称为方式分担。

10.3.4.1　*决定方式分担的因素*

因为每个城市出行者基于他/她出行关注的各种因素来决定使用哪种方式出行，方式分担的估计是基于可以在某种定量方式中定义和估计的各种因素评价。在给定的研究中使用哪种因素依赖于许多局部因素，比如每种方式的特征及所起的作用，它们的关系以及数据的可获得性。因此，使用的因素在不同城市实行的研究中变化很大，它们主要可以分为四类。

影响因素的第一类是出行决策者的特征。例如，合理地相关性可能经常建立在比如个人拥有小汽车、年龄和收入以及考虑到方式选择时的出行习惯等因素上。第二类关注于每次出行的特征，第三类是可选方式的特征，而第四类是指与出行起讫点的小区相联系的某些指标。四类中经常使用的因素如下：

• 出行决策者特征：小汽车拥有量、家庭大小及组成、年龄和收入；

• 出行特征：目的、距离以及方向；

• 交通系统特征：出行时间（比例或者方式间的差异）；出行费用（包括停车限制）以及可达率；

• 小区特征：住宅密度、就业人口比重及与 CBD 的距离。

在实践中，每个研究只能考虑到这些因素中的一部分，因为模型关系的推导以及复杂度随着因素的数量增加而增加。此外，许多因素是相互关联的，因此使用它们可能引入不必要的复杂度或者偏差。例如，小汽车拥有量通常和收入以及住宅密度紧密相连，因此当使用小汽车拥有量时，后两个因素也就间接考虑了。另一方面，一些因素可能和在不同情形下的方式分担有着不同的相关性。例如，美国城市的大部分调查表明高收入导致低公交乘行，因为小汽车拥有量增加了。然而，这只是对于低质量公交服务来讲是对的，主要是公交车。

有时高质量的公共交通有着相反的关系。例如，服务郊区的区域轨道或者地铁线路比在同一个走廊出行的小汽车出行吸引更多的高收入人群。

因此规划者必须非常注意使用哪些因素，以及从个人调查中得到什么规律。规划者也必须意识到间接的相关分析比直接相关分析不可靠，也不精确。因此一些研究使用一天的运营时间作为考虑因素，事实上，一天的运营时间对方式分担产生影响更多是通过服务因素（出行时间、服务质量）的不同关系以及出行目的组成对方式分担的影响。因此，后面的因素更应当直接应用在分析中。

10.3.4.2 *方式分担模型*

一些数学方法已经用在方式选择模型以及出行预测中，它们可以分为两个基本类：集计和非集计。大部分的集计是属于出行交换类型，它使用多元回归、交叉分类或者转移曲线来估计方式间的分担率。相比而言，非集计类模型，也就是通常熟知的个体方式选择模型，使用概率方法来估计个体行为。它们是基于效用理论，所有这些模型包括在出行决策者、出行、交通系统和小区四类特征中列出的一些因素。

在集计模型中，各种形式的出行交换模型是经常使用的。出行终点模型在许多城市中使用，但是它们由于内在的弱点以及在逻辑上的潜在缺陷而被大量放弃了。

出行交换方式分担模型分析了在分布阶段获得的各小区对间的出行条件，然后确定每种方式，公交和高速公路吸引的出行比重。在出行预测程序中方式分担和其他步骤的关系在图 10.6 中表示。

出行交换模型的最简单类型是转移曲线方法，它使用公共交通和小汽车间的出行分布图作为两种方式上出行特征的函数。独立变量通常是出行时间比或者出行费用差，一些研究已经使用了可达性指标，其中整合了出行时间和费用或者一些其他的相关因素。小区 i 的可达性通常定义为：

$$a_i = \sum_{j=1}^{n} A_j(F_{ij}) \tag{10.6}$$

式中　A_j——小区 j 的出行吸引量；

F_{ij}——在给定交通系统上和从小区 i 到 j 出行相联系的出行时间摩擦因子；

n——小区数。

该指标计算公共交通和小汽车这两种方式的出行。然后获得它们的比例，相同比例的出行聚合在一起，对每一组计算公交使用的综合百分比。当该百分比划分与可达比例划分相反，就可以获得转移曲线。这种转移曲线的形式如图 10.7 中所示。曲线显示了在方式 A 和 B 划分的出行比例。比如小汽车和公交，该出行比例作为服务质量比例的函数，通常通过出行时间、费用或者一些其他要素来测量。必须记住的是，该转移曲线仅依赖于使用的参数，例如出行时间比例或者差异，不考虑服务质量、个人偏好等因素。曲线并不是从 0 变到 100，因为一些出行者使用某种方式并不考虑出行时间或费用。这些出行者，包括乘坐公交的非驾驶员和携带特殊设备使用小汽车的人，分别界定为完全使用公交者和完全使用小汽车者。

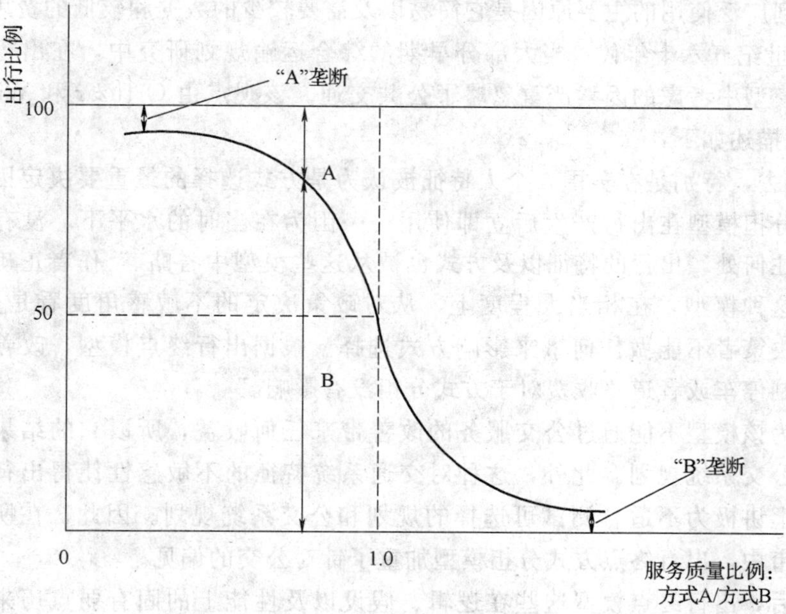

图 10.7　两种备选交通方式的方式分担曲线

单转移曲线的一个缺点是它非常粗糙，而且没有加入任何出行和出行决策者特征的影响。这可以通过绘制针对不同出行目的、小汽车拥有量、出行决策者的经济地位或者其他影响出行特征的不同转移曲线来矫正。在一些运输规划研究中，形成了许多不同类出行的转移曲线。然而，较多的曲线引入更多的影响方式分担的因素，而且它也减少了每种类型的样本大小，因此降低了结果的可靠性。如果基本假设和输入不是非常可靠，规划者不必细心将过多的精力花在非常精细的计算和图上。例如，如果估计的出行费用将汽油价格作为实质的因素，而且价格在未来不能可靠预测，就不能证明可绘出精细的曲线。转移曲线方法的另一个缺点是它不能同时处理整个公共交通和高速公路网络。

虽然有这些限制和不足，但出行交换模型（其中转移曲线方法是最有名的代表）是基于实际关系，而且直观清晰。虽然它们的计算技术和因素差别很大，但大部分的出行交换模型来源于方式选择行为中的各关系的基本假设。

当使用出行终点方式分担模型时，该模型在出行分布阶段前执行。它们仅仅基于出行者特征，比如收入、住宅密度以及小汽车拥有量，估计每个小区出行终点的方式分担。在有些情形下，公共交通服务的一般水平也被包括进来作为可达性指标，这种模型关于公交出行量独立于公交网络的形式、广泛性、服务质量等的假设，是非常不真实的。在20世纪60年代早期综合交通研究中，该模型得到广泛使用的主要原因是它简易以及需要较少的数据和较低的费用。

20世纪五六十年代，当大部分早期的综合运输规划研究中，在出行终点方式分担模型中考虑的因素严重忽略了公共交通。该观点由Ortuzar和Willumsen(2001)描述如下：

“过去，特别是在美国，个人特征被认为是方式选择的最重要决定因素，因此方式分担模型在出行产生后立即使用……因为在当时的水平下，没有暗示出行将去往何处，出行的特征以及方式也被从这些模型中省略。”作者正确地得出结论“这种模型，在相当大程度上，从对政策决定的不敏感角度看是失败的；看起来决策者不能做任何事来影响方式选择。根据出行终点模型，改善公共交通，限制停车或者道路收费对于方式分担没有影响。”

因为该模型不能通过公交服务的改善带来任何收益，所以它的结果不能用来设计公交系统规划。此外，这种对交通系统特征的不敏感性使得出行终点模型总体上讲极为不适合测试可选择的规划和公交系统规划。因此，在所有使用它的城市中，出行终点方式分担模型加重了针对公交的偏见。

随后，出行终点模型这些在逻辑、假设以及性能上的固有弱点历来被人们认识到，并将其舍弃了，而转而使用出行交换和非集计方式分担模型。

10.3.4.3 *方式分担预测评价*

在最近几十年方式选择的广泛分析以及对预测技术的发展已经做了很多工作。其结果是现在已经有了城市出行者行为、不同因素之间的关系、公共交通和小汽车两种基本方式的使用有价值的数据。并建立了很多模型用来模拟目前的行为以及人们对现有方式的态度。这些问题的观点代表着对城市交通系统分析和规划的有价值的贡献。

虽然有了一定进展，但不论怎样，该领域的现状需要更进一步改进，主要的缺点仍存在于模型和预测方法论中的潜在定位以及模型本身。正如在前面部分引用中指出的，方式分担模型在重点定位高速公路和小汽车交通而很少关注公交的研究中发展起来的。城市交通研究在大多数情形下没有能够准确定义公交规划系统应当完成以及它们应当提供什么样的服务质量的目标。在这种情形下建立的模型，基于在公交被严重忽视的基础上，与其说它是创造性的，不如说是描述性的。在那个时候对方式选择定量解释也进行了尝试。正如当时一个观察者所评论的：这些模型“仅仅是今天的交通一消费者对目前交通系统反应的反映”。如果模型基于公交服务次于它应当满足的标准的情况下进行标定，那么它们对改善的规划或新系统的倾向显得不合适。基于它们的需求方案在公交上自然地要低，而且证明比平衡的联合运输规划需要更少的投资。

方式分担模型也有技术缺陷。所基于的定量因素，比如出行时间、费用、服务发车间隔等，它们对于服务可靠性、信息、在车站和车辆中的舒适度、市场营销以及形象这些定量因素并不敏感。这些因素中的许多已经表明对方式分担有着主要的影响。

另一个时常发生的问题是方式分担分析通常限于两种方式，小汽车和公交，在许多城市中，特别是有强中心的大城市，其他方式经常发挥重要的作用。例如在许多西欧以及亚洲城市中，步行出行可能占所有出行中的 25%～35%。

尽管有这些缺点，但是方式分担模型和需求预测程序在规划中如果被正确建立并且应用，它们还是有价值的工具。当预测模型用于既有系统的服务发生一定的定量变化时，它们是适用的。但是当它们应用在一个质量不同的系统(例如快速服务、新的方式、现代化信息系统等）进行预测指导时，很重要的是模型应用应该包括基于研究乘客行为、价值等的属性变量。如果这些模型不能够获得，规划者应当根据个人经验、系统的知识以及判断来补足前面的模型。

这就带来了一些关于公交预测和规划方法一般的结论。通过现有模型来对既有方式预测需求可能代表一种自我辩白的预言，而不是规划，它可能不能产生满足未来的公交系统的规划方案，为了实现制定目标和目的，规划必须有标准化的元素，而不是仅仅基于推断目前情形和属性的模型。全面的经验和公交系统特征知识，现在是且将来也是有效公交规划的必要条件。

10.3.5 出行分配

根据方式分担预测，小区间每种方式的出行预测值就可知，但是出行的准确线路必须确定下来，通常一次单独出行有几条路径可供选择。交通分配的目的是将所有的出行分配到具体的路径上，从而获得街道和公交网络中每个区段的预测交通量。

出行分配模型在目前的网络上进行校准，然后用来估计未来网络上的出行量。为此，它们提供了测试备选交通网络能否充分服务由目前及未来不同土地利用规划和分区条例产生交通量的工具。这些模型的一个重要角色是检查交通量是否达到或者超过每一联弧的能力，计算在不同网络修改方案和出行条件下流量的平衡状态。

为了进行交通分配，规划者决定哪种准则最能够代表实际出行决策者的行为，以及对于他/她来说哪些数据是可以获得的。通常，线路选择的最重要标准依次是：

- 最短出行时间；
- 最短出行距离；
- 最小出行费用。

对交通分配过程来说有三种基本方法。全有全无方法基于选择的准则（例如最小费用）分配所有的交通量到一条线路上。分配曲线方法基于最优和次优线路间的准则相对值按比例分配交通量。容量限制方法基于出行时间和可获得线路的能力分配交通量，当最初选择的线路接近能力时，分配一定比例的交通到备选的线路上。最常用的两种容量限制模型是随机模型和用户平衡模型。

在全有全无方法中，最优线路获得了所有的流量。该方法虽然最简单，但也是最不精确的，是所有提到的模型中关于出行决策过程的最差代表。随着交通量被分配到各条路段上，它们中的一些可能变得超负荷，以至于它们的流量超过了能力，降低了服务水平。因此，这些设施上起初假设的出行时间就无法满足，使得分配的结果不现实，且实际上不可行。

分配曲线方法在最优和次优线路间分配交通量。基于这两条线路如何按分配准则进行定量比较，规划者确定愿意选择一条或另一条线路出行者的百分比。分配到给定可选线路上的出行量是基于过去的数据以及规划者自己的经验，该方法被表明对于城市或者准城区环境下有好的结果，但是也发现它对于乡村地区的休闲娱乐出行不合适。

容量限制模型考虑每条路段的出行时间随着分配的交通量而变化。因此分配是逐步进行，并假设每条路段上出行时间也进行了调整，例如随着分配流量的增加而延长。在给定线路上分配的交通量越接近能力，更多额外的流量必须转移到目前可能比重负荷线路或路段上有更短时间的线路上。

该过程是迭代的，需要许多次交通分配。实际中，需要进行四次交通分配，并采用每条路段上的平均量。联邦高速公路管理部门推荐下面的公式来确定拥堵一修正出行时间：

$$T=T_0\left[1+0.15\,(V/C)^4\right] \tag{10.7}$$

式中 T——针对拥堵修正的出行时间；

T_0——假设不拥堵的出行时间；

V——分配量；

C——每条路段的能力。

公式必须应用到每条路段上，而且必须和系统中其他路段确定的流量相联系。虽然程序看起来复杂，但是该模型大致接近出行决策者的行为，因此是最实际的出行分配方法。

容量限制模型在假设出行决策者如何选择他们起讫点之间的路径方面有所不同，随机模型假设出行者选择他们感知到最小出行时间的路径。然而，单一路径的出行时间可能由于出行决策者每次出行获得的信息变化以及不可预测的因素（例如天气）而得到不同的感知。因此，出行决策者可能在相同的起讫点间选择不同的路径，即使每个出行决策者都认为他/她使用了最短路径。在假设感知出行时间是服从随机分布的前提下，随机模型确定出行决策者选择给定路径的概率。在这些概率基础上，出行就分配到网络中的每条线路上去。

用户平衡模型假设出行者选择采用起讫点间最短出行时间的路径（个人平衡或 Wardrop 网络交通分配第一原理，1952）。假设所有出行者以相同的方式来感知出行时间，而且在感知上没有随机变化。但是这不表明所有出行者将选择各起讫点间的同一路径。每条路径上的出行时间随着交通量而改变（如上述公式所示），以致于当最短路达到通行能力时，它的出行时间就可能超过备选路径的出行时间。当没有出行者能够通过选择路径来改进他/她的出行时间时，用户或者个人平衡才存在。这表明在平衡时，起讫点间的所有路径有着相同的出行时间（虽然因为不同服务水平它们速度可能变化），否则出行者可以选择花费时间较少的备选路径。

10.3.6 四阶段法的替代方法

20 世纪五六十年代得到发展起来的进行出行预测的四阶段建模过程因为它的简单，在实践中得到广泛采用。但是，现在使用的四阶段法也存在一些基础问题。

首先，集计模型不能预测单个出行者的行为。通过对区域使用宏观水平的分析，做了一些关于个人出行者的时间价值、方式偏好、家庭类型等的集计假设。但是这些简单的假设被一些出行目的或分类（居家工作、居家上学等）的引入而稍微减轻了，重要的预测能力因总的值和平均值而有所损失。

为了克服这些缺点，基于个人行为属性的替代模型得到了发展。这些非集计或者离散选择模型针对单个的出行者计算完成一次出行的相对效用。这些效用函数，有代表性地包括出行时间的线性权重、实际支出费用及方式偏好，不仅可以计算方式选择，而且还可计算出行分布和分配。一个出行者的行为可能是确定的—他/她在选择目的地、方式或公交线路或高速公路路径中最大化他的效用。作为选择，模型的公式可能是随机的，这样选择目的地、方式或线路的概率可能是出行的相对效用的函数。计算出行参数，比如方式选择的相对效用是通过 logit 模型来完成。一些出行参数（如目的地和方式选择）的效用可同时使用 nested logit 模型来计算，其中总效用是基于目的地的效用以及有方式的条件效用。

这些离散选择模型代表个人行为，比通常在四阶段过程中集计模型要精确多了。离散选择模型的数学表达和应用是交通运营研究的主要领域。

四阶段法的第二个缺点是在预测小汽车驾驶员行为时对出行费用的处理。正如目前实行的，四阶段法使用一开始只涉及距离的费用来预测出行分布。类似地，许多方式分担计算使用经验证据或社会经济数据来完成。甚至当出行费用被用来计算出行分布及方式分担时，假设的出行费用是不在平衡情形下的(例如负荷网络)。因为在传统四阶段模型中，出行分配最后完成，不同方式出行的平衡费用在出行分布和方式分担阶段并不知道。

模型中的这一弱点趋向于低估了在高速公路拥堵对小汽车出行费用的影响。结果，可选交通方式的费用和潜在收益也被低估了。

为了克服这个问题，从业者开始在建模过程中使用反馈，其中平衡出行费用被反馈到分布和方式分担计算中，然后反复迭代求解模型直到网络平衡条件实现。

在实际中，反馈的概念有混合的结果。由于使用普通算法需要时间来解决分配问题以达到充分的精度，在多次解决整个四阶段程序中存在一些障碍。一般来说，不充分的引导和资源已经花费在反馈程序的定义及实现上。

替代的反馈程序是存在的，而且现在许多地方正在应用。所谓的组合模型，在 20 世纪 50 年代由 Beckmann，Winsten 和 McGuire 最先用公式表示，最近在出行预测者中得到了相当的重视（Beckmann 等，1956）。模型使用非线性、约束优化方法来同时解决出行分布、方式分担及交通分配问题，一般使用嵌套 logit 模型。该方法保证了在出行者所做的每个决定中费用结构是一样的。模型可以根据系统最优或者用户最优情形来解决，其中假设出行行为可以是确定的或随机的（离散的）。

传统模型（四阶段和组合模型）的第三个弱点涉及出行的定义。研究表明，比如大部分通勤交通在家和工作地点间包含一个或者更多个站点，这些中间站的选取是依靠其与通勤路径接近程度。这些中间出行使用的方式也由通勤方式来决定。中间停留的费用结构，特别是公交，变化也是会很大的。研究表明这些正变得更突出的出行链现象，没有一个可以利用当代模型合适的解决。

一个更加鲁棒、基于活动的方法被提出来了。在这个方法中，多重组合出行将会作为单独的出行来处理。目的地、方式以及每个区段出行的路径将是互相依赖的。实现这种相互依赖的一个方法是定义加入出行链的出行类。例如，出行可以定义为从工作地点开始，在商店停留，然后继续回家："基于家的工作一购物出行"。

对于所有复杂建模的工作，改进以及验证出行预测模型的努力受到可获得的数据的限制。家庭出行调查和美国普查信息仅提供了很少一部分样本，因此通常不得不用不充分的数据来校准有着很大复杂性的模型。

10.4　公交规划的制定、评价及选择

与街道、高速公路或者任何其他地面交通系统类似，公交网络服务有两个基本功能：首先，它为途经的（面积上覆盖的）某个区域提供接近该地区的服务，其次，它承载那些在网络上出行但起讫点在服务区外的乘客通过该区。前一个功能主要需要服务地区的站点或者车站，而将高速行驶作为次要目标。后一个功能在高行驶速度下会得到更好满足且车站越少该功能越好。因此，公交网络的密度，线路上车站间距以及线路性能（能力、速度、可靠性、服务质量等）依赖于这两个功能的比率。

在小城市和低密度的郊区，服务功能是重要的，因为通过交通量相对较少。因此，公交车、无轨电车以及有轨电车组成的地面公交最有效率而且通常能够充分满足公交出行的需要。对于中等及大城市当乘客量在某条走廊较大时，不光需要提供街道公交，而且需要提供比街道公交能力及性能更高的在部分分隔开的路权（B级）上的准快速公交系统，这种情形是必要的且经济上可行的。轻轨公交、改进公交，以及AGT方式都是规划这些公交线路的候选方式。

最后，在大城市中公交系统必须不仅提供地区服务功能而且要提供大容量、高性能的交通来满足长距离大乘客量的出行需要，并成功地同小汽车以及其他方式竞争。该任务只能通过快速公交方式来实现，该方式完全和普通交通（路权为A级）分离，比如地铁和区域轨道。

街道公交网络不需要长期规划，因为它们的固定设施非常有限。长期公交规划由准快速以及快速公交网络组成，它们有着大量的基础设施，比如独立路权、地下通道、车站以及相关设施。它们需要很多的投资以及长的使用寿命，它们的性能需要非常仔细的规划，因为设计中的错误将很难纠正。

10.4.1　规划步骤

公交系统规划程序可以用图10.8中显示的一般步骤来定义。从定义公交系统及其网络的目标和目的开始，规划者考虑了当地的条件，包括大量的因素，从地形、既有街道和其他网络到土地利用特征、城市性质、公共政策以及为公交系统建设分配的（或潜在可获得的）资源。另一个主要输入是沿着每条线路的起讫点的乘客量预测。该乘客量是定义所需服务水平的主要元素，很大程度上影响了公交方式的选择。

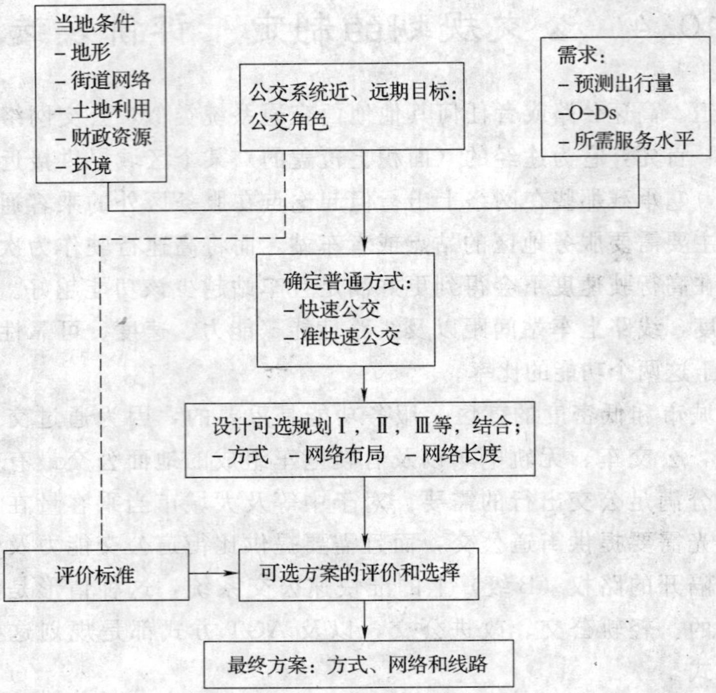

图 10.8 公交规划的程序

10.4.1.1 可选方案设计

有了基本材料，公交系统规划及设计就可以开始。由于制定最优的公交网络并没有精确的方法，在大多数情况下，规划由对一些可选方案的制定和评价组成。制定可选方案的目的是检查许多可行解决方法以及比较它们从而找到最有利的方案。可选设计或方案由于考虑到一些因素或者特征时可能会不同。一般地，可选方案在以下方面会有不同。

普通方式：准快速及快速公交。这是最基本的结果，因为这两个基本方式在许多方面不同。快速公交比轻轨有着相当高的性能一费用包（PCP），但是它也有着较大的设施以及不同布局元素，这样这两种方式有着不同的可行布局和车站。对于给定的投资水平，地铁会提供一个高能力、速度和可靠性的系统，但明显地是一个小网络。或者选择在布局上相似，但是在投资水平和性能特征上却不同的网络。这将在第十二章中进一步讨论。

相同路权类型的公交方式在技术上不同。可选系统在快速公交情况下和那些准快速公交类型有着明显不同。

在快速公交情况下，基本的可选方案是一些有着不同技术的导向系统类型：

1. 快速轨道交通（传统的）；

2. 橡胶轮快速公交，例如一些由法国公司设计的用在巴黎地铁、里昂、蒙特利尔、墨西哥城以及其他城市的线路，此外还有日本札幌的线路上也在使用；

3. 不同技术的独轨（悬挂式、支撑式以及其他），使用在一些城市的单行线路上，如德国的伍珀塔尔、东京－羽田线以及华盛顿州的西雅图。

这通常不是一个困难的选择，因为大部分情况会选择传统的轨道交通方式。系统设计的进一步决策然后关注于那些技术成分，像特殊的布局（干线、地道、切口、同一水平面或其他，但是经常完全保护）、车站设计、车辆特征、运营及控制方法等。

对于准快速公交或者通常指的中等能力系统的方式，方式的选择更为广泛且更为复杂。这些方式包括大多数为 B 类路权的系统，但有时也有路权为 A 和 C 的线路区段。甚至一些专有 A 类路权但比地铁的车辆和公交单元 TU 数还少的导轨方式，代表了“小型地铁”，也包括在该类中。其能力范围一般在 3000 到 20000 sps/h之间。该类中的主要方式如下：

1. 轻轨（LRT），包括轻轨快速公交（LRRT）。前者使用 B、A 和 C 级路权，而后者只有 A 级路权，但有着相比较高的 PCP；

2. （准）快速公交（BRT），也有各种技术特征；

3. 自动导轨公交（AGT），有着橡胶轮或者在 A 级路权的导轨上自动运行的轨轮。该类有着多样化的技术。

这些方式比其他任何地面公交方式有着更大的 PCP，但是比快速公交系统的 PCP 要小得多。虽然在相同的范围内，但是这些中等容量方式间的 PCP 差别很大。因为 AGT 有专有路权，每公里的投资成本对于 AGT 来说是最高的，其次是 LRT 和 BRT。但是，它们不同类型的路权和技术给了它们非常不同的实际可行性：与既有道路上 LRT 相比，BRT 可以以较低的成本来修建，且其对既有道路干扰较小，但是它不能设置在隧道中。有着具体的导轨和非常高的车站结构的 AGT 比其他两种方式的体积更大，因此它并不适合高密度的中心城市街道。对于这些方式更多的细节特征，见第 12 章。

同一方式的不同网络。这些在布局、几何形式、线路长度或者运营类型上的不同，通常考虑起来很有用。线路网络的布局和广泛性的设计通常遵从主要预测的公交出行量，通过既有快速或者准快速公交网络来考虑线路和地区覆盖。华盛顿特区中心区中，显示一个可以用来设计新线或延长线的既有地铁覆盖地图的例子，见图 10.9。它清晰地显示出，该中心内没有地铁服务到的东南、东北以及西北部的相当大的区域。服务这些地区的可行性分析可以通过对这些地区的土地利用和走廊的分析来完成。

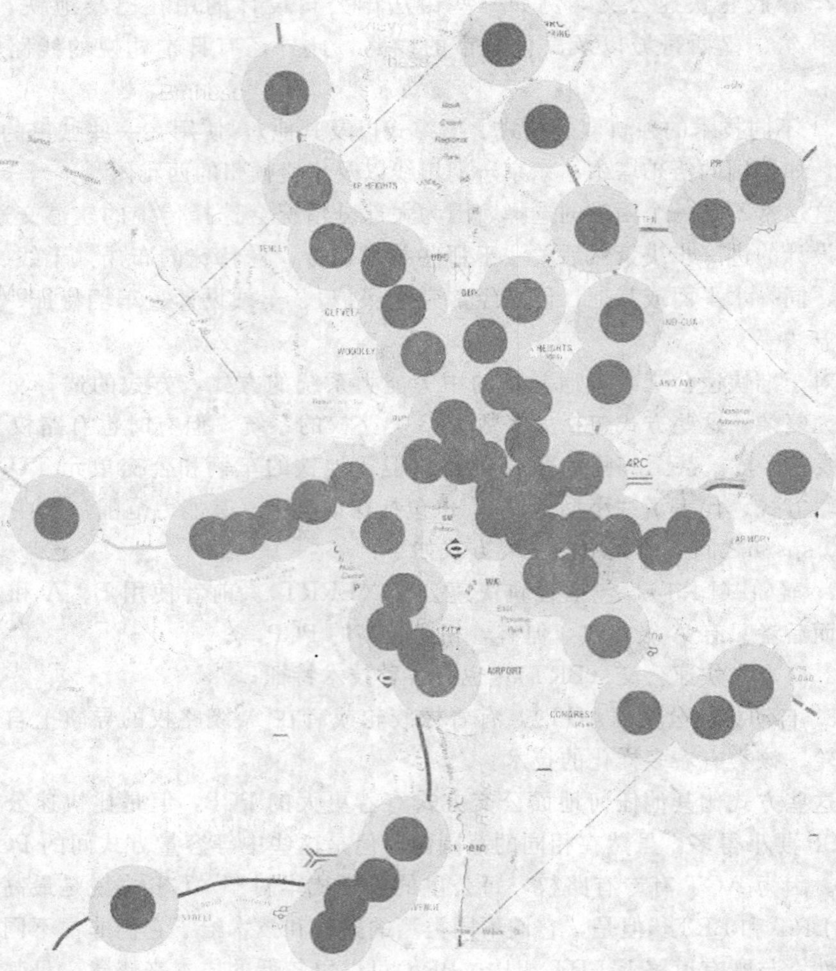

车站覆盖半径:
一类——400 m
二类——800 m

图 10.9　华盛顿特区中心地区地铁覆盖面积

第 4 章中描述了不同线路布局的特征、网络延伸、几何形式以及运营类型。必须记住的是，网络形式对公交系统乘客吸引、运营效率以及城市土地利用模式的修正可以产生很大的影响。

规划的公交网络中的各种投资水平导致可选方案在所有这些元素一方式、网络延伸以及形状上的不同。网络构建的预算可能被限制在一定的数量上，或者它可能由其他因素来定义，而不是估计的成本。接下来形成和采用一个方案，需要的资金可以通过各种来源来保证，比如来自不同级别政府层的拨款、特殊税收或者私人来源。

第 11 章中给出了方式比较和选择程序，而更多的关于不同方式以及其特征的许多比较的细节描述在第 12 章中介绍。在实际规划中，系统设计、比较评价以及选择的程序很复杂，以至于它们较少遵从清晰步骤的确切顺序。步骤的程序和顺序可能在不同情况下差别相当大。此外，步骤并不总是清晰的或互相独立的。通常它们之间有着很强的内部相关（一般公交方式的选择、特殊方式技术、网络形式设计以及其延伸性），这样通常在它们之间就有了相互作用、反馈以及调整。

10.4.1.2　可选方案评价及选择

如图 10.8 所示，在大部分的公交规划过程中，一些可选方案得到了制定，然后必须互相比较，选择较优的来实施。方案评价和比较分析以一系列从公交系统目标和目的中获得的准则为基础。

方案评价可以通过许多不同的方法来实现，使用三种评测类型：

1. 货币，用美元、欧元或者其他流通货币表示的投资和运营成本；

2. 其他定量方法，比如服务乘客数、乘客一公里或者乘客一小时，根据规划的公交线路所服务地区的小汽车出行及所需停车空间的减少量；

3. 定量评价，包括许多项的集合，从公交服务质量、增加特定人口出行的灵活性，到从高速公路车辆到电动公交转变带来的期望空气污染减少、公交形象的提升，以及它们对土地利用发展和城市宜居性的影响。

方案的经济评价，即投资和生命周期费用及收益的估计，比如收益一成本分析（计算收益和成本间的比例或者差异，见第 11 章）或者项目回报率的计算，通常针对备选的公交规划来完成。它们产生一种对投资和有效性的基本评价方法。经济评价被认为，尤其是一些经济学家认为是主导的，有时是唯一的，重要的。经济评价很受欢迎，因为它对每个可选方案给出了一个单一的、容易理解的数字。然而，对于许多公交项目来说，其经济评价要么是不充分的，要么是易误导的。

在复杂城区提供公共服务，公交系统会有很长的生命，并且施加大量永久性的很难用货币衡量的影响。基于生命周期货币值估计的这些方案评估存在一些基本性的困难。首先，公共利益和成本的估计，比如人的机动性值，增加的工作机会以及由于高质量公交服务带来的社会公平的增加，从本质上来说，大部分是主观的，因此量化在准确性方面给人一种缺乏依据的印象。第二，一些外部特性如降低交通拥堵和由于出行从小汽车向电动公交转移带来的空气污染的降低，或者城市宜居性的增加，这些的外部性可能是非常重要而且目前是极难量化的。最后，对未来收益和成本进行的折现，对于假设的折现率非常敏感，这样甚至对短期未来的预测也很不容易。

在这些方案收益和成本的货币评价的困难中，影响以及各种外部性比直接的费用估计更加复杂。结果，存在一个对这些成本的固有偏见，认为它对成本的关注太少，或者甚至忽略了许多收益。这导致了不宜对公交方案评价，特别是那些提供高层次服务水平以及有着更长生命的方式，如轨道公交。尽管经济评价简单，但它被重点强调且作为一个流行的可选方案的评价方法，从这个事实中，就可看出偏见来。在不考虑它们的性能和对城市积极的永久性影响以及提到的它们的特征时，通常会证明低成本方案要优于高成本方案。

公交方案评价问题应当如何在现实世界中处理呢？在评价中大部分技术特征不同，但是有着非常相似的系统性能以及服务同一种功能的可选系统时，经济评价是相当精确的，因为非定量化因素的作用是有限的。然而当主要公交规划方案涉及到不同公交方式、网络形式和服务时，这个问题不能通过比较每个可选系统单独数量来解决。

长期交通规划人员和市民代表对公交系统以及它们永久性影响的广泛方面更感兴趣，他们考虑到可选方案的经济方面，以及它们更广泛的效用值。而且通常通过市民和政治领导或公众投票来做出决定的，例如美国和瑞士。关于高性能公交系统建设的复杂决定过程（准快速以及快速公交）在 10.4.2 中阐明，通过不同城市中一些案例来简明描述。

10.4.1.3 *初步系统设计过程*

当一般的线路或者网络层以及方式被选定后，规划进入了初始工程阶段。该阶段由回顾和布局的详细决策、分线路区段的设计乘客量以及系统成分设计组成。应用到新型轻轨系统规划中的过程的一个例子在流程图 10.10 中表示出来。三个轻轨系统成分集被定义为车辆、运营和基础设施。流程图列出了包括在三个成分集中的主要要素和它们的相互关系。自然地，该过程非常详细，而且包括许多反馈步骤，而不是一个简单的单向的设计过程。但是，该流程图可以作为初始设计过程组织的一般指南。

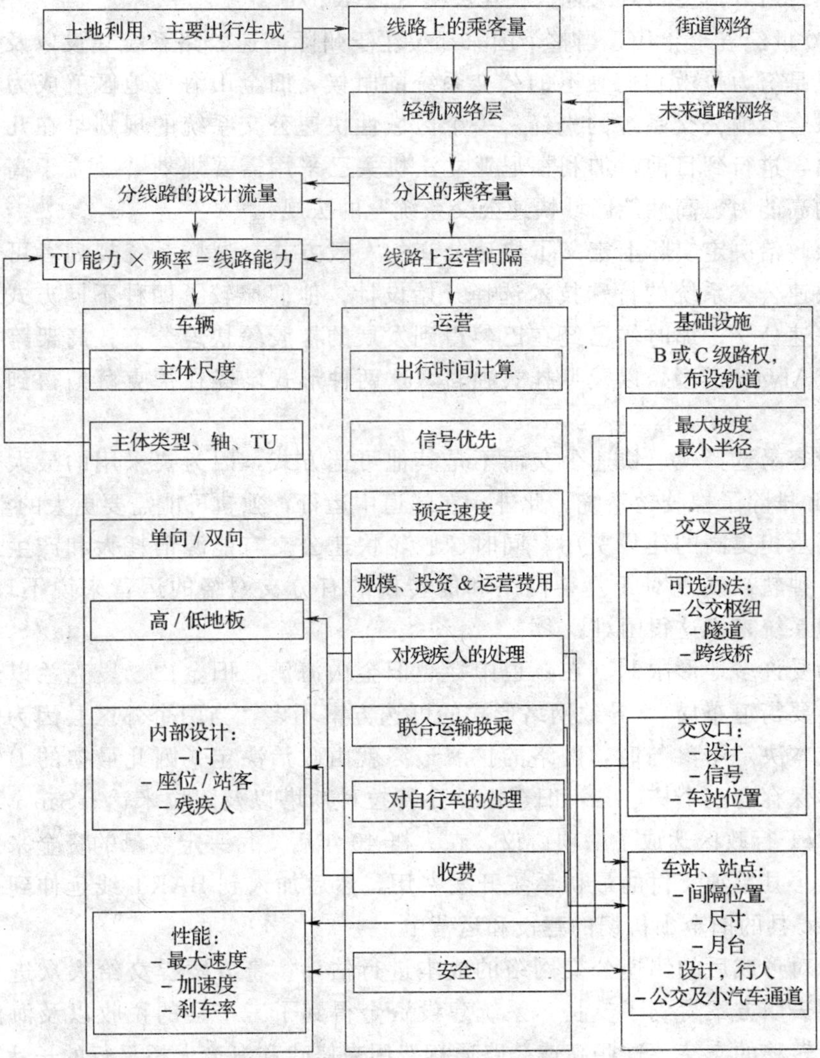

图 10.10　轻轨公交系统初步工程设计的程序

10.4.2　长期公共交通规划案例

这里将用最近几十年中不同城市实际规划的一些例子来说明公交规划的程序以及讨论步骤的顺序。这里描述的一些案例吸引了专业圈的注意，要么是因为它们的综合及创造性方法，要么是因为许多影响规划过程的因素，从技术/功能到财政问题、政治和特殊利益的压力以及考虑到规划公交系统要实现的对环境和整个城市的影响。同时也包括了一些错误、失败以及潜在失败纠正的案例。

10.4.2.1 旧金山海湾地区快速公交（BART）

在20世纪五十年代，当整个国家都关注于州际高速公路系统建设以及大多数城市只是努力抢救它们衰退的公交系统的时候，旧金山海湾地区就成为了规划平衡联合运输公交系统的先锋。一个区域性快速公交系统的规划早在几十年前就开始，进行到目前，加利福尼亚立法机关已采用需要规划“独立于高速公路系统的高能力、高性能区域快速公交系统”的法规。

这项政治决定实际上定义了快速公交的一般方式，这样系统规划者可以从下一步快速公交系统的特殊技术选择开始设计。他们比较了四种不同方式：标准轨道快速公交；那时候已经在巴黎得到发展的橡胶轮快速公交；高架跨行单轨铁路（Alweg类型）以及悬挂式独轨，这两种形式已经在德克萨斯得到了发展和测试。

比较容易选择轨道快速公交而不是其他可选方式，因为要采用的最大速度130 km/h排除了橡胶轮系统。此外，在隧道中运行，独轨可能需要更大的空间，因此需要承担更高的建设费用。同时橡胶轮快速公交有能源消耗大和产生热量的问题。独轨被发现对于复杂网络和能转换的有分支网络的运营来说不现实，对于独轨系统来说这很困难。

因为受许多地形限制（在隧道中穿越旧金山海湾，旧金山、奥克兰以及伯克利等主要街道布局），导致网络形式的可选方案不多，当两个郊区县因为他们付不起成本决定不参与时，网络的扩展最终就由政治决定。因此最初的BART网络仍然保存着三个核心县：旧金山、孔特拉科斯塔以及阿拉米达。San Mateo县和BART行政区达成了一项协议，在大概40年后支付一定数量的资金来弥补起初由三个县单独支付的最初系统开发费用，然后加入到BART线延伸到位于San Mateo县的旧金山机场的建设和运营中。

然后对形成后的快速公交网络的成本进行估计，将方案提交给大众进行表决。投票表明方案得到了支持，系统建设资金得到了三个县的税收以及海湾大桥通行费转移的支持。这些高速公路通行费用来修建和海湾大桥平行的长达8公里的海湾运输隧道。这种资金转换逻辑得到了事实的支持，该事实是以前海湾大桥上的轨道系统的轨道转换成了高速公路车道，而且BART隧道将分担海湾大桥上的交通量。

在该公交方案实行40年后，人们认识到它是国家最有远见的规划之一。当一些后来的BART影响研究更多趋向于关注该系统直接、可测量的定量影响时，人们普遍意识到BART的最重要影响是其在旧金山及它所在区域中出色的生存能力得到了表现。

10.4.2.2 华盛顿特区

在1962年废除了最后一辆有轨电车后，华盛顿城以及它所在的地区只有地面公交车，并以较低的性能和较差的形象服务这个大型网络。特别是作为国家的首都，城市中有许多游客，对他们来说公交服务难以理解而且不足以提供机动性。符合城市形象的高性能公交系统的需要得到了广泛的认可，在20世纪60年代地铁系统规划的准备得到了加强。

在美国大多数城市，公交发展受到议员们的强烈反对，他们鼓励小汽车的使用、鼓励高速公路建设或者其他公共交通方式的发展，有时候甚至是未经证明的技术发明的使用。这些议员们特别关注对最高质量的公交方式一轨道公交（见 Vuchic，1999，第5章）的攻击。华盛顿就是一个典型的例子，因为在那座城市中的现代化地铁系统可能具有一种特别鲜明的国家的视角。华盛顿快速公交规划受到的批评在其他城市中也被提出来，以下三个观点是许多城市中公交反对者的典型论点。

首先，他们认为：公交系统的使用应当更便宜，因为地面上的公交车不能够提供足够的能力，一个详尽的针对地下公交网络包括多个公交港湾的大型车站的技术方案被提了出来。技术上的评估轻易地否认了该方案，因为公交运营在窄的隧道中不仅是不合适的，而且由于公交车油耗产生气体，因此也是不可行的。

第二，随着快速公交（后来命名为地铁）方案得到支持，服务城市的私人公交公司的所有者拿出独轨的印刷小册子，主张这种“未来方式”还没有考虑到。这一点观点在技术层面上也不予考虑。

第三，对地铁系统上大量投资的批评也反复被提出来。人们争论如果所有地铁上期望的出行由出租车来服务，成本应该较低。这种简单的对复杂公交方案的单维分析没有考虑到更差的出租车服务可能让街道不能够容纳这样的交通量，或者随着那种类型交通的使用，华盛顿城会变成什么样。在一场关于地铁超支费用的辩论上，给出了以下的答案（Vuchic，1991）：地铁可以以相对较低的成本修建，但是如果当初将帝国大厦的屋顶修成平的，它也可以用更低的成本修建的观点也是正确的。

建设周期长达25年的165 km的地铁网络的方案被证明是非常有远见的，地铁提供了优质的服务，同时提升了整个区域的特点和形象。没有人挑战公交方式的选择、网络布局及它的长度。目前主要的争论仍在继续，主要针对提出的哪一个延长段应当优先修建以及应当优先如何筹措资金。

10.4.2.3 德国法兰克福

1960年德国法兰克福的公交规划产生了基于不同公交方式：地铁、轻轨和

Alweg 类型独轨的几种可选方案。网络的主要线路在这三种方案中都很类似，只是每种方式的特点有些不同。然后基于投资、运营费用、它们提供的服务质量以及对城市的影响，对三种可选方案进行了比较。轻轨系统证明是最受欢迎的方式，虽然它比地铁性能稍微低些，但是它的费用要低得多，而且它的网络与城市的物理特征以及环境要相符得多。独轨要劣于地铁，因为它在实际操作中不现实，而且其庞大的主干结构会带来很多负面影响。今天，法兰克福（城市人口640 000）有了优秀的、广泛的轻轨系统，由以前的有轨电车线路逐步升级而成，在城市中心将它们布置为几种 B 类路权以及一些短的隧道。此外，广泛的区域轨道系统（S—Bahn）服务更广泛的总人口为 190 万人的区域。

10.4.2.4　有地铁系统的大城市

需要高质量服务的延伸性网络的、在非常大的、快速增长的城市，比如香港、马德里、圣保罗、首尔以及东京，只考虑地铁这种方式，即有轨道的快速公交方式。刚开始，不需太多分析，很明显看出任何准快速公交方式都不能提供非常高的所需能力。但是线路的布局以及网络的形式在每个案例中是基于可选方案的分析来规划的。

10.4.2.5　墨西哥城

在 20 世纪 60 年代随着人口超过 1 000 万（在 2004 年达到了 1 800 万），逻辑上，墨西哥城会选择地铁作为它基本的高性能方式，但是它却使用了限制车辆大小的橡胶轮地铁技术。与巴黎地铁的车辆相似，它们只有 15 m 长、2.5 m 宽。该系统非常流行，因为有着漂亮的车站设计以及快速的车辆，但是它的能力对于一些大乘客流量的线路是不够的，即使用九节车厢的列车也是不够的。因此，该方式选择是正确的，但是对特殊技术的选择却仍然存在很大争论。

10.4.2.6　法国斯特拉斯堡

与一些其他中等的法国城市类似，在规划升级的公交系统过程中，斯特拉斯堡经历了非常广泛的技术规划，城市规划分析以及政治讨论，包括非常热烈和长期的辩论。作为一个城市人口达到 260 000 以及区域人口达到 460 000 的密集城市，斯特拉斯堡考虑了中等能力的准快速公交方式。很明显，公交车不能为城区街道上混合交通提供足够的能力和服务水平。此外，公交车辆的物理特征，包括它们产生的噪声和空气污染，将负面地影响那个历史城市独特的以行人为本的环境。然后主要的争论存在于轻轨和 AGT（VAL 系统）之间。当 VAL 方式的支持者和制造商对城市管理者施加压力时，最初采用的轻轨/电车系统被拒绝了，转而支持 VAL 系统。以下是一些年的技术、规划以及政治争论。

VAL 系统的拥护者正确地争论该系统将会提供更快速、更频繁的服务，电车系统支持者提出他们方案的另一个重要论据：一个电车系统可能在线路每公里建设费用上低 2～3 倍，因此对于给定的投资，电车可以比 VAL 修建更长的网络。此外，电车可能增加城市的宜居性，而且增强它的历史特色，而 VAL 可能在隧道中或大型干道结构上。轻轨可以更容易延伸，而且可能在主要车站和公交及铁路有更方便的换乘。

一个市长候选人在选举中把电车系统的采用和建设作为她任期内的一个目标，该议题看起来是她选举胜利中一个重要的因素，然后电车又一次被起用。随着电车系统的建设，包括对整个有行人街道和广场的中心城市交通的重新组织，以及直接在街道上具有视觉吸引力的、安静的低地板车辆和车站，规划者指出了获胜的有趣的方面。他们声称如果隧道中的 VAL 被采用了，街道、广场以及整个中心城市将会由小汽车占主导地位，从而给行人带来抑制。有了电车，步行成为了可能，而且它大大增强了城市的宜居性。

10.4.2.7　加拿大渥太华

渥太华作为加拿大的首都城市有着大量的从业人员，因此比相同人口大小的其他城市有着更多的公交使用乘客。在 20 世纪 80 年代该区域人口达到了大约 100 万（2004 年增长到 110 万），很明显中等容量的公交系统是最合适的方式。因此公交规划考虑了轻轨以及和目前 BRT 定义相符合的系统性升级的公交网络。

分析表明当轻轨提供较高的服务质量以及公交形象的升级时，它需要更高的投资以及比公交更复杂的建设。另一方面，当地的条件对于非常注重实效的设计以及高级公交系统的执行很有益。中心城市的宽街道允许提供严格执行的公交专用道，一些放射形的不拥堵的高速公路路段也被利用上了。这些设施通过新建的有分层车站的公交道路的路段来补充。拥有了在这些设施上的实质投资、网络的系统性逐渐扩张以及严格的运营监控，城市就获得了高质量的服务系统。

渥太华公交专用道、匝道、车行道以及街道的延伸网络目前代表着在北美最广泛和高效的 BRT 系统。它的进一步延伸以及升级更容易通过公交网络以及在一些区域轨道走廊上轨道线路的引进来继续下去。

10.4.2.8　慕尼黑

在 20 世纪 70 年代早期，慕尼黑着手快速公交网络的建设（U－Bahn）。这带来了关于城市中不同公交方式正在改变角色的讨论，在公交机构和城市中快速公交方式的促进者坚持认为将路面电车从新 U－Bahn 线路服务的走廊中移除应当导致彻底放弃地面电车。城市将由两种方式公交系统服务：U－Bahn 和公共汽车。这遵从西柏林和汉堡相似的过渡，并基于在大城市的公交应当只有两种方式（有趣的是，在德国统一后，柏林将前东柏林的有轨电车升级到现代化的轻轨系统）的想法。

该提议引来了更多的反对，而且带来了长达十年的争论。根据许多论点以及技术一经济的研究，城市认定两种方式的哲学将导致许多线路的损失，而在这些线路上轨道系统要优于公交。这也就证实了中间方式的重要作用，从此有轨电车系统就逐步升级为一个现代化轻轨系统，该系统和 U-Bahn 以及公交车相协调。今天，慕尼黑有轨电车有了一些最现代的低地板车辆，非常吸引人，也非常流行。

图片 10.2　斯特拉斯堡的公交规划，导致了大容量的轻轨在中心城市街道上

10.4.2.9　*新加坡*

在 20 世纪 70 年代中期，新加坡引进了针对城市多方式交通协调和改进的综合规划，它包括通过道路收费消除街道交通拥堵，通过法规和停车率控制停车，以及强化公共交通的发展。

主要的公交项目是快速公交网络的建设，对快速公交系统的规划方案由咨询公司 Wilbur Smith Associates 利用非常先进的出行预测模型，并对线路布局、车站、列车规模和能力、设计速度、时刻表和线路能力等进行了非常细致的设计。在实施之前，来自哈佛大学的两个经济学家提交了另一份研究和声明，说轨道快速公交是“浪费”，因为公交线路上的公交车系统可以用较低的投资提供更好的服务。他们使用基于计算机的模型分析公交系统的运营情况来支持他们的观点。

这是对该城市有史以来所做的最大投资的挑战，吸引了一些市民和政治领导人的注意，他们要求对方案进行重新评价。随后涉及到最高政府官员的广泛讨论，以及经济学教授与公交专家间的电视辩论，最后清楚表明计算机设计的公交系统模型以及它的成本估计是基于不符合实际的假设，从而导致了错误的结论。其提出的公交系统设计只是一个概念，在执行上不可行，不能够产生甚至和那些快速公交相等的服务水平。

目前，人口320万的新加坡城，享有了世界上最先进的轨道公交系统的有效服务。公交专家及市民闲时谈论关于计算机设计公交提案时，仅仅从延误这一点，人们很难想象一条穿过中心城市的公交系统可以提供像目前的快速公交任何相似的服务，而无数辆公交车拥堵在街道上的城市会变成什么样？

在最先使用从前没有城市使用过，采用联合运输方案改进城市交通后近30年，新加坡仍然是考虑城市交通政策及实施上的同类城市中的佼佼者，正如下面各项描述。

• 1975年引进的道路收费，著名的区域许可证制度（ALS），在1998年升级为电子道路收费系统（ERP），ERP易于激活、失效以及调整费率。测量交通流量和速度的交通调查每三个月进行一次，同时通过ERP费率调整来保证期望的交通量和交通速度水平：当速度高时，降低费率允许更多车辆进入中心区；如果速度低，需要增加费率来减少交通量以及提高服务水平（Menon和Chin，2004）。在新加坡引入后的20多年，道路收费概念也被一些其他城市引进，比如挪威的奥斯陆和特隆赫姆以及英国的伦敦。

• 轨道快速公交线路也在修建和延伸，2004年每天运载大约110万的乘客。

• 频繁可靠的专有公交系统为整个城市服务。

• 修建了许多公交－轨道换乘车站，也就是换乘站。一些影响乘客方便性的设计还不令人满意，正在讨论对它们的改进。

• 唯一的投资比快速公交低而提供服务比公交车好的中等性能的方式是几条在高密度住宅区作为快速公交接运的AGT线路。在PCP方面，有竞争力的BRT和LRT方式目前还没有得到足够的重视。

• 在所有的公交服务中（快速公交、AGT以及公交车），引入了最先进的非接触智能卡系统，它在乘客方便性、在车站及公交车上进出速度、复杂等级收费的应用以及系统收集的统计信息上有很大的优势。

• 在最近30年新加坡最显著的进步是实现持续的发展以及实行协调联合运输的交通政策。交通官方组织机构的建立以及交通专业人员的能力使得这种连续性是可能的。组织变化不时根据条件的变化和城市的需要而发生。目前，一个半政府组织—土地交通组织（LTA）制定交通政策，执行交通规划，同时确定公共交通和其他运营机构的角色。政策的实施运营以及对交通系统的控制，由 LTA（对于高速公路和交通）、两个大的运营公交车和快速公交的公交机构以及出租车公司来执行。

总之，新加坡在 20 世纪 70 年代中期通过联合运输政策和一些运营及技术上的革新走在了城市交通规划和管理的前沿。从那时开始，该城市就一直在追求许多交通地区的系统方法、联合运输协调以及大量的技术革新，因此它在该领域仍然是世界的领先者之一。

10.4.2.10 俄勒冈州波特兰

在所有的美国城市中，俄勒冈州的波特兰是最好的例子，它对城市规划采用了富有远见的与各学科相联系的方法，并将交通作为其主要的元素。波特兰在 20 世纪 70 年代运用了综合运输规划方法，并为实现宜居城市的目标而采用了系统化的过程。

波特兰的综合运输政策包括对小汽车使用的抑制以及对公交使用的鼓励。前者包括将几条高速公路从规划中去除，比较有名的是，Mt. Hood 高速公路，其争抢在州际换乘项目下的联邦轻轨资金，以及最近有争议的西部迂回线。交通安宁政策和停车控制已经被引入到一些中心城市街道及城市周边地区。公交使用的鼓励方式由许多短期或者长期改进组成，包括如下：

对既有公交服务的主要改进已经实行，公交网络被划分成有着不同名称和符号的特殊标识的小区，线路被组织成在特殊设计的公交中心能同步换乘的干线和接运线。中央商业区的两条单向街道被重新修成公交专用设施，该设施有着特别设计的多样车站和沿它们公交车可跨越行驶，以此来提供较高的停车能力。这些街道每小时通行多达 185 辆的公交车。

一条新的轻轨线路从 CBD 向东到 Gresham 镇，然后通过一条长的隧道延伸到西面的 Hillsboro 镇，产生了一条通过该区域的主要直径干线。这是波特兰国际机场线路修建后完成的，使用了私人投资资金；另一条从 CBD 到北面的华盛顿州边缘的线路，被命名为州际线路，于 2004 年开通。

在偏远的地区，存在一些路权为 B 级的线路。当经过城市街道时，它们的线路与其他交通分隔开来，这样它们仍然从其他交通中享受相似的独立性。该路径也经过并且成为市区行人占主导广场的一部分，而且它们在路权为 C 的街道运行时采用短区段。

一条新的有轨电车线路已经修建来提供便捷的出行，同时支持仍在增长的市中心 Pearl 区的步行。该条线路成为商业发展和其服务地区住宅联合体的宣传标志。一条短的延长线正在建设中，进一步的扩张和线路已经有了规划。

交通系统和土地利用规划协调和相互支持，控制着周边地区的发展速度，防止过分的蔓延。

作为与土地利用控制和交通规划协调规划措施以及相一致的公共政策的成果，波特兰今天有着北美最宜居的城市之一的美誉。

10.5 公交规划过程及趋势的回顾

本章描述了中、大容量公交系统的规划编制过程和方法。由于这些系统的基础结构很特殊，这些过程通常被分成中、长期规划。这里简要回顾这部分以及在其他章节提到过它们和技术部分的关系。

10.5.1 规划过程和构成

本章的第一部分定义了公交规划中的基本概念，并描述了其组织和法律法规的相关内容。分析指出，在美国需求预测理论被给予了与其不相称的关注，而实际的公交系统规划和设计则没有得到足够的重视。而在其他同等国家，特别是在那些总体上对城市规划及执行有着更加积极控制的国家，公交得到了更多的关注并扮演了更强的角色。

在前面关于规划过程和方法的描述中，基于过去趋势外推的规划倾向被给予了较多的关注，但是这种方法在某些方面受到批评。从概念上说，规划的目的是导向预定目标的发展。对过去趋势的外推轻视或在某些情况下忽视了这些目标，所以趋势外推实际上不能代表规划。从实际应用的角度讲，机械式的趋势推断法可能导向不期望的方向（例如某些城市交通规划方面），继而导致物理性或经济性的不可行情况，并阻止改革举措。因此，清晰明了的定义这些目标和目的成为一个合理的建设性的交通规划过程不可缺的一部分。

10.3 节对需求预测方法进行了回顾。就像上面提到过的，这个复杂的规划阶段在学术和专业圈内得到了极大关注。然而，由于影响个人出行的诸多因素之间的复杂关系，以及预测未来出行者行为和经济社会情况的不确定性，现有的方法在规划圈内部受到广泛争议和批评。需求预测得到的结果的可靠性经常受到规划者和市民的挑战。

然而关于公交，人们就需求预测极高的准确性（绝对不能实现）在大部分实际情况下并不像想象中那样重要而进行争论，具体原因如下：

首先，基本的模型选择取决于一条公交线或一个公交网上相对宽范围的关键客流量而不是其一个精确数字。大体上，当流量达到 3 000～5 000 人/h 需要高性能的中等能力的公交系统，而常规混合交通中的公交车无法满足。这些系统能够承担高达 18 000～20 000 人/h 的流量（在特殊条件下，例如宽的路权或特殊组织措施下，甚至达到更高的流量)。但是在10 000～15 000 人/h 的客流量时快速公交系统是最佳选择，如果其他因素都能支持这种模式的优点。这样，这三种普通模式（街道公交、中等能力公交和快速公交）就会产生交迭，它们分别拥有 C、B、A 级路权。

其次，选择公交方式的乘客需求量并不是唯一影响因素，甚至有的时候不是主要因素。许多其他因素，例如公交系统形象以及它对城市宜居性的影响，可以对方式选择产生强烈影响。更深的，拥有很强形象性的高性能公交系统与混合交通中的公交车和小汽车相比有更强的乘客吸引力。服务质量和系统形象对乘车人数的影响，以轨道交通为例，可以带来30%的增长（见 12.2.4.1)。几乎没有需求预测模型能处理这个因素，所以对需求预测应该设置一个反馈步骤，以至于当公交方式被选定后可调节它的需求。

第三，高性能公交，特别是轨道交通系统，在很多城市是作为积极、标准的城市用地开发、提高城市宜居性及城市可持续发展等来进行规划的。在这种情况下，非常高的精确性就不再显得那么重要。例如，斯德哥尔摩的地铁（T—Bana）是和郊区一些围绕车站的城镇共同设计建造。最近开通的范库弗峰地区的 Skytrain ALRT 系统延伸线的乘客数量相当低，但却没有受到批评，因为这条线本来就是用来刺激它所服务的郊区乘客增长的一种投资。

10.4 节描述了公交规划制定过程，并对本书中随处都提到的规划中的技术细节做了总体回顾。第 4 章给出了线和网的技术特征。第 1 章和第 2 章讲述了运营和时刻表。第 11 章提出了服务特征和方式比较的方法，第 12 章包括了特定公交方式的描述和比较，同样再次关注于作为中长期公交规划目标的高性能公交方式。

规划的制定和选择方法是通过对一系列选出案例的简要描述，这些例子体现了不同城市公交的规划和方式选择，包括规划实施过程中的成功和问题。这些例子用来说明公交规划的两个关键阶段：选择分析和方式选择的方法，以及规划实施中各种的影响和实际过程。

这些例子表明，四个主要决策（普通方式选择、特殊方式选择、大体的线路布局和网络形式的建立、所需投资金额的决定）是以不同的顺序来进行。例如，对方式选择或者线路或网络布局的决定可以在制定详细公交规划之前进行。然而，各种方式（地铁、LRT、公交、AGT、或独轨铁路）的网络形式必须要最优化，即使线路的主要通道已经固定。这样，可选的规划一般代表了网络形式、规模、投资费用、运营类型等方面存在一定程度差异的系统。

被描述的这些案例用来显示合理的构思和组织良好的规划，同时也会伴随着遇到很多困难，混乱冲突导致规划实施推迟或失效。在很多城市中普遍的阻碍包括很多不同的利益群体。反对公交的议员，特别在美国尤为强烈，使用很多手段来阻止对高性能公交系统的投资，从混淆信息到政治压力等等。对某种方式的支持者，受经济或者情感的激励，有时候会制造对某种模式实施的积极影响或反对其他可选方式、制造混乱。最后，不同模式的信息及专家意见的缺乏，有效限制很多城市的规划并形成两个极端：街道公交和快速公交，没有其他方式来填补这两种具有不同 PCP 特征的方式之间的裂痕。

为了克服公交规划和实施过程中的困难和障碍，对公交方式大家庭，它们能提供的各种服务并且在不同规模和类型的城市区域中扮演的角色增加相关知识和专家意见非常重要。

10.5.2　公交规划的趋势

与公交规划一样，城市交通规划影响到了社会、经济和社会发展以及对环境的关注。改变社会价值观对交通规划的范围和趋势有直接影响。就像本章前两部分和本书其他地方讨论的那样，公交规划受到从 20 世纪 50、60 年代高速公路修建高潮时期到 70 年代的复兴时期被严重忽略的影响。由于联邦政府规划和地方计划对活动的刺激导致了对公交问题态度的很大改变。在美国，随后在其他国家，出台了很多改革措施，同时美国的公交发展受益于其他国家的改革，特别是那些在公交上有着更好发展的国家（Vuchic，1999；Pucher，1995；Cervero，1998）。

在对过去 40 年城市交通规划趋势的全面总结后，Meyer（2000）列举了一系列发生在美国的重要变化和改革。以下是与公交规划有特殊关系的内容：（来自 Meyer 并进行了扩充）。

从：对产生规划和投资过程中的方法和数据的侧重；

到：多种投资、运营、价格、土地利用及生活方式影响的大范围的信息提升；

从：关注高速公路及其服务水平；

到：多方式系统整合、运作及性能评价的宽泛集合；

从：基于汽车出行的运输系统；

到：将出行决策者视为城市交通中的基本单位和目标；

从：汽车及系统技术视为已有；

到：改革技术用来影响系统运作和出行行为的技术；

从：将土地利用模式视为已知，独立于解决方案集合之外；

到：使用成长一管理工具联系相关交通政策，并作为主体战略；

从：用户收益及费用；

到：社区或城市内收益和费用的平等分配；

从：将公交视为受制约乘客服务的方式，少数大城市除外；

到：高质量公交作为创造平衡交通和适宜居住城市的强有力工具（Vuchic，1999）。

其中一些变化和趋势主要出现在美国。然而，不同国家之间的联系和经验的交流交换逐渐增加。总体上说，城市和汽车之间的冲突问题在欧洲和其他发达国家的发生时间晚于美国，所以他们可以借鉴很多来自北美的经验和解决方法。然而，他们在对城市规划，特别是很多工业化国家和美国对公交的重要性的态度上有很大差别。在这方面，特别是对平衡交通的积极的政策上，美国从其他同等国家身上学习到了很多。在关注环境和可持续性上，美国和其他同等国家一样都有了积极的进步，并从相互的经验交流中收获颇丰。未来，公交规划的进一步改进和解决问题、改革方法之间的合作更加值得期待。

练　习

10.1 定义短期和长期规划。这两种不同的规划方式是如何划分的？为什么要这样划分？

10.2 城市交通中的3C需求是什么意思？该需求的合理性体现在哪里？以及其如何影响规划过程？

10.3 为什么把对ISTEA的采纳看作是美国城市交通规划与融资过程的一个重要发展和里程碑？

10.4 描述在交通规划和实施过程中的都市规划组织的作用。

10.5 讨论1950至1960年间美国城市交通规划研究中的积极成果与不足。

10.6 很多城市交通规划研究是建立在过去趋势的外推法上，讨论该方法的理论基础。该方式适用于何种情况较好？在何种时期该方法不适用甚至是有害的，为什么？

10.7 在考虑城市形式与特征的基础上使用趋势外推法来建立交通规划的目标与目的会有什么问题？

10.8 给出城市交通规划过程的流程图并讨论基本步骤的次序。解释该流程中出现任何回馈步骤的原因。

10.9 定义目标、政策、标准，并讨论它们在城市交通规划中的重要性。解释为什么定义城市的未来情形对长期规划来说尤为重要。

10.10 交通规划中都有哪些模型？如何校准它们？它们有什么用处？举出两个例子。

10.11　描述四阶段需求预测模型。给出每个阶段的定义并讨论它们的次序的逻辑性。

10.12　描述重力模型并给出它在后来的交通规划中所使用的形式。

10.13　列出并描述可用于方式分担估计的因素群。

10.14　扼要描述出行换乘与出行终止的方式分担模型，然后进行比较。

10.15　转换曲线是如何通过出行一换乘模型用于需求估计的？

10.16　出行一终止方式分担模型被应用于一些主要都市区域交通研究方法中，但后期几乎被废弃，它的优点是什么？又有什么严重缺陷？

10.17　对于方式分担的分析，当与公共交通相比时，比较汽车所提供的服务：

- 高峰期开往市中心；
- 上学的出行；
- 家庭周末娱乐出行。

10.18　全有全无和容量限制交通分配模型的区别是什么？

10.19　交通分配模型中的用户平衡条件是什么？

10.20　讨论四阶段需求预测模型的缺点。

10.21　集计与非集计公交预测模型的本质区别是什么？

10.22　列出公交系统规划制定与选择的主要步骤，然后使用你自己对每阶段的扼要描述来画出规划过程的流程图。

10.23　不同公交方案规划中的区别可以被归为四类，列出并进行阐述。找出远期公交规划的两种情况，解释这两种可选方案自身有什么不同。

10.24　在以下两种一般类型的公交规划中哪些是可选的方式？

a. 快速公交；

b. 中容量或准快速公交体系。

10.25　为什么大城市中的公交方式选择比中等城市中的简单得多？提示：回顾描述的规划案例。

10.26　根据讲述的和你自己所知的公交规划案例，列出并描述这些交通工程规划在应用中可能遇到的困难。

10.27　基于过去40年中产生的下述情况讨论公交规划发生了哪些变化？

a. 不同的交通方式：高速公路、公交、辅助公交，步行及其他；

b. 高速公路与其他方式中交通流的计算单位；

c. 公交规划中的土地使用考虑因素；

d. 用户与团体/社会的收益与费用；

e. 城市交通体系中假定的公交角色。

10.28 （多选）下列哪项中公交出行在全部机动车出行中所占百分比为多数？

a. 工作与购物出行相比

b. 非高峰与高峰期相比

c. 圆圈线与放射线相比

d. 以上都不是

10.29 （多选）在多种交通方式协调较好的城市中，私家车一般在哪种情况下比公交车提供更好的服务：

a. 任何方向的出行高峰期

b. 娱乐出行

c. 高密度区域中的出行

d. 高负荷交通走廊

e. 以上都不是

10.30 （判断对错）私家车—公交出行方式分担的特征：

私家车在高峰期比非高峰期吸引更多的出行。 T F

公交吸引的商务出行比娱乐出行多。 T F

私家车吸引的环形出行比放射形出行多。 T F

私家车在学生上下学出行中的效率总是比公交车高。 T F

10.31 （判断对错）公交的出行吸引特征：

多数公交出行是出于商务目的。 T F

家庭中的第二辆私家车比第一辆更能引起公交出行减少。 T F

城市中学生上下学用公交方式更为有效。 T F

公交比私家车更能吸引家庭的娱乐出行。 T F

公交在放射状工作出行中吸引最多的份额。 T F

公交出行的选择总是与收入成反比。 T F

参考文献

Beckmann, M., C. B. McGuire, and C. B. Winsten. 1956. *Studies in the Economics of Transportation.* New Haven: Yale University Press.

Boyce, D. E., N. D. Day, and C. MacDonald. 1970. *Metropolitan Plan Making.* Philadelphia: Regional Science Research Institute.

Bureau of Transport Economics (BTE). 1998. *Urban Transport Models: A Review.* Working Paper 39. Canberra: BTE.

Cervero, R. 1998. *The Transit Metropolis.* Washington, DC: Island Press.

Creighton, R. L. 1970. *Urban Transportation Planning.* Urbana: University of Illinois Press.

Dickey, J. W. 1983. *Metropolitan Transportation Planning*, 2nd ed. Washington, DC: Hemisphere.

Fertal, M. J., E. Weiner, A. J. Balek, and A. Sevin. 1966. *Modal Split: Documentation of Nine Methods for Estimating Transit Usage.* Washington, DC: U. S. GPO.

Kanafani, A. 1983. *Transportation Demand Analysis.* New York: McGraw-Hill.

Katz, B., R. Puentes, and S. Bernstein. 2003. *TEA-21 Authorization: Getting Transportation Right for Metropolitan America.* Washington, DC: The Brookings Institution.

Lill, E. 1891. *Das Reisegesetz und seine Anwendung auf den Eisenbahnverkehr.* Vienna: Spielhagen & Schurich.

Menon, A. P. G. and K. -K. Chin. 2004. ERP in Singapore—what's been learnt from five years of operation? *Traffic Engineering & Control*, February, 62-65.

Meyer, M. D. 2000. Refocusing transportation planning for the 21st Century. In *Conference Proceedings #20.* Washington, DC: TRB.

Meyer, M. D. and E. J. Miller. 2001. *Urban Transportation Planning*, 2nd ed. New York: McGraw-Hill.

Newman, P. and J. Kenworthy. 1998. *Sustainability and Cities: Overcoming Automobile Dependence.* Washington, DC: Island Press.

Ortuzar, J. D. and L. G. Willumsen. 2001. *Modeling Transport.* New York: John Wiley & Sons.

Papacostas, C. S., and P. D. Prevedouros. 2001. *Transportation Engineering and Planning.* Upper Saddle River, NJ: Prentice-Hall.

Pucher, J. 1995. Urban passenger transport in the United States and Europe: a comparative analysis of public policies. *Transport Reviews* 15(2): 89-107 and 15(3): 261-283.

Smerk, G. M. 1991. *The Federal Role in Urban Mass Transportation*, Bloomington: Indiana University Press.

Stopher, P., and A. Meyburg. 1975. *Urban Transportation Modeling and Planning.* Lexington, MA: Lexington Books.

Vuchic, V. R. 1991. "Recognizing the value of rail transit." *TR News*, September-October, 13-19.

——. 1999. *Transportation for Livable Cities.* New Brunswich, NJ: CUPR Press, Rutgers University.

Wardrop, J. G. Some theoretical aspects of road traffic research. *Proceedings, Instiution of Civil Engineers Part II* 1: 325-378.

Weiner, E. 1999. *Urban Transportation Planning in the United States.* New York: Praeger.

进一步阅读

Beimborn, E. A. 1995. *A Transportation Modeling Primer.* Milwaukee: Center for Urban Transportation, University of Wisconsin.

Ben-Akiva, M., and S. Lehrman. 1985, *Discrete Choice Analysis: Theory and Application to Travel Demand.* Cambridge: MIT Press.

Gray, G. E., and L. A. Hoel, eds. 1992. *Public Transportation*, 2nd ed. Englewood Cliffs, NJ: Prentice-Hall.

Hutchinson, B. G. 1974. *Principles of Urban Transportation Systems Planning.* New York: Scripta Books.

Voorhees, A. M. 1955. A general theory of traffic movement. In *Proceedings, Institute of Traffic Engineers.* New Haven: ITE.

Vuchic, V. R. 1987. Urban transit: a public asset of national significance. *Urban Resources* 4(1):3-6, 63.

World Bank. 1996. *Sustainable Transport.* Washington, DC: World Bank.

第11章 公交方式的分析、评估与选择

公交方式是描述公交系统的一个通用概念，有着物理和技术组件以及运营特征的一个特定的共同的集合（Vuchic，1981，第二章）。一个城市的公交系统由具体的公交线网、车辆和运营单元构成，它们可以属于一种或者几种公交方式。因此，我们有必要提一提芝加哥和伦敦的公交系统。这两个城市的公交系统是不同的，分别以不同的网络配置和物理与运营特征的组合来为城市服务。然而，这两个城市使用共同的公交方式，例如巴士、快速公交和区域铁路，以及辅助公交，如出租车。

公交方式的选择在规划新的公交系统或者扩建现有公交系统中是核心决策。这个决策十分重要。公交方式的选择不仅决定所规划系统的技术、运营和网络特征，而且通过这些元素将会影响到公共交通在城市形态、经济活动、社会和环境的发展中扮演的角色。公交方式的特征是多种多样的，在其规划过程中必须考虑某些感兴趣的部分以及各种各样的影响。因此，不管是绝对的还是相对的分析都相当复杂。

在方式对比中有些因素的分析可以量化，从而可以准确地比较。然而，也有很多定性因素，对它们的评估必须包括经验和价值判断。因此，评估的过程不能够仅建立一个定量模型，对比分析的结果也不能仅仅用一个数值结果来表示。有时候普遍的希望通过使用机械的步骤和基于单一的比较标准（通常是直接成本）来简化此过程，但是这通常会产生错误的结果，这些结果与现实世界的状况和正确的判断是相违背的。

11.1 公共项目的评估和选择

在私营经济部门，投资决策至少在原则上相对比较简单。尽管也会考虑像提供工作、提高生活水平和促进新技术的发展这样的目标，但追求利益最大化仍然占主导地位，有时候甚至是唯一的目标。因此，投资的主要标准是基于项目的成本和收入。

在公有经济部门，项目的评估更加复杂，尤其是那些涉及长期利益的基础设施投资的项目。尽管财务效益的最大化是投资的一个重要目标，但也要考虑许多其他的目标，而且这些目标通常比货币效益更加重要。公共项目规划的目标通常包括提供必要的公共服务（机动性）、提高城市的经济活力和环境质量，保持长期良好的城市形态和生活质量等。

成本效益分析在许多年以前已经应用于交通运输项目。在评估公路使用者成本效益时推荐使用的方法特别著名，由美国国家公路协会于 1952 年开发并于 1960 年更新，发表在著名的红皮书上（AASHO，1960）。这种方法将所有的要素转化为货币价值来计算项目的价值。Kuhn（1962）对这种分析做了广泛的评论，揭示了仅用货币价值做对比的缺陷。他强调不仅要考虑定量要素的重要性，也要考虑量化定性要素的困难，例如车祸后的疼痛和苦楚，项目对周围环境和非使用者的间接影响等进行了描述。之后 Kuhn 还推荐使用一种综合的方法，并以一条高速公路和一条快速公交线路的对比分析框架为例给出了说明。

因此，公共项目的评估不仅要包括直接的短期的成本收益，而且要考虑间接的长期的成本和收益。评估必须考虑不同的受影响群体，通常分为系统的使用者和非使用者，或者普通大众。这里提出了一个简单的理论分析框架。有关该主题的详细讨论已经有人做过，例如，Thomas 和 Schofer（1990）。

正如 6.4.4.2 节所述，对每一种设施或者基础设施目标来说，最优的生命周期是以其经济生命周期、物理生命周期和功能生命周期为基础计算的。这三个生命周期是不同的，其中最短的一个通常是最关键的，决定何时对基础设施、设备和车辆进行更新或者改造。

在项目评估中，规划设施总的生命周期，即三者（功能、经济和物理生命周期）中最短的，必须加以研究。在整个生命周期期间，一方面有收入或者收益线，另一方面有成本线。如上所述，在效益和成本中包括可量化的和不可量化的因素。如果规划项目在 t 年的收益是 B_t，这些收益的现值 BPV，是整个项目生命周期中所有收益的折现流的总和：

$$BPV = B_0 + \frac{B_1}{1+r} + \cdots + \frac{B_t}{(1+r)^t} + \cdots + \frac{B_L}{(1+r)^L} + \frac{S_b}{(1+r)^L}$$

$$= \sum_{t=0}^{L} \frac{B_t}{(1+r)^t} + \frac{S_b}{(1+r)^L} \tag{11.1}$$

相应地，项目成本的现值 CPV，是：

$$CPV = \sum_{t=0}^{L} \frac{C_t}{(1+r)^t} + \frac{S_C}{(1+r)^L} \tag{11.2}$$

式中　r——折现率；

L——项目周期；

S_b 和 S_c——收益残值和成本残值。

折现率说明货币的时间价值。未来每一年的货币价值是前一年的[1/(1+r)]倍。此比率因使用者及其目的的不同而不同。如果唯一的目的是以与借钱相同的利率偿还所有借款，r 是贷款利率。

然而，一般说来存在一个可接受的最小收益率（MARR）。私营公司基于机会成本设置最小收益率，也就是投资到其他地方的收益率。公共机构的最小收益率（MARR）通常是一项公共政策。需要重要地认识到公共公交机构的收益率通常比私营公司要低。因此，公共投资项目的建议书通常比私人投资的更加可行。

项目的净现值 NPV，是：

$$NPV = BPV - CPV = \sum_{t=0}^{L} \frac{B_t - C_t}{(1+r)^t} + \frac{S_b - S_c}{(1+r)^L} \tag{11.3}$$

在计算净现值的数量时，项目评估的第一个问题是 NPV 是否大于 0。如果 NPV 是负的，项目不应该建设。如果 NPV 是正的，计算收益率应该与竞争同一笔投资的其他项目所获得的净现值比较。假设所有的评估标准都包括在项目价值评估过程中，净现值 NPV 最大的项目应该被采纳并付诸实施。

另一个评估方法是将项目的 NPV 定义为收益和成本的比率（BCR），而不是项目收益与成本流的差值：

$$BCR = \frac{BPV}{CPV} = \sum_{t=0}^{L} \frac{B_t / C_t}{(1+r)^t} + \frac{S_b - S_c}{(1+r)^L} \tag{11.4}$$

在这两种计算项目价值的方法中，前者使用 BPV－CPV 的差值要优于后者使用 BPV/CPV 比值。主要原因是在评估一个项目时，有些要素既可以当作成本也可以当作收益。如果忽略这些分配，使用不同差值的方法，结果是相同的。然而，如果使用比值的方法，分子增加一定的数量（增加收益）比起从分母中减去相同的数量（降低成本）来结果差别很大。例如，如果一个项目的收益成本比率为 6/4＝1.5，将收益增加 2 或者成本降低 2，前者变为 2.0，后者变为 3.0!

另一种资本投资分析方法是内部收益率法，这种方法是令项目的 NPV（式(11.3)）等于 0，以求解折现率 r。如果计算利率小于 r，项目是不可行的；如果计算利率大于等于 r，项目是可以接受的。这种方法并不总是可信，因为一个方程可能有多个根，给出多于一个的折现率。而且，r 的值并不是相对价值的可信指标。例如，项目 A 的内部收益率 r 比项目 B 大，但是项目 B 仍然可以拥有较大的 NPV!

这里针对这些项目评估方法——净现值和内部收益率法，按顺序给出了一些重要的需要注意的事项。第一，这些方法需要量化所有的要素；这涉及到主观判断，允许误差的存在，在数值之后的这些误差被掩盖，看上去准确客观。第二，项目的未来收益和成本折现对假设的收益率非常敏感，收益率是不确定的。第三，使用一个数字评估一个项目对决策者非常具有吸引力，这会导致忽略这种评估方法的严重局限。

所有这些经济分析方法的另一个严重的缺陷是他们的收益和项目在未来增加的价值存在内在误差，对后代的价值也是如此。即使是低的折现率也低估了项目的未来价值，有时还会忽略不计。如果竞争项目的生命周期相似，并且不超过10～15年，那么这不是什么大的问题。然而，交通运输系统基础设施通常可以使用50～100年。尤其对于享有独占路权的运输方式可以被认为拥有永久的价值。例如，有些城市的地铁隧道已经使用了100多年，其使用预计超过了任何可以预见的将来。有些国家，古罗马时代修建的道路仍然在继续使用。生命周期很长的项目对于子孙后代的价值实际上被目前的折现技术忽略了。在评估涉及消耗不可再生资源的项目时，相似的问题也存在于成本方面，他们在未来的价值被折现评估技术低估了。

这个问题在发展中国家的许多城市尤其严重。在这些国家中，国际融资银行使用内部收益率法来比较具有不同使用寿命的公交项目，例如采购车辆和修建巴士或者地铁基础设施。对长期项目的投资由于其较低的收益率而通常被拒绝。如果城市拥有物理上独立于道路拥挤的公交系统，这会使城市持续收益，并且会有不同的城市形态，这样的事实被许多经济分析忽略了。

因此，这里提出的项目经济评估方法只有在项目的特征、生命周期相似时才可以使用，这时收益和成本可以合理的货币化。对于性质不同的项目，这些方法可以用于澄清概念，而不能作为公交系统评估的可操作的步骤。各种工程可行性研究应该一直与可行性的定义相符合。所有包含很多定性因素和价值的项目，例如环境改善项目、公交系统建设项目以及其他的公共设施建设项目，都必须从一个比定量经济分析更加广泛（而且更加复杂）的角度去评估。尤其对于生命周期很长或者几乎是永久的项目，给出了对于社区和生态的长期收益和成本的从非数学的意义上的考虑。

有时可以将一个项目按照这样的方式进行划分，其中的每个部分分别由不同的私营公司进行评估，每个公司都能够给公共机构提供一份最好的项目建议书。如果考虑对于一个很长时期的项目整体的长期性，而给予一个公司，比如，设计－建造－运营－维护合同（DBMO），每个公司都有动力去寻找有最大净现值的方法。然后按照多学科综合的方法去评估项目的剩余部分，试图说明所有的收益和成本，不管是货币的还是非货币的。

11.2　公交方式评估

原则上，公交方式和公交系统的评估应该使用和评估所有公共项目相同的基本方法：必须估算公交项目和方式的所有收益和成本以发现它的价值，然后在规划过程中将它和替代方式或系统的相应价值作比较（见 10.4 节）。然而，公交系统有着特征和影响特别复杂的集合，它们中的很多不能够给出货币值或者定量值，因此它们不能够加总到评估过程中。

为了能够系统地包含所有的收益和成本，必须确定它们的发生率和受影响群体。为了达到这个目的，将评估当作需求和供给状况分析是很有帮助的。需求是出行的需要和一个地区被服务的需要，以公交设施的选址和所有物理以及其他相关状况为特征。供给由有着各种各样特征的公交方式组成。既然被服务地区的条件和公交系统的特征相互作用，系统性能的评估和最优方式的选择必须基于给定条件下的方式性能的详细分析。

11.2.1　方式比较研究的分类和回顾

涉及公交方式比较的研究，在它们的方法、目的和结论有效性方面差异很大。这里按照它们的目标、意愿和方法进行了分类。然后对每一类进行了说明和评估，着重对其过程的正确性和能否投入实际应用进行了评估。

方式评估和比较有四种基本类型。图 11.1 给出了它们的示意图：需要进行公交系统规划的不同地区以 A_1，A_2，$\cdots A_n$ 表示，M_1，M_2，$\cdots M_n$ 代表不同的公交方式。地区和方式之间的不同连线组合表示不同的比较方式。下面定义了比较分析。

Ⅰ. 在一个假设的地区（A_h）中典型方式（M_1，M_2）的理论比较。

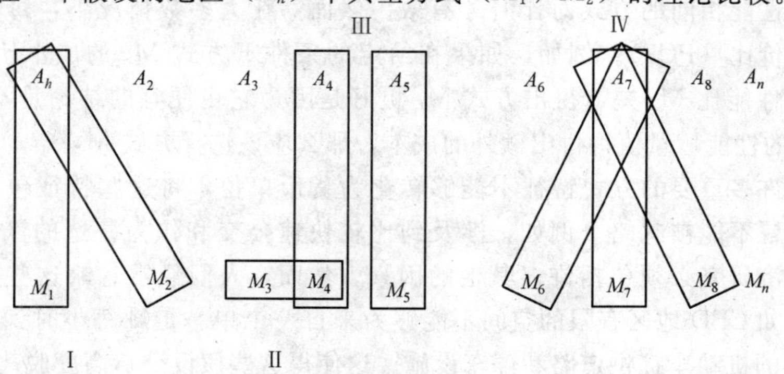

图 11.1　不同地区公交方式对比分析类型

Ⅱ. 不同方式的一般特征的分析。

Ⅲ. 服务于相似地区的不同方式的比较。

Ⅳ. 给定地区要规划的不同方式的比较。

这些研究的方法、目的和现实有效性多种多样。前两类比较试图确定不同方式一般意义上的最优域：前者使用理论方法，后者使用实际方式的特征和现实世界的数据。后两类比较集中在实际系统的运营和特定地区或走廊的规划。

11.2.1.1 各种不同的典型方式在假设地区的对比

当妥善处理现实性假设时，这种对比可以给出在一系列模型化走廊条件下不同方式的相对优势和劣势有用见解，以及不同方式的最优域的指示。然而，这样的对比很难正确地实施，因为假设条件的定义是复杂的，而且会导致许多偏差。

方式对比的一些理论经济研究已经在假设的经济走廊实施，使用不同城市的平均成本，或者一些假定的值。由 Meyer（1965）等人发起，在接下来的几年中，一些经济学家重复了这种基于成本的研究中同样的概念和方法论的错误。即使是现在也经常听到支持低成本而忽略对比方式的服务质量和其他特征的论点。

在大多数方式对比的经济分析中所用的假设和模型是如此得不现实以至于它们的发现在大多数情况下和现实的城市的公交研究明显不同。简单的模型和貌似清楚的结果给予了这些研究在大众媒体中不合理的可信度。因此有必要解释这种方法的主要内在缺陷。

这些方式的经济对比旨在找出每种方式的最优域，由高峰时刻运载的乘客数定义。事实上，方式选择基于许多因素，例如当地条件、出行的替代方式、全天的服务质量、交通运输系统对服务地区短期和长期的影响。因此，根据客流量定义的方式最优域不能由一个固定的数字描述所有的状况。因此，这些寻找使用一种方式的最优高峰时刻单向客流量的研究目标，是不正确的。

用来确定最优方式的唯一标准，每个乘客出行的最小成本，仅仅在很少的状况下当性能相同的方式对比时才有效。然而，在大多数情况下，每种方式有不同的性价比（PCP）。例如，如果在给定的条件下方式 M_1 的成本比方式 M_2 低，但是性能比 M_2 差，得出方式 M_1 更好是因为它更便宜的结论是不正确的。如果 M_2 的性能增量值得付出额外的成本，那么应该选择方式 M_2。

既然许多重要的方式特征不能够转化为货币单位，将这些特征包括进方式对比的问题不能被忽略。例如，涉及到比较快速公交和作为备选的汽车—公路系统的经济研究必须包括许多其他的因素。然而，人们经常忽略这些方式的外部性，例如 CBD 地区有限的空间不能够为来自一个单一走廊每小时到达率达到 30 000 辆的机动车提供道路和停车设施。这使得这些假设分析高度脱离现实。

这些经济对比中的计算分析和使用的图表也有着概念上的缺陷。使用的最基本的图表将平均出行成本作为不同方式客流量的函数，如图 11.2 所示。然而，因为每种方式的性能不同，因此在给定的条件下所吸引的乘客量也不同。轨道快速公交和轻轨吸引的乘客量比典型的巴士要多。这三种方式在服务类型和潜在用户方面与小汽车是如此不同，以至于在同一个图中描述它们毫无意义；这就像拿苹果和橘子作比较一样。

进一步分析，图中表明它给出了不同方式在任一给定乘客量下的成本。因此，在图 11.2 中，一个人似乎可以将街道巴士的单位出行成本 C 与巴士专用道巴士的成本 B 和轨道快速公交的成本 A 作比较。事实上现实世界中不存在这样的一个服务区，允许这三种方式对任意给定的客流量做成本比较。如果街道巴士吸引的乘客量为 p，则公交专用道巴士吸引的乘客量为 $p+\Delta p_1$，铁路快速公交吸引的客流量为 $p+\Delta p_2$。因此，单位成本 C 不应该与成本 B 和 A 作比较，而要与 B′和 A′作比较。进一步，评判的标准不是 C 是否比 B′低或者高，而是吸引 Δp_1 的乘客吸引量是否值得付出成本 B′—C。这个成本差有时偶然会是负值，这使得高质量的方式明显更优，即使客流量正好位于平衡点。事实上，这里平衡点是一个假想的概念，因为所绘制的曲线在不同的 LOS 平面上，而且它们不会相交，所以不能在同一个平面内绘制。

另一个问题是当这种图表应用于假定的典型条件时，由于其对分析者所做假设条件的敏感性是高度不可靠的。通过改变模型的假设条件很容易改变曲线的相对位置。这一特征允许能够使用这种方法提出有偏见的论点来支持或者反对任何一种方式。

这些假设的经济研究中的很多将方式和技术混为一谈（见第 12 章）。因为方式的成本很大程度上取决于它们的路权类型，图 11.2 的曲线更多是指路权类型而不是巴士和轨道技术。例如，巴士专用道上巴士的投资和运营成本比在 B 级路权如道路中央分隔带上的轻轨要高。

由于这些缺陷，经济研究的结果几乎没有现实价值。因为这样一些重要的因素如可靠性和服务频率、舒适度和安全性是当作成本输入经济模型的，而没有考虑他们对乘客吸引力的影响，所以这些研究极大地扭曲了方式之间的关系，从而赞成低的性价比（PCP）。

这些理论分析的结果，被当作是正确的，经常被各利益集团用来反对公共交通基础设施的改善，尤其是轨道交通。然而，它们的有效性被证明在方法论上是不正确的，在现实世界的事件中也是不正确的。下一节将讨论，在美国和其他国家进行的综合研究已经表明现实世界的状况远比经济研究所做的假设复杂得多：存在各种不同的方式，驾驶的和导引的，代表了不同城市的可行方案。有些城市发现升级的快速公交系统（BRT）对于它们的许多走廊是最好的解决

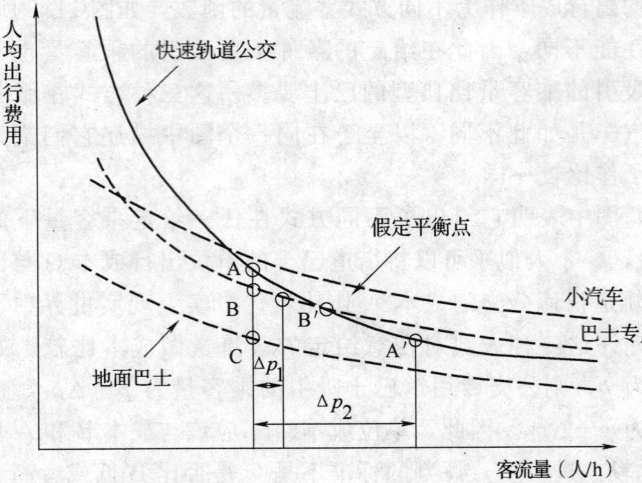

图 11.2　基于费用而忽略不同服务水平和乘客吸引的交通方式对比

方案（例如库里蒂巴，渥太华，匹兹堡）；其他的一些城市，甚至相同的城市（匹兹堡）发现它们的走廊最适用轨道交通。

另一个事实是有多种轨道交通方式，而不是仅有一种标准的快速交通。因此，最近几十年的成功案例包括：多伦多、旧金山和华盛顿修建的快速交通系统；圣地亚哥、波特兰和萨克拉门托和圣路易斯的轻轨；温哥华和伦敦（Docklands）首创的自动轻轨公交方式和无人驾驶的轨道系统。这种发展在北美和欧洲的许多城市仍在继续，在发展中国家也在不断增加。

近年来，即使在学术圈，假设的方式对比已经不那么流行了。随着对高质量的公交系统的投资不断增加，对实用规划的需求不断增加，方式比较的实用方法，从基于成本扩展到包含其他因素变得更为普遍。

11.2.1.2　不同方式的一般特征对比

如果不涉及具体条件，方式之间一般特征的对比能够给出方式之间通用差异的有用见解。有些差异可以定量定义（如能力，速度）；有些严重依赖于地区的特征（如运营类型、资本和运营成本），仅能从一般意义上进行比较。然而，大多数情况下，应该使用一个数值范围而不是一个数值进行比较，因为没有一种公交方式对所有的应用仅使用一套固定的特征。这种比较应该定义表明一种公交方式优于另一种的条件范围。除了比较现实世界的方式与假设的不先进的技术或者概念如个人快速交通概念（PRT）的对比之外，完全优于另一种方式的方式是不存在的。

在这种类型的早期比较中，Lehner（1975）使用来自许多运营系统的实际数据对轻轨和快速交通的所有主要特征进行了全面的对比分析。Vuchic（1981）系统地定义了方式的概念及其主要组件：路权等级 C、B 和 A，技术（尤其是导引和驾驶），运营类型。提出了每种组件对方式性能和服务特征的影响之后，此定义被用于描述不同方式，讨论公交方式大家庭中的各方式的折中和最优域。有关公交方式和特征的进一步对比见第 12 章。

关于各种交通方式的能力和服务质量更多细节在 TCRP 报告 100（Kittelson & Associate，2003）中有介绍。

11.2.1.3 服务于相似地区的不同方式的对比

在两个相似条件下的通道运营的两种不同方式的对比，例如轻轨和区域铁路，或者巴士专用道上的巴士和地铁或者轻轨，也可以用于两种方式一般意义上的对比，不一定和具体的规划项目相联系。这种方式比较比第一种方法（假设建模）更加现实，原因有两个：第一，现实世界的系统是考虑了每一种方式特征对当地条件的最优设计。每种不同的方式都可以在给定的地区规划是不可能的。第二，它允许比较实际系统的性能、成本和吸引乘客量，而不是估算假设的条件。避免了对抽象模型的数值假设。

在这种对比中，将由于不同的运营概念造成的系统之间的差异与由于不同的公交方式特征造成的系统的差异区分开来是很重要的。例如，HOV 道路上的通勤巴士线路与相似走廊上的 LRT 线路之间的不同，与其说是由于公交方式技术上的不同——巴士和轨道——造成的，倒不如说是巴士的通勤型服务和常规的轻轨服务造成的。

几乎没有人对运营在相似地区的不同方式的实际系统进行综合的对比研究。这样的一个研究，是比较不同的服务用于相似地区（以不同的技术、网络和运营类型）的轨道和巴士系统，详见 11.4.4 节。

11.2.1.4 给定地区不同方式的对比

随着最近几十年公共交通方式的多样化，规划主要的公交系统时一定要考虑将不同公交方式之间的比较作为一项重要的工作。代替传统的使用预定的方式来建设公交系统的规划，当代的规划通常要求对特定的走廊和网络中有几种候选方式进行系统分析。

有些城市的交通问题非常严重和复杂，显然需要不受外部影响的高质量、高速度和可靠的公交系统。这些要求只有路权完全受控的方式才可以满足。候选的方式，限于那些 A 级路权的方式，比较起来相当简单，因为只需要考虑导引技术。这种类型的比较的一个早期的例子是 20 世纪 50 年代旧金山的 BART。加利福尼亚州的立法机构规定新的区域公交系统一定要独立于公路交通，并且比公路交通更有竞争力。因此，可选择的方式限于四种导引技术系统，而选择轨道是合理的（见 10.4.2）。在其他情况下，如果令人满意的道路条件和适当的公交需求表明专用路权不是绝对必要的，而且也不能从经济上证明其合理性，LRT 和 BRT 可能就是需要慎重考虑的候选方式。

随着可选择的方式逐渐增多，比较评估开始包括不同的技术（如轨道、巴士、建议的方式）和不同的路权等级。选择方法由于以下几个原因变得更加复杂。第一，由于不同公交方式之间的的技术不同，每一种方式都要单独地适用于规划的走廊地区；一个最优设计的巴士系统通常和 LRT 及地铁系统有着不同的布局。第二，候选系统之间的不同在某些情况下变得更大、更复杂。最后也是最重要的，在方式之间由于路权等级 B 和 A、轨道技术、电力牵引、独特的车站上，它们对乘客吸引力也有很大区别（见 12.2.4.1）。

这种类型的早期研究是 Leibrand 在 20 世纪 60 年代对德国法兰克福的 LRT、快速公交和单轨系统进行的研究。另一个对不同的技术和运营种类进行综合对比分析的例子是英国的 Newcastle-upon-Tyne（Voorhees & Associates，1972）。随后美国和国外的许多城市都对方式对比和选择进行了类似的研究，例如旧金山、亚特兰大、匹兹堡、新加坡、斯特拉斯堡和渥太华（10.4.2 节给出了一些案例的描述）。这些研究中的大多数仍然有将方式选择建立在货币成本基础上的倾向，但是也有越来越多地包括非货币因素的倾向。

20 世纪 70 年代，美国联邦政府规定所有的公交系统如果想得到联邦的资助，必须进行综合的方式比较研究，通称为替代分析研究。这些研究逐渐变得更加全面和详细。最近几年进行的这样的研究案例是巴尔的摩、洛杉矶、丹佛、波特兰、萨克拉门托、火奴鲁鲁、达拉斯、休斯顿和凤凰城。这些研究对于方式特征的比较产生了许多很好的概念定义和方法。

11.2.2 公交方式评估的基本原理和方法

在大多数公交方式分析和对比研究中应该遵循以下一些基本原理：

(1) 每一待评系统/方式应该被考虑具有可比性。例如，比较新的巴士系统和已经使用 20 年的轨道系统以及它原来的车辆（反之亦然），不能给出这两种方式的有效对比。

(2) 如果比较不同的技术和方式，对当地的条件而言，每一种都应该是最优的；例如，即使在相同的走廊地区，由于 AGT、LRT 和地铁系统特征的不同，其运营和布局也是不同的。

(3) 应该将候选系统之间的差异进行定义分类，例如，按照不同的技术（导引或驾驶，电力或内燃机）、按照不同的运行操作（自动导引和驾驶员驾驶）、按照服务类型（常规和通勤）等，然后分别对差异的每一个集合进行评估。

(4) 应该把注意力放在整个系统上。在方式评估中应该考虑接运线在郊区和市中心的分布。

(5) 评估应该从定量因素和定性因素方面考虑货币价值。在大多数情况下，涉及成本较高的公交系统由于其非货币价值的重要性要优于成本低的公交系统，比如性能、服务质量和公司形象。

(6) 公交系统吸引乘客、影响土地利用和城市生活质量的能力应该被包括在内，因为它们经常是主要的目标。

(7) 比较方式之间的差异越大（如不同路权等级的方式进行比较），评估过程必须越全面。

服务于每一个城市、区域或者走廊的新的公交方式都有着唯一的特征。为了选择最优的公交方式，有必要确定所有备选站的条件、要求和限制，作为条件集。可以作为方式选择过程中的需求方考虑这个条件集。在供给方面，候选方式必须确定具体的物理和运营特征、服务质量、成本和影响，它们中的每一项都要针对具体的应用进行选择。因此，选择过程由三个主要步骤组成：确定条件集（需求），初步设计候选方式（供给），比较评估和选择最优的方式。下一节描述了这三个步骤。

11.3 “条件集”的定义

在方式选择过程中要考虑许多不同的因素。这些因素在每个城市和服务区域的相对重要性是不同的，它们可以分为以下几类：

(1) 规划目标。

(2) 一般的线路线形和服务区的划定：其物理特征，如拓扑结构、气候、道路网和主要的对象等。

(3) 经济、社会和环境因素：成本方面如资本的可获得性和运营成本，以及资本密集型和劳动密集型之间的效益权衡。

(4) 潜在公交出行需求的数量和弹性，取决于土地利用和人口特征，以及竞争的交通服务的可获得性和质量。

基于当地的条件，对于规划公交系统可以建立要求和标准。例如，由城市的物理特征和发展目标确定的城市发展框架，对公交网络的形式，车站的数量和选址，服务质量都有影响。山地对方式和车辆的性能要求较高。中高收入地区比低收入地区对公交服务质量的要求高，也允许较高的费用。

为了系统地评估所有方式的特征，当地的条件必须非集计到公交系统的一系列要求和标准中。在不同的当地条件和不同的公交系统类型中需要进行分析的要求的数量和定义是不同的。一般来说，公交运营商为了吸引最多的乘客量，会提供服务频率高、准时、舒适、快速和便宜的公交服务。尽管这五项要求对公交服务分析来说同样重要，但是为了确保公交系统比其他替代方式更加具有竞争力、运营更加高效、对服务地区有更加正面的影响，必须采取更加全面的措施。因此，必须分析更多的要求。

另一方面，控制要求的数量也是十分重要的，其原因有两个：第一，每一项要求都必须定义清晰，区别于其他定义，最大限度的降低重复；第二，公交方式的许多特征不能够精确的度量，因此过度详细的分析会使价值逐渐变小。对公交方式进行多达100项要求的分析表明这些要求中有很多的重复项，而且它们中的很多不能足够精确的定义和度量。因此，从任何研究结果中观察到的改善，不能证明这项分析的复杂度。

由于公交系统的复杂性，对其的分析要求分析师具有公交的相关知识和经验。这样的知识不能够完全被严谨机械的分析方法所取代。

按照有着不同要求的三类主要受影响群体或利益群体，公交系统的要求可以分为三类：

首先，乘客是最重要的群体。他们希望公交服务物美价廉。

其次是公交系统运营商，他们必须提供服务，满足一定服务质量水平的要求以吸引乘客，同时使运营效率最大化，即在给定的服务质量下使成本最小。

这两个群体的要求相互联系但绝对不同。例如，运营商必须保证每条线路提供足够的能力、机械可靠性和劳动力利用率；乘客只要享受服务快速、可靠、舒适，他们是不关心这些方面的。

第三个利益相关群体是社区和城市。这个群体表示市政府和服务区的包括乘客的所有人口。这是最多样化的一个群体，因为它包括居住在公交线附近的市民，他们直接感受到所有的正面和负面作用，还包括所有受到公交提供的机动性影响的市民，这会影响到土地利用模式。最后，这个群体还包括政府，大多数是当地政府，但也有州政府和联邦政府，它们应该对改善城市的环境、生活质量、能源保护和社会经济等感兴趣。

图11.3按照相关利益群体将公交系统评估中的具体要求分成了三类。这些要求应该进行认真的定义，以便将它们相互区分开来，使得能够对它们进行评估。应该指出同样的要求并不适用于所有的状况和时间：社区的要求可能变化很大。例如20世纪70年代的能源危机之前，能源利用效率在大多数美国城市的方式评估中并不是一个重要的考虑因素。能源危机以来，这个因素包含进了评估标准之中。能源利用率，由于其可获得性和价格的不同，在不同国家的重要性也不同。类似地，尤其是许多城市将公交引入到市中心的步行区以来，车辆

尾气和电力驱动的公交车辆没有尾气的优势在城市环境中变得越来越重要。

尽管这些要求的定义有各种变化和各种权重，这种基本的分析框架对几乎所有的交通方式有着普遍的意义：只需稍作改动，就可以用这个框架分析步行、小型巴士或直升飞机对于跨越三个街区的出行或者对于穿越都市区的长距离通勤出行的有效性。显然，条件集定义得越精确，分析也就越详细。

下一节对图 11.3 所列的每一项要求进行了定义，并对它们的值和重要意义进行了讨论。

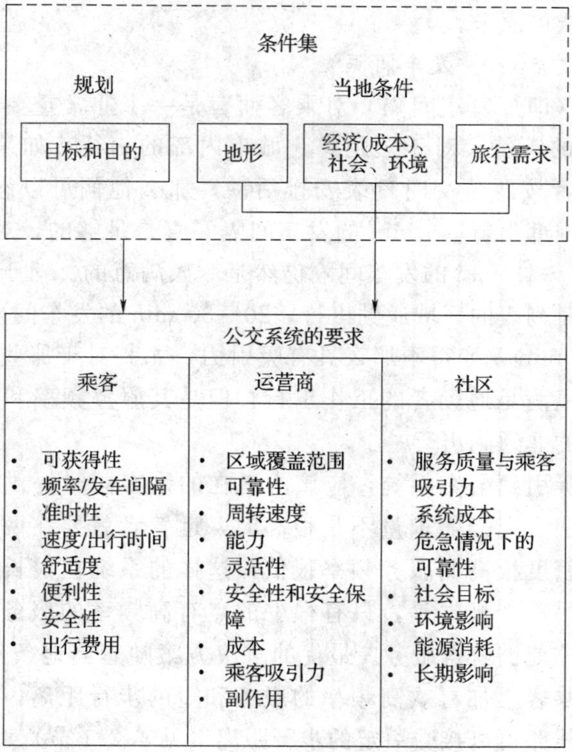

图 11.3　公交系统要求的目标和当地“条件集”的转换

11.3.1　乘客要求

乘客是必须考虑的最重要的群体，因为他们是顾客，公交系统是为他们提供服务的。如果他们的要求没有被满足，公交服务就不能够吸引足够的乘客，运营商和社区都会蒙受损失。

11.3.1.1　可获得性

这项要求包括两个方面：

1. 空间上的可获得性：公交站点和车站必须尽可能靠近乘客出行的出发地和目的地。

2. 时间上的可获得性：这是指提供服务的时间。大多数公交线路应该每天运营18～20 h。在大城市，由主要线路组成的骨架网络，应该24 h运营。而通勤公交仅需在早晚高峰的那2～4个小时里运营。

可获得性是每一位公交使用者的最基本要求。如果这项要求没有满足，人们实际上不能够使用公交服务。为了良好的可获得性，使用者必须能够享有较近的车站和全天候的服务。

11.3.1.2 发车频率/发车间隔

高发车频率（即短发车间隔）对乘客而言是一个非常重要的因素，因为人们不喜欢长时间的等待。对于短距离、城市内部的出行，如果服务非常频繁，乘客不用等待或者按照公交时刻表安排活动，那么他们可以忍受低的舒适度。对于短距离城市内部出行，6 min的发车间隔一直是足够的。对于5～10 km的城市内部出行，6～12 min的发车间隔仍然是令人满意的。对于长距离出行，比如乘客需要使用时刻表的区域通勤出行，20～30 min的发车间隔完全可以接受。发车间隔超过30 min就变得不那么具有吸引力，尤其对于那些拥有小汽车的乘客。通勤公交可以满足通勤者的工作出行，但是其服务频率和不规则的服务几乎不能吸引任何的非通勤出行。

为了将乘客吸引到公交系统，应该为潜在的乘客同时提供合理的距离近的车站和高频率的服务。当需求量不是很高时，运营者就要在两者之间权衡。一个极端是，网络密度很高而服务频率很低，这样的系统在很长的时间间隔内不能够提供服务。另一个极端是，只有很少的点有高频率的服务，远离终端的乘客只有靠接运线才能够获得服务。最优的解决方案随着当地条件的不同而不同，但是一般说来，乘客更加喜欢高频率的服务和短的步行距离，他们为了到达服务频率高的公交线路可以接受一定的步行距离（见4.2.1节）。

11.3.1.3 准时性

准时性也被称做正点的性能，或者在更广泛的意义上，也称做服务可靠性。准时性是按照在时刻表后一定时间内到达的车辆的百分比来度量的。大多数公交系统对正点性的度量是发车间隔5～30 min的公交线路的允许延误是0～4 min。对于短的发车间隔，比如1～5 min，这个区间显然应该更短，比如2～3 min，而论小时的服务和城际公共交通可以将这个区间确定为5～15 min。然而，在发车间隔短的线路上，由于服务延误而给乘客造成的不便要少一些，除非车辆超载。

各种各样的调查表明，乘客在他们可以从公交服务获得的属性列表中对准时性比较关心。低的准时性不仅意味着给乘客造成了不便，而且也意味着乘客出行时间的增加。有关这种情况的一个好的例子是，一个人要在给定的时间到达机场，而且他有两个选择，豪华轿车和地铁，这两种方式在正常情况下的出行时间相同。如果道路拥堵可能发生，这个人选择豪华轿车比起选择快速公交就要更早的出发，因为开车遭遇延误的可能性更高。

由于交通干扰是迄今为止造成延误最多的原因，正点率和路权直接相关。地铁和区域铁路系统运营的准时率为 97%～99%。对于准快速公交，准时率为 90%～96%。地面公交区别很大，有时会低至 75%～80%。后两种方式的准时性在高峰期和非高峰期的差别很大，而地铁和区域铁路的准时性几乎不受高峰时刻的影响。

11.3.1.4　速度（出行时间）

公交线路的行驶速度，以 km/h 度量，在大多数情况下是影响方式分担的最重要的单个特征。然而，每个乘客个体考虑的是门到门的出行时间，这是由到达公交车站的时间、等待时间、在车上的时间、换乘和离去时间组成的。因此，除了公交运营速度，一些其他的服务特征，比如网络覆盖率和服务频率，也会影响到出行时间。由于乘客的认知的差异，对这些时间间隔的相对权重感知差别很大。乘客调查表明应该对等待时间和换乘时间使用 1.5～2.5 的系数以获得相应于在车上时间的感知时间。步行时间的相对权重在很大程度上依赖于地区的吸引力，包括美学、安全、拓扑和天气等。

11.3.1.5　舒适度

广义上来讲，舒适度是生理和心理没有紧张而且只有愉快感觉的经历。对于公交乘客而言，这个因素包括很多定性因素：从物理因素如空调到心理因素如特定服务的形象。下面给出了整个乘客出行期间影响乘客舒适度的主要因素。

步行前往公交车站或者离开公交车站通常但并不总是舒适度的负面因素：人们不喜欢长距离的步行，尤其是在令人讨厌的环境和恶劣的天气条件下。然而，许多人喜欢在迷人的环境中步行适当的距离，如公园或者商业街等。

车站的吸引力通过外观、天气防护措施、安全性等被提高。

乘降舒适度取决于从公交车辆上或下所需的时间。台阶的数量和高度、门的宽度也是主要的影响因素。

乘车期间座位的可获得性是最重要的单个公交乘客舒适度的构成要素。站立对于长距离出行、道路方式和橡皮轮式车辆来说尤其令人讨厌，因为它们比轨道车辆要颠簸得多。

座位的尺寸及其设计、柔软度等，都会影响舒适度。巴士上每个座位的典型面积是 0.25～0.35 m^2，轻轨和快速公交车辆是 0.30～0.40 m^2，区域铁路高达 0.45 m^2。

站立乘客移动的能力和舒适度不是由设计决定的，而是由乘客密度即在制定公交线路的时刻表时引入的承载系数决定的。拥挤程度（不舒适度）和乘客在车上移动的能力是由每平方米的平均乘客数或者它的倒数，站立乘客平均面积度量的。表 1.2（第 1 章）中给出了这些值以及相应的乘客舒适和拥挤状况。

实际的公交车辆运载测试表明在很多情况下低于 0.20 m^2/prs 实际上是不可能实现的。实际上，0.15 m^2/prs（1.6 ft^2/prs）有时用于车辆设计中的结构强度计算。大城市中车辆容量计算最常用的标准通常是重负荷的公交系统 0.20 m^2/prs。在工业化国家中许多当前设计的系统中使用 0.25 m^2/prs。

车辆内部包括几个舒适度的构成要素，比如美观的外表、清洁度和照明度。最小的照明度应该为 215 流明/m^2 或勒克斯（20 烛光呎）。在阅读区，照明度应该在 320～430 勒克斯之间（30～40 烛光呎）。这些单位的换算关系为 1 勒克斯 =10.76 烛光呎。

最理想的温度应该在 16～25 ℃（61～71°F），但是人的舒适度是湿度的函数：湿度越高可忍受的热度也就越低。专业协会如 ASHRAE（美国供暖、冰箱和空调工程协会）的出版物上给出了推荐的温度—湿度范围。乘客的不舒适感随着偏离这个阈值而增加，此时人们会想要安装空调或者供暖设施，但是其可行性必须由偏离舒适阈的持续时间、乘客出行长度、能源成本和其他相关因素决定。

通风本身是必要的，而且可以辅助温度控制。通风的常用标准以每人每分钟的空气流通量表示，如表 11.1 所示。

表 11.1　舒适度和空气流通量

条　件	和运载情况有关的通风条件（m^3/min/人）
合适的——非常舒适	>0.85
可接受	0.70～0.85
能忍受的最小值	0.45

车辆乘坐舒适度是由车辆在竖直方向、横向和纵向的颠簸程度度量的。它由公交系统的技术、车辆悬架和支撑方法的类型和状况、路径线形等决定。当车辆在任何方向的加速度不超过 1.5 m/s^2（0.15 g）时乘坐舒适度是令人满意的。最大变速率（加速度的突变）不应该超过 0.7 m/s^2。

既然基于同一种方式的不同车辆之间的设计、车龄和使用状况乘坐舒适度区别很大，不同方式的舒适度应该按照可比车龄和条件的车辆进行度量。

如果车辆和车站的内部噪声超过了一定的水平（噪声的定义及其特征和度量，见 11.3.2），会令乘客感到不适。表 11.2 给出了常用的乘客噪声标准。

现代的公交车辆非常安静，尤其是电力驱动车辆（轨道车辆和无轨电车）。例如，当代的轨道快速公交车辆运行在无缝钢轨、木质枕木的轨道条件下，当速度为 60 km/h 时，以乘坐乘客的水平测量的噪声为 60～65 dBA，速度为 100 km/h时，噪声为 64～74 dBA；因此，它处于可以接受的噪声水平。

表 11.2　噪声水平及其影响

状　况	噪　声　(dBA)
合适的——非常安静	<75
可接受	75～85
可忍受的最大值	95

注意：噪声度量单位的定义，见下一节的副作用讨论

乘坐期间的放松程度，代替与汽车相联系的精神紧张，是另一个舒适度的元素。

心理因素也会起到重要的作用。它们包括公司的选择——要么是私人行为，要么是合适的社会接触，取决于具体的情况；乘坐破损车辆出行的负面感觉；或者当使用有吸引力的系统时感觉公交是现代城市生活的一个重要部分，如华盛顿和蒙特利尔的迪特、斯图加特和斯特拉斯堡的 LRT、库里蒂巴和波特兰的巴士。车站、车辆、周围环境的美学元素、清洁度、公交系统的形象、在城市生活中的作用和许多其他的元素都代表了心理因素。

11.3.1.6　便利性

服务质量的这个方面与舒适度紧密相连，因为便利性的缺乏经常会导致不舒适。例如，公交车辆上的行李空间可以给乘客提供便利；如果没有提供行李空间，他们的乘坐舒适度就会降低。以下是便利性的主要组件。

· 替代出行方式的选择给乘客提供了选择最适合他们需要的出行方式或出行路径的机会。

· 容易获得、理解和准确的关于系统的信息。

· 时刻表的规律性，允许乘客记忆发车时间。

· 利用乘车时间阅读、写作、听写或者仅仅休息是实践中降低出行的净时间损失的重要因素。

· 在公交车站附近停车的可实现性对一些潜在用户的方式选择来讲通常是关键因素。对居住在大都市地区里依靠汽车出行的人来说，P＋R 是使用公交车去往市中心的必要条件。

· 直达或者在线路和方式之间方便地换乘。

· 给残疾人士提供便利的能力，这包括方便、安全、快速乘降和在车辆上

放置轮椅。这在许多国家的法律中都有规定。

显然便利性包含许多重要的元素。因为它们大部分是定性的，必须进行描述性的评估。

11.3.1.7　安全保障与安全性

从乘客角度来看，安全保障与安全性是公交服务的重要方面。如果乘客没有感受到很高的安全性，许多人也许不会使用公交系统。1970～1980 年间美国和其他一些国家的公交系统传统的高安全性有所降低，但是近年来有所改善。尤其是当新的系统看起来现代、高质量、使用量很大、容易监视时，老旧、保养不足的系统往往比新的设计成容易监视的系统更容易遭受破坏，比如蒙特利尔地铁、新加坡大运量快速公交和慕尼黑的 U－Bahn。

安全性是指没有事故，这由车辆的安全运营、车站和站点的周到设计（没有湿滑的表面、台阶适当的几何尺寸和可视性，乘客安全岛等），方便的登车、良好的发车控制等保障。发达国家的大部分公交系统的安全性比其他的方式要高很多。有关安全性和安全保障的其他方面见 6.4.5。

11.3.1.8　用户成本

乘客公交出行的成本以单次或者每年所花费的美元表示，它取决于执行分析的类型。它通常仅由车票费组成。然而，当乘客有其他现款支付的成本时，也必须包含在内，如车站停车费。如果通勤者拥有小汽车，特别是驾车前往车站，那么拥有和运行小汽车的费用应该算入出行成本。

如果公交费用和公交服务的价值相符合，乘客会接受费用。然而，出行者对现款支付比间接成本更加敏感。大多数小汽车拥有者仅将停车费和燃油费算做出行成本，却忽略了保险费、折旧、保养和其他长期成本。由于此原因，公交费用一定要比小汽车出行的边际成本而不是总成本更具竞争力。

综合以上定义的影响乘客的元素，包括定量因素（速度、成本等）和其他所谓的服务质量（便利性和形象），组成了公交服务水平。由于服务元素的多样性和它们影响使用者的方式不同，对公交不同服务水平的定义是很困难的，Botzow（1974）提出了一种有趣方法。目前为止关于行人特征和行人服务水平的最全面的分析是由 Fruin（1971）完成的。

11.3.2　运营商需求

公交系统的设计和运营要满足乘客的要求，其运营必须经济并且在技术上有效。为了实现这个目标，公交运营商有一系列与乘客不同的要求，尽管有些内容重复，但是形式不同。比如准时性和可靠性，行驶速度和周转速度，安全性。这里定义了运营商的要求。

11.3.2.1　覆盖面积

公交服务的主要覆盖面积通常定义为从公交车站和站点步行5 min所覆盖的面积（见4.1.1和10.4.1）。次级覆盖面积包括5～10 min步行距离所覆盖的面积。只有常规公交线路需要考虑这部分面积。如果有许多通勤公交在非高峰期间不运营，这两种不同的覆盖面积应该分别分析：常规公交覆盖范围和高峰覆盖范围。

公交覆盖范围内公交可获得性的一个更加精确的度量是由计算服务区人口占总人口的百分比而取得。

11.3.2.2　可靠性

可靠性的严格定义是故障的负可能性。然而，公交系统的故障是复杂的而且很难定义。它可能有几种类型而且必须根据它的后果进行度量：受影响的人数和损失的时间、物质损失，或者最常用的度量标准——按照行车计划恢复规律正点服务所需的时间。

如果乘客通过服务的准时性来体验公交系统的可靠性，那么运营商可以通过以下几个方面来分析其系统的特征。

在大多数情况下，其他交通的干扰是造成公交服务低可靠性的主要原因。A级路权和B级路权的使用，是一条公交线路运营可靠性的最重要因素。

进一步分析，可靠性与技术紧密联系，尤其是恶劣的天气条件下。不管是驾驶的（巴士）还是导引的（如橡皮轮式快速公交），轨道系统在这方面比橡皮轮式车辆有优势。由于轨道系统的附着力受雨、雪、冰的影响较小，而且除去轨道上的雪比除去道路上的雪更加容易。

公交运营故障被定义为比交通干扰、乘客乘降等原因造成的出行时间规则变化长得多的不规则的且无法预料的运营延误。故障频率由单位时间（通常是天或者周）的故障数度量，很大程度上取决于三个因素：

·系统技术和运营的复杂性：在其他条件都相同的情况下，较高的复杂度会使故障的频率增加；

·系统及其组件设计和制造的质量；

·运营及保养制度和员工的能力。

车辆的技术可靠性通常由故障平均间隔时间（或距离）度量（MTBF或者MDBF），见6.3节。系统的故障频率在很大程度上取决于这个因素，但是它也包括其他的因素，比如车站运营故障、控制系统故障、实地监督不足和通信不畅。

每种故障代表了公交运营存在的一种问题，系统最小化这种后果带来影响的能力是很重要的。尤其是，必须存在一种可能性，要通过移除故障车辆或者在延误区域重新安排线路来恢复运营。从这个角度来看，内燃机动力巴士比电力轨道系统有优势：一辆巴士的故障不会影响其他巴士的运营；轨道车辆的故障或者电力故障分别会造成其他车辆或者整条线路的延误。

可靠性是公交系统的一个重要特点。如果它不能够令人满意，运营商将面临着较高的运营成本和乘客量流失。

11.3.2.3　周转速度和线路能力

运营商必须提供足够的运营速度来吸引乘客，乘客的成本直接依赖于系统的周转速度。速度的定义及其对运营商的重要性见 1.1。

为了满足乘客没有延误和舒适度的需求，运营商必须提供足够的线路能力。在 2.1 节给出了能力的定义及其与速度、安全和舒适度的关系。

11.3.2.4　灵活性

交通系统灵活性的定义为使系统轻松或者低成本地适应条件或者运营的改变，其涉及交通系统的许多特征。因此，交通运输系统要具有空间灵活性（自由移动程度、方向灵活性、枢纽站的数量、网络的可拓展性）、时间灵活性（系统随时间改变的可能性）、运营灵活性（线路、时刻表、能力和控制类型的灵活性）。由于灵活性含义的多样性，灵活性的概念通常应该进一步规定："公交方式 X 是灵活的"这种陈述不够明确而且经常被误用。

在大多数情况下，高度灵活性在一定程度上意味着效率低下。因此，双动力（内燃机/电力）巴士车辆在使用有电线和无电线的路权上更加灵活，但是它们也更加复杂，笨重而且比巴士和无轨电车都要昂贵；或者以后对设计系统的可能改造的总投资通常更高。因此，灵活性几乎一直与和其他特征的平衡相联系，这些特征应该和灵活性一起包括在评估中。

常常听到交通运输系统的灵活性是正面的特性，这是不正确的。不仅因为需要考虑灵活性的取舍，而且因为灵活性可能是一个负面特性。例如，为了实现对土地利用和经济发展的正面影响，公交系统必须永久固定，而并非是灵活的，即暂时性的。除非需求很少或者专门为特定人群开设的服务，规律可靠的公交服务时刻表比灵活（不规律）的更加令人期待。

回顾在许多应用中与灵活性相违背的观念，清楚的表明了这样的事实：灵活性可能是正面的也可能是负面的。这些观念，例如性能、可靠性、规律性和可预见性。所有这些观念在大多数情况下都是正面的系统特征。正如在 12.2.1.1 将要讨论的那样，灵活的公交系统在许多方面和许多应用中要比永久而又可靠的系统差。因此，将需要改变的传统的巴士系统升级成 BRT 的大部分内容是专用的巴士车道，规律的发车间隔和全天候的服务，而不是车道可灵活使用、时刻表可改变和每天仅在某些时段运营。显然，许多巴士服务可以通过降低它们的灵活性从而提高性能和服务的可靠性以升级。

总之，如果要分析交通运输系统的灵活性，应该对其进行精确的定义（如系统能力的可扩展性），同时考虑其权衡，比如更高的运营成本，较低的安全性。Vuchic（1971）详细地讨论了灵活性的概念。

11.3.2.5　安全性和安全保障

公交系统的安全性通过统计每万或者 10 万车辆一公里或者每 100 万乘客一公里的事故数量、死亡人数、受伤人数和物质损失来度量，或者以相似的方法度量（见 6.4.5 节）。公交运营商关心的安全主要是确保不发生运营事故。预防车辆事故是最重要的要求，管理良好的系统从来不会对此妥协。

在混合交通条件下，尽管各种各样的交通规则和训练有素的司机也起着重要的作用，运营的地面公交方式（巴士、无轨电车和有轨电车）的安全性在很大程度上取决于它们运营的街道条件。B 级路权上的运营比街道上的运营安全性要高，但是目前为止最高的安全性是由在 A 级路权上、拥有完全的信号控制和故障自动防护装置的地铁和电力导引公交系统实现的。实际上这些系统在所有的乘客运输系统中安全性是最高的。许多地铁系统运营几十年来从未有过一起列车事故。

由于高台阶、车门故障、地板状况或者车辆突然启动和紧急刹车，乘客在上车或下车或乘坐期间也可能会发生安全事故。因此，在车辆设计、保养和运营（车辆离站时监督车门状况）过程中要认真考虑安全性。

安全保障以单位时间或者单位出行量的犯罪事件的数量来度量，犯罪事件有时候在许多城市是一个严重的问题，导致许多公交运营商已经采取防止犯罪和控制的措施。在公交系统的设计和建设过程中，尤其车站、车辆和 P+R 停车场等考虑安全保障的要求，能够极大地增加系统的安全保障，降低犯罪控制的成本。

不正确的安全保障会造成严重的乘客流失。1980 年前后，许多公交系统，包括纽约、伦敦和巴黎，都出现了破坏公物和犯罪的浪潮，造成了乘客的大量流失，其中巴黎的程度较轻。当采取特殊的措施抑制这些现象，乘坐量才得以恢复。因此，自从 20 世纪 90 年代后期以来，由于通过改进服务可靠性而增加了安全保障性和引入新的允许多方式换乘的收费卡，纽约的公交系统运载的乘客量创造了记录。

11.3.2.6　成本

提供公交服务的总成本由资本成本和运营成本构成。近几年，随着公共来源（各级别的政府）对公交和其他城市交通方式的资本投入增加，运营商现在仅仅直接受到运营成本的影响。在评估不同的方式时，通常既要考虑资本成本也要考虑运营成本，以单位成本表示（\$/sp-km 或者 \$/prs-km）。

如上一节所述，公交系统的成本，尤其是投资成本，绝不是唯一的评估标准。但是成本一直是公交系统主要的评估，有时甚至是唯一的最重要的标准。忽略资金的来源，公交运营商一定对通过最高效率运营以稳定地最优使用资金感兴趣。

11.3.2.7　乘客吸引力

使用公交系统的人数不仅是潜在需求的函数，而且也受到11.3.1定义的乘客要求被满足的程度的影响。然而，除此之外，运营商也可以通过使其系统闻名、容易使用来刺激乘坐量。这包括如市场营销、公共关系和系统的实际形象等方面。公交线路的视觉区分度是非常重要的。高速公路比城市道路拥有更高的吸引力（不仅服务水平更高而且形象独特容易辨识），与此类似的，拥有独立路权的公交方式比道路公交服务拥有更强的形象和更大的吸引力。无轨电车的轨道甚至高架电线也可以表现出这种区别度。巴士服务的形象在这方面是特别有缺陷的，除非有专用的巴士车道。

规划公交系统的乘客吸引力很难定量预测。但是，有经验的公交规划师和运营商会意识到这个因素，并且在方式比较中予以考虑。

11.3.2.8　副作用

这是一项十分广泛的内容。它包括此系统所有的物理和美学元素，这些元素影响了系统使用者和非使用者（包括公交线路附近以及整个城市的人）。尽管副作用很重要，但是通常没有给予足够的考虑。这种疏忽造成的问题导致通过立法要求每一项公共工程在进行项目评估之前都要进行环境影响评估（EIS），对所有的副作用进行全面的分析，包括环境方面、物理方面和社会方面等。这里简要地叙述了运营商在此分类中必须考虑的主要因素。

公交路权和车站的物理影响包括对走廊的升级和更新，或者从消极方面包括对社区造成了分割、由于视线受阻导致房地产恶化、结构物糟糕的保养等。

美学影响可以是负面的（旧的建筑物和车辆）或者，如果有吸引力的系统和城市设施成功地融合，那么美学影响是正面的。乘客的审美体验也不要被忽略。因此，高架的轨道交通建筑物经常受到批评，因为它先入为主地沿袭了几十年前修建的没有吸引力的建筑物的风格。然而如果现代的设计能够应用更加轻巧的开放的预制混凝土空中结构物，对乘客而言，这些设施将比在隧道中行驶更加具有吸引力。

噪声，或者令人讨厌的声音，可能对公交线路的人和周边的房地产有负面的影响。噪声是通过空气传播的压力波，由人耳可以听到的频率震动造成。它由振幅、频率组合和持续时间衡量。由于对声音的感知不是线性的，而是对数的，声压水平由可闻声谱范围内的不同频率按照对数单位度量，称做分贝(dB)。2×10^{-4}微吧或者2×10^{-5} N/m^2的压力（10微吧$=1$ $N/m^2=1$ Pa)，大约相当于人耳所能听到的频率为 1 000 Hz 的最微弱的声音，通常作为参考声压：$P_0 = 0$ dB。其他的声音以其声压与 P_0 的比值的平方开对数求得。因此，压力 P 的声压水平 SPL 可以这样计算：

$$\text{SPL [dB]} = 10 \log (P/P_0)^2$$

$$\text{dB } re \text{ P}_0 = 2 \times 10^{-5} \text{ N/m}^2 \tag{11.5}$$

两辆车辆产生的声音，每一个的声压为 P，其声压水平为：

$$\text{SPL [dB]} = 10 \log 2 (P/P_0)^2 = 10 \log 2 + 20 \log (P/P_0) \tag{11.6}$$

例如，两辆车中每一辆产生 80 dB 的音量，则其声压水平的合量是 83 dB（而不是 160 dB），这个增量几乎不能被大多数人分辨出来。这也证明了声音最响的车辆在整体噪声水平中起主要作用，其他的车辆对整体噪声只有一点点的贡献。

SPL 经常按照所谓的 A 权重来测量，即和符号 A 联系起来（440 Hz），写作 dBA。测量仪器将声音振幅作为频率的函数来估计人耳对声音的反映。这种测量方法大多用于门外的非直接声源。（噪声测量技术的描述见 Peterson 和 Gross，1972）。

在比较不同公交方式的噪声影响时，必须考虑噪声持续的时间和强度。如果比较的方式地点不同，应该考虑每一种方式影响的人数。而且，详细的分析，比如 EIS 分析，可以解释在白天和夜晚噪声侵扰上的模式，包括当修建一条新的公交线路时由于交通减少所造成的在小汽车交通的任何减少。这可以通过将一天进程的时间平均，计算出平均水平 L_{eq} 来实现。对于现有的设施，测量仪器可以安装在能够自动收集和处理数据的地方。对于规划的设施，可以将当前的情况作为参照对噪声进行分析估计，并提出预计的变化。在使用中 L_{eq} 有一些变化，具体情况视当地条件和规定要求而定。

巴士是城市街道上最主要的产生噪声的罪魁祸首，尤其是当它们频繁地停车时。他们使用最大的引擎转速进行加速，在接近人行道时产生很高的噪声。巴士的大部分噪声是由风扇、引擎、变速器、废气等产生，高速行驶时轮胎也会产生噪声。内燃引擎的噪声水平很大程度上取决于引擎的转速和废气如何发声。降低风扇噪声和良好的废气控制可以使巴士产生的噪声达到可以接受的水平。然而，由于这些控制会降低巴士的性能并且增加燃油消耗，许多机构往往使用更加高效的巴士车型，这些车子的噪声有时高达 90 dBA。尽管如此，巴士已经朝着更加安静的趋势发展，发达国家尤其如此。

无轨电车，由电力驱动，几乎没有马达噪声。当它被保养良好时，仅仅会产生轮胎噪声和很微弱的接电杆噪声。因此，无轨电车比内燃机巴士安静的多，而且它通常是所有公交车辆中最安静的。

影响所有道路车辆产生的噪声另一个因素是道路条件：保养良好的沥青路

面通常是最好的，而破烂的混凝土路面，尤其是坑坑洼洼的路面对于噪声和震动的产生而言是最糟糕的。

轨道车辆在早期阶段以其产生的糟糕的噪声而闻名。然而最近几十年来，通过先进技术在车辆设计中应用，现行标准中使用无缝钢轨，没有连接点的灵活接触点道岔，轨道支撑的绝缘设计，特殊的隧道墙面等，实际上已经消除了此问题。在无缝钢轨和绝缘枕木的轨道上行驶的车辆是极其安静的。典型的现代轻轨车辆是很安静的，他们在公共场所和步行街（加拿大的卡尔加里；德国的曼海姆；加利福尼亚的萨克拉门托）低速运行时产生的嗡嗡声不那么令行人讨厌。在速度高达 80 km/h 时，LRT 和快速公交系统产生的噪声也低于 80 dBA。

在图 11.4 是针对旧金山 BART——现代高速区域快速公交系统的代表的计算结果。图中表明每个方向上 20 min 开行一列（每小时 6 列）的 6 节车厢构成的列车以 65～130 km/h 的速度运行时，每小时的噪声水平在 53～59 dBA之间变化。当发车间隔为 2 min（每小时 60 列车）时平均噪声水平增加到 64～69 dBA。

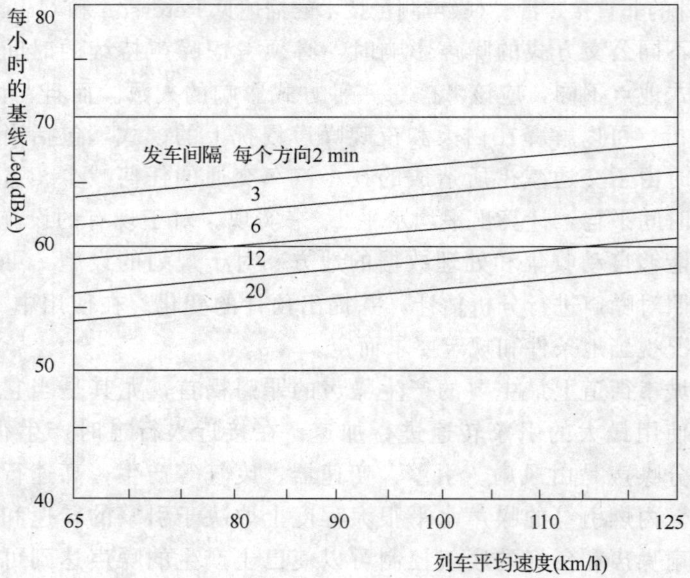

图 11.4　每小时相同噪声水平列车速度和发车间隔函数

表 11.3 是关于 BART 系统噪声的一些有趣的研究结果。将 6 节车厢 BART 的 L_{eq} 值作为基值，其他几种被测量的情况为：从 2 到 10 不同的列车长度；运行在高架上列车；经过地面和高架上道岔的列车；通过缓和曲线的列车。表中的数据表明了在这些情况下产生的噪声的不同。有趣的是位于高架上的轨道、轨道曲线和道岔随着列车长度从 2 增加到 10，它们中的每一个噪声均增加 5 dBA。

声障可以有效地降低快速公交的噪声，尽管有时候在离轨道较远时它们会增加噪声水平。

有时候认为橡皮轮式导引系统比传统的轨道系统更加安静。这是源自于旧的轨道技术的错误概念。现代系统的测量表明两种技术——轨道和橡皮轮式导引的噪声水平很接近：巴黎地铁最开始的建于 20 世纪 50 年代后期到 20 世纪 60 年代的橡皮轮式线路被认为十分安静，但是柏林和汉堡的 U-Bahn 系统产生的噪声水平被发现更低（Operation Research，1964）。随后修建的系统，比如蒙特利尔地铁的橡胶轮胎和混凝土表面，墨西哥城的橡胶轮胎和钢质表面以及慕尼黑的轨道，都得到了进一步的改善。然而，噪声水平在橡胶轮胎和轨道车辆之间的关系并没有显著的变化。

表 11.3　列车长度和轨道元素对噪音水平的影响：BART 系统

列车长度和轨道特征	dBA 变化	列车长度和轨道特征	dBA 变化
2 节车厢的列车	−3	空中结构	+5
4 节车辆的列车	−1	斜坡上的道岔	+3
8 节车厢的列车	+1	高架上的道岔	+5
10 节车厢的列车	+2	曲线（R<1 500 m）	+5

注：基值为 6 节车厢、木质枕木、道砟轨道、直线线形。

来源：Gruen Associates and Deleuw，Cather& Co.，1979

震动对公交线路沿线的居民和房地产有着负面的影响。在极端的情况下，震动可能会造成建筑物的显著摇晃。超过一定振幅的震动会导致建筑物疲劳，最终受到结构性破坏。

运行在街道上的车辆造成的震动取决于道路表面或者轨道的状况。例如，运行在坑坑洼洼的街道上的巴士会对周围建筑物造成较大的摇晃和震动。类似地，没有足够绝缘设计的轨道也会造成震动。现代轨道系统的隧道和高架对周围传播很低的震动。因此，不仅现代的车辆设计、而且对路权、街道、轨道和其他的轨道类型的认真设计和良好保养都可以使震动最小化。

空气污染比噪声更加难以测量，因为不同的气体排放对人类、环境、建筑物和历史纪念碑等有不同的影响。而且，它们的传播（或者聚集）取决于天气和地理条件。另一方面，每人一公里产生的污染可以通过将车辆的污染除以其占用率获得；由于噪声用对数指标测量，对它就不那么容易确定。

各方式空气污染的比较必须基于类型和车辆在城市运行的每人一公里产生的污染物的数量进行比较，这取决于以下因素：

· 公交方式：推进系统和车辆类型；

· 车辆行驶模式（速度、停车频率）；

· 车辆占用率。

城市交通运输方式按照推进系统可以分为三类：电力驱动，无轨电车和除了一些区域轨道系统之外所有的轨道方式；柴油机驱动，巴士、卡车和一些区域轨道系统；汽油，被私人小汽车所使用。电力驱动对城市来说是无污染的（发电厂通常远离人类聚居区）。后两种驱动方式使用内燃引擎（ICEs），会产生几种污染物。这些废气在街道、车站和枢纽站、停车设施传播，会直接影响到人们的生活质量。

影响公路车辆产生的废气构成有许多因素：引擎和燃料的类型、车龄和保养、污染控制设备等。许多国家有严格的法律规定燃料的质量（如，无铅汽油、乙醇燃料和丙烷燃料），而且，ICE 的特性在近几年已经得到了相当大的改变，许多新的推进系统和燃料种类也在开发和测试之中。因此，很难引用平均值或者排放范围来帮助计算具体情况下的污染。表 11.4 给出了不同方式的工作出行产生的平均污染物的估计，应该更多地使用相对值而不是它们的绝对值。

表 11.4　不同方式通勤出行排放的空气污染物（g/100 prs-km）

方　式	氮氧化物	一氧化碳	碳氢化合物
公交巴士[a]	95	189	12
上下班合乘车[a]	24	150	22
合乘小汽车[a]	43	311	43
单人小汽车[a]	128	934	130

注：通勤出行的国家平均值。

来源：RPA，1991

表中的数据表明巴士（柴油内燃驱动）比小汽车（汽油内燃驱动）产生更多的各种形式的氮氧化物（NO_x）。然而，小汽车产生的的一氧化碳（CO）比巴士多，一氧化碳是所知的最有害的污染物之一。最后，小汽车同时也产生更多的碳氢化物和二氧化硫。

一般来说，表 11.4 中的平均值对非高峰期的巴士来说要高一些（它们和单人小汽车（SOV）的比值要低一些），因为非高峰期的车辆占用率要低一些。然而，从边际考虑，每从 SOV 转移一名乘客到巴士就会造成汽车产生的所有污染物的下降，这是因为巴士的污染物不会增加。在高峰期间，乘客向巴士的转移需要增加额外的巴士，这会使污染物的边际下降有所减少。

行驶模式对污染物排放的构成和数量都有很强的影响：在拥挤的道路上慢速的、受干扰的行驶比以更高的速度匀速行驶产生更多的污染物。因此，拥挤的 CBD 街道通常会有最高程度和最有害的污染类型，这会影响最大数量的人群。将公交车辆的运营与 CBD 地区其他的交通分开，可以使之以更高的速度运营，因此，可以降低空气污染。

车辆占有率是使公交方式在空气污染方面远优于小汽车的一个主要因素。占用率区别很大。例如，中等规模城市的巴士的占用率在非高峰期间的典型范围是 10～40 prs-km/veh-km，这个范围在高峰期间增长到 25～60 prs-km/veh-km。美国城市典型高峰期间的私人小汽车的占用率是 1.1～1.2 prs/car；非高峰期间稍微高一些。因此，城市出行中巴士的平均占用率比小汽车高 7～30 倍。具体的值取决于出行的方向、一天中的运营时间和巴士时刻表等。

因此，在一个地区提供不造成汽车空气污染的运输服务的唯一途径是使用电力驱动的车辆。几十年前波士顿将 CBD 地区的公交发展方向确定为隧道中电力驱动的车辆（快速公交和轻轨）；同样的目的也促使欧洲和北美的许多城市在步行街地区使用轻轨线路（如阿姆斯特丹、布法罗、卡塞尔、曼海姆、波特兰、萨克拉门托和苏黎世）。不管怎样，每一项促使从小汽车出行向公交转移的政策也导致每人一公里出行的空气污染量大大降低。

有观点认为对交通运输造成的总污染的全面分析应该包括由生产能源的发电厂（如果是靠油或者煤发电的）和生产柴油、汽油的炼油厂造成的污染。在更广泛的意义上，露天开采煤矿、漏油或者陆地运输的燃料泄漏造成的污染都应该被考虑。然而，这些研究极其复杂，不能达到令人满意的可靠度。

即使最全面的比较——内燃引擎产生的空气污染和电力驱动系统产生的污染相比较——在考虑污染对人们造成的实际影响时也是不恰当的。巴士产生的污染危害更大，因为它直接排放到空气中被很多人（行人和乘客）吸入。发电厂和炼油厂一般位于居住区之外，它们的废气有良好的污染控制，影响的人数较少，影响程度也小。因此，柴油机车在空气污染及其影响方面显然要次于电力机车。这种差异也使得在城市的隧道中可以使用电力车辆运载乘客显而易见。柴油机巴士由于其废气排放（以及车辆在狭窄道路上的操纵性能不高）不能在隧道中使用。

11.3.3　社区要求

这个利益多样化的群体最重要的要求和其他两个群体——乘客和运营商——的要求大部分重叠。首先，三方在要求公交系统提供合适的服务方面是一致的。然而，为了使负作用最小化，社区的要求通常比公交机构对自己的要求更加严格。最后，只有社区才会对如公交系统长期影响的目标进行分析，乘客和运营商都不对此直接感兴趣。这里定义了社区的主要要求。

11.3.3.1 服务质量/乘客吸引力

社区的基本要求是公交服务对于所有的居民都是可以获得的，其服务质量可以吸引大多数乘客。实现公交乘客数量的最大化，代表高机动性和降低公路系统的负荷，一直是社区的一个重要目标。因此，这项要求与乘客和运营商对服务需求水平的要求相吻合，尽管在更加全局的意义上，而不是在比如速度、可靠性、舒适度和能力等的细节方面。

11.3.3.2 系统成本

每个公交系统都可以被认为有一个性价比（PCP）。对每种方式的评估必须以性能和正面影响与成本的比值来评估。成本中最主要的项目是由投资和运营成本构成的货币部分，但是路权的获得问题和对周围环境潜在的负面影响也必须包含在内。

公共交通的大多数投资都是由政府提供的，即来自公共来源。由公众分担运营成本也大量存在于许多国家中。因此，社区直接对系统成本感兴趣是显而易见的。

系统评估最重要的成本是总（终生）单位成本，即资本折旧加上单位产品（人出行次数或者人一公里）的运营成本，也要考虑替代方式服务质量之间所有的不同。除了总成本，投资成本本身也必须被分析。社区（政府等）必须决定的基本问题是，第一，投资是否可以获得，第二，在所有的公交项目或者有时也包括其他可能的投资中，哪一个投资方案是最合适的，考虑每一个方案如何满足各自的要求。11.1 给出了这种分析的概念框架。

如果公交系统规划中两种比较方式或者方案提供相似的服务质量，社区更加喜欢总单位成本低的方案。然而，在这样的比较过程中有两个需要考虑的权衡。第一，投资和运营成本之间存在权衡：假设提供等量的服务，投资额高的系统需要较低的运营成本。这些不同成本组合的选择主要取决于资金的可获得性。第二，不同的方案有不同的性能成本包：成本高的方式比其他方式提供更高的性能。决策是基于评估更高的性能能否够吸引更多的乘客以及其他的正面影响是否值得付出额外的成本。

11.3.3.3 危急情况下的可靠性

除了拥有可靠的公交服务的一般兴趣，社区必须进一步确保整个公交系统在危急时刻能够提供基本的服务。必须考虑以下几种危急情况。

恶劣天气情况下的可靠性是公交系统的重要特性，尤其对于雨、雪、冰冻天气频繁的城市。如果这样的城市公交系统仅仅由地面巴士组成，那么暴风雪会影响道路从而使整个城市陷入瘫痪。每年整个城市的公交系统仅仅停运两到三天遭受的总的经济和社会损失，就足以证明对公交系统进行投资修建专有路权是合理的，而专用路权恰恰是更高的可靠性的基础。

其他危急情况通常不很频繁而且可以被预测，但是它们造成的后果可能更加严重。这些情况包括自然灾难（比如地震、洪水、大火、飓风等）、经济危机、能源短缺和内乱等。2001 年以来，由于交通运输系统成为恐怖袭击的可能目标，国际恐怖主义也被列为一项尤为严重的危险。由于这些事件很少发生，在城市交通规划和运营中它们经常被忽略。然而当这样的紧急事件真的发生时，这就是大大的失察。

在公交系统为整个城市地区提供足够的基本的运输服务中（即所需的速度、能力和可靠性），大部分加在公交系统中的应急系统占有一个很重要的角色。保持公路线路运营的一个基本系统的措施也很重要。一般来说，由两种独立的方式组成的运输系统比单方式系统有着更好的应急性。当私人小汽车是唯一的系统时情况更是如此，因为公路/小汽车系统需要更多的资源，所以它容易短缺，因为它是私人的，以至于它只对车辆拥有者而不会对公众全体是可用的。

由于目前大多数美国城市对私人小汽车过度依赖以及公交系统剩余能力有限，一场严重的紧急状况肯定会使城市陷入瘫痪。1973/1974 年的能源危机仅仅是这种可能性的一个小小的表现。

工人罢工对公交服务的长期可靠性也可能是一个负面因素。劳动力密集的公交方式，比如巴士，比轨道和 AGT 方式更容易受到这个问题的影响。

11.3.3.4　社会目标

基本的社会目标转化为对公交系统的要求，就是大部分人口尤其是那些没有小汽车的人口，能够拥有一个可接受的交通方式。其他的目标可能包括合理定价的通勤服务、提高城市中经济不景气地区的机动性、提供前往休闲和文化场所的途径以及为参加特殊活动的人提供服务。

11.3.3.5　环境和能源

环境方面主要指美学、噪声和空气污染，前一节已经讨论过了。它们通常对公交线路附近居民的影响和对乘客的影响是一样的。因此，适当的美学特征和最小的噪声负面影响是所有三个群体（乘客、运营商和社区）的要求。社区主要关心消除空气污染，要求公交运营商使之最小化。

能源效率，可以直接为公交运营商节省成本，同时国家能源保护的总的目标也是社区所关心的。有关这方面的公共政策和联邦法律在实际的发展中经常被忽略和违背。例如，低廉的汽油价格刺激了单乘小汽车代替合乘小汽车的使用，而且 SUV 也不受制于联邦的能源效率标准。然而未来的发展趋势仍然可能朝着提高能源效率的重要性的方向。

11.3.3.6　长期影响

尽管公交系统对城市经济和土地利用的影响很难精确定义，但在公交系统的长期规划中某些情况下它是主要的目标。即使是对不同城市形态和特征的简单分析表明，从长远来看，良好的公交系统对土地利用分布和健康的CBD、各种各样的次级中心和有吸引力的郊区居住区的发展有着极大的影响。它可以通过在它们之间提供足够的机动性以允许不同的发展类型。

任何方式（轨道交通车站、巴士枢纽站和高速公路立交）的永久设施可能会促进在其附近地区密集的发展。然而，许多其他因素也会影响土地利用的分布和城市形态的形成，因此无法保证只要建立了公交系统，最理想的发展就一定会发生。在有些情况下，期望的次级中心不一定建立在车站周围或者其物理形式不一定和公交车站相协调；在另一些情况下，有时在居住区里的车站会过度建设，而这不是所期望的。

土地利用的规划与控制和城市公交系统的协调发展是确保公交系统能发挥正面的长期影响的潜力的唯一途径，因此需要二者完全的协调。

11.3.4 要求的选择

包含在前几节内的许多对公交系统性能的要求是定性的而且很难精确定义，有些部分还是重复的。因此，这些定义既不能包含一切，也不能等同地应用于分析所有的公交方式。它们的精确定义和相对重要性随着方式类型和预期应用的不同而略有变化。例如，当评估不同的方式是为了评估CBD地区的购物线路而不是区域公交网络时，准时性和舒适度就没有那么重要。能力对郊区的服务不是很重要，而对于市中心的出行量很大的放射线却很重要。

其他的不同是由规划的公交系统的特征造成的：它是单条线路、多条线路还是城市公交网络？同时，城市的特征也会改变要求的重要性。例如，副作用如美学、噪声和空气污染等，在旅游城市如旧金山、黑潭、萨尔茨堡等，比在工业城市重要。或者对投资做出固定的限制，使得该因素相对于其他因素的权重无限大。

因此，图11.2所列的要求应该被考虑成一个一般的指导或者要求一览表，而不是为可用于所有公交系统评估的绝对或者精确集。对每一项具体的分析，应该对要求进行检查，它们中的部分或者全部应该被赋予适当的相对权重。

11.4 候选方式的构成、比较和选择

按照惯例，根据公交方式的大众形象将它们定义为巴士、有轨电车、地铁等。这些定义主要是基于方式的技术特征：导引（轨道）和驾驶（巴士）的车辆、柴油机动力和电力车辆等。

近几十年来公交系统的大量技术、基础设施和运营创新导致了公交方式的多样化家族的出现（见 Vuchic，1981，第二章），它们自身的许多特征各不相同。在许多特性中的多样化要求对方式的分析定义要基于它们的三个一般特征：路权（ROW）R、技术 T、运营和服务类型 S。每一种公交方式都由这些特征的不同组合构成；因此，每一种方式都可以定义成一个 RTS 集。

第 12 章进一步讨论了公交方式的基本元素及其对方式特征的影响，集中对实际公交系统和方式进行了描述和对比。这一节针对可选公交系统的构成及其选择的解释其概念与步骤。

11.4.1　可选方式或系统的构成

正如 11.3 所述，在公共交通规划中，必须首先定义对规划系统的条件和要求，即所谓的条件集。一旦对它们进行评估，并且转化为公交系统要求集，就可以知道规划系统的一般特征，包括性能（能力、速度、可靠性及其他）和服务水平（运营速度、舒适度和形象），并且可以用来为具体的规划项目选择候选的公交系统。

图 11.5 用示意图对候选方式或者替代方案的发展给出了步骤。第一步，在系统要求的基础上选择路权等级、技术和运营/服务元素或者 RTS 元素。它们是相互独立的。路权是最基本的一个，它影响技术和运营要素的选择。

两个例子将说明规划中的这个步骤。如果要求的能力为 7 500 sps/h，运营速度为 20～25 km/h，以及高可靠度的服务，那么候选系统应该为路权为 B 级或者 A 级的、性能中等的方式。合理的候选方式可能是为 LRT、BRT 和 AGT 方式的一些变体。另一个案例是，要求的线路能力为 18 000 sps/h，运营速度为 35 km/h，需要在沿一个主要的交通走廊的几个主要的活动中心上设置车站。这些要求清楚地表明系统需要有完全独立的路权，决定了轨道系统是合理的技术选择。应该发展几套不同车站选址、列车长度、车辆类型和自动化程度的轨道快速交通的设计作为待选方案。

这两个例子表明在待选方案之中的选择有时是在不同的公交方式之间，有时是在同一方式的不同类型之间。因此，这一步骤可以分别称为方式或者系统的选择。

对每一待选的方式/系统，应该针对规划应用做出初步设计。由于方式之间的不同，每一待选方案的具体设计在车站的数量和选址、运营类型甚至在规划的服务走廊精确方向上都有一定程度的不同。初步设计生成了几种候选方式或候选系统，再通过比较得出最终的方案。

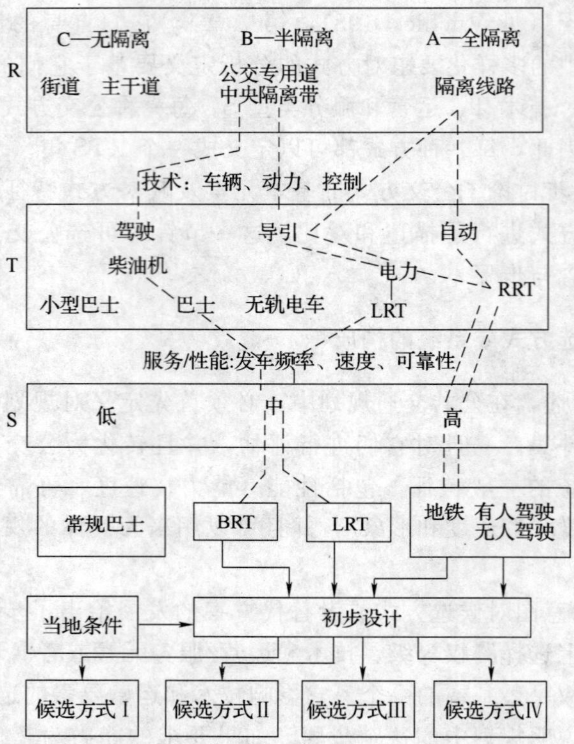

图 11.5 RTS下各公交方式的概念

11.4.2 方式评估和选择

方式选择过程的下一步是针对准备好的条件集中的每一项要求评估每一种方式。评估的类型和深度应该结合可获得数据定量因素评估的目标尽可能合理的、客观的进行选择。每一种因素都应该按照以下三种方法之一进行表达和评估：

（1）货币单位（美元、欧元、日元等）；

（2）其他定量单位，比如服务频率、预计乘客数量或者人一小时；

（3）定性（描述性）因素。

所有可以定量表达的因素应该分别按照单位加和，而定性因素必须单独考虑。

这个步骤之后是对单个因素赋权，不管是定量因素还是定性因素。相对权重比单个因素的评估更具有价值导向，特别因为相对权重不仅随时间变化而不同，而且不同的地点和公交系统类型也会导致其变化。例如，运营速度对区域比对城市公交线路重要，而服务频率对短途公交比对长途跨区线路重要得多。慢车服务的便利性如良好的信息、方便的换乘等，使它比高舒适度乘坐的服务吸引更多的乘客。

可以使用各种各样的计分系统推出每种方式的总体评估，用一个定量的值表示。这种方法需要量化所有的参数，并且要赋予它们相对权重。因此它比就仅仅基于货币成本的评估方法更复杂。它仍然是一种几乎不可以接受的评估方法，因为它往往忽略或者低估了一些定性因素的重要性，尤其是会造成长期影响的定性因素。在一些项目评估相对简单的情况下，这种方法是令人满意的，但是对于大多数公交系统的评估而言并不是这样。与仅仅用一个基于内在主观的有效性无法检验的一个简单数字相比，通过对评估的内容进行列表比较，读者、分析师或决策者通常能够获得较好的评估结果。

11.4.3　方式选择步骤的总结

这里提出的公交方式比较分析和选择的方法过程由三个主要阶段组成：针对要求（需求）定义服务的状况；候选方式或系统的选择（供给）；评估和选择更喜欢的方式。整个过程可以定义为按顺序的 7 个步骤，图 11.6 的流程图说明了这 7 个步骤，文本框中给出了简要的提纲。

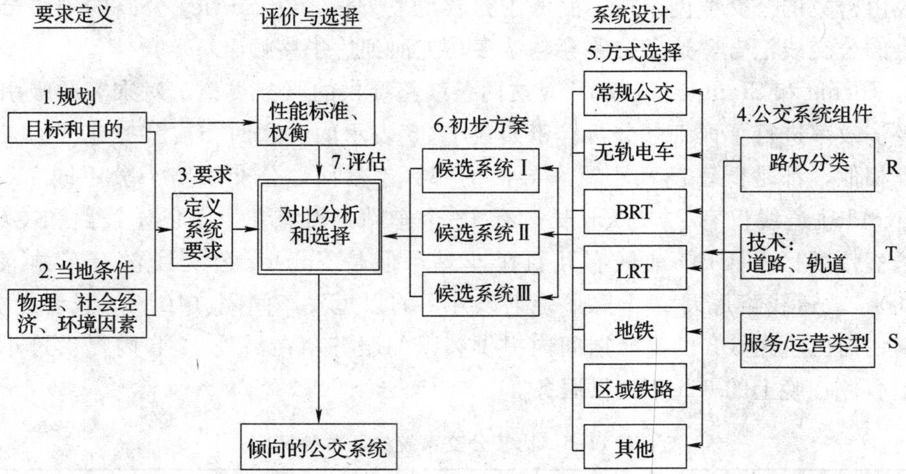

图 11.6　公交方式/系统选择流程

公交方式/系统规划、设计和选择的 7 个步骤的顺序为：

（1）以城市交通运输政策为基础，确定公交系统的发展目标和目的；

（2）定义服务区的条件和相对重要性；

（3）利用前一步的结果，定义对规划的系统的要求和标准；

(4) 基于系统要求，为候选方式选择一个或者几个 RTS 集；

(5) 对相应于定义的 RTS 集，选择几个待选的方式/系统；

(6) 根据当地条件对待选方式进行初步设计，对其进行优化；

(7) 基于系统的要求、标准和它们的相对权重，进行比较分析，选择倾向性公交系统。

自然地，选择倾向的方式或者系统的步骤通常比这里概念性的顺序步骤复杂得多，而且更加无规律。在实际规划中的许多变化以及对这种理想的步骤的偏离有很多原因。例如，项目目标，当地条件以及要求之间经常相互作用：财政条件可能影响到目标。路权等级、系统技术和运营类型也相互依赖。因此，在许多情况下，此评估过程必须进行修订，并且包括反馈和迭代的步骤，返回到前面的步骤修改一些条件或决策，以达成当地条件和所选择的方式之间满意的关系。

11.4.4 方式比较步骤案例：Lindenwold 轨道线和 Shirley 公交线

1969 年，费城和华盛顿特区开通了两个新的公交系统，这两个系统的线形和功能相似但是方式不同，网络/运营概念不同。服务于新泽西郊区，穿越特拉华河到达费城德 Lindenwold 轨道线，是一条区域铁路快速公交线路。Shirley 公交线由密集的公交线网组成，服务于弗吉尼亚郊区，在 Shirley 公路的中央分隔带上的公交线汇合，这条公路穿越波多马克河到达华盛顿。

Vuchic 和 Stanger (1973) 对这两条线路提供的服务类型、对乘客的吸引力和经济效率进行了详细的分析。正如表 11.5 表示的，这两个被服务地区的人口规模相似，都是低密度和小汽车导向的郊区。然而，公交线路十分不同。Lindenwold 轨道线仅有 22.8 km 长，有 13 个车站，而有几十条巴士线路和支线，在华盛顿郊区和 CBD 地区有几百个车站，但是 Shirley 公交线没有车站（表 11.6）。轨道线路每天 24 h 除了晚上以外，均以短发车间隔（10 min 或者更少）运营；而巴士在 6 h 的高峰期间内提供频繁的服务，在另外 12 h 内提供最小的骨干服务，晚上的 6 h 不提供服务。

表 11.5 比较公交系统的基本特征

特　征	Lindenwold 轨道线	Shirley 巴士
地点	从新泽西南部出发，从费城西北部进入费城市中心	从弗吉尼亚北部出发，从华盛顿东北部进入华盛顿市中心
线路类型	单条放射线，郊区 9 个车站，过桥进入 CBD，CBD 有 4 个车站	几十条线路和支线在通往 CBD 的巴士专用道上汇合；几百个站点

续上表

特　征	Lindenwold 轨道线	Shirley 巴士
服务类型：		
长途运输	轨道，A 级路权	道路和巴士专用道上的巴士
到达郊区车站的方式（%）		
公交接运线	9	0
P&R	37	8
K&R	43	8
步行	11	84
方式之间的换乘（%）	89	16
商业区分布	4 个车站，换乘到快速或者道路公交可以打折	15 个街区的每一个都有站点，可以换乘城市巴士
主要服务面积（km^2）	337	246
1970 年人口	442 000	356 000
1970 年人口密度（prs/km^2）	1 312	1 447
每户家庭的平均车辆数	1.3	1.5
服务的就业中心（1 975 个工作岗位）	费城市中心（380 000） Camden，NJ（45 000）	华盛顿市中心（400 000） 克里斯多市（40 000） 五角大楼（20 000）
开通日期	1969 年 2 月	1969 年 9 月

表 11.6　运营特征和系统使用

特　征	Lindenwold 轨道线	Shirley 公交线
工作日运营时间	19＋5[a]	6＋12[a]
每日出行		
工作日	288	992
星期六	230	200
星期日	156	83
平均出行速度（km/h）		
长途运输	76	56
城郊集客	汽车：40	巴士：21
商业区散客	39	19
总量（典型）	48	32
竞争的公路上的平均速度（km/h）	20～50	15～35
总的车辆数	轨道：75	公交：340
高峰期每 TU 坐着和站立的乘客数	456＋192	48＋5

续上表

特　征	Lindenwold 轨道线	Shirley 公交线
高峰期平均每名乘客的面积（m^2/prs）	0.59	0.51
工作日的乘客数量	415 000	33 570
票价（$）	0.35～0.75	0.40～0.80
乘客的收入（$）	0.57	0.70
每名乘客的运营成本	0.51	0.68

注：很低频率的小时数。

作者调查了这些站点，对这两条线路的特征：速度、发车间隔、舒适度、形象、运营成本等做了大量的分析。利用影响乘客、运营机构和它们服务地区的一系列要求，他们发现 Lindenwold 轨道线只有在极少数车站（仅郊区的九个）有入口，它的 89%的乘客使用小汽车（K＋R 和 P＋R）达到入口。Shirley 巴士服务覆盖非常巨大的区域，有几百个巴士车站，但是发车间隔很长而且无规律，形象较差，几乎全部（84%）依靠步行前往车站。

Lindenwold 轨道线证明其结果优于 Shirley 巴士：Lindenwold 轨道线的乘载量高了 24%，票价稍微便宜而且运营率稍高一些。

在表 11.7 中给出了主要的系统特征以及对比的总结，针对每一个特征给出了更优的模式。比较分析的结论是 Lindenwold 轨道线更加成功（它的 16 个特征有 12 个优于巴士）。这是由于两套特征集的结果。第一，快速公交作为一种方式由于其服务质量，包括服务频率、速度和可靠性，有着更强的吸引力。第二，与没有鲜明的形象和可靠度、定位于通勤者服务而其他时间提供最少服务的高密度的巴士线网相比，单条轨道线路鲜明的形象和全天候高频率的服务也代表了一种更优服务的类型。

表 11.7　比较分析总结

要　求	Lindenwold 轨道线	Shirley 巴士	比值更高的系统
乘　客			
可获得性	好	受限	LRL
速度—出行时间	好	非常好	SB
可靠性	非常好	中等	LRL
用户成本	好	非常好	SB
舒适度	好	中等	LRL
便利性	好	还好	LRL
安全性/安全保障	非常好	好	LRL

续上表

要　求	Lindenwold 轨道线	Shirley 巴士	比值更高的系统
运营商			
覆盖面积	好	非常好	SB
服务频率	非常好	非常低	LRL
速度	非常好	还好	LRL
成本：投资	非常高	中等	SB
成本：运营	好	还好	LRL
能力	好	有限	LRL
副作用	好	还好	LRL
乘客吸引力	非常好	有限	LRL
社　区			
系统影响	非常好	好	LRL

因此，Shirley Busway（后来退化为 HOV 设施）遭受了在 12.2.1.1 节中讨论的关于公交服务组织的错误概念酿成的苦果：许多形象差的线路、很少换乘机会，因此主要提供多对一的高峰小时通勤服务。服务于城市中心的 Lindenwold 轨道线恰恰相反，集中在相对较少的提高质量服务的车站，但却提供更多模式的换乘，全天候多对多的出行服务。

当前发展 BRT 方式的努力将更多的注意力从仅提供类似于 Shirley 巴士系统的通勤服务的公交系统，放到提供更多服务的 RRT 和 LRT 上，比如这个案例中的 Lindenwold 轨道线。

练　习

11.1　在评估公共设施比如新的公交线路或者公路的投资时：

· 考虑的主要目标是什么？

· 分析中包括哪些利益相关群体？

· 如何区分该过程与私营部门的投资决策？

· 从什么角度看，公共投资分析比私营部门投资分析更加复杂？

11.2　解释公共项目净现值的意义。它是如何计算的？计算它的目的是什么？

11.3　几位经济学家使用图 11.2 中的图表找出了城市交通中不同方式的最

优域。这种方法正确吗？这个结果能够用来指导城市交通不同方式的规划吗？如果不能，它的缺陷是什么？

11.4 基于假设的城市交通模型的公交方式比较分析研究的主要缺点是什么？是什么因素使得这种方式比较分析的结果不可信？而且易受分析师个人主观的影响？

11.5 定义公交方式性价比（PCP）的概念。为什么这个概念对公交方式比较很重要？

11.6 列出并解释公交规划的限制条件。定义在进行公交规划和评估时必须考虑其要求的三个主要利益群体。这三个群体中哪一个最重要？为什么？

11.7 选择三个利益群体中的一个，然后列出并定义它对公交系统特征的要求。解释如何对每一个特征进行定量或者定性的度量。

11.8 分别从乘客和运营商的角度选出三对相关的要求：

1. 服务可获得性和覆盖面积；
2. 准时性和可靠性；
3. 行驶速度和周转速度。

明确这些要求之间的不同。解释每对中的一个如何定义其概念，如何度量其参数。

11.9 灵活性是如何定义的？列出它的几个含义并解释哪些是正面的？哪些是负面的？哪些系统特性与灵活性相反？

11.10 讨论影响乘客舒适度的各种公交系统的特征。乘客出行的哪些特征会影响个体舒适度构成要素的权重？

11.11 不可靠的乘客服务的后果是什么？它会影响出行时间吗？它是否重要到能够影响乘客的方式选择？

11.12 考虑对快速公交系统的控制中心进行投资，在评估该项目时，它能带来什么收益？主要的收益包括运营效率、安全保障、安全性和服务可靠性的增加。

现在要求你评估服务可靠性的重要性，服务可靠性是按照有 0～3 分钟运营延误的百分比度量的。因此，96%的可靠度意味着仅有 4%的列车晚于或者早于时刻表 3 分钟以上。假设由于控制中心的建设系统的可靠性显著增加了，画流程图表示增加可靠性的影响，按照受影响的群体：乘客、运营商和社区（公众）将它们分类，说明哪些因素可以量化以及如何量化。

11.13 在你居住的城市或者你熟悉的其他城市找两个产生很多出行的点，这两个点有两条到三条不同的公交线路，最好是不同的公交方式服务。按照乘客的要求比较这两个地区各种方式的出行。定义每一种要求，在可以应用时使用定量因素进行详细的分析，建立方式和特征的度量标准。然后总结哪一种方式更受欢迎？为什么？注意选择的结果会因为出行条件的不同而不同：出行时间（白天或者晚上），天气状况或者出行目的。

11.14　在一个城市中寻找即将规划的公交项目，定义并且分析在评估该项目以及决定对该项目进行多大的支持时社区（通过其政府代表和公众参与）应该考虑工程的哪些方面和结果？

11.15　RTS 集由公交系统的什么元素构成？RTS 元素选择的顺序是什么？它怎么导致候选系统的定义？

11.16　用一个定量值（通常是货币值）评估一种方式的优点是什么？这种方法的局限是什么？在一定的条件下使用这种方法为什么会犯严重的错误？举一个用这种方法评估公交项目的例子。

11.17　试讨论 Lindenwold 轨道线和 Shirley 巴士在提供的服务上的不同。哪些不同是由于方式的不同（轨道和巴士）造成的？哪些不同是因为线路或者网络设计造成的？哪些是因为不同的运营方法造成的？

参考文献

American Association of State Highway Officials (AASHO) 1960. *Road User Benefit Analysis for Highway Improvements*. Washington, DC: AASHO (now AASHTO).

Botzow, H. 1974. Level-of-service concept for evaluating public transport. *TRB Record 519*. 73-84.

Fruin, J. 1971. *Pedestrian Planning and Design*. New York: MAUDEP.

Gruen Associates and DeLeuw, Cather & Co. 1979. *Environmental Impacts of BART*. Report to Metropolitan Transportation Commission, Berkeley, CA.

Kittelson & Associates. 2003. *Transit Capacity and Quality of Service Manual*. TCRP 100. Washington, DC: Transportation Research Board.

Kuhn, T. E. 1962. *Public Enterprise Economics and Transport Problems*. Berkeley: University of California Press.

Lehner, F. 1975. *Light Rail and Rapid Transit*. Light Rail Transit Special Report 161, 37-49. Washington DC: Transportation Research Board.

Leibbrand, K. 1967. "An analysis of different forms of rapid transit. Summary by W. S. Homburger. In *Urban Mass Transit Planning*. 197-203. Berkeley: Institute of Transportation and Traffic Engineering.

Meyer, J., J. Kain, and M. Wohl. 1965. *The Urban Transportation Problem*. Cambridge: Harvard University Press.

Operations Research, Inc. 1964. *Comparison of Noise and Vibration Levels in Rapid*

Transit Vehicle Systems. Report to the National Capital Transportation Agency, Washington, DC.

Peterson, A. P. , and E. E. Gross. 1972. *Handbook of Noise Measurement*. Concord, MA: General Radio Co.

Regional Plan Association (RPA). 1991. *The Renaissance of Rail Transit in America*. New York: RPA.

Thomas, E. N. , and J. L. Schofer. 1990. *Strategies of the Evaluation of Alternative Transportation Plans. NCHRP Report 96*. Washington, DC: Transportation Research Board.

Voorhees, Alan M. , & Associates. 1972. *Tyneside Rapid Transit Analysis: Technical Report*. London.

Vuchic, V. R. 1971. Concept of flexibility in transportation systems analysis. *High Speed Ground Transportation Journal*. 5(1): 53-61.

——. 1981. *Urban Public Transportation Systems and Technology*. Englewood Cliffs, NJ: Prentice-Hall.

Vuchic, V. R. , and R. M. Stanger. 1973. Lindenwold Rail Line and Shirley Busway: a comparison. *HR Record 459*, 13-28.

进一步阅读

Eco Northwest, Ltd. and Parsons Brinkerhoff Quade & Douglas, Inc. 2002. *Estimating the Benefits and Costs of Public Transportation Projects: A Guide for Practitioners*. TCRP Report 85. Washington, DC: Transportation Research Board.

Parkinson, T. , and I. Fisher. 1996. *Rail Transit Capacity*. *TCRP Report 13*. Washington, DC: Transportation Research Board.

Powell, T. 2001. *The Principles of Transport Economics*. London: PTRC.

Vuchic, V. R. , and O. A. Olanipekun. 1990. Lindenwold Line and New Jersey transit buses: a comparison. *TR Record 1266*, 123-138.

第 12 章　中性能和高性能公交方式的规划与选择

继 11 章提出公交方式对比分析与选择的理论基础和方法论之后，本章对中、高性能公交方式进行了系统的回顾与比较，该两种方式分别与准快速公交和快速公交对应，具有部分和全部独立路权，或称为 B 级与 A 级路权，这两种方式在基础设施上需要大量投资，进而建设永久性公交系统。这些系统提供了重要的公交服务，同时很大程度上影响着某一城市和地区的职能与发展模式。准快速公交、快速公交网络代表着城市公交系统的基础框架。因此，它们的设计和模式选择是公交规划中最重要和最具创新性的阶段。

建设这些公交系统的费用，通常是某一城市或地区投资公共系统中有史以来最高的。这些系统的规划一直都引人关注，经常承受不同利益团体或政客的压力，并且有时反映了不同的政治哲学。强烈的、带情绪化的观点，支持或反对不同的公交方式，可能会大大增加该阶段规划的复杂性。本章的目的是给所有的中性能和高性能公交方式提供一个客观的描述，并分别对它们的优缺点进行比较。

12.1　公交方式的基本要素

从已规划的公交系统的功能定义开始中、高性能公交系统的规划与选择。主要考虑以下几方面：

- 乘客要求的服务水平（LOS）；
- 公交方式性价比（PCP）；
- 公交在城市功能与发展中应该扮演的角色。

一旦定义完这些功能特性，需要选择一个或多个公交方式。为了做出选择，需要对各方式的特性进行分析。为此，本节系统地回顾了定义公交方式的基本要素。表 12.1 列出了这些要素及其技术方案。在第 11 章中，下列三组的组成部分被作为路权、技术、服务进行描述，其中第 1 项为路权、第 2 ~ 5 项为技术、第 6 项为服务。

表 12.1 公交方式的基本要素及其技术方案

要　素	方　案	描述及评价
1. 路权	C—混合交通道路； B—部分独立； A—完全独立	投资成本与方式性能逐渐上升
2. 车辆导向	驾驶—道路车辆； 导向—多数为轨道，一些为橡皮轮式	一些导向方式采用导向轮胎或其他导向类型
3. 导向车辆支撑件	轨道上采用钢轮； 道路或行车梁上采用橡胶轮胎	轨道导向技术允许采用 A、B、C 级任何一种路权。导向橡皮轮式车辆受限于 A 级路权，除了转向公交车
4. 动力	柴油、压缩天然气（CNG）、液化天然气（LNG）内燃机； 电力； 直线感应电动机（LIM）	公路多数采用柴油，轨道采用电力，但也有重叠，如无轨电车和柴油通勤轨道系统
5. 公交单元（TU）的驾驶与控制	司机驾驶； 司机与列车自动驾驶（ATO）； 列车自动驾驶	自动化需要 A 级路权、导向与电力推进
6. 网络与运营的服务类型	许多重叠线路； 具有支线的轨道干线； 轨道网络为主，公交线路为辅； 由常规公交补充的轨道网络	随着乘客量的增加，干线的作用越大

接下来的几节依次对这些方式要素进行讨论，包括对它们的描述及方式间的对比。

12.1.1 路权类型和重要性

大多数情况下，路权是最基本公交系统要素，因为它强烈影响着每一种方式的性价比。此外，路权的种类还与系统技术及服务/运营两种要素相互影响。

采用 C 级路权运营的公交方式代表的是地面公交，它是最基本的公交类型，包括：巴士、无轨电车、有轨电车。这些方式需要低到适中的投资。除了车辆，公交线路所需要的投资仅仅是公交站点的设备，以及在某些情况下，专为公交车辆运行和相对其他车辆优先权提供的标志牌及信号。无轨电车需要投资驾空电缆，而有轨电车则需要更多的轨道投资。

地面公交的性能很大程度依赖于沿线的交通状况：假如发生交通阻塞，服务就变得不可靠。由于公交车辆在客运站点耗费时间，因此其营运速度总是比其他交通方式低。

地面公交的性能及其服务缺乏固定的显著特性，使得它在同样的街道上，相比汽车出行时，从速度与可靠性方面来说一般都不具有竞争性。可以通过在交叉路口和其他关键位置实行公交优先，并在服务区域收取停车费用来维持两种方式间的平衡。

准快速公交指的是采用 B 级路权的方式，包括 LRT 和在物理隔离公交道路上的巴士。由于必须为这些方式建设大部分或全部的路权，因此涉及到的投资成本要比地面公交高得多。然而，准快速公交由于基本不受其他交通的干扰，其性能也比地面公交要好得多。事实上准快速公交具有鲜明、独立和永久的路权，这对乘客的吸引是非常重要的，因此其形象要比地面公交好得多。方框中列出了两级路权的区别。

B 级路权公交方式与 C 级相比有以下优缺点，＋表示优势，－表示劣势：
＋相当高的性能：速度、可靠性、能力、乘坐舒适、安全性，等等；
＋以 2～4 节车辆运营编成列车的能力（轨道方式）；
＋更强的易识别性与形象，与更高的性能相结合，具有更好的乘客吸引力；
＋较低的单位乘客运营成本；
＋当采用轨道技术时，通过电气化，提供高性能车辆并且没有空气污染，因此可以在隧道中运营；
－对路权的空间要求；
－较高的投资；
－可能需要专用信号或其他控制和优先策略。

图片 12.1　路权 C：运营在布宜诺斯艾利斯的混合交通巴士

图片 12.2　路权 B：德国汉诺威在中央隔离草地轨道上的轻轨

图片 12.3　路权 A：全隔离，独立的路权——新加坡地铁

大多数采用 A 级路权的方式是指快速公交：高能力的独立系统并以小发车间隔运营。这类方式也称为地铁（在个别城市称为地下铁（subway）、高架地铁（subwayelevated）、大容量快速公交（MRT）、U-Bahn，等），在大多数情况下都采用轨道技术。像里昂、蒙特利尔和墨西哥城这样的一些城市中，其橡皮轮式快速公交（RTRT）的车辆按尺寸来说相对较小（典型为长 16 m，宽2.5 m），并且速度不超过 70 km/h。在一些城市，个别线路运营不同类型的单轨铁路。最古老的单轨铁路线路（1901）是德国乌帕塔尔的悬挂列车。其他的单轨铁路包括日本东京的羽田线、北九州单轨，以及目前正在设计的西雅图单轨，它们采用跨座式橡皮轮式车辆，行驶在混凝土梁上。

A 级、B 级路权系统的差异总体上与 B 级、C 级的差异相似，但表述上有更大的扩展（见方框）。

这三类基本方式的公交规划存在很大差异。地面公交系统涉及较少的基础设施，一般在短期内规划完成，并且能相对容易地进行扩展或改进。然而，准快速公交、快速公交系统涉及到基础设施的规划与建设，需要大量的资金与时间。尽管那些系统并不灵活，但却是固定且永久的，对城市有着重大的积极影响。有效地设计这些系统是至关重要的。如选线等错误导致的低效运营或者对周边产生不良影响，可能产生持久的消极后果。

按照三类路权分组，简要的描述大多数方式基本特性的本质区别，如表 12.2。

A 级公交方式与 B 级相比有以下优缺点，＋表示优势，－表示劣势：

＋没有任何障碍，在所有方式中 A 级路权系统具有最高的性能（速度、可靠性、能力）；

＋所有快速公交系统采用了带有动力性能的电力助推导向技术；

＋不受其他交通的干扰，并采用了列车自动保护，在所有公交方式中安全性能最高；

＋专用路权允许以长列车运营，在站台平面上设置多个门，便于乘客快速换乘，缩短了停站时间；

－由于整条线路沿线的专用设施，目前为止需要最高的投资成本；

－快速公交线路在几何上更具严格要求，在城市中心多数需要采用隧道或高架结构，而且车站的入口通道更长；

－车站是分层的，需要比采用 B 级路权的 LRT 更长的通道，可以直接通到行人区。

表 12.2　不同类别路权下的方式特性

特性 \ 路权	C	B	A
系统性能：能力、速度、可靠性、安全性	中	高	非常高
投资成本	低	高	非常高
服务水平	中	高	非常高
形象/身份	中	好	非常强
乘客吸引力	中	高	非常高
对城市形态的潜在影响	弱	强	非常强
完全自动化可能性	不能	不能	完全

一些公交方式，如多数的橡皮轮式 AGT 系统，拥有 A 级路权却只有中等能力（3 000～10 000 sps/h，少数例外可能更高），因为其运营时采用小车辆和短列车。日本神户、大阪、法国里尔、图卢兹、中国台湾地区台北的 AGT 系统都是这方面的例子。

一些采用 LRT 机车车辆运营的轨道系统同样拥有 A 级路权，定义为轻轨快速（LRRT），它们能够提供高达 20 000 sps/h 的能力。拥有 A 级路权的中性能轨道系统的例子有：最大速度达到 120 km/h 的费城诺里斯敦线路，以及最近修建成的温哥华（空中列车）、伦敦多克兰区、吉隆坡、哥本哈根线路，这些都是自动化轻轨（ALRT）的代表（见 12.3.1.2 节）。

这里按顺序列出了需要引起注意的公交方式术语。采用 C 级、B 级、A 级路权公交方式的技术名词分别表示地面公交、准快速公交、快速公交。往往为增强其大众印象，用通俗的名称混淆这些专业术语。因此，美国的一些城市用上了“快速公交地区”却只是运营常规公交。同样的，德国的一些城市采用术语“U-Bahn”（快速公交）来表示 LRT（市内轻轨）以增强其形象。达拉斯地区都市快速公交公司（DART）经营的是一个 LRT 系统和常规公交线路网络，并非快速公交。

目前所推广的 BRT 都指的是以准快速公交方式运营的巴士。从严格的定义来看，巴士都不是快速公交系统，因为整条线路上都不具有 A 级路权。从专业角度而言，它是准巴士快速公交（BST）。

因此，交通系统的流行术语有时偏离技术上的定义。技术名词有时也被用作一些交通系统的专有名称。例如：术语“metro（地铁）”，表示的是“metropolitan railway（大城市铁路）”，也是巴黎、莫斯科和华盛顿地铁系统的专有名称，俄勒冈州的波特兰的 LRT 则为“Max”、圣路易斯的 LRT 则为

“Metrolink”、这同样也被洛杉矶通勤铁路采用。

12.1.2 公交系统技术

影响系统性能、并且与路权种类和系统运营相互作用的四种主要要素列举在表 12.1 中的第 2 ~ 5 项。在下面的章节中将对这些要素进行探讨，重点讨论其运营特性。

12.1.2.1　车辆导向

根据导向的不同，交通系统分成两个截然不同的类别：由司机驾驶车辆和由导轨物理上导向车辆或多公交单元。驾驶技术系统包括主要辅助公交车辆和巴士汽车。由于巴士是基于路面的系统，因此能够在所有路面行驶，并且只需投资车辆及少量满足物理移动的基础设施。巴士服务能够被快速地引进、改进和终止。这些因素降低了司机驾驶的公交系统长期大范围规划的必要性。

由于司机驾驶的车辆具有灵活性，其有利于在城市街道上行驶，常与其他交通混在一起，不受固定路径或导轨的限制，这使得该方式在整个城市里有良好的区域覆盖，能提供广泛的服务。另一方面，如果考虑到其性能、形象和乘客吸引力，缺乏固定设施也是一个很大的劣势。许多乘客对使用复杂、内部交织路网上运营的公交感到忧虑。公交专用道、无轨电车架空电缆、尤其是有轨电车的轨道和其他轨道方式，使得 LRT 和 RT（Regional Transit）线路给乘客留下深刻的印象：在出行中有更明确的方向。独立的地铁线路出现后，公交线路形象变得非常好。例如，去往墨西哥城、莫斯科、巴黎或华盛顿的游客只使用地铁路网，除非地铁路网到不了目的地时才选择公交换乘。这种吸引力不仅是轨道系统提供的更高层次的服务水平，而且是其良好的形象及容易辨别方向所引起的。

另一个驾驶技术系统的缺陷是，它是劳动密集型的并且在具有一定规模后就变得不经济了。它们只能以单车辆运营（除非在运营带拖车或双牵引力的无轨电车的城市里，如洛桑、圣彼得堡、基辅，但是大多数国家出于安全考虑禁止用拖车载客）。因此，增加一个车辆就需要增加一名司机。

虽然基于路面的公交车辆不需要为其行驶提供专用的基础设施，但是在拥挤的走廊上运营时，为其提供诸如公交专用车道、优先专用信号、港湾公交站台和标志这样的基础设施组件是很合理的。当乘客量非常庞大需要专门的公交道路时，在进行研究后，用轨道技术系统来替代道路公交就变成一个很实际可行的选择。

导向技术（主要是轨道）系统，与公路驾驶车辆相比，需要对导轨建设和常规电气化进行相当大的投资，但是它们在物理上、运营上、经济上有着较大的优势。

> 导向交通系统与巴士（司机驾驶）系统相比有以下优缺点，＋表示优势，一表示劣势：
>
> ＋采用较大的车辆和运营列车，大大增加了线路能力，降低了单位空间运营成本，随着乘客量的增加产生规模经济；
> ＋能够采用电力牵引，带来更多利益，见后面章节；
> ＋整体上具有更高的性能：速度、能力和可靠性；
> ＋自动化信号控制保证了运营安全，防止由于司机的错误发生事故；
> ＋需要更窄的路权；
> ＋明确的路权划分，没有空气、噪声污染，更适合在步行区运营；
> ＋在隧道中运营是可行的；
> ＋提供更好的乘坐舒适度；
> ＋与 A 级路权相结合，可以实现导向全自动化；
> 一需要独立的路权（A 级或 B 级），更高的投资成本（除了有轨电车方式）；
> 一由于轨道/导轨、车站建设和电气化，需要更高的投资；
> 一网络受到的限制较多，需要更多的换乘。

总之，尽管建设导轨（轨道）系统来替代驾驶（巴士）系统需要更高的投资，但是这样也可以建立了一个质量相当高、吸引大批乘客的交通系统（见以上方框）。

因此，巴士及小型巴士在中小乘客量的交通线路上要优于导向系统。其较低的投资胜过导向系统的所有优点。然而，就目前或潜在的高乘客量来看，若考虑乘客吸引力、经济效率和对城市的影响，导向技术系统是一种更好的解决方案。

12.1.2.2　导向车辆支撑件

所有的道路车辆均采用橡皮轮式行驶，而导轨系统有几个必需的支撑与导向类型：

1. 钢轨上采用钢轮，这是迄今最主导的类型；

2. 用橡胶轮胎支撑，通常增加相同数量的水平轮胎紧贴在导轨的侧面或中心进行导向（如单轨和一些 AGT 系统）；

3. 磁悬浮，只在少数交通系统上用过，后来停止使用了。

方框中给出了两种使用过的车辆支撑技术的总结对比。

就导向公交方式而言，轨道系统与橡皮轮式系统相比有以下优缺点，+表示优势，-表示劣势：

+轨道系统能够采用 A 级、B 级或 C 级路权，而橡皮轮式系统只能采用 A 级路权；

+轨道车辆少了两到三倍的车轮，且车轮阻力更小，因此降低了整体的阻力、能源消耗及产热量；

+轨道有非常简单的道岔与交叉口，而橡皮轮式导轨需要大空间和车场的立交疏解。故轨道系统更有利于高效的线路分支、网络及场地布局。因此单轨和 AGT 系统大多数采用单线运营；

+轨道系统比橡皮轮式系统能够采用更大的车辆，有更高的运行速度；

+轨道车辆具有相当高的乘坐舒适度；

-橡皮轮式系统能够通过小半径曲线和更高的坡度，这使得其选线更具灵活性；

-轨道车辆在小半径曲线上产生更大的噪声和振动。

通过比较，上述原因表明轨道技术是迄今大能力地铁系统采用的主流方式，而大部分具有小到中等大小的车辆（能力为 30～100 sps，包括站立乘客）和短列车的 AGT 方式，在往返于机场、展览中心等类似活动中心和短的线路如中心城市发散线具有优势。轨道和橡皮轮式系统在一些中性能常规交通线路上有重叠。

12.1.2.3　动力

大多数交通系统的动力采用各种内燃机，通常是柴油或电动发动机。公交车上使用压缩天然气（CNG）或液化天然气（LNG）发动机，有助于降低空气污染物的排放。与路权差异、驾驶与导向系统的对比相类似，柴油牵引比电力牵引需要较低的投资，但是性能也较低，如方框所示。

电力牵引与柴油牵引相比有以下优缺点，+表示优势，-表示劣势：

+产生更高的加速度与行驶速度；

+允许多单元推进、以列车形式运营；

+回馈制动回收能源，降低消耗；

+与多数柴油发动机一样，不产生任何噪声与振动；

+在城市里不会造成空气污染，而柴油动力的公交在人口密集区产生污染；

+无污染与良好的动态性能使得采用隧道成为可能；

+电力能够由原始能源产生，因此降低了对石油的依赖；

-电气化线路、建设变电站等需要额外的投资；

-电力供应中断，迫使路段上的车辆停止运营；

-服务受限于电气化线路，需要更多的换乘到达接运线。

总的来说，电力牵引使用在公交单元上的性能比较优越，没有负面影响，尤其是在城市高密集区，使在隧道内运营公交线路具有可行性并且在步行区具有吸引力。此外，较低投资的柴油动力车辆最适合于乘客少的公交线路。由于乘客量的上升，电气化的投资变得经济合理，能够引进高性能电力牵引，通常还引进 B 级或 A 级路权。

作为美国众多运动的一部分，许多城市反对高性能公交，尤其是轨道系统，他们宣称，甚至考虑电力牵引与柴油牵引巴士系统相比的空气污染，电力牵引与柴油牵引相比也不具备优势。例如，一家咨询公司宣称，用城市街道上往返大于 300 次/天的铰接式公交车来替代在主要城市 CBD 底下隧道中运营的 LRT 线路并不会增加空气污染。另外，基于计算机模型的研究推测发现，电气公交通常比柴油公交产生更多的空气污染，这是因为大部分的电力是由旧式燃烧煤炭的发电厂生产的（Vincent and Walsh，2003）。

这些结论是基于下面研究和建模中众多基本的错误推得的。

1. 他们认为，空气污染必须在“整个系统基础”上考虑，例如，不仅仅是汽车尾气排放，也要包括能源生产所带来的污染，如发电厂的电力生产。然而，他们没有提到石油钻井和炼油厂生产柴油所造成的空气污染。因此，只是将电力牵引的总污染与柴油牵引的净污染进行比较。

2. 空气污染的影响很大程度取决于人们在污染源释放中的暴露程度。巴士在行人与居民高度密集的区域排放的污染对呼吸造成的影响，比在远郊区域电力发电厂产生的污染要严重很多。

3. 计算机仿真应用于检测这样的影响，例如，整个大都市圈内用柴油公交替代电力轨道公交线路，延伸到这样大的地理区域与所有空气污染源，以至线路的任何改变都是微不足道的。通过增加仿真模型基础，可以忽略任何一个组件的改变。这样的城市体模型非常不灵敏，以至不能检测到大型车库、个别街道污染严重路段等的影响。

4. 任何这些研究都没提到柴油牵引与电力牵引相比有着较高的噪声污染。

上述任何一个谬论，都足以证明作者（Vincent and Walsh，2003）宣称的电力牵引污染比柴油牵引污染具备优势的观点是无效的。世界范围内的城市超过几十年的科学事实与经验表明，在考虑性能以及直接或间接对城市和公交使用者的负面影响方面，电力牵引比柴油等其他内燃机有着重大的优势。正因如此，与柴油牵引相比，当能够证明通过电力牵引带来的高乘客量、更好的性能和效益，就可以引进投资成本更高的电力牵引。

12.1.2.4　公交车辆控制

所有采用 C 级和 B 级路权运营的公交方式都只根据指示信号进行手动驾

驶。一些导向方式考虑到加速、制动和行车时间而采用列车自动操作系统（ATO），通常用来优化开行方式。没有工作人员的全自动交通系统也日益得到重视。最初，AGT 系统被广泛应用在机场、大学校园、医院的局部运输中。然而，从 20 世纪 80 年代开始就开通了几条全自动驾驶的常规公交线路。除了橡皮轮式 AGT 和轨道交通系统（里尔和图卢兹的 VAL、温哥华与伦敦多克兰区的空中列车等），全自动常规快速公交线路已经在里昂、巴黎和新加坡开通，同时，柏林和纽伦堡首次计划把现在的手动驾驶线路改造为自动驾驶线路。实际上，纽伦堡计划在一条线路的路段上混合运营手动驾驶和全自动驾驶的列车。

很明显，有了这种技术，列车全自动驾驶的最大优势是列车运营的成本与车辆的数目成正比；所以，由司机驾驶时更加经济的长列车引入全自动驾驶后可以用数量较多的短列车替代而不增加任何费用。尽管乘客量低于常规公交线路，频繁运行短列车也是可行的。该特性降低了应用高性能导向公交的可行性界限。因此全自动带来的好处对于中等能力系统来说是极其重要的。对于采用长列车的地铁系统中需要操作人员用于监督乘客、处理服务中断等其他原因。另外，操作人员所占运营成本的比例要比中等能力系统中的操作人员低得多。因此，运营时不配备列车工作人员，高能力系统的效益不如中等能力导向系统和典型 AGT 系统。方框中总结了自动化的优缺点，而不涉及系统技术：这些因素对轨道和橡皮轮式导向方式是等效的。

> 列车全自动驾驶与司机驾驶相比有以下优缺点，＋表示优势，－表示劣势：
> ＋非常频繁的运营短列车是可行的，甚至在非高峰时期；
> ＋根据变化的情况快速调整公交单元的运行计划是可能的；
> ＋在所有条件下优化驾驶方式；
> －全自动驾驶需要 A 级路权；
> －投资成本相当高；
> －考虑安全性、乘客信息等，一名工作人员的存在通常是需要的；
> －机械与控制系统较复杂，需要较昂贵的维修维护费用。

全自动驾驶潜在的第二点好处是，它能够根据线路上的乘客量改变列车的长度。一个线路控制员能够远程摘挂列车，调整提供能力来满足需求，因此能够达到高平均承载系数。这样大大降低了运营成本。事与愿违的是，只有温哥华空中列车等少数系统应用了该特性，而大部分的自动化列车被设计成了固定列车构成（长度），放弃了这种潜在的节约运营方式。例如，多数日本城市的 AGT 系统以固定列车运营，如神户港口单轨电车采用 6 节车辆，横滨系统采用

10 节车辆。

12.1.3 网络类型和服务

道路上的巴士服务通常以大量重叠的线路来运营。这样的网络设计是为了与最少换乘的乘客期望线路相适应，但是这样的线路方式往往产生了不规则且较长的发车间隔，这一点在 4.2.4 节中讨论过了。当乘客量很大并且提供独立路权时，合并成提供高质量服务的少量交通路线变得很有利：更短、更规律的发车间隔；更宽敞、更舒适的车辆；更可靠的运营；尤其是引进了更高性能的方式，如轨道交通。

三种不同的公交线路/网络方式以及城市的一条走廊或一个城市段的运营类型，如图 12.1 所示。第一种方式由大量会聚于通往市中心的主干路或高速公路的公交线路集组成，如图 12.1（a)。典型的通勤公交网络，高效地为多对一的放射型出行服务，但它既不能便捷的换乘，也不能在同一走廊沿线的不同点间出行。第二种方式通常由升级为轨道技术的干线组成，具有高性能（规则的发车间隔、高能力及高可靠性）并且拥有大量公交接运线的换乘车站，图 12.1 (b)。然而，主干线也可以是 BRT 线路，同时接运线也可以是 LRT 或甚至是 AGT 方式。

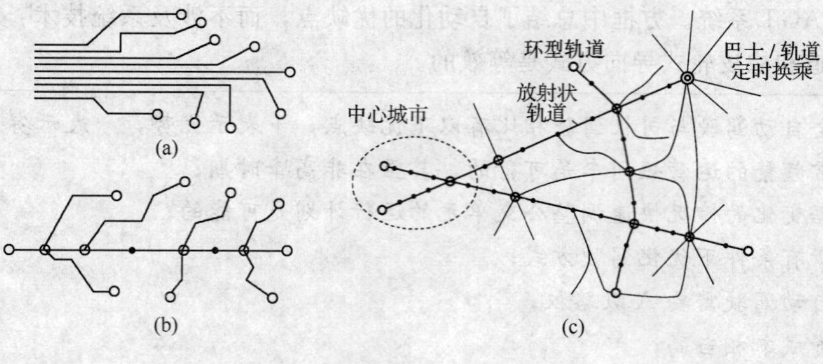

图 12.1　不同类型的公交线网和线路

(a) 带有支线的干线，直接服务于中心城市，郊区公交服务点之间连接性差——这些点无法换乘；(b) 拥有固定频率常规服务的干线，一般为轨道交通；接运线可以换乘到干线但是接运线之间无法换乘；(c) 主要车站有整合巴士运营 TTS 系统的轨道交通的放射线和环线，为多式联运网络

图 12.1（c）为网络与服务的最高级类型。图示为两条放射型轨道线走廊，它们由环型的轨道线连接，并有一些定时换乘车站为其服务（同步换乘系统，详见 4.5 节）。一些接运线也提供了两条走廊间的连接，因此这些线路集代表着覆盖整个区域的互联网络，在大部分站点之间采用不同线路便捷的同时换乘来提供出行。

因此，随着交通系统性能的改进，通常在提供独立路权的同时合并公交服务，将粗放、重叠的线路合并为少量高性能路线。

12.1.4　路权和系统技术的相互依赖性

表 12.3 列出了三种路权类别与根据车辆导向（道路驾驶、部分导向及橡皮轮式导向、导轨）划分的三组技术的表格。从该表可以看出，车辆导向、路权类别与系统技术是内在相关的。在 C 级路权，大部分采用驾驶方式，原因在于其移动的灵活性及低投资成本，这通常比车辆导向的优点更重要。有轨电车也采用 C 级路权运营，但是为了高效地利用导向的优点，通常需要有良好的交通工程及严格执行的交通法规。

另一方面，完全独立路权运营的系统整体上都采用导向技术。严格地说，由于巴士都是在街道上集散，因此不存在巴士快速公交线路（也就是，完全采用 A 级路权运营的巴士系统）。这也是符合逻辑的，尽管没有考虑巴士的完全控制运营。在专用路权线路上采用导向方式的原因很明显：一旦多公交单元在专用路线上运营时，移动的灵活性就不是必须的，而导向技术的优点是非常重要的，如更窄的路宽、列车操作、电力牵引和故障安全信号控制。由于 A 级路权在大多数情况下是提供给线路使用率非常高的那小部分长度的网络，因此这些导向系统特性带来的效益能够高于建设额外的设备及基础设施所花费的较高投资成本。

表 12.3　路权类别与导向技术[a] 下的公交方式分类

导向技术 / 路权类别	道路：司机驾驶	部分导向 橡皮轮式导向	导轨
C	辅助客运系统 常规公交 街道快线巴士	无轨电车	有轨电车
B	准快速公交（*BRT*）	导向公交（O－Bahn）	轻轨公交（*LRT*）
A	在整条公交道路上运营的公交[b]	橡皮轮式快速公交（*RTRT*）； 自动导向公交（*AGT*）； 个人快速公交（*PRT*）[c]；	轻轨快速（*LRRT*） 单轨铁路 铁路快速公交（*RRT*） 通勤公交（*CR*） 区域铁路（*RGR*）[d]

注：*a*—被广泛应用方式，用斜体表示；
b—方式不在市区使用；
c—非运营方式（理论概念）；
d—许多通勤与区域轨道线路有着平面交叉，但没有绝对优先，因此对运营速度与可靠性没有影响。

三类路权的投资费用和方式性能间的基本关系如图 12.2 所示。每个路权方框大体上显示出系统性价比（PCP）在所属路权中的区域。采用 C 级路权的地面公交所需的投资费用明显比分别采用 B 级、A 级路权的中、高性能方式低。

该图反映出，当一个城市只采用地面公交或快速公交时就会产生问题：前者的性能相对较低，而后者需要大量投资。在中等投资成本水平的大部分中性能方式主要是 LRT、BRT 以及 AGT 方式，正如图中它们的 PCP 相对位置所示。

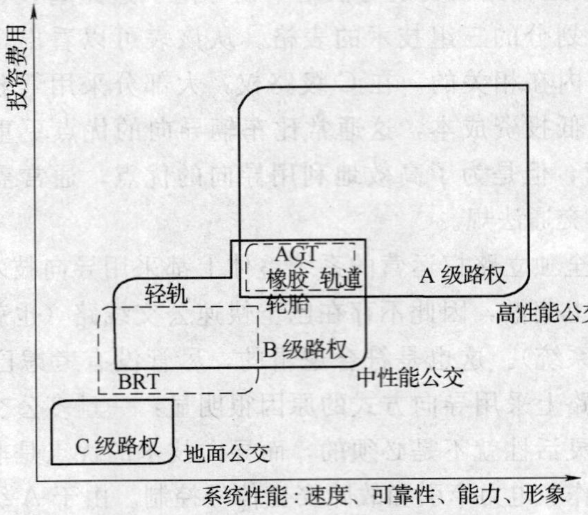

图 12.2　各种通常用类公交方式的性价比（PCP）

该图与本章中关于方式的大部分表格、图表和对比表一样，是根据其一般性质给出的，而不是精确的数字。大部分给出的数字围绕在许多交通系统的范围内。在很多的时候，也许会有超出引用值的例子，但是例外通常都存在，并且其值只能在特定的条件下应用。关于方式特征及它们之间相互关系的描述性语句，均取自于确切的客观事实以及许多交通系统的实际经验。

12.1.5　技术和运营特征的回顾

下述为根据路权与技术对方式进行的分类，回顾了主要公交方式的技术构成，包括导向、动力、控制、车辆和能力，如表 12.4 所示。

表 12.4　各种公交方式的特性

方式＼特性	路权	方式	支撑件与导向	动力	公交单元控制	每公交单元的车辆数	公交单元能力（spaces）	线路能力（sps/h）
地面公交	C	公交	公路/驾驶	ICE	司机/视觉	1	80～125	3 000～6 000
	C	有轨电车	轨道/导向	电力	司机/信号	1～3	100～300	10 000～20 000
准快速公交—中性能	B	BRT	公路/驾驶	ICE	司机/视觉	1	80～180	6 000～24 000
	B	LRT	轨道/导向	电力	司机/信号	1～4	700～720	10 000～24 000
	A	AGT	导向	电力	全自动驾驶	1～6（10）	50～480	6 000～16 000

续上表

特性 方式	路权	方式	支撑件与导向	动力	公交单元控制	每公交单元的车辆数	公交单元能力（spaces）	线路能力（sps/h）
快速公交—高性能	A	LRRT	轨道	电力	信号	1～4	100～600	10 000～28 000
	A	地铁	轨道	电力	信号/全自动	4～10	720～2 500	40 000～70 000
	A	区域铁路	轨道	电力/柴油	信号	1～10（14）	150～1 800	25 000～40 000

大部分划分在 RTS（路权、技术、服务/运营）分组内的要素，如图 12.3 所示。该图表示了升级系统组件的顺序。每个组件从较低性能升级到较高性能需要两个或三个阶段。右列的箭头表示一些组件间的相互依赖关系。例如，长列车运营需要 A 级路权、导向技术及几乎少有例外地采用电力驱动。

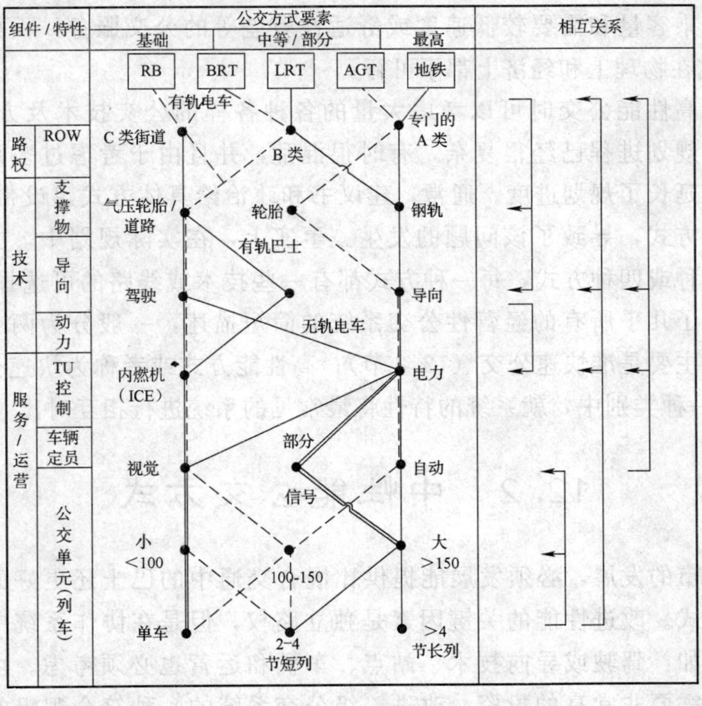

图 12.3　不同公交方式的物理和技术特征图形表征

这个图显示了几种基本公交方式，用线段连接了一系列的组件。可将 C 级路权的常规公交（RB）可当做基本系统考虑，它采用司机驾驶橡皮轮式小能力车辆（＜100spaces）。BRT 是一种巴士技术的升级，它采用 B 级路权，往往采用中等能力车辆（＞100spaces）。

另一方面，大部分使用 A 级、B 级路权方式都使用导向车辆、钢轨和电力驱动，它们运行大车辆和中到长的列车编组。

地铁或轨道快速公交拥有全部的最高级要素，除了少数例外，如没有全自动操作（无人驾驶列车）。AGT 方式是这些组件的有趣组合。AGT 方式具有 A 级路权，采用橡皮轮式电动车辆，车辆采用导向及自动化驾驶技术，但是其能力较小并以短列车运营。决定这些特性的原因上面已经讨论过了：采用中等能力的多公交单元服务于中等乘客量，经济上的可行性使得自动化很有必要。

该图同时显示了方式间组件的差异。例如，有轨电车和 LRT 的路权不同（C 级与 B 级）；基本技术（导向、导轨、电气化、大车辆）是一样的，但是，由于较高的技术速度，LRT 需要部分自动控制。

需要强调的是，具有基本组件（路权 C、司机驾驶、无信号控制的小车辆）和低 PCPs 的方式不一定比那些具有高 PCPs 的方式差。低 PCPs 的方式只是更适合于较低乘客量和需要较低速度或舒适性较差等的公交服务，而此时，较高 PCP 的方式在物理上和经济上都不可行。

在规划高性能公交时可以考虑大量的各种各样的公交技术及方式。然而，许多城市的规划进程已经很复杂，有时很混乱，并且由于考虑过多系统的方方面面而大大延长了规划进度。通常，建议书和政治给具体方式建设带来的压力，包括私有的方式，导致了该问题的发生。事实上，在实际规划中，方式选择经常降低到三种或四种方式，每一种方式都有一些技术或线路的可选择性。因此，下一节给出了几乎所有的经营性公交系统的简短描述，一般分为两个类别：中性能方式，主要是准快速公交（12.2 节）；高性能方式或者称为快速公交（12.3 节）。在每一种类别中，就系统的特性将最常见的系统进行相互对比。

12.2 中性能公交方式

随着城市的发展，必须发展能提供比混合交通中的巴士还更好的性能和服务的公交方式。改进性能的关键因素是独立路权，但是在协作系统中的其他组成部分，例如：驾驶或导向技术、站点、车辆和运营也必须考虑。由于完全独立路权通常需要非常高的投资，改进一级公交系统的一种符合逻辑的步骤是采用部分独立路权，建立中性能方式。

中性能方式大多数在中等城市里扮演基础公交系统角色，网络覆盖的广泛性比快速公交提供的高运力与高性能要重要得多。例如，在德国、荷兰、美国、加拿大等国，人口介于 200 000 与 2 000 000 之间的大多数城市，LRT 是主要的载客工具；在巴西的库里蒂巴、哥伦比亚的波哥大、加拿大的渥太华，BRT 是主要的公交服务线路，而法国的里尔和图卢兹、加拿大的范库弗峰则采用 AGT 作为主要线路。许多拥有快速公交的大城市也发展中性能方式来完善网络，波士顿、布达佩斯、莫斯科、布拉格、旧金山等城市的 LRT 系统就是这样的例子。

中性能方式规划与高性能一样，通常是从定义现有系统的最大程度改进作基本的替代方案开始。众所周知，这套运输系统管理改进措施包括交通工程措施、设计与控制物理设备、公交系统运营、停车管理和收费政策。

运输系统管理（TSM）由不同的内容组成，虽然组织上复杂，但一般是有经济效益的。如果能够解决组织机构问题，TSM 标准能给交通流、公交服务及使用带来重大的改善。然而，虽然许多城市有引进多种交通工程和交通优先标准的趋势，但是不能充分地维持与执行。这就导致了街道与高速公路交通流的效率下降，也影响着交通的运营（速度与服务可靠性的逐渐恶化与运营成本的增加）。在这种情况下，TSM 不能认为是一种高效、持久的改善交通服务的解决方案。

因此，如果 TSM 能够被维持和执行，就能够应用到维持高效的交通条件和公交服务中去，却不能从根本上改变机动车和公交的基本特性和角色。所以，TSM 通常被认为是能让运输系统在没有大量投资时可获得的最好状况，但是并不意味着它是一种能替代中或高性能公交的方式。

中性能公交大体上由三种方式组成：BRT、LRT、AGT（自动导向公交）。下面三节将对它们进行描述。

12. 2. 1　快速公交——BRT

从 20 世纪 90 年代中期开始，尤其是美国运输部联邦公交管理局，给予快速公交系统方式铺天盖地的推广和宣传，经常将它称为是一种新的、非常有前途的概念。这种推广是合乎发展的，因为大多数现有的巴士服务都需要改善。在美国的城市，公交服务是在混合交通中的重叠线路上运行的不同发车间隔的巴士线路。许多城市仍然使用着过时的做法，在每一个街角设置巴士站点。巴士的行驶速度通常很慢，并且其可靠性取决于交通状况。加上复杂的线路图和混乱的网络，巴士通常不能与小汽车出行相媲美，所以他们主要服务于那些受制而没有其他选择的乘客。

在许多其他国家，常规巴士服务也遭受了过度复杂与形象不佳的困扰。在许多发展中国家，尤其是有着不固定公交服务的国家，问题就更加严重了。巴士在没有明显标记的线路上提供服务，没有运行计划并且不与轨道系统协调一致。通常不存在线路图，服务质量与安全性很差，并且政府法规不存在或尚未执行。

为改善公交系统所付出的努力和快速公交系统的概念已经并不新鲜。近几十年来，在提升公交系统上已经有着许多成就，描述这些成就和探讨其效果是很有用的。

12.2.1.1 纠正1950～1970期间关于公交的误解

在美国，1950～1970年间，即汽车保有量激增与大规模建设城市主干道时期，公交也被忽视，并且不同方式的概念和运营的种类被误解。在那期间，一些误解被带到公交系统规划与网络设计中，严重阻碍了公交的高效运营并降低了乘客吸引。这些误解尤其影响公交服务，因为那个时候公交网络正在大范围扩张，用以替代有轨电车与无轨电车线路。所引进的公交线路与固定导轨方式不同，它能轻易改变线路，由此产生了线路应该扩散到每条道路的想法。通常这些网络降低了公交服务质量，并且有损它们的形象，这个事实却被忽略了。因此重新审视一些基础性的、突出的、引起错误决策的误解是很有用的。对四种主要的误解讨论如下：

误解Ⅰ：换乘是不可忍受的。如果乘客必须换乘，有选择自由的乘客将不采用公交。这种观念已经导致，试图通过运营大量复杂的巴士线路来提供更多的门到门服务，而这种线路通常都是服务频率低、发车间隔不规则、形象差和乘客吸引力低的。该方式在美国的许多城市依然盛行，并且在上一节所提到的许多具有很少或没有公交管理的发展中国家里，这种方式甚至发展到了极端。

事实Ⅰ：多方式联运、高质量的公交网络需要大量的换乘。乘客容易接受具有优良设计的车站、高频率服务和运营可靠的换乘。最好的公交系统（纽约、多伦多、慕尼黑、巴黎）涉及到线与线、方式与方式间的大量换乘。每天有数百万的乘客通过最高效的多式联运网络进行换乘。

误解Ⅱ：公交是由地面公交或完全隔离的快速公交提供的。这种规划上的误解造成了图12.2的表中所示的仅拥有C级和A级路权方式的极端服务系统。这使得很多城市不适于发展快速公交系统，因而没有任何改进公交的余地。

事实Ⅱ：许多线路和网络需要比地面巴士所能提供更好的服务，但是却比地铁更少的投资。这种需求导致了近数十年来LRT、BRT和AGT的发展；这些方式填补了地面公交与快速公交之间的空白。

误解Ⅲ：城市道路巴士线路必须在每个街角设置站点，而与私家车出行相竞争的快速公交则必须依赖于在郊区实现不停车接送和驻车换乘，因此，快速公交几乎不需要站点。这是一种由运营种类极端化而得来的方式。在美国的许多城市，巴士站间距过短的问题依然存在。这种公交线路牺牲了速度来换取便捷：在每个街角停车就形成了慢速公交服务。快速公交则正相反，它牺牲了便捷来换取少量站点间的高运行速度。20世纪60年设计的地铁，由于站间距过长，不能为其沿线的许多地区提供服务，并且通过步行、骑车、公交接运线去往车站都不方便。前一种由于慢速与不可靠流失了自由选择的乘客；后一种由于错过了潜在的乘客，导致较差的覆盖面积。

事实Ⅲ：需要纠正这种极端化的接运/运营速度的比值：更少的巴士站点，更多的快速公交车站。

误解Ⅳ：灵活公交系统是必须的。在交通规划中，模糊术语——灵活性被错误地声称为一个一直追寻的主要的目标（见 11.3.2 节）。它不仅被用于批评公交系统，尤其是不灵活的轨道，而且暗示着公交服务的路线配置和运行计划是可改变的，并是优于固定、永久且可靠的路线配置和运行计划。

事实Ⅳ：与灵活性相对应的概念是永久性、可靠性、耐久性、高效性和简单性。对于大多数公交服务来说，这些特性是期望达到的。因此，如通勤线路等一些公交服务，能够提供多样化运行计划和分散化线路；大多数公交服务旨在吸引偶发的乘客，对于一般市民来说，公交服务必须具有固定不变的线路和运行计划以及众所周知的票价。这些服务必须易于理解和使用。此外，服务越固定，对土地利用及城市居民的生活质量的影响越强烈。

12.2.1.2　BRT 概念的评价

20 世纪 70 年代期间，升级公交系统的运营和服务需求已经很突出了，并且一些报告描述了可行的改进和革新措施（Wilbur Smith、Associates，1975；RATP，1977；VOV&VDA，1979；Vuchic，1981；Vuchic、Kikuchi，1994）。对公交系统运营已经实施大量改进，尤其是对最重要的组件：提供了 B 级路权，从街道上的保留车道到公交专用道。

近数十年来公交系统发生了许多值得关注的改进及变化事件，因为它们指出了可以引进哪些高效的改革措施，以及在执行时哪些措施不切实际或者不被支持。10 个主要的改进方案列举如下：

1. 保留了道路和公交/步行区的公共汽车车道，该措施在 20 世纪 70 年代期间被引进到许多城市，如洛杉矶、墨西哥城（Ejes Viales 的巴士和有轨电车）、费城（chestnut 街）、巴黎（庞大的公共汽车车道网络取得卓越的成果）、圣保罗（Comonor 配套提供能运送 20 000 人/h 的巴士与有轨电车）。一般的经验是，当大量的巴士运营时这些设施都是成功的，同时高效的警察不断执法保护了公共汽车车道，并给予警察以强大的政治支持。比如在巴黎与圣保罗，这些状况是存在的。拙劣的执法使墨西哥城公共汽车车道的运营降级，并使费城放弃了 Chestnut 街。圣塔摩尼卡高速路上公交车行驶的 HOV（高占有率车辆）车道，经过详细专业的工程技术研究后得到积极评价，却在 20 世纪 70 年代被法院判决所终止，法官其实是个运输系统运营的门外汉。

2. 许多欧洲国家，如瑞士与荷兰，在引进交叉路口信号优先处理后取得了良好效果。在美国，公交与许多 LRT（轻轨公交）一样，在考虑引进公交信号优先措施时，都遇到了相当大的困难。虽然信号灯及其他优先技术已经存在了数十年，但甚至在今天的波士顿、巴尔得摩与洛杉矶，定员80人的公交车和定员300～400人的轻轨列车在经过交叉路口时，却与平均占用率为1.3个人的小汽车有着相同的路权。迈阿密公交优先专用车道在出现一些事故后，出于安全考虑就没再使用了。

3. 专用公交道路作为独立设施或高速公路中间带被建设在渥太华、匹兹堡、华盛顿（雪梨）、洛杉矶（爱尔蒙第）、利马等城市。在圣堡罗、库里提巴、巴西、阿德莱德、澳大利亚、波哥大和哥伦比亚，非常成功地把公交道路设施专门设计为B级路权（交叉口使用立交）以提供公交优先。渥太华、库里提巴和波哥大的公交道路以其出色的综合规划、高效的运营及正面形象吸引了全世界的目光。然而，美国城市（包括华盛顿和洛杉矶）的大多数公交道路在引进HOV（高占有率车辆，下文即将讨论）设施后就被降级了。

4. 在20世纪70年代后期，美国引进了HOV道路与车道的概念。HOV设施指的是只允许载有规定数量（2、3或4名）乘客的车辆行驶的道路或高速公路车道。美国许多城市从20世纪70年代开始引入这种概念，给予更高效率车辆相对优先权。把社会车辆使用的普通车道改为HOV车道，是改善城市交通运输的正确策略。当HOV新车道建成时，普通交通受益于HOV，但是同时也受益于去除HOV。拥堵的缓解导致产生新的交通量并增加了出行的车公里数，这违反了美国法律规定的目标及要求（多式联运地面运输效率法［ISTEA］、清洁空气修正案［CAA］及其后继法律）。

图片12.4　具有交叉口控制的公交专用道——迈阿密

HOV概念的另一个主要问题是它导致公交道路和公交专用车道的降级。汽车/公路利益团体声称，当公交道路上的公交车不是紧跟行驶（几乎总是如此，并且前提是确保高速、安全和服务的可靠性）时，允许其他车辆使用公交道路

图片 12.5　公交/无轨电车道——圣保罗

上的空间。这个声明被称为“空车道综合症”，其错误理念是：用车辆填满车道，除专业公交车司机外引入普通司机不会影响安全、可靠的交通流。实际上，允许其他种类车辆进入公交道路彻底地地改变了公交服务的特征。

当 HOV 设施比公交道路更具效率的断言被联邦公路管理局采纳时，几乎所有美国城市的公交道路都改成了 HOV 设施。该改变的结果总结在下面的框格里。

> 将公交道路转变为 HOV 设施有以下优点（十）和缺点（一）：
>
> 十增加车辆的能力，提升了服务水平，也就是速度和可靠性（运货车、HOV 车辆）；
>
> 十由于没有 HOV 车辆，常规车道的服务水平也得到提升（SOVs、卡车）；
>
> 十增大了整个设施在车辆和乘客方面的运输能力，但是也常常减少了平均车辆使用率（运货车、小汽车）；
>
> 一增加车辆数量，引入混合交通，警察介入让非法的用户驶出 HOV 道路等，相比以前的公交道路降低了服务水平（巴士）；
>
> 一巴士乘客经常会在公交车站被单个司机的车辆所带走，通过这来增加其车辆使用率达到 HOV 设施的标准（“临时拼车”）。乘客量和收入流失的结果（巴士）；
>
> 一公交专用设施的强有力的形象与标识和公交服务竞争力的丧失（巴士）；
>
> 回顾了上面内容，将公交道路变为 HOV 设施的好处都被其他车辆（运货车、各种类型的小汽车）而不是巴士获取，它们也就成为巴士的竞争者；巴士经历的仅仅是服务的退化和乘客及收入的流失。

公交道路降级为 HOV 设施的同时，公共汽车车道也得对其他车辆开放，如 HOV、出租车、卡车和自行车。近年来在美国的一些地方，高速公路上的 HOV 车道甚至被 SOV（单乘员车辆）驾驶员占用，因为他们在拥挤的车道上行驶时，看到旁边的自由流车道就会被诱惑。

5. 土地利用的影响和与周边地区相互作用的情况不同。在库里提巴（Rabinovith and Leitman，1996）与渥太华，运输与土地利用规划间的良好协调，使得 BRT 系统能够对主要车站附近的土地发展及沿线的服务走廊产生积极影响。与此相反，在圣保罗，最高容量公交/无轨电车线路沿线走廊由于密集的噪声、污染及道路两边的物理隔离，使得其经济与环保都已恶化。

6. 公交车设计有了重大进展，包括新型种类的公交车，如助推式铰接车、双铰车、低地板公交车。另外，现在许多公交车跟 20 世纪 70 年代的相比，提供了更好的舒适度、大窗户、改进的外观及清洁能源的引擎。双模式公交车，如西雅图与华盛顿的柴油电动铰接车由于高复杂性及高成本，取得了有限的成功。然而，更好的舒适度及特别的设计使得标准 12 m 长的公交车的座位从 47～50 人减少到仅 30 人，却增加了投资及运营的成本。

图片 12.6　阿德莱德的导轨公交——有轨巴士

7. 有轨巴士（O-bahn）或导轨公交，发展于 20 世纪 80 年代早期，就运用情况来讲已经取得一定的成功（Vuchic，1985）。阿德莱德系统保留了导轨公交这种唯一的主要设施。然而，对导轨公交理念的兴趣继续存在，而且将来有可能投入应用。这种方式的重要优点是，它物理上防止了其他车辆占用公交设施。光学或电磁导轨公交在技术上也是可行的，但由于没有视觉上的区别，其在路权分离实施与系统形象方面确实存在缺陷。

8. 公交系统组织上的变化直接影响到公交系统的运营与服务质量。英国及一些发展中国家对公交服务放松管制后，导致公交系统的破坏并使其技术与组织的升级变得困难或不可行。例如，秘鲁首都利马的一条高效率公交道路和英国伯明翰的一段导轨公交道路，在放松管制后就停止运营了。另一方面，公交系统的私有化及其他形式的竞争，已经导致许多城市公交服务的改进和运营的变革。

9. 智能交通系统（ITS）技术在提升公交服务的应用中已经带来重要成果，并且在广泛地应用于 BRT 的运营、安全、收费、增强乘客信息等方面，有相当大的潜力。

10. BRT 系统概念的引入，是公交服务做为协调系统最综合的途径，并且是近几十年来许多公交改进的最高点。（见下一节）

20 世纪 70 年代以来的 10 种公交系统的发展与改革的结果列举在框格中，其符号代表如下：＋表示成功；～表示部分成功，部分失败；－表示失败与挫折。

1970 年以来公交系统的发展与改革：

＋引进了公共汽车车道—性能取决于其使用、执法和政治上的支持；

～街道巴士/公交优先：在一些国家获得成功，在美国受到了限制；

～建设公交道路：除转换成 HOV 设施外，均获得成功；

－将公共汽车车道与公交道路转换成 HOV 设施降低了公交系统性能并且损坏了其形象；

～协调土地利用规划与对周边的影响：有成功与失败的案例；

＋公交车辆发展：车体设计与技术有许多创新，比如低地板公交与减排降噪的发动机；

～有轨巴士或导向巴士：应用非常有限，但可能存在特例；

～组织变革：放松管制直接导致失败；竞争性的组织，比如一体化服务趋势，在服务和效率上都带来很大的改进；

＋智能交通系统技术的引进给服务和运营带来许多改进；

＋快速公交概念的发展代表着目前将公交服务作为协调系统最综合的方法。

从回顾 20 世纪 70 年代以来 BRT 概念与要素的发展历史中看出，为了升级公交系统人们已经做出了许多努力。其中一些成果代表着重大进步，有些遇到了困难且只取得了部分成功或者被迫停止。从这些发展与教训中得出对于将来发展的经验总结如下：

1. 当大量低频率的灵活线路被替代为有着专用车道、少而明显的车站及高频率服务的固定线路时，公交服务也就升级了。

2. 提升公交服务最主要的障碍在于组织与政策而不仅仅是技术。

3. 在行车道上提供独立的公共汽车车道，必须在法律上不断防止其他种类车辆共用公交设施。

4. 升级公交的许多步骤，如：提供B级路权、车站、带接运换乘的主干线路以及良好的形象，使得公交线路更加类似于LRT。然而，公交与轨道系统相比，一直受损于不好的形象与低性能，并且承受与HOV及其他方式车辆共用专用车道的压力。LRT具有完全设计的B级路权，物理上避免了这些压力，因此具有持久的独立轨道与路线。

5. 在具有强有力的规划、良好的交通工程及基于载客人数多的交通方式实施信号优先的清晰政策的城市里，可以找到成功的BRT系统。渥太华与库里提巴实例说明了这些条件的重要性。

6. BRT系统在发展中国家的成功应用是事实的结果，这一事实为该方式的劳动密集不是一个严重的问题，因为低工资和社会政策的目标是增加就业。

12.2.1.3　BRT的定义

在强力推广这种方式下，使用术语BRT来表示任何一条具有部分独立车道、新公交车或有鲜明的线路标识的公交线路成为了一种趋势。这种术语的引申实际上对BRT概念造成了贬低并带来了不利影响。因此提供一个BRT的技术定义是很重要的。由于定义一种公交方式要有许多不同的系统要素，这样的定义不可能非常精确；然而，定义必须包括以下框格里列举出的必要条件和其他存在于系统中不同程度上可认为是BRT的确定要素。

快速公交必须具备以下要素：

- B级路权占主导，不与其他诸如HOV的方式共享，只有有限的路段是C级路权；
- 明显的站点和车站，具备良好的乘客保护、信息及收费设备，在城市中心区至少有300～400 m的站间距，在郊区和外围的距离更大；
- 在所有日常时间内具备频繁、可靠的服务和适当的发车间隔的明显线路；
- 具有吸引人的设计、车门数量与尺寸、低底板或高平台的巴士使得乘客在站点能快速换乘；
- 在交叉路口具有优先权；
- 采用智能交通系统技术来监测车辆位置与移动、乘客信息及收费。

除这些要素之外，BRT必须具有以下的一些或大部分特征：

• 车站与站点允许同时停靠两辆或更多公交车，通过超车或列队追踪运行可提供短发车间距（小于2 min）的运营，并且一条线能力大于3 000～5 000人/h。

• 具有低空气污染与噪声的发动机；

• 方便地换乘到其他公交与轨道线路；

• 预付或非接触式收费使上下车延误最小。

12.2.1.4 BRT 评价及其应用

巴士与其他道路车辆的物理兼容性是巴士公交的一个优点，因为允许公交车使用所有的道路与主干道。同时，当必须新建一条依赖大量使用 B 级路权的 BRT 线路时，这种兼容性就成为一个主要的缺点。

由于 20 世纪 70 年代以来大部分美国城市的公共汽车车道与公交道路转换成 HOV 设施，所以可以得出这样的结论：城市至少满足以下一个条件才能引进和支撑 BRT 系统。

首先，必须有一个坚定的保证使得公交优于私人交通工具，公交设施必须相当固定并且公交优先政策的落实必须有效。这种情况是存在的，比如，南美国家的库里提巴、圣堡罗、波哥大。其次，公交道路必须有阻止其他车辆使用的物理特性，如西雅图的无轨电车通道与澳大利亚阿德莱德的导轨公交（如 O-Bahn）。在渥太华、匹兹堡、布里斯班等其他许多西欧国家的城市，持久执法和物理分离这两个条件存在于大量的 BRT 设施中。

最广泛和最高能力的公交道路在巴西的许多城市（显著的是巴西的圣堡罗、玛瑙斯市和库里提巴）、哥伦比亚的波哥大以及许多亚洲国家（如土耳其、印度尼西亚）得到成功发展。许多条件促成了这些发展。首先，在许多迅速增长的发展中国家和城市，非常多的乘客需要被运输，但是国家缺乏建设轨道系统所需的投资资金和时间。随后，乘客量明确证明主干线上公交道路使用的必要性。高频率公交很容易保证禁止其他车辆入内，对公交更广泛支持和政府控制要比来自提倡小汽车团体的反对更有力。另外一个重要因素是低廉的劳动力工资没有导致大规模公交运营的成本比轨道运营多很多，就象工业化国家遇到的那样。另外，轨道方式提供更高质量的服务，其重要性不如可能通过建设快速公交系统来更快的提供运输能力。

在美国，需要比常规公交提供的更好公交服务质量的中等城市中，当前强力推广 BRT 方式可以保证在应用该方式后带来良好的效果，特别是当 LRT 需要更高的投资，引进一种不同技术很复杂而且没有必要时。BRT 应用的一个好例子是俄勒冈州的尤金。这种级别的许多城市以及大城市的一些中等密度走廊，如洛杉矶的维尔雪大道，各种 BRT 带来了非常大的成本—效益服务改进并增加了乘客人数。

在许多城市，大力推行 BRT 已经导致了一些不合理的发展。BRT 是作为成本低于 LRT 的替代者被推行的。然而，要使 BRT 的服务更类似于 LRT，BRT 的设计就需要更加详细。其结果是，一些具有大型尺寸、改进的外观及大车站的公交道路（例如在匹兹堡），需要的投资比建设 LRT 线路的平均成本差不了多少。为波士顿和俄勒冈州的尤金设计的公交车辆，具有精巧设计的车身、豪华的内饰、舒适的座位和极低污染的引擎，其估价高于 200 万美元，超过了 LRT 车辆的成本，特别是考虑了 LRT 轨道车辆的更长寿命、更大容量后。在这种情况下，当 BRT 的投资成本接近于 LRT 时，适度地增加投资去建设 LRT，可取得优于 BRT 的显著优势，如电力牵引、更少的路权冲突并与行人区域兼容、优越的乘坐品质和更强的乘客吸引力。

向普通公交系统中引进许多 BRT 单个元素的巨大潜力通常被忽视。可以通过加大站间距、增强站点吸引力、改善信息系统来升级公交线路或网络，尽管并不具备 BRT 方式的条件。在许多城市，像这样改进的投资，与试图推行超过轨道系统的 BRT 所需的更高投资相比，或许有更好的成本效益。

12.2.2 轻轨公交——LRT

近几十年来，LRT 已经成为主要的中性能公交方式，在常规公交和那些快速公交或地铁提供的服务之间发挥着巨大的作用。LRT 是一种复杂且又非常多样化的公交方式，因此，在这里先给出其定义，然后对其近几十年间的发展、其要素的革新、从有轨电车发展为现在的形式，更相似于地铁而不是有轨电车与巴士进行说明。

12.2.2.1 定义与说明

轻轨公交是电气化的轨道交通系统，运营时由 1 至 4 节大容量、宽敞的车辆组成，大多数情况下具有 B 级路权，但有时在同一线路上可以拥有 A 级或 C 级路权。其线路能力范围是 5 000～24 000 sps/h。无噪声、无尾气排放的车辆可以行驶在隧道与行人专用区域，作为城市宜居的一个重要因素，轻轨公交有良好的乘客吸引力，给人留下了鲜明的形象。

由于物理上的多样性及运营上的特点，这里先回顾在典型范围内的某些细节上提到的轻轨公交特征。

对于 LRT 来说，B 级路权是最普遍的，但是往往在一些路段上有着 A 级（隧道、高架）或 C 级路权（街道区段、步行街）。LRT 线路包含所有三级路权，因此其沿线上的行驶状态与行驶速度差别很大。

典型的车辆是铰接式、双向的，长度为 18～45 m。车辆靠电力驱动，行驶时为 1～4 节车编组的公交单元，其总能力为：50～240 个座位和 120～720 个空间。

典型乘客量的范围从非高峰时段的每小时几百人到线路能力 5 000～24 000 sps/h。最大技术速度为 70～100 km/h，行驶速度变化幅度为

20～35 km/h，其运营速度取决于路权、当地运营状况及车站空间。

车辆靠手动驾驶，但是控制从目视到全信号化。LRT 的高端方式是 LRRT（轻轨快速公交），采用的是全自动化驾驶技术，并具有完全独立的路权。最近，完全自动列车操作已经被应用到旧金山 Muni 的 LRT 线路中，行驶时在不同的路段有着 A、B 或 C 级路权。当 LRT 车进入 Market Street 隧道时，司机启动 ATO（自动列车操作）；驶出隧道时，司机则启动人工驾驶。

LRT 系统的投资额，若沿已有路线修建且几乎没有新建设施，比如巴尔的摩、丹佛、圣地亚哥、盐湖城、圣约塞的系统，介于 800 万到 2 800 万美元每公里，平均大约 1 500 万美元每公里。若 LRT 线路需要大量的新建设施，如达拉斯（包括一些隧道）、洛杉矶和波特兰西部（一条长隧道），其投资额从 2 100 万到 3 800 万美元每公里，平均大约 3 000 万美元每公里。

车辆费用的范围在 200 万到 300 万美元之间，车辆费用主要取决于尺寸、设计和机车车辆的复杂性。

路权级别、车辆、操作的多样化使得 LRT 可以适合在不同的走廊使用，如从行人/公交区到高速郊区路段，从短途公交线路到长途区域线路，从具有简单站点的邻近服务到具有精心设计的换乘站的主要线路等。

12.2.2.2　20 世纪 60 年代以来 LRT 的演变

LRT 概念仍然经常被误解，并与其相近的方式，如有轨电车、地铁相混淆。为了澄清概念，简短地回顾其发展过程是很有用的。

二战前，有轨电车在大多数城市中都是基本的公交方式，当汽车交通量加大后便开始陷入道路交通拥堵。单纯地分析了道路交通状况，美国、英国、法国及许多其他国家决定用巴士来替代引起交通拥堵的有轨电车（不是私家车），因为灵活的巴士更适合于混乱、拥挤的交通。有轨电车被宣称为过时的方式，同时巴士被认为是汽车时代的公交方式。

另一方面，一些中欧国家，如奥地利、比利时、荷兰、德国和瑞士，采取不同的做法实现城市交通。这些国家的城市出于经济与城市宜居的原因，大约在 1955～1970 年间，已经认识到建立与小汽车相竞争的公交是很重要的。这种认识产生了与各种公交方式相关的政策。这些国家中的大部分城市坚持认为，应该把公交从其他交通中独立出来定为目标，而不是“公交和其他交通灵活地混合”。这一目标对方式选择有直接的影响。这些城市并没有放弃有轨电车，相反，它们开始通过发展现代化的、高性能的铰接车辆来升级有轨电车，建设独立路权、专用信号、与巴士与地铁换乘的多方式联合运输车站等来升级公交系统。例如，德国的汉诺威和不来梅、瑞典的哥德堡以及其他很多建设有多条 B 级路权线路的城市；而科隆、法兰克福、布鲁塞尔、埃森以及其他一些城市也在中心区域建立起A级路权的地下线路。

升级传统有轨电车付出的大量努力，建立了一种具有更高性能及更好形象的交通方式。尽管这种交通方式与有轨电车有着一样的基本技术（电气化轨道公交），在某些情况下，该方式在速度、可靠性、舒适度、安全性方面比便捷的有轨电车更相似于快速公交，而不是传统的有轨电车。它因此被赋予了一个新的名字——轻轨公交（在德国称为 stadthahn，在法国称为 metro leger）。

当人们谈到所有的非地铁轨道交通系统时，包括典型的有轨电车系统，如称多伦多、墨尔本、苏黎世的大部分线路为“LRT”，相当多的混淆就会产生。这种混淆是由于部分城市的许多有轨电车线路渐渐地升级为LRT，因此在两种方式间没有明确的界线。另一个混淆的根源是LRT与地铁间也没有明确的界限：两种方式根据其特点是同一种系统。鹿特丹的地铁2号线、芝加哥的Skiokie Swift、那不勒斯的环线列车等都是很好的例子。

实质上尽管今天有着一系列连续的轨道交通系统，但从过去的无轨电车、常规的有轨电车到地铁、区域铁路系统、还是这里讨论的极具代表性的方式，它们之间都有着显著的差异。多伦多、苏黎世的有轨电车与卡尔加里、汉诺威、圣路易斯典型的LRT系统有着很大的不同，又与典型的地铁诸如巴黎、纽约、东京地铁不同。

当美国、英国及法国城市不但替代了所有的有轨电车，而且在许多情况下废弃了优良的公交B级路权（例如：底特律的伍德沃德道，洛杉矶的大型网络），这实际上是公交向小汽车交通的投降。由于交通拥挤，这些城市仍旧遭受着公交乘客量的不断下滑及城区的加快老化。20世纪70年代中期，人们认识到把公交车辆从一般交通中分离出来，这是改善公交服务的基本要素；因此，许多城市接受了专用公交道路的概念。人们发现，在主要客流走廊上，LRT在能力、速度、可靠性方面跟公交车相比，有着显著的优势。最重要的是，人们认识到轨道技术和固定的导轨给独立路权提供了很大的方便。路轨和独立路权给了LRT更强大的区别和形象，结果也使得LRT比巴士具有更强的乘客吸引力。最后，LRT的基础设施给予了轨道系统的持久性，并影响着在其他条件支撑下车站周边土地利用的发展。

因此，有轨电车方式经过由丑小鸭变成天鹅的过程，走进了许多城市：在私家车的冲击所产生的混乱中降级并考虑废弃，在重新发现其高质量服务、乘客吸引力及持久性的内在价值后又重新出现。20世纪70年代以来，经过全面的发展及对该方式的认识，已经在北美的20个城市、法国、英国、西班牙、爱尔兰、以色列、澳大利亚及许多发展中国家，包括土耳其、埃及、突尼斯、菲律宾和墨西哥的许多城市，修建了新的LRT线路与网络。

12.2.2.3　回顾技术与运营创新

近几十年 LRT 发展的进程中，引入了线路、基础设施、新车辆设计及运营实践的新理念。广泛的技术文献描述了 LRT 的发展，其在欧洲国家中的情形和执行情况，及随后在北美许多城市中的建设情况。一个特别好的来源是由 TRB 和联邦交通管理局组织的九个关于 LRT 的会议记录以及由公交国际协会（UITP）组织的六个相似会议记录，Girnau（2000）和 Vuchic（2001）。

促成 LRT 产生的最重要的发展，总结回顾如下：

LRT 在主流中性能方式中发展的主要阶段：

- 将大量的有轨电车网络整合为少而质量高的 LRT 线路；
- 系统地用 A 级和 B 级路权来替代 C 级路权；
- 将同一线路上隧道、路面和高架线路一体化；
- 巴士与地铁多方式一体化；
- 使用高品质的轨道和道岔，大大降低了噪声与振动的产生；
- 铰接式车辆以 1—4 节编组的列车运营，提供高舒适性；
- 从单向电车型车辆向双向地铁型车辆转换；
- 自助服务收费，可快速上/下车和使用任何类型票价；
- 低底板车辆（距轨道 0.30～0.35 m），便利所有的乘客上/下车，并能满足残疾人士的需要；
- 在城市中心区运营 LRT，在一些城市中由最初的短隧道替代成直接穿行在行人区及购物区；
- LRT 与郊区的服务性区域铁路整合。

有趣的是，从为市内服务的有轨电车系统转向为里程更长、更高性能线路服务的高性能 LRT 系统的趋势越发明显。然而，近几年出现了一些有趣的趋势。随着 20 世纪 80 年代中期低底板车辆的发明，一些中心城市（卡尔加里、布法罗、萨克拉曼多、波特兰）已经通过在换乘大楼布置 LRT 线路而放弃了隧道，因此，采用 LRT 系统作为 CBD（中央商务区）活动的焦点元素。实际上，LRT 已经被成功地用来作为城市复兴、活力与开明规划的一个象征。

甚至在更近的 20 世纪 90 年代，类似有轨电车服务也出现过复兴。因此，尽管在法国许多城市的新铁路系统有着大量 LRT 元素，而且电车在技术上有很大程度的现代化，但是它们运营在街道上，在中心城区功能下降到了 LRT 与传统电车之间。一些类似的情况已经出现在美国的一些城市。最著名的是位于旧金山极受欢迎的有轨电车 F 号线路，它穿越整个市场街的中央商务区，延伸到渔人码头。在俄勒冈州的波特兰，非常成功的高速 LRT 线路中最近补充了一条独特的有轨电车线路。这条被称为“有轨电车”的线路已经成为中心城市重建与时尚生活的象征。另一个这样的趋势发生在新奥尔良，2004 年，新奥尔良在著名的运河街重新引进了具有现代技术、经典车辆设计的有轨电车。

图片 12.7　法兰克福的轻轨运营：路权 C

图片 12.8　法兰克福的轨轻运营：路权 B

图片 12.9　同一条线路在路权 A 上——具有高站台的隧道车站

12.2.2.4　LRT 的生产力

上述的 LRT 的发展对该方式的运营特征和生产力产生了重大影响。图 12.4 通过一张图与一组数值展示了这些发展。传统的有轨电车有 1～3 辆车（图中示例Ⅰ）、后者定员 300 人，由 1 名司机和 3 名服务人员提供服务，每名乘务人员的生产力是 75 人。降低运营成本和改进服务质量所带来的压力导致越来越多的单铰四轴车投入使用（Ⅱ），随着铰接车辆技术的发展，引进了长 30 m 的双铰接车辆，最初由两名乘务人员服务（Ⅲ）。然后，随着自助收费系统的引进，乘务组减少到了只有一名成员（Ⅳ），使乘务组的生产力提高了一倍。由于更高舒适性要求的增长，诸如圣地亚哥、萨克拉曼多的一些城市开始运营 3 辆和 4 辆车编组的列车，其能力达到了 760 人（Ⅴ）。这样使得乘务人员的生产力为 760 人，大约比 1960 年以前老式有轨电车高 10 倍。低地板车辆的引进导致车辆设计和公交单元组成的更加多样化，如Ⅵ－Ⅷ所示，最后一列为长 45 m，具有 12 个车轴、5 个铰接车厢的单列车。

如果考虑运行速度的增加，在周期时间内，由传统的有轨电车到 LRT 将速度大约提升一倍（从 12～14 到 24～30 km/h），按照空间一公里计算，每小时乘务组生产力整体上提高了 20 倍。这一系列的发展都是由于将路权由 C 级提升到 B 级、交叉口 LRT 车辆优先通过、列车每侧有 16 个双通道门，这样乘客上下车不会因为买票而导致延误等的结果。因此，基础设施、车辆技术和运营的革新，导致了现代 LRT 方式的出现，该方式作为最高效的中性能系统近几十年来已经在许多城市里建立起来。

年份（大致）	城市	单位车体长度（m）	能力（空间）	乘务组规模	能力/乘务组人员
1910—60	Ⅰ 汉堡、维也纳	3×10=30	240	4	60
1920—75	Ⅱ 贝尔格莱德、克里夫兰	2×14=28	220	3	73
1960—75	Ⅲ 科隆、丢塞铎夫	28	220	2	110
1965—	Ⅳ 科隆、丢塞铎夫	28	220	1	220
1990—	Ⅴ 萨克拉门托	4×23=92	680	1	680
1996—	Ⅵ 科伦、波特兰	2×28=56	330	1	330
1997—	Ⅶ 萨尔布鲁根	2×37=74	486	1	486
2003—	Ⅷ 德累斯顿	45	260	1	260

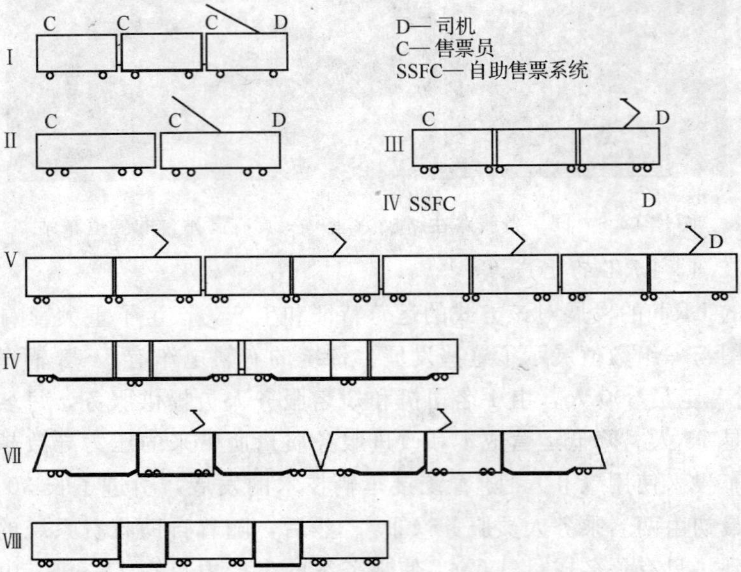

图 12.4　1950 年至今通过车辆与运营的革新来增加有轨电车/LRT 的性能和劳动生产率

图片 12.10　现代低底盘的轻轨车辆——德累斯顿，德国

12.2.2.5　LRT 系统的种类及其应用

如上面章节所示，LRT 系统有许多不同的形式，因为它们能够根据系统功能需求、当地条件和与城市里其他方式的关系进行调整。LRT 系统的范围很广，包括与其邻近的低性能端（有轨电车）和高性能端（LRRT 和 ALRT），表格里列出了 9 种不同的种类及其应用的城市。

LRT 系统的主要类型，以及与其相似的只有 A 级路权的有轨电车、小型地铁方式：

- 传统有轨电车：莫斯科、圣彼得堡、多伦多；
- 升级型传统电车：阿姆斯特丹、墨尔本、奥斯陆、维也纳、苏黎世；
- 新型有轨电车系统：格勒诺布尔、新奥尔良、波特兰、巴伦西亚、斯帕姆；
- 从有轨电车发展而来的 LRT 网络：柏林、波士顿、科隆、旧金山、斯图加特；
- 新型 LRT 系统：伯明翰、卡尔加里、达拉斯、丹佛、南特、圣地亚哥；
- 在大城市郊区的 LRT 系统：中国香港（屯门区）、伦敦（克里伊登）、纽约（哈德森—卑尔根）、巴黎（波比尼）；
- LRT/区域铁路整合系统：伯尔尼、卡尔斯鲁厄、曼彻斯特、萨尔布吕肯；
- LRRT：埃森—慕海姆、马尼拉、哥德堡、费城；
- ALRT：哥本哈根、吉隆坡、伦敦（多克兰）、范库弗峰（空中列车）。

12.2.3　自动导向公交——AGT

20 世纪 70 年代以来，全自动公交系统已经被证明是可行的。虽然全自动带来更优程序化运行体制、考虑能源消耗的优化运行及其他运营相关的一些益处，但是这些好处并不显著，并且很少足够重要，能够证明其更高的投资和自动化带来的更大复杂性比人工驾驶公交单元在线路上运营更划算。全自动最重要的好处总体来说有两点。

第一，取消列车乘务员容许开行许多小发车间隔的短编组列车，与大发车间隔的长编组列车有着一样的运营成本。例如，假设一条地铁线路 6 辆编组的公交单元、按 12 min 的发车间隔运行，全自动化后则允许每列公交单元编组缩短到 2 辆车按 4 min 间距运行，而这样没有增加任何费用。

第二，全自动运营使得公交单元方便摘挂，易于适应需求变化，只是简单的通过按控制中心的命令按钮而不是工作人员把列车送进编组场编组。该结果产生了更好的服务并显著减少空车走行里程。

事实上，短列车运营成本与公交单元的车辆数成比例，使其在提供高质量和频率的服务方面，不但在使用程度高的地铁线路上可行，在拥有自动化的中等能力的线路上也可行。基于这个原因，使得为应用全自动导向公交所付出的大多数努力都集中在中性能系统上。

大量的制造商研制出了自动公交系统，命名为自动导向公交（AGT）或自动旅客移动设备（APM）。初步试图使用小车辆——20、10人的车辆，或者甚至空间只能容得下个人团体3到4人的个人快速公交（PRT），当这样一些自动公交系统建成后，就被证明在运营与经济上是不可行的（PRT由于其明显的缺陷甚至从未被测试过）。因此，大多数的AGT系统被设计成定员为80或者更多的单车辆或短编组列车运营。基于其尺寸，大多数专有的系统设计采用了橡皮轮式技术。

也有几种AGT系统采用常规的轨道技术研制而成。其车辆与列车总体上比橡皮轮式的车辆有着更大的载客能力。

12.2.3.1　橡皮轮式AGT

近几十年来，有着不同橡皮轮式布置、运行和导向表面的AGT系统被开发出来。大多数用于机场、游乐园、展览会、大学校园班车和医院等。然而，20世纪80年代以来，一些橡皮轮式AGT成为该方式的突出代表：庞巴迪（前西屋公司）、西门子（前玛特拉公司）VAL和环宇航空公司（包括其被日本许多城市纳入标准的版本）。最近，三菱公司也进入到该领域。随着橡皮轮式AGT系统被成功地应用到25个机场，一些城市也已经将这些系统建成为常规公交线路。

庞巴迪系统，其前身Skybus（或者西屋C-100）为人们所熟知，已经是机场AGT应用最普通的系统。庞巴迪系统已经被应用到20个机场，最显著的是亚特兰大的哈斯菲尔德—杰克逊国际机场，该机场在功能布局上把AGT设计成其整体的一部分。同样的系统也为伦敦盖威克、迈阿密和杰克逊维尔机场提供穿梭运输服务。最近，欧洲的机场，如法兰克福和罗马，已经开通了由庞巴迪AGT系统提供的穿梭运输服务。

由西屋公司开发的同样的AGT系统，也被作为固定公交线路来运营——迈阿密的市区旅客运输——和新加坡近郊住宅区的快速公交线路的接运线。该系统的车辆运行在4对轮胎上，载客量能够达到100人。每个公交单元TUs有由1到3辆车编组（亚特兰大）。更长的编组在技术上虽然可行却没在任何地方得到使用。该系统具有最小的2 min发车间隔，运营时为3节车厢，理论上能够提供每小时9 000人的运输能力。

西门子公司的VAL系统，由法国的玛特拉公司开发，在里尔被设计为中性能公交线路。为了最小化隧道成本，车身设计得非常狭窄（2.06 m），因此有着纵向宽座位、长12.5 m的车辆，包括站立者，其载客量只有90人。基本的公交单元是配对的两节车厢。为了弥补小型公交单元载客能力的不足，控制系统被设计成可运行非常短的发车间隔。里尔的线路运营已经达到1分钟的发车间隔，因此其理论运输能力是 10 800 人/h。

VAL 系统的最近应用中（芝加哥奥黑尔国际机场和中国台湾地区台北的一条主线路），玛特拉公司制造了宽 2.56 m 的车辆，有着相应的更大的车辆能力。VAL 系统也已经被应用到巴黎奥利机场及法国城市雷恩和图卢兹。

LTV 公司（前身沃特飞机工业公司）设计的环宇系统是第一套应用于复杂网络的 AGT 系统：是在 1974 年应用于达拉斯福特沃思机场一体化系统的一部分，使用在许多连接众多终端站的环形线路上。这些自动列车由一到两节车厢构成，每列可以载运 40 人，最大运行速度只有 28 km/h，且乘坐舒适度很低。该系统也用于机场航站楼间的货物运输。

当环宇航空公司的技术被日本政府采纳为城市 AGT 系统的标准时，其系统得到了更广泛的应用。目前在日本的一些城市（大阪、横滨）在固定的公交线路上使用了 Airtrans。有趣的是，这些线路在任何时候都使用固定的列车编成(4 或 6 辆)，因此没有发挥 AGT 方式的其中一项主要潜在优势：调整列车的长度来适应在一天内的不同时间或特殊场合变化的需求。

一些中等能力的自动化轨道系统已经在固定公交线路中得到使用。这些系统比橡皮轮式 AGT 系统有着更大的能力，这将在 12.3 节高性能方式中进行讨论。

表 12.5 列出了自动导向公交系统的重要发展历程，表明 AGT 的概念实际上扩展到公交系统广泛的范畴。小到中等尺寸的橡皮轮式车辆，通常作为 AGT 标志，最初在短程穿梭线路运用。80 年代期间，这个概念被引申到包含着中等能力的车辆并高于橡皮轮式 AGT 系统能力的轨道系统，以及全自动控制、全尺寸车辆的常规地铁系统。因此，AGT 的概念实际上从中性能跨越到高性能方式，这将在 12.3 节中描述。

表 12.5　全自动导向公交系统发展历史

城市，线路	年份	列车长度			乘务组人数	运营线路能力	系统类型
		车辆数	长度(m)	定员			
达拉斯—华兹堡，环宇航空公司	1974	2	13	80	0	ATO，ATS；低	机场终端间网络
摩根敦	1975	1	5	21	0	ATO，ATS；低	大学校园穿梭运输线
亚特兰大机场，威斯丁豪斯	1980	3	36	420	0	ATO，ATS；中	机场大楼综合体穿梭运输线路
里尔，VAL	1983	2	28	172	0	ATO，ATS；低	常规橡皮轮式 AGT
温哥华，空中列车	1986	4	51	440	0	ATO，ATS；中	常规轨道 AGT，流动乘务员
伦敦多克兰区，LRT	1988	2[a]	56	254	(1)	ATO，ATS；中[a]	常规轨道 AGT，每列车配备乘务员

续上表

城市，线路	年份	列车长度			乘务组人数	运营线路能力	系统类型
		车辆数	长度（m）	定员			
里昂地铁，D号线	1993	3	50	450	0	ATO，ATS；中	自动橡皮轮式地铁
巴黎地铁，14号线	1998	5	75	750	0	ATO，ATS；高	自动橡皮轮式地铁
新加坡，东北线	2002	6	120	1 200	0	ATO，ATS；高	自动轨道地铁

a：在 2004 年延长至 4 节车辆，线路能力提高了一倍

12.2.3.2　AGT 评价及其进一步应用

中低能力的橡皮轮式 AGT 系统将会继续在主要的交通发生地的穿梭线路上占主导地位，尤其是机场。由于在小曲线和陡的坡度上具有很小的噪声，在这样的线路上其提供了比轨道方式更佳的性能。

在公交应用中，AGT 系统可能被应用到相当短的线路中，作为轨道交通和城际终端站间的接运线。它们应用于常规公交线路上与轨道系统相比有许多缺点。第一，其车辆比轨道车辆小，舒适度更差。导向橡皮轮式车辆的乘坐质量在本质上比轨道系统的稳定性差。第二，其投资成本比 LRT 高 2～3 倍。最后，为了避免开挖隧道的高额成本，AGT 系统用高架替代隧道，但当其沿线穿过城市建筑物时，又会产生问题，因为一些条款限制在城市中心和住宅区布署 AGT 系统。

在一些中等大小的城市建设橡皮轮式 AGT 系统是可能的，正如 20 世纪 80 年代的案例所示，但是其广泛的应用似乎并不会出现。全自动轨道系统似乎能被应用到更多的城市，这一点将在 12.3 节的高性能方式中讨论。

图片 12.11　法兰克福采用 AGT 作为机场的穿梭公交

12.2.4　中性能公交方式的比较

作为近几十年众多发明的结果，公交系统集合包含公交方式族，现在特指连续的系统范围，从地面公交中的巴士、无轨电车和有轨电车方式，到中性能公交方式，包括 BRT、导向公交和一系列变化的 LRT。高性能方式由于独立使用 A 级路权而存在一个明显的特征，尽管 AGT 方式越过了这个界限：AGT 方式具有快速公交的特征，由于其相对小的能力及速度，大多数的 AGT 方式仍然属于中性能系统。

图片 12.12　在迈阿密 AGT 作为市中心行人的运输系统

就算不管方式间性能的接近连续性，中性能方式的对比并不简单，因为具体的技术在基本的物理与运营特征上存在不同。将相近方式的一些比较列举在此，并集中于对中性能方式的比较。通过范围内的数值、描述及定性评价来定义个体特征。

12.2.4.1　轻轨与巴士的对比

本节列出了所有主要中性能方式的对比。表 12.6 中最先给定了如下三种方式对比：常规公交（世界上大多数城市使用的典型公交系统）、BRT 及 LRT。其特点可分为三种类型：系统组件、线路与运营要素以及系统特征。

表 12.6　常规公交、BRT 和 LRT 特点比较

特点＼方式	常规公交（RB）	快速公交（BRT）	轻轨（LRT）
系统组件			
路权	C	B（C，A）	B（C，A）
支撑物	道路	道路	轨道
导向	驾驶	驾驶	导向
动力	ICE	ICE	电力
TU 控制	驾驶/视觉	驾驶/视觉	驾驶/信号
车辆定员	80～120	80～180	100～250
TU 最大数	单车辆	单车辆	1～4 节列车
TU 最大能力	120	180	4×180＝720
线路/运营要素			
线路	多	少	少
每条线路车头间距	长/中/短	长/中/短	中/短
站间距	80～250	200～400	250～600
换乘站	少	一些/多	多

续上表

特点＼方式	常规公交（RB）	快速公交（BRT）	轻轨（LRT）
系统特点			
投资费用/km	低	高	非常高
运营费用	中等	中等	低
系统形象	不一定	好	非常好
乘客吸引力	有限	好	强烈
土地利用和城市宜居性的影响	最少	中等	最强

该表清楚地显示了 BRT 与常规公交的不同之处：路权类别、稍微更大的最大车辆能力、不同的线路设计及站间距、更高的投资以及更好的乘客吸引力。LRT 具有优于 BRT 的甚至更重要的特点：它是具有更大载客能力的公交单元、更高服务质量及较少线路的电气化轨道系统。相对于 BRT 而言，LRT 虽然需要更高的投资，但它具有更好的形象及乘客吸引力，给城市带来积极的影响。三种方式在 PCPs 方面存在不同，从常规公交、BRT 再到 LRT 逐渐增加。因此，常规公交主要应用在要求基础服务的线路上。更高投资是为了获得更高性能的方式，BRT 和 LRT 在三者之间具有明显不同，代表两个截然不同的阶段。

LRT 与 BRT 相比，具有以下优势（＋）与劣势（－）：

＋由于用轨道替代了行车道，对于 LRT 来说，设计独立的路权（B 级或 A 级）更简单，并且不跟公共汽车车道及公交道路一样需要警力的保护；

＋由于采用电力牵引，LRT 比 BRT 具有更好的车辆性能；

＋LRT 沿线不排放废气，并且噪声比 BRT 小（除了一些城市里的高速 LRT 线路在通过立体交叉口时需要鸣笛）；

＋在行人专用街道和地区，LRT 比巴士更容易接受；

＋LRT 可采用隧道，而 BRT 不能；

＋LRT 车辆比 BRT 有着更大的空间、更舒适和更好的乘车性能；

＋LRT 比 BRT 对城市发展更具有积极意义；

＋LRT 具有更好的形象，更受欢迎并能吸引更多的乘客；

－LRT 的投资费用比 BRT 高；

－作为一种不同的技术，LRT 需要更多的基础设施建设、新设备和更长的完成期；

－作为城市里的第一条 LRT 线路，引进新技术需要建设专门车场和维修维护设施；

－LRT 服务受限于轨道网络，而且比巴士需要更多的换乘。

两种方式间的这些差异中，LRT 具有更好的乘客吸引力，即所谓的轨道因素，具有相当的重要性。引进 LRT 系统时，从城市的实际发展中给出一些这种现象的例子是很有帮助的。美国俄亥俄州的哥伦布与加利福尼亚州的萨克拉门托，由于这两个城市除了具有很多相似点外，在公交发展上存在明显差异，因此将它们进行对比是很合适的。

如表 12.7 的数据所示，哥伦布与萨克拉门托在城市化地区及公交服务区域具有非常相近的人口。二者都高度机动车化，具有广阔的低密度郊区；都是州首府，具有相当集中的办公岗位及经济基础。1987 年，二者都全部采用全巴士公交系统，但是哥伦布的公交乘客量比萨克拉门托高出 25%。

表 12.7　两个同等规模城市引进 LRT 的对比

项　目	哥伦布，俄亥俄州	萨克拉门托，加利福尼亚州
城市化地区人口（1990 年）	945 237	1 097 005
服务区域人口	961 437	937 146
年乘客量		
1987 巴士＋轨道交通＝总量	17.5＋__＝17.5	14.0＋__＝14.0
2000 巴士＋轨道交通＝总量	18.7＋__＝18.7	19.5＋8.6＝28.1
1987－2000 的增长率	7%	101%
乘坐习惯		
1987	18.2	15.0
2000	19.5	30.2

随后几年两个城市的公交发展产生了很大差异。萨克拉门托建立了一条很长的 U 型直径 LRT 线路（2003 年开通了另一条线路），并且重新组织了整个公交网络，充分利用新建的高性能轨道线路。结果具有相当的戏剧性。当哥伦布的公交载客量仅增加 7%时，萨克拉门托却增长了 101%。两个城市居民的乘车习惯也分别提高了 7%和 101%。

表格统计显示：萨克拉门托经历了一个戏剧性的变化，其在 1987－2000 年期间的公交发展尤为成功。三个主要事件印证了其成功。首先，建立了 LRT，同时引进了比常规公交及快速公交更高质量的服务。其次，以 LRT 作为两条主要走廊的干线重新组织了公交网络。第三，同步换乘系统（TTS）的引进大大改善了整个公交网络方式内和方式间的衔接。因此，引进 LRT 是提高公交服务质量、提升网络结构效率以及系统形象的催化剂。表 12.7 可以明显地看出由引进 LRT 带来的这些改进措施对乘客吸引力的影响。

俄勒冈州的波特兰在引进 LRT 系统时经历了相似的公交乘客增长过程。LRT 于 1987 年开通，这一年的载客量分别为巴士 4 200 万，LRT590 万。

2003 年载客量分别为巴士 6 270 万，LRT2 610 万。年平均乘客量从 4 790 万提高到8 890 万，提高了 86%。

几十年来，大多数引进了 LRT 方式的城市乘客增加量几近相似。大多数情况下，新建成的 LRT 会转移部分巴士乘客，同时也会诱发潜在的新的公共交通使用者。LRT 高质量的服务与良好的形象，以及因引进 LRT 所引起的全部公交服务的改进，导致了巴士同样增加了乘客的数量，尽管许多以往巴士的使用者转移到了 LRT。从圣地亚哥、路易斯安纳、达拉斯、丹佛以及盐湖城的经验可以看出，轨道因素是非常重要和明显的。

表 12.8 用文字对这两种方式的不同点做了总结，列出了它们的主要特点。最后一列列出的是每一个特征下较好的方式。

表 12.8　BRT 与 LRT 的主要特性对比

特性 \ 方式	BRT	LRT	相对更优方式
车辆性能与乘客舒适度	好	非常好	LRT
投资费用	高	非常高	BRT
建成时间	短	中等	BRT
运营成本	随着乘客量下降而降低	随着乘客量上升而降低	～
系统形象与乘客吸引力	好	非常好	LRT
空气与噪声污染	存在	无直接空气污染，噪声污染低	LRT
与土地开发的相互影响	有限	非常好	LRT

表格中概括性的评价及比较又一次显示了 BRT 与 LRT 在诸多方面的区别。总的来说，BRT 较 LRT 而言需要较低的投资、较短的建成时间，而 LRT 能提供更高的服务质量、吸引更多乘客以及对其所服务区域甚至整个城市具有更强、更持久的积极影响。BRT 的物理条件限制：高密度城市不能提供专用公交道路和车道，BRT 不能进入城市核心区。LRT 没有这些限制，既可以通过短隧道(需要更高的投资)，也可以通过各种 B 级路权运营来实现，包括穿过步行区。

目前强势推广的 BRT 经常包含一些关于与 LRT 之间关系的误解，这些误解会产生混淆，尤其相对于外行来说。下面对这样的三种误解进行讨论。

误解Ⅰ：BRT 能以更低的成本提供与 LRT 相同的服务。

之前两种方式的对比清楚地显示出二者提供的服务并不相同；LRT 在许多特点上更优越，在城市里起到比 BRT 更强大、更持久的作用。许多关于 BRT 的科技文献，如 JPT (2002)，讨论了 BRT 必须如何接近 LRT 的特征。因此，一个 BRT 系统越接近于 LRT，其性能就越好。两种方式间存在许多不同，其中一些可以减少，但不可能消除。然而，升级巴士以达到 LRT 某些特点的措施，如设计更高质量的路权、更大的站台、更先进的车辆，都需要额外的投资。升级BRT则要降低相对于LRT而言的更低的投资成本优势。

误解Ⅱ：轨道方式并不会比巴士吸引更多的乘客，因为这种吸引力取决于服务的参数，如速度、可靠性及舒适性，这些巴士可以跟轨道相匹敌。

这种描述是自相矛盾的。如果说乘客吸引力取决于服务参数，这实际上证明了LRT比BRT具有更多的优点，这是因为LRT本质上具有比巴士更高的服务参数。换句话说，乘客吸引力取决于服务参数的事实，实际上证明了在乘客吸引方面LRT优于BRT。前文已经描述了两种方式在乘客吸引方面的实际经验。

误解Ⅲ：LRT在所有应用中均优于BRT。

又一个错误的过度概括。LRT提供更高质量服务的事实，并不能使得该方式无论如何都比BRT更适于所有的应用中。BRT在许多情况下的优势，例如更低的投资成本以及更容易的实施，比LRT更高的舒适度与能力相比要重要得多。LRT能在隧道运营的能力与中小规模城市无关，因为这些城市能在主干道上提供B级路权。

综上所述，BRT和LRT是两种相当不同的方式，各自在城市交通运输中有着重要的领域。任何试图去证明这些方式中的一个总优于另一个或者其中之一在城市交通运输中没有用武之地（像这样反对轨道交通的文章层出不穷，并在美国广泛存在）的文章都是没有经过专业认证的代表特殊利益群体的作品。

12.2.4.2 LRT与AGT的对比

由于AGT涵盖的方式范围非常广泛，将LRT与AGT进行对比是相当困难的。假设AGT代表大多数中低能力的橡皮轮式AGT系统，方框中概括了两种方式的区别。

LRT与橡皮轮式AGT相比，具有以下优势（+）与劣势（−）：

+LRT不局限于A级路权，还可以采用B级和C级路权；

+LRT可以与城市和行人专用区融为一体，并且提升它们的环境；

+LRT线路每公里需要的投资费用比AGT低得多（2～3倍）；

+轨道车辆比两轴橡皮轮式车辆具有好得多的舒适度；

+LRT具有良好的形象并且很受欢迎，能成为城市的象征；

+轨道系统是通用的，有众多生产商竞争生产；AGT方式是独有的，仅由一家供应商生产；

−LRT除非只拥有A级路权，否则不能自动化运营；

−LRT的速度更慢，并且服务频率比AGT低得多；

−LRT的安全性在一定程度上比AGT差；

−LRT的运行计划不能跟AGT运行计划一样随着意外变化而迅速调整。

一些国家，尤其是法国和日本，均拥有若干 AGT 生产商，因此在 LRT 与 AGT 方式的选择间存在激烈的争论。欧洲及北美的大多数城市选择了 LRT，原因在于其相当低的投资成本以及较强的融入城市环境的物理能力，而不需要使用在高密度区域无法接受的隧道或高架结构。亚洲的许多城市，尤其在日本和新加坡 AGT 系统已经盛行，原因在于其拥有大量可用资金，并且城市环境对不良高架结构不那么敏感。总之，LRT 系统将会被更多的城市采用，并且比 AGT 系统拥有更广泛的网络。

12.3 高性能的公交方式

只在路权等级为 A 的线路上运行是高性能公交最基本的特征。因为有专用的路权保护，高性能的公交可以使用有信号控制的高载客量的电力列车。到目前为止，最有代表性的高性能的公交方式是快速轨道系统与区域铁路系统。本部分将介绍一些高性能的公交方式，从运营在全部 A 级路权上的 LRRT 开始，到橡皮轮式快速公交、单轨铁路，以及最高性能的方式——区域快速交通。

12.3.1 轻轨快速公交方式（LRRT）

这一方式包括改进的轻轨公交，其机车车辆全程都在 A 级路权等级的线路上运行。当这些 LRT 列车由司机手动操控时，就是轻轨快速公交（LRRT）。当列车自动操控时，就是自动（或先进）轻轨公交（ALRT）。

12.3.1.1 轻轨快速公交

该方式的机车车辆与常规 LRT 车辆有很多不同。LRRT 车站的站台通常较高，车辆有很多车门，以供乘客快速乘降。与地铁系统类似，LRRT 的列车运行速度快，且设有自动防故障装置的信号设施。因此，LRRT 被认为是 LRT 的最高形式，或者是小规模的“迷你地铁”。

LRRT 系统并不多，因为在很多情况下，当乘客量很大时才能建造路权为 A 的公交线路，而在这些情况下通常需要配备有长列车等一些地铁的特征要素。只有在特殊情况下，才会为中等乘客量的线路建造这种最高类型的路权。选用这种方式的线路如费城市郊的诺里斯顿线、瑞典哥德堡的 8 号线以及在洛杉矶、马尼拉（菲律宾首都）、法兰克福、埃森（德国）等地最近修建的那些全部独立的 LRT 线路。

随着对高水平公交服务需求的增加，未来 LRRT 方式的应用也会不断地增多。在很多城市，将通勤铁路交通转变成 LRRT 方式是一种合乎常理的发展趋势，以较低的运营成本获取较高的服务水平。

12.3.1.2　自动轻轨公交

该方式是全自动运行的 LRRT，或者说是一个采用轨道技术的自动导向系统（AGT）。由于采用了自动控制技术以及一些相配套的运营管理设备（站台监督、防止物体落到轨道上的监测、紧急事件预案等），自动轻轨公交的投资比 LRRT 高。但由于没有司机工资的支出，即使在发车间隔比 LRRT 小的情况下，自动轻轨公交的运营成本也比 LRRT 小。例如，由于没有列车乘务人员，四列单车厢列车的运营成本与一列四车厢列车（发车间隔是前者的四倍）的运营成本相同。在 12.1.2.4 节中讨论的全自动的其他好处也适合自动轻轨公交的情况。

1986 年在北美洲的范库弗峰运行的 ALRT 系统——Skytrain 最为著名。在 Skytrain 系统中，四辆编组的列车以 2.5 min 的间隔运行，其理论能力达到了 23 860 sps/h，远远大于橡胶皮轮式 AGT 系统。Skytrain 以线性感应电动机为动力，该特性与 ALRT 系统的基本观念是无关的。在底特律，作为 CBD 地区集结—分散环线的市区旅客运输机，采用与范库弗峰同类型的 ALRT 系统，但是其以传统电力发动机为动力。

另一个主要的 ALRT 系统是伦敦的 Docklands 系统，该系统只有一条线路，是作为促进城市发展的一个主要规划的一部分而建造的。该条线路逐渐扩展成为一个网络。虽然 Docklands 线的每列车上都配有一名乘务员，但由于其运行是自动化的，而且乘务员的主要工作是为乘客提供信息、收取费用，因此该系统仍可被认为是一个 ALRT 系统。2003 年，另一个 ALRT 在哥本哈根开通运营。

随着自动驾驶技术和运营问题的解决与测试，乘客在选择高性能交通方式时越来越倾向于选择服务水平高（主要是发车间隔小）的方式，因此在未来 ALRT 方式将越来越重要。

12.3.2　轨道快速公交或地铁

轨道快速公交（RRT），通常称作地铁，使用加速和制动变化率高的大容量电力列车。该方式每空间一公里的运营成本最少，是最佳的高性能公交方式。但其应用需要巨额投资和大规模建设，包括对未来线路沿线区域的干扰。然而，RRT 系统的实际使用寿命相当长，对城市人口、形态、特征的演变发挥着深刻、持久的影响。

RRT 与 LRT 的比较如图框所示，这两者都是应用广泛的公交方式。

图片 12.13　洛杉矶的轨道快速公交（绿线）

RRT/地铁与 LRT 比较，有以下优缺点，＋表示优势，－表示劣势：

＋只有 A 级路权，全信号控制，因此 RRT 的速度可靠性与安全性都较好。

＋列车长度长，乘客在车站的换乘快速，因此 RRT 的线路能力较大。

＋性能佳，形象好，因此 RRT 对乘客的吸引力大。

＋车站醒目，系统寿命长，因此 RRT 对城市发展的潜在积极影响比任何一种公交方式都大。

－RRT 需要的投资成本大，对建造的干扰大，需要的建成时间比 LRT 长。

－RRT 的布局比 LRT 更严格，而且不能深入行人区域。

－LRT 较易于进行分阶段的建造，路权等级也可以不同，而 RRT 的路权只能为 A 级。

从以上比较可以看出，RRT 的 PCP 明显比 LRT 高。RRT 是最佳的高性能公交方式，需要的投资最多，对城市和区域的积极影响最长久。在这些特征方面，典型的 RRT 系统和其他方式系统区别相当明显，不同交通方式在设计上的不同表明 LRT 和区域铁路系统的设计可以达到很高的标准，甚至在某些特征方面可以达到快速公交的标准。如上所述，近几十年来在公交系统设计方面的改革创造了一个近乎连续的公交方式族，特别是轨道和其他导向公交方式。

近几十年来，城市的发展引起出行需求的增加，独立于频繁拥堵的城市道路的高性能公交需求的增长，导致很多城市开始修建地铁。20世纪50年代，世界上只有17个城市拥有地铁，到了2005年，超过100个城市都修建了地铁。

修建地铁系统的主要原因在于地铁可以为城市的主要交通走廊和主干道提供很大的能力。当然，很多城市不仅仅为了获得更大的能力来修建地铁，也为了得到高质量的服务。实现这些目标的原因是对高质量公交服务的期望的不断提升和以此服务吸引城市出行者放弃小汽车出行。当然，出行灵活性的提高、经济活动的加强、城市居住环境的改善，都是引导投资建造地铁系统的因素。

实际上，RRT系统物理和运营方面的特征变化范围很广，有时只考虑固定的概念。下面对一些特征进行描述。

关于路权类型。在大城市中心地区修建的RRT系统通常设有地下隧道，如纽约、巴黎、东京。地下的运营给这些系统一种特殊的形象，在不同的国家RRT系统的名称也不同：美国称为“subway”，英国称为“underground”，德国称为“U-Bahn”，瑞典称为“T-Bana”。RRT系统的路权形式各种各样：虽然通常是完全隔离的，但线路可能布设在地面、路堤、高架或地下。因为目前在所有的布局形式中地下隧道的投资最大，很多城市的RRT系统，包括芝加哥、汉堡、伦敦、纽约，地面高架线路要比地下隧道线路多。路权形式的多样性表明，RRT线路的布局是与物理条件、城市环境以及资金来源相适应的。

按照网络覆盖面积与站间距（见第4、5章）划分，RRT系统从在高密度的城市中心的干线地铁车站分布密集（柏林、马德里、巴黎、费城），变化到在郊区线路，如区域铁路系统，具有少的车站和更高的运营速度（旧金山、华盛顿）。

车厢和列车大小差别也比较大。里昂地铁的列车仅由3节18 m长的车厢组成，旧金山BART的列车则由10节21 m长的车厢组成。由此可见，最大公交单元TU的长度可从54 m到210 m。最短的列车是在费城PATCO上运行的夜间列车，整列列车只有1节21 m长的车厢。

RRT的运行速度从市中心短站间距线路的30 km/h到区域地铁线路的60 km/h（如旧金山的BART和华盛顿地铁）。在市郊线路区段上，车站间距长，列车运行速度快，甚至可达80 km/h。

线路能力的范围也很广，从16 000 sps/h（如里昂）到超过70 000 sps/h（如纽约、中国香港）。

建造费用主要与线路的纵断面以及当地条件有关。一般情况下，地面线路路权的投资最少，特别当交通走廊已经存在时（铁路线、城市快速路中间带）。其他地面线路的费用相对而言较高。高架结构比地面结构贵3～4倍，而地下隧道的平均建造费用是高架结构的2～3倍。建造地下结构的费用大部分用于车站的建造。

图片 12.14　正在升级为全自动的轨道快速公交——柏林

需要指出的是，地铁线路的投资价值不仅用线路的运行方面来衡量（如地下隧道有任何天气不影响运行的优点），而且更要考虑各种可建线路的合适程度。很多情况下，能直接为活动集中的区域服务的线路布局形式，建造费用最高，但这种布局形式能为乘客和城市带来最大最长久的利益。换句话说，对轨道交通乘客而言，建造费用最低的布局形式可能是最不满意的。

最合理的线路布局形式是能将线路设置在城市快速路的中间带上。根据定义，当城市快速路布局合理时，线路能包围或连接城市的主要活动地区（CBD、市中心等），而不沿交通繁忙的走廊布置。RRT 系统则相反，其最佳布置就应该沿主要出行的街道和大道，深入城市或郊区中心：这点正是 RRT 系统活力与竞争力的主要体现。城市快速路与 RRT 系统线路的最佳布局形式通常并不一致。然而，RRT 系统能利用放射状的城市快速路部分区段的中间带，然后离开中间带，通过地下隧道进入高密度地区。用这种解决方法的城市有旧金山湾地区（Concord-Bay Point Line）和芝加哥（O’ Hare Airport Line）。

总而言之，尽管 RRT 是一种需要大量基础设施的交通方式，但它能在线路位置、车站类型、机车车辆、表现形式等方面提供多种多样的选择，以适应不同的当地环境。全世界的快速轨道交通系统已超过 100 个，这足以说明，设计者在新建一个 RRT 系统时有着很多的选择。

12.3.3 橡皮轮式快速公交——RTRT

该系统实际上是一个与轨道交通有着不同支撑件/导向技术的地铁系统。车厢的车体上有四个承载车辆的大橡胶轮胎、4 个对车辆进行侧面导向的小轮胎。车体上还装有钢轮，在经过道岔时为车辆提供导向，当承载车辆的橡胶轮胎失效时，钢轮还可以起到承载车辆的作用。橡皮轮式快速公交的线路包括：两条支撑轮胎在其上运行的轨道（可能是木质、混凝土、钢质）、两个垂直导向面以及铺有钢轨的标准轨。因此，RTRT 是快速轨道交通技术的延伸。

自 1959 年巴黎首先引入 RTRT 以来，这项技术被用来减少地铁隧道中的噪声、改善加/减速性能、以及缩短车辆间隔以增加线路能力。随着传统的快速轨道交通技术的现代化，如焊接铁轨的使用、能避免及吸收噪声的轨道建设以及新型车辆的设计等，这些措施都显示最新的轨道系统已经能和 RTRT 系统一样安静。铁路和胶轮系统的加减速率一样，因为其最大值都与站立乘客的舒适度、安全性有关。由于导向装置和导轨的复杂性、高能量消耗以及产生大量的热量，在新建快速轨道交通系统时，设计者往往考虑但最终并不选择 RTRT 系统，主要原因如下图框示。

RTRT，与标准 RRT 技术相比，有以下优缺点，＋表示优势，－表示劣势：

＋常规条件下（干燥）粘着性较好，能适应较陡的地形，且能使用拖车。

＋在急转弯地区产生的噪声和震动较小。

＝加速率相同。

－在雨、雪、冰条件下更易受损，限定在温暖气候或只能使用隧道（独轨）的城市应用。

－受橡胶轮胎承载能力的约束，车辆尺寸有限制。

－车辆阻抗大，能量消耗较多。

－较高的热量产生和火灾风险，需要较强的通风设施和防火保护。

－由于技术的复杂性和能量的高消耗，投资和运营成本较高。

巴黎的公交机构商，RATP，将一些地铁线路转变成了 RTRT，同时在其他线上保留了传统的轨道技术。在法国，为地铁建设提供资金的设计者流行用 RTRT 技术进行新建地铁系统设计。目前，除巴黎的一些地铁线路外，RTRT 在里昂和法国马赛的整个地铁网络、加拿大的单轨铁路系统、智利的圣地亚哥、日本札幌等地都得到了成功的应用。目前为止，世界上最大的采用橡胶轮技术的地铁系统存在于墨西哥城。

然而，在墨西哥城的应用中，这项技术的局限性也特别明显。由于橡胶轮胎承载能力的限制，车厢很小（15 m 长，2.50 m 宽），9 节车厢的列车只能提供 35 000sps/h 的能力，容易造成严重的拥挤。拥挤的环境导致很多潜在的乘客避免使用该系统，特别是小汽车拥有者。

12.3.4 单轨铁路

几十年前，科幻小说家们喜欢将单轨铁路当作未来的一种交通方式。单轨铁路的设计形式有很多种，从经典并非常流行的伍珀塔尔（德国）的 Schwebebahn（1901 年成功运营），到一些其他的悬挂式、支撑式。现在最常见的单轨铁路形式是根据 20 世纪 50 年代阿尔威克式实际形式进行改进的。这样的单轨铁路在东京（从滨松车站到羽田机场）、九州岛的北九州市以及一些其他日本城市的长公交线上运行。在西雅图，一条短途穿梭运输线路自 1962 年世界博览会开始运营，目前已被一条更长线路取代。一条采用同样技术的新线路在私人资本的资助下在拉斯维加斯开通。而采用相同技术的小型单轨铁路在加利福利亚迪士尼度假村和佛罗里达的迪尼斯乐园开通以来的几十年中一直受到欢迎。现在已有超过 12 个运用不同技术的悬挂式或支撑式单轨铁路系统在不同的城市开通，其中大部分在日本。

图片 12.15　橡胶轮路轨系统——巴黎

由于导轨和道岔的特性，单轨铁路与轨道系统相比有一个严重的缺点，那就是横梁不能相互交叉，线路间的转换很慢，需要很大的区域，因此其场站及其他开动停止运行地带所需要占用很大的空间。单轨铁路的另一个缺点是其轮廓比轨道及其他一些导向方式大，不利于在地下隧道里运行。但其高架，包括立柱和导向梁，比轨道公交和 AGT 的小，对线路周围环境的影响也较小。

以上这些特征使得单轨铁路利于单线而不适合成网运营，而实际也正是如此。所有实际修建的独轨线路都是单线，不存在网络形式的单轨铁路。这些线路大多建在空旷地区和宽阔街道或大道上而不需要开挖隧道。西雅图正在设计的单轨铁路将对设置在街道上空的导轨进行一些高层城市建筑以及其他城市设施的可接受度测试。

除运营复杂性和对空中设施的依赖外，单轨铁路需要的投资远远高出 LRT，但在 RRT 系统设计的成本范围内。例如，日本的北九州单轨铁路和 Newark 机场、拉斯维加斯的单轨铁路，需要的投资在 8 500 万～12 500 万美元/km。

因此，单轨铁路为铁路快速交通线路提供了一种技术选择。在某些情况下，还有可能是很有吸引力的解决方案。单轨铁路的应用受到青睐的原因包括：不同寻常/新颖的形象，沿水平、垂直弯曲的设施行驶的需要（导轨能有效地保证这一点，如东京—羽田线的单轨铁路），沿城市主干道设置的空中导轨能保证视觉干扰最小。然而，这些技术特征也带来了运营的复杂性，尤其在建筑密度高的城市地区和设置隧道的网络中应用时，单轨铁路明显不如常规轨道交通系统，LRT 或 RRT。

12.3.5　导引方式和自动化的回顾

前面部分对轨道和其他导向类型交通方式的特点进行了介绍。从路权类型、车辆和公交单元类型、运营特征、自动化程度等方面对各方式进行分类，发现这些方式在很多方面都是重叠的。为了对路权为 A 级的公交方式的技术特征，特别是导向类型、动力、自动化程度等进行总结，表 12.9 列出了高性能公交方式的不同类型的典型系统以及 AGT 的分类。

表 12.9　根据设计和运营的自动化水平对 RRT、ALRT、AGT 系统进行分类

类型	城市	支撑/导向	推动力	驾驶	员工	线路能力
常规 RRT	纽约地铁	轨道	EM	M	D+A	非常高
	墨西哥地铁	RT	EM	M	D+A	高
改进后常规 RRT	汉堡 U-Bahn	轨道	EM	M，ATO	D	高
	莫斯科	轨道	EM	M，ATO	D，A	非常高

续上表

类型	城市	支撑/导向	推动力	驾驶	员工	线路能力
当代 RRT（自 1970）	旧金山 BART	轨道	EM	ATO	D	非常高
	慕尼黑 U-Bnhn	轨道	EM	ATO	D	高
AGT（穿梭型）	亚特兰大（Hartsfiled）	RT	EM	FA	N	中等
	新加坡 MRT 接运线路	RT	EM	FA	N	低
AGT（市区）	里尔 VAL	RT	EM	FA	N	低
	台北 VAL	RT	EM	FA	R	中等
LRRT	费城（Norristown）	轨道	EM	M	D	低
	多伦多（Scarborough）	轨道	LIM	ATO	D	低
ALRT	范库弗峰	轨道	LIM	FA	N	中等
	伦敦（Dockland）	轨道	EM	FA	A	中等
自动化地铁/RRT	里昂地铁 D 线	RT	EM	FA	N	中等
	巴黎地铁 14 号线	RT	EM	FA	R	高
	新加坡 NE 线	轨道	EM	FA	N	高

注：RT—橡胶轮胎；EM—电力发动机；LIM—线性感应电动机；M—人工；ATO—自动列车操作；FA—全自动；D—司机；A—乘务员；R—流动乘务员；N—无员工。

表中的方式是按照发展演化历史排列的。如表所示，自动化程度在不断地提高，开始应用于作为穿梭运输的 AGT 系统中，后来很多常规公交线路也开始实现自动化。与此同时，驾驶控制系统由开始的常规轨道交通系统中由司机控制的 ATO，逐渐发展为没有司机的全自动控制（首先应用于 ALRT，后来应用于 RRT）。

这里有必要对公交系统的自动化运营进行说明。没有司机的全自动列车运行应该得到广泛应用，但其优点在中等能力的公交方式中比在大型快速公交系统，如纽约、香港、墨西哥城，体现得更为明显。在大型快速公交系统中，由于多方面的原因，工作人员（司机或乘务员）是必要的，而且在运载成千上百人的列车上雇佣一名工作人员是必须的。因此，全自动列车运营并不是在所有的快速公交系统中都必须采用。

在全自动技术的发展过程中，成功与问题并存。很多 AGT 系统不能以其他方式运营：自动化使其高频率的服务是可行的。然而很多系统的设计者并没有

图片 12.16　拉斯维加斯的现代单轨铁路系统

利用好全自动的两个主要优势：提供高频率服务的同时不增加运营成本；可以根据需要缩小公交单元的大小来减少运营成本。只有范库弗峰的 Skytrain 和部分 AGT 系统利用了这些优势。另一方面，日本所有的 AGT 系统，巴黎和新加坡的自动控制地铁系统使用了车辆编组固定的公交单元，放弃了不用乘务人员操控的主要优势。未来自动化的发展将依赖于一个更为复杂、能更好地利用自动导向系统潜在优势的系统。

12.3.6　区域公交方式

随着城市逐渐发展为大都市圈或城市化区域，对区域公交系统的需求逐渐增加。其特征是利用长线路连接城市中心和郊区，如果在大都市圈，连接的就是各个郊区。站间距很长，因此区域网络公交的运行速度比市区公交快得多。因为主要为区域间和城市次要中心间提供长距离出行服务，区域公交通常与为中心城镇和郊区提供慢车出行的常规公交重合。

区域公交服务的形式有巴士、LRT、通勤/区域铁路方式。区域快线巴士，在混合交通或在专用道上运营，只为通勤服务，其可靠性与交通条件有关，因此并不能定义为高性能的交通方式。但将这种交通方式包含在这里是因为区域快线巴士在很多城市是唯一为区域交通服务的方式，起到重要作用。

12.3.6.1　区域快线巴士

在美国大都市圈，为了提供能在速度上与小汽车出行竞争的区域服务，巴士通常必须使用主要干道和快速路。大多数美国城市的快速路网都比其他国家同等城市的路网分布广泛，而且快线巴士是最常见，而常常又是唯一的区域公交方式。

典型地，区域快线巴士先在郊区街道上运行，然后再换到城市快速路上不停站运行至城市中心，之后通常重新进入街道将乘客分散出去、换乘其他线路等。大量的城市都有利用 HOV 设施的快线巴士线路网，线路分布广泛，以达拉斯、丹佛、休斯顿、洛杉矶、明尼阿波利斯以及西雅图最为显著。新泽西州的纽约市郊同样存在着一个大型的区域巴士网络，用于补充同为该区域服务的纽约都市圈区域铁路线路。在纽约市，这些线路终止于 Port Authority 终点站，并可与地铁线路实现直接换乘，该站是世界上最大的巴士终点站。相似的网络线路终止于位于乔治华盛顿大桥一侧的曼哈顿或旧金山的 Transbay 终点站，线路在这些终点站也可与轨道线路进行换乘。

美国城市的区域巴士线路大多表现为通勤交通而不是常规公交。在平峰时段，这些线路就有限或经常不提供服务。在北美也有一些例外，其中主要有 3 个巴士系统：渥太华、匹兹堡和波特兰。这些系统在 12.2.1 中提到过。

图片 12.17　第一条完全自动化的快速公交线路——里昂 D 线

图片 12.18　具有线性感应发动机的东京地铁

12.3.6.2　通勤轨道

在世界上的很多城市中，穿过市郊进入城市的铁路线路被用来开行通勤列车，运载大部分的日常通勤者进入或离开城市。这些线路一般终止于城市中心边缘的末端车站。例如，在英国，由英国铁路及其继承者运营的通勤线路终止于与地铁（RRT）线路相连的很多车站。在波士顿、芝加哥、旧金山还有巴黎，通勤轨道线路同样也终止于类似的末端车站。

在工业城市（布宜诺斯艾利斯、米兰、莫斯科、纽约、大阪、东京等）与发展中国家的城市（孟买、开普敦、约翰内斯堡、圣保罗等）中，通勤轨道在运送工作者进入大城市工作的过程中，扮演着相当重要的角色。

到目前为止，很多城市的通勤轨道系统是运送日常通勤者最有效的方式，尤其在高峰时段。该方式能提供高速度、高舒适度、高可靠性以及高线路能力。其缺点在于平峰时段的发车间隔较长且不规律，这使得平峰时段的使用比较困难甚至不存在。此外，一些城市的铁路运营者并不十分关心区域交通，因为他们主要关注城市间的乘客和货物运输。随着对高质量区域交通需求的增长，将通勤轨道提升为区域铁路线路或网络已成为了一种趋势。

12.3.6.3　区域铁路

该轨道系统既属于铁路系统也属于公交系统，专门设计成区域乘客铁路网络，从中心城镇穿过，比放射状通勤线路的覆盖面广，而且只为一个或几个中心车站服务。此外，随着城市向多中心方式发展，主要的活动中心向郊区转移，这就不仅仅需要通往城市中心的放射状线路，同时也需要用高性能的公交网络

图片 12.19　推拉式的内燃机传动的轨道通勤服务——多伦多

来连接郊区中心。这些多中心之间的连接大部分由巴士提供，一些城市越来越

重视铁路系统环形或切线状线路的改善。成功连接加利福利亚州萨克拉曼多和圣何塞的线路同时也是通往旧金山的切线状线路，在芝加哥、洛杉矶和费城也有同样的线路。

图片 12.20　电力的区域铁路交通——S-Bahn，德国

典型的区域铁路方式有柏林和汉堡的 S-Bahn 系统、东京与日本其他城市的 JR 线、巴黎的 RER。通过电力牵引，线路经过多个车站，穿过中心城镇，而且发车间隔短。这样的系统更类似于 RRT 而不是在末端车站终止的通勤轨道系统。而在波士顿、芝加哥和旧金山（Caltrain）等地称为“通勤”的系统则介于这两种方式之间。这些系统以柴油机为动力，在白天每小时提供一次服务，尽管通常只提供每小时一次的服务。

正如第 4 章所述，许多城市（巴黎、布鲁塞尔、奥斯陆、费城、曼彻斯特）通过利用穿过城区的线路将末端车站连接起来、使用电气化线路、与常规公交相结合等措施，将其通勤网络提升为区域铁路。

与其他相近的方式类似，在通勤铁路和区域铁路方式间，并没有一个明确的界限。但是，一个典型的通勤铁路系统，如迈阿密以柴油为动力的 TriRail、洛杉矶的 Metrolink 等，与典型的区域铁路线路，如汉堡的 S-Bahn 系统、巴黎的 RER、悉尼的 CityRail 等，还是有很大的不同。前者，通勤线路，在早晨运行进城列车，在下午运行出城列车；后者，区域铁路线路，全天的发车间隔为 5～20 min。费城的 SEPTA 区域铁路系统、纽约的 Transit Railroads、Metro-North 以及长岛的 Rail Road 都介于这两种方式之间。

不管通勤还是区域铁路方式都是很多城市发展或扩大规模的候选交通方式，尤其是在郊区发展广阔、城市快速路拥挤的北美。

12.3.6.4　区域快速公交

在美国，很多近几十年来决定要建造高性能公交系统的城市或城市化区域，如旧金山湾地区、华盛顿、费城、亚特兰大，都已设计出类似于区域铁路的铁路系统网络：长线路深入郊区、站间距长、运行速度高、对接运巴士、P&R、D&R 的依赖程度高。然而，与区域铁路不同，区域快速公交利用隧道穿过城市，在城市中心地区有很多车站，与其他公交方式方便换乘，包括 LRT 和巴士。该系统的另一个特征是其运营与 RRT 相同：高站台车站提供短发车间隔、高能力。这些系统表现为区域快速公交，或是区域铁路与 RRT 间的一座实际桥梁。在某种程度上，该系统拥有市区内部地铁类型网络和延伸至区域轨道的郊区线路。

12.3.7　区域轨道交通的发展趋势

随着城市和城市化区域空间的快速增长，区域交通越来越重要，已经成为加强城市发展的一部分。下面列出了这类公交方式的主要发展以及对其的简单描述。

1. 重新利用废弃铁路线路或与货运共用铁路线路为公交服务。为实现线路共用需要投资和相应组织安排，如洛杉矶，公交部门从货运铁路上购买了好几百公里的线路。

2. 将通勤铁路升级为区域铁路线路。这包括引入常规发车间隔，通常为 20～30 min，这样能在很大程度上促进换乘，很好地整合相同或不同方式的线路。

3. 将区域铁路与城市公交整合起来。这包括车站的衔接、运行计划的协调、联合票价、信息的整合以及市场营销等。

4. 在位于城市中心边缘的末端铁路车站间建造连接线路。在慕尼黑、奥斯陆、巴黎、费城、苏黎世以及其他城市，连接线路都起到了极好的效果。因此建造这种城市中心的连接线路是改善区域铁路网络合理的一步，如波士顿、纽约还有世界上很多其他城市。

5. 以电力牵引代替内燃牵引。这能加快运营、使在隧道中运营成为可能、能使用没有火车头的较短的列车。

6. 实现区域铁路与 RRT 物理上的结合：在很多日本城市，不同运营者使用共同的轨道。

7. 电车—列车概念：将 LRT 与区域铁路，甚至城际铁路服务进行整合。例如德国的卡尔斯鲁厄和 Saarbrucken、英国的曼彻斯特、新泽西州南部的 River 线。

图片 12.21　具有高舒适性的快速且自动运营的区域快速轨道交通——旧金山 BART

8. 发展能同时在轨道线和公交线上运行的自供电的内燃客运车辆。这种机车车辆能在区域铁路线上以低成本的运营满足低—中等乘客需求，扩大区域铁路服务的运行区域到一些需求低的终点。

随着对高性能区域公交服务需求的增加，期待该领域未来更深的发展与改革。

图片 12.22 具有内燃机驱动的区域轨道交通——River Line，新泽西南部

图片 12.23（a） 双系统的轻轨在市中心运行——萨尔布吕肯

图片 12.23（b）　双系统的轻轨在城市间运行——萨尔布吕肯

练　习

12.1　与小汽车相比，提高城市公交绩效和竞争力最重要的单一的物理改善因素是什么？为什么这么说？

12.2　比较两不同的路权等级 B 和 C

a. 从物理性质的改变、投资及其可能产生的外部影响来讲，将路权等级为 C 的公交线升级为路权等级为 B 的公交线，需要做些什么呢？

b. 如果我们做出如上的改善，有哪些潜在的好处，列出这些好处，并解释原因。从公交服务水平和运营成本的改变、对公交线路形象和乘客影响以及交通方式分担的变化进行分析。

12.3　说明路权为 A 的公交线和路权为 B 的公交线的不同之处。在哪些情况下路权为 A 的线路的优势显得尤为重要？若采用路权为 A 的形式，又有哪些局限性？

12.4　交通专用路权

a. 它的经济特性、运营特性和系统特性分别是什么？

b. 它如何影响公交乘客？

c. 它如何影响城市公交在城市交通中扮演的角色？

d. 它适用于哪些情况?

12.5 从一个你熟悉的城市中，选择两种交通方式，如 RB 和 LRT、BRT 和 AGT、或者 LRT 和 RRT，确定它们的 PCPs。在选定情形下，哪些要素构成了它们的绩效？为什么这两种系统或是方式之间的比较是基于 PCPs 的，而不仅仅是基于费用的?

12.6 与司机驾驶道路车辆相比，导向交通有什么特点？哪些条件有利于导向交通系统的引进?

12.7 列出并讨论和 ICE（柴油机）的牵引相比较而言，电力牵引的优势和不足。回答以下问题：

在什么情况下，电气化不能采用?

哪些路线配置类型或哪些情形下，需要采用电力牵引?

为什么高性能的交通方式多采用电力牵引?

12.8 巴士常常被称之为“灵活的方式”。从它的特性来看，这种方式有哪些优点和缺点？把一条常规巴士线路若升级成为 BRT，它的灵活性会受到哪些影响?

12.9 将一个普通的两车道的道路改造成公共汽车车道的理论依据是什么？这种变化对巴士乘坐者有什么好处？在什么情况下公共汽车车道合理、有效并持久?

12.10 试描述近几十年来采用不同方法改进公交服务的例子，成功的和失败的各两个，并给出失败的原因。

12.11 为什么对于轻轨系统而言，SSFC 的引进非常重要？自 20 世纪 60 年代以来还有哪些创新使得轻轨系统乘务组生产力增长了 10 倍?

12.12 从技术特征、运营特征和费用三方面，采用与表 12.6 相类似的对比方法，得出 LRT、ALRT 和标准 RRT 三种方式的不同。

12.13 一些人认为由于 LRT 要穿越街道，这势必使得它在速度、安全性及其他方面难以令人满意。RRT 则没有这样的顾虑，因此是一种更好的交通方式。还有一些人认为在线路配置方面，LRT 拥有更高的灵活性，当行人或车辆穿越 LRT 线路得到规范后，LRT 的性能能和 RRT 媲美。因此，认为 LRT 比 RRT 更有优势。

简要说明这两种交通方式的主要特点，并比较上述两种观点（或第三种），得出哪个观点的说法是正确的?

12.14 和常规系统相比，全自动公交系统（无人驾驶）有哪些优点和不足？根据路权分类表，采用全自动系统的基本条件是什么?

12.15 全自动公交是否比高中容量公交线路重要得多？讨论并说明原因。

12.16　假设你正在规划某大城市（亚特兰大、西雅图或者新加坡）的某一交通量很大的干道上的轨道交通线路（轻轨或者地铁）。一群经济学家批判说你的规划是一种对资源的浪费。他们认为巴士运行在公交道路上或是分支行驶到更多的街道上的公交更好，因为巴士具有更高的灵活性，而地铁显得太过死板；巴士可以把人们运送到他们更接近目的地的地方，换乘次数更少，当城市发展方式发生变化时，也更利于调整运行线路。

假定上面提到的城市中发生了这样的情况，你如何向经济学家们解释？确定你的解释里包含一下几个方面的因素：系统能力、可靠性、形象、运营费用、乘客吸引力等。特别的，讨论灵活性：怎样去定义它？而它通常是怎么描述的？

12.17　发展中国家的大城市（500 万人以上）纷纷考虑轨道公交系统的建设

a. 列出建设这个工程的原因；

b. 列出必须克服的障碍。

12.18　比较标准铁路快速公交（Lindenwold，BART，Munich）和橡皮轮式快速公交（Montreal，Mexico City）的技术。确定两者之间所有指标的不同，简要讨论每一个指标，然后填写如下调查结果汇总表。

受影响的群体	优　点		
	因素	RRT	RTRT
乘客			
运营商			
社区（公众）			

12.19　区分典型的区域铁路和典型的通勤轨道的特征是什么？

12.20　通勤轨道和区域铁路的哪些特点使得北美很多城市化区域的交通方式得到了广泛的发展？

12.21　描述所谓的电车—列车系统（即运行在区域铁路或城际铁路线路上，深入郊区的轻轨）的概念。

要想使这个操作可行，必须解决的主要问题（技术上的和法律上的）是什么？

换乘到区域铁路时，电车—列车和轻轨相比，有哪些优点？

12.22　采用轻轨车辆是为了方便的行驶在轨道线路上，与之相似，发展单元内燃动力的区域铁路车辆的基本目的是什么？

12.23　判断对错。比较运行在路权等级为 B 的路线上的轻轨和 BRT，下面的叙述中，哪些是正确的？正确的用 T 表示，错误的用 F 表示。

轻轨能为郊区提供更好的乘客集散功能	T	F
轻轨提供舒适度低的出行	T	F
轻轨可靠性较低	T	F
轻轨建设投资少	T	F
在乘客量高的情况下，轻轨的运营更经济	T	F
这两种交通方式在运营费用上的主要区别是能源的消耗	T	F
轻轨加速度更高	T	F
轻轨能力更大	T	F
主干线上BRT能为更多的站点服务	T	F

12.24 高的用S表示，低的用I表示。比较在城市走廊上的轻轨（有接运公交）与拥有公交道路的巴士（假设每个配置都是最优的）下面的几个方面：

服务水平（舒适性，可靠性，发车频率等）	___
网络延伸性	___
市中心运营	___
劳动生产力（乘务员数/提供100座位）	___
必须换乘的乘客数	___
噪声、尾气和其他环境影响	___
隧道运行	___

参考文献

Federal Transit Administration (FTA). 2000. *Transit Profiles*. 2000 Transit Database Report Year. Washington, DC: FTA.

Girnau, G., A. Müller-Hellmann, and F. Blennemann, eds. 2000. *Light Rail in Germany* (in German and English). Cologne: Verband Deutscher Verkehrsunternehmen.

Hondius, H. 1995. State-of-the-Art of bus, hybrid bus, trolleybus and intermediate systems. *Public Transport International* 4 and 6: 24-31.

Rabinovitch, J., and J. Leitman. 1996. Urban Planning in Curitiba. *Scientific American* 274(3): 26-33.

Regie Autonome des Transports Parisiens (RATP). 1977. Autobus en Site Propre. Paris: RATP.

Verband Öffentlicher Verkehrsbetriebe (VÖV) and VDA. 1979. Bus-Verkehrssystem. Düsseldorf: Alba Verlag.

Vincent, B., and B. Walsh. 2003. *The Electric Rail Dilemma: Clean Transportation from Dirty Electricity*? Washington DC: Breakthrough Technologies Institute.

Vuchic，V. R. 1971. Concept of Flexibility in Transportation Systems Analysis. *High Speed Ground Transportation Journal* 5(1)：53-61.

Vuchic，V. R. 1981. *Urban Public Transportation Systems and Technology*. Englewood Cliffs，NJ：Prentice-Hall.

Vuchic，V. R. 2001. Comparison of LRT with bus semirapid transit system. In *Proceedings of UITP 5th LRT Conference*. Melbourne. Brussels：UITP.

Vuchic，V. R. 1985. O-Bahn-description and evaluation of a new concept. *TR Record 1011*，8-15.

Vuchic，V. R.，and S. Kikuchi. 1994. The Bus Transit System：Its Underutilized Potential. Report DOT-T-94-20 to Federal Transit Administration. Washington：FTA.

Wilbur Smith and Associates 1975. Bus Use of Highways. *NCHRP Report 155*. Washington：Highway Research Board.

进一步阅读

International Association of Public Transport（UITP）. 2002. *Proceedings of 6th International Light Rail Conference*. Nantes，France. Brussels：UITP.

Journal of Public Transportation（JPT）2002. 5(2). Special issue on BRT.

Litman，T. 2004. *Comprehensive Evaluation of Rail Transit Benefits*. Victoria，BC：Victoria Transport Policy Institute. Middleton，W. D. 2003. *Metropolitan Railways*. Bloomington：Indiana University Press.

Parsons Brinckerhoff. 2001. *The Effects of Rail Transit on Property Values：A Summary of Studies*. NEO Rail Ⅱ Project.

Pushkarev，B.，J. Zupan，and R. Cumella. 1982. *Urban Rail in America*. Bloomington：Indiana University Press.

Sproule，S. J.，S. W. Lynch，and E. S. Neumann，eds. 1998. *Automated People Movers VI：Creative Access for Major Activity Centers*. Proceedings of the Sixth International Conference on Automated People Movers，Las Vegas. Reston，VA：American Society of Civil Engineers.

Transportation Research Board（TRB）. 2003. *Proceedings of 9th National Light Rail Transit Conference*. Portland，OR. Washington DC：Transportation Research Board.

选出来的部分练习题的答案（第6～12章）

第6章

6.3 许多例子：不足和不公平的工资，缺乏标准的工作条件，无保障的工作，不足的福利，无资历福利。

6.6 防止罢工，罢工存在很大的危害，尤其是对公交使用者和社会这第三类群体。

6.7 工资被降低后，在没有劳动规则时工作任务更有效率。但是，放松了对劳工的培训和资格要求，工作的安全性急剧下降，对雇佣者的吸引力也更难，高的职工流失率也成为一个问题。

6.8 公交网络规模、车站数、以及对服务的评价反映了人们可利用公交的数量和质量。这些指标反映了服务于允许比较分析的相似的同等城市和不同规模城市的对地区和人口的评价。

6.9 有效性是一系列输入被除得的结果。这两者可以被表述成不同的单位(人-km每运营者)。假设和有效性相反。利用率和有效性相同，但用相同的或相似的单位评价（车辆拥有量去除线路上的车辆数）。

6.10 由费用到运营成本的收益比例。相比那些设定费用来达到最大化利益的机构，拥有最大化公交利用政策的机构更倾向于使费用保持较低并接受更低的运营率。

6.11 被提供的工作，由 $V_s = N \times n \times C_v \times V_c$ 计算，得到提供给公交的是 26 054 sp-km/h，给 LRT 的是 151 603 sp-km/h。

被利用的工作，由 $W_p = \alpha \cdot W_s$ 计算得到，公交线路的是 10 195 sp-km/h，LRT 线路的是 61 363 sp-km/h。

6.12 利用在问题 6.11 中使用的相同的公式，提供给地铁的是 645 120 sp-km/h，给区域铁路线路的是 292 301 sp-km/h。被地铁利用的工作是 361 267 sp-km/h，被区域铁路线路利用的是 111 074 sp-km/h。

6.13 红线、蓝线和黄线每 prs-km/h 的生产率分别是，203，861，135，182 和 371 008。整个网络的平均速度，基于被提供的每 car-km/h 的工作，是33.5 kmh。

6.16 线路的运营监管和控制；对于特殊情况和紧急情况的反应；费用收取；对公众的信息。

6.20 提高监管；挑选随意涂鸦的证据材料；及时清理；对随意涂鸦的人的高额惩罚；在学校中教育对公交财产的保护。

6.21 完全可达性应该为残疾人、老年人、婴儿车里的小孩和自行车提供可达性（使这些空间在物理上可行）。

6.22 作为社会评价，对于特殊群体的可达性应该由特殊的政府资金来资助。

第7章

7.1 最大出行量；最大化利润；进行收集和控制的方便性；公平和其他社会目标。

7.2 最大出行量和最大化利润，通常是相互冲突的。

7.5 SSFC大大促进了收费选择因为其简化了收集和控制。

7.17 基本目标：加强支付和打击欺骗行为。困难在于增加惩罚费用。在进口的单一票价控制，设点抽查控制，防止在进口的逃票和由其他门上车的逃票。全封闭系统需要的是无控制，比如车站进出口的自动检票。

第8章

8.1 为使费用保持较低或适当并便于通勤。为使一些出行从一种方式向另一种方式转移，要有较低的社会消耗（比如从小汽车转向公交）。为刺激城市或郊区的发展。

8.2 美铁Amtrak有严重的资金不足而且还忽视与其他方式的比较，比如高速公路和航空运输。美铁Amtrak自给自足的需求既未应用于其他运输方式，也未应用于其他国家的铁路。

8.4 支持公交的公共政策导致对公交的大量资金资助，这就使得可维持较低的票价。

8.7 这些观点考虑了公交的一个作用而忽视了其他作用。正确的观点是这些作用必须在一定程度上得到满足并对其他作用和需求进行合理平衡。

8.8 公交服务包括很多对使用者不可计量的影响（利润和费用）。它也惠及非使用者和整个城市。许多利益是长期或固定的。所有的这些影响和价值都不能简单地用金钱来衡量，因此自由市场不能内在分析或甚至考虑它们。

8.12 零售、个人收入和财产税。每个都有不同的影响、有效性和公平性，和大量可获得的收益。

8.16 收益债券是有风险的，因为有高的收益率（详见9.2.3节）。

8.18 地方参与保证了潜在的公交系统使用者和获利者都负有责任并愿意

对工程实施做贡献。

8.21 一般地，对公交系统的投资应该提高效率（减低每单位产出的费用）并且/或者提高服务质量。单位费用可能会增加，但如果能使服务质量迅速提升，在这种情况下，提升的服务可能使得乘客愿意支付更高的费用，由此抵偿了部分投资。

第 9 章

9.8 具有将普通信用担保债券以比收益债券更低的利率出售而得到税收的能力

9.9 公交联盟是合逻辑的解决方法，在联盟内许多公交机构可以不被合并。如果区域公交是由单独的机构运营，它就没有必要需要公交联盟。

9.13 要防止乘客遭受到过分的或者不公平的票价、频繁的变动和操纵。要防止运营者受到不公平的竞争。

9.14 过度、广泛的应用以及严格的管制可能会导致不必要的费用，妨碍了有效的解决方法，降低了根据当地条件进行设计和运行操作的调节。需要进行管制的例子可以从铁路车辆设计、车站可达性标准或者公交运营中的多种劳动规则进行举例。

9.17 主要的不同是从它的公共服务角色相对于它运营的资金方面来考虑公交。

9.18 进入许多公交公司和独立的运营单位更简单，竞争促进了经济效率，甚至通常不提供补贴。服务是不稳定的，可能随时被中断；服务质量和安全性经常也较低；规划和系统升级不能有效执行。

9.19 为提高服务和进行运输规划需要进行管制。它也可能经常遭到运营者，尤其是那些大公司运营者的反对。

9.21 逐渐减少了运营者对于使用者服务需求和改革的关注。在一些情况下，工会会阻止改变和提高经济有效性。

9.24 加强对乘客需求的分析，像对待那些可以被高质量的服务所吸引的顾客一样来对待他们。

9.27 必须监视承包商对服务质量和乘客需求的关注情况，以防止服务恶化而减低了费用。

9.29 允许属于不同公司的公交的联合运营——共享轨道（成功的）。成立一个公司使它拥有和维持基础设施，将列车运营的公司独立出来（这种情况有不同的结果：部分失败，但迄今为止也有部分成功）。将铁路线分给不同的公司使其形成竞争（大部分失败都是因为铁路公交是以整个网络来内部优化的）。

9.30 这个的目的是将政策和策略决策从运营中分离出来，以提高不同方式的协调并实施联运政策。结果已经是很好的。

第10章

10.2 3C需求曾被引用来处理大城市地区的运输规划需求。它保证了长期的规划是对区域及其司法单位、功能需求、还有规划时间范围内的改变的综合。

10.6 趋势外推可以被用到规划中来预测未来没有规划时的条件，同时它只能被用在预测依赖于稳定的趋势的情况。基于趋势外推的运输系统的设计是有害的，规划必须被引导向适应城市的目标，而不是被外推的趋势框住。

10.7 这种规划可能会导致城市和区域中令人非常不满意的条件。

10.16 出行一终止模型曾经常被使用的原因是它很简单，但是它对改变公交系统的服务质量却不敏感，由此在规划效果上非常失败。

10.18 全有全无更简单，但它只能用在网络运营低于能力的情况。当能力利用饱和时，它的结果就不正确了。

10.19 当所有被选择的路径上出行时间都相等时就到达了用户平衡状态。

10.24 快速公交的基本方式：地铁、区域铁路、LRRT还有AGT系统。准快速公交方式：LRT、部分AGT和BRT（见第12章）。

第11章

11.1 目标包括系统使用者的、设备运营者还有公众的利益。经济方面、在私有部门占主导地位，但其他因素也常常起到很重要的作用。对于使用者和社会的收益和费用的评估很难用货币来衡量。

11.2 NPV代表了对项目整个生命周期内价值的折现。

11.9 灵活性暗示了改变的趋势，包括物理因素、运营、价格等。灵活性可能是积极的也可能是消极的。与灵活性相反的是永久性、耐久性和可靠性。

11.12 在准备你的答案时，学习并利用图3.4和图6.2。

11.16 在以无其他情形的单一值为假设的基础上比较不同的系统。因为公交服务的许多方面：乘客体验、对非使用者的影响和未来的收益和费用，不同的公交系统，特别是不同交通方式，很难符合这些条件。

第12章

12.2 a. 土地可利用性，对道路和交叉口的设施的投资，对一般交通而言可能的车道减少。

b. 利用第12.1.1做个比较。

12.5 PCP确定了系统性能（能力、速度、可靠性、服务水平、安全性和其他特征）和费用的比率。不能只通过比较费用来比较选择系统的不同特征。

12.9 公交车道合理性依据是基于高产出和高的公交服务以及方式分担的满意变化。同时，车道分离也提高了交通量。

12.11 升级C类型到B或A类型，绞接式车辆，更长的公交单元和SSFC。

12.15 中容量方式收益更多，因为自动化使得发车间隔更短。减少劳动力成本导致比高容量方式的每位乘客成本节省更多。

12.21 查找关于德国的卡尔斯鲁厄和萨尔布吕肯、英国的曼切斯特的电车一列车的信息。

12.22 使现有的铁路线上的少量出行的服务在经济上可行。

索　引

续上表

续上表

续上表

续上表

续上表

续上表

续上表

文　献

关于公交的主要出版物

Beimborn, E. A., A. Horowitz, J. Schuetz, and G. Zejun. 1993. *Measurement of Transit Benefits*. Report DOT-T-93-33. Washington, DC: Urban Mass Transportation Administration.

Black, A, 1995. *Urban Mass Transportation Planning*. New York: McGraw-Hill.

Canadian Urban Transit Association (CUTA). 1993. *The Canadian Transit Handbook*. Toronto: CUTA.

Cervero, R. 1998. *The Transit Metropolis*. Washington, DC: Island Press.

Delucchi, M. 1998. Summary of the Nonmonetary Externalities of Motor Vehicle Use. UCD-ITS-RR-96-3(9). University of California, Institute of Transportation Studies, Davis, CA, September.

Girnau. G., A. Müller-Hellmann, and F. Blennemann, eds. 1997. *Sustainable Mobility: People in Motion* (in German and English). Cologne: Verband Deutscher Verkehrsunternehmen.

——. 2000. *Light Rail in Germany* (in German and English). Cologne: Verband Deutscher Verkehrsunternehmen.

——. 2001. *Telematics in Public Transport in Germany* (in German and English). Cologne: Verband Deutscher Verkehrsunternehmen.

Gray, G. E., and L. A. Hoel, (eds.) 1992. *Public Transportation*, 2nd ed., Englewood Cliffs, NJ: Prentice-Hall.

Homburger, W. S. 1982. Urban transit. In *Transportation and Traffic Engineering Handbook*, 2nd ed., ed. W. S. Homburger, Chap. 7. Englewood Cliffs, NJ: ITE/Prentice-Hall.

Lehner, F. 1978. *Der maximale Wirkungsgrad des Personaleinsatzes* (Maximum efficiency of personnel assignments). Düsseldort: Alba Buchverlag.

Mees, P. 1999. *A Very Public Solution: Transport in the Dispersed City*. Melbourne: Melbourne University Press.

Meyer, M. D., and E. J. Miller. 2001. *Urban Transportation Planning*, 2nd ed.

New York：McGraw-Hill.

Molinero，A. R. M.，and L. I. S. Arellano. 1997. *Transporte publico：planeacion，diseno，operacion y administracion* (Public transport：planning，design，operation，and administration). Universidad Autonoma del Estado de Mexico.

Newman，P.，and J. Kenworthy. 1989. *Cities and Automobile Dependence：An International Sourcebook*. Aldershot，UK：Grover.

——. 1998. *Sustainability and Cities：Overcoming Automobile Dependence*. Washington，DC：Island Press.

Parkinson，T.，and I. Fisher. 1996. *Rail Transit Capacity*. TCRP Report 13. Washington，DC：Transportation Research Board.

Pucher，J. 1995. Urban passenger transport in the United States and Europe：a comparative analysis of public policies. *Transport Reviews* 15(2)：89-107 and 15(3)：261-283.

Risch，C.，and F. Lademann. 1957. *Der öffentliche Personennahverkehr* (Urban Public Transportation). Berlin：Springer-Verlag.

Rüger，S. 1974. *Betriebstechnologie städtischer öffentlicher Personenverkehr* (Operation of Public Transport). Berlin：Transpress VEB Verlag für Verkehrswesen.

Smerk，G. M. 1991. *The Federal Role in Urban Mass Transportation*. Bloomington：Indiana University Press.

Transportation Research Board (TRB). 2000. *Highway Capacity Manual*. Washington，DC：TRB.

Vuchic，V. R. 1981. *Urban Public Transportation Systems and Technology*. Englewood Cliffs，NJ：Prentice-Hall.

——1999. *Transportation for Livable Cities*. New Brunswick，NJ：CUPR Press，Rutgers University.

网站

http：//www.aashto.org (AASHTO).

http：//www.apta.com/ (APTA).

http：//www.gobrt.org/ (BRT advocacy).

http：//www.busrapidtransit.net/ (BRT information).

http：//www.fta.dot.gov/ (FTA).

http：//www.fta.dot.gov/7639_7662_ENG_HTML.htm (FTA's BRT information site).

http：//www.lightrail.com/ (LRT information).

http：//www.lightrailnow.org/ (LRT advocacy).

http：//www.lrta.org/ (LRT advocacy).

http：//www. metropla. net/（international rapid transit information).

http：//mercurio. iet. unipi. it/（European rail information).

http：//www. monorails. org/（monorail advocacy).

http：//www. nationalcorridors. org/（rail transit advocacy).

http：//www. nycsubway. org/（rapid transit information).

http：//www. trb. org/（TRB).

http：//www. trolleycar. org/（rail and general transit advocacy).

http：//www. uitp. com（international transit information).

http：//www. urbanrail. net/（rail transit information).